OS MEIOS DE COMUNICAÇÃO

Como Extensões do Homem

OS MEIOS DE COMUNICAÇÃO

Como Extensões do Homem

MARSHALL MCLUHAN

OS MEIOS DE COMUNICAÇÃO
COMO EXTENSÕES DO HOMEM

Tradução de
DÉCIO PIGNATARI

Editora
Cultrix
SÃO PAULO

Título original: *Understanding Media: The Extensions of Man.*

Copyright © 1964 Marshall McLuhan.

Copyright da edição brasileira © 1969 Editora Pensamento-Cultrix Ltda.

1ª edição 1969 (catalogação na fonte, 2007).
19ª reimpressão 2016.

Publicado nos Estados Unidos da América por McGrall-Hill Book Company (Nova York, Toronto, Londres).

Todos os direitos reservados. Nenhuma parte deste livro pode ser reproduzida ou usada de qualquer forma ou por qualquer meio, eletrônico ou mecânico, inclusive fotocópias, gravações ou sistema de armazenamento em banco de dados, sem permissão por escrito exceto nos casos de trechos curtos citados em resenhas críticas ou artigos de revistas.

A Editora Cultrix não se responsabiliza por eventuais mudanças ocorridas nos endereços convencionais ou eletrônicos citados neste livro.

Dados Internacionais de Catalogação na Publicação (CIP)
(Câmara Brasileira do Livro, SP, Brasil)

McLuhan, Marshall, 1911-1980.
Os meios de comunicação como extensões do homem / Marshall McLuhan ; tradução de Décio Pignatari. -- São Paulo : Cultrix, 2007.

Título original : Understanding media : the extensions of man.
15ª reimpr. da 1ª ed. de 1969.
ISBN 978-85-316-0258-0

1. Comunicação 2. Comunicação e tecnologia I. Título.

07-3530   CDD-301.2

Índices para catálogo sistemático:
1. Comunicação : Ciências sociais 301.2

Direitos de tradução para a língua portuguesa adquiridos com exclusividade pela EDITORA PENSAMENTO-CULTRIX LTDA, que se reserva a propriedade literária desta tradução.
Rua Dr. Mário Vicente, 368 – 04270-000 – São Paulo, SP
Fone: (11) 2066-9000 – Fax: (11) 2066-9008
http://www.editoracultrix.com.br
E-mail: atendimento@editoracultrix.com.br
Foi feito o depósito legal.

ÍNDICE

Introdução à Terceira Edição em Inglês   9
Prefácio   17

PRIMEIRA PARTE

1   O Meio É a Mensagem   21
2   Meios Quentes e Frios   38
3   Reversão do Meio Superaquecido   51
4   O Amante de "Gadgets": Narciso como Narcose   59
5   A Energia Híbrida: Les Liaisons Dangereuses   67
6   Os Meios como Tradutores   76
7   Desafio e Colapso: A Nêmese da Criatividade   82

SEGUNDA PARTE

8   A Palavra Falada: Flor do Mal?   95
9   A Palavra Escrita: Um Olho por um Ouvido   100
10   Estradas e Rotas de Papel   108
11   Número: O Perfil da Multidão   126
12   Vestuário: Extensão de Nossa Pele   140
13   Habitação: New Look e Nova Visão   144
14   Dinheiro: O Carnê do Pobre   153
15   Relógios: A Fragrância do Tempo   168
16   Tipografia: Como Morar no Assunto   181
17   Estórias em Quadrinhos:
MAD: Vestíbulo para a TV   188
18   A Palavra Impressa: O Arquiteto do Nacionalismo   195

19	Roda, Bicicleta e Avião	205
20	A Fotografia: O Bordel Sem Paredes	214
21	A Imprensa: Governo por Indiscrição Jornalística	230
22	O Automóvel: A Noiva Mecânica	246
23	Anúncios: Preocupando-se com os Vizinhos	255
24	Jogos: As Extensões do Homem	263
25	Telégrafo: O Hormônio Social	276
26	A Máquina de Escrever: Na Era da Mania do Ferro	290
27	O Telefone: Metais Sonoros ou Símbolo Tilintante?	298
28	O Fonógrafo: O Brinquedo que Esvaziou a Caixa (Torácica) Nacional	309
29	O Cinema: O Mundo Real do Rolo	319
30	Rádio: O Tambor Tribal	334
31	A Televisão: O Gigante Tímido	346
32	Armamentos: A Guerra dos Ícones	380
33	Automação: Aprendendo a Ganhar a Vida	388
	Leituras Ulteriores para Estudo dos Meios de Comunicação	405

INTRODUÇÃO À TERCEIRA EDIÇÃO EM INGLÊS

Contou o entrevistador de TV Jack Paar que, certa vez, perguntou a um jovem amigo: "Por que vocês de agora usam "frio" para significar "quente"?" Respondeu-lhe o rapaz: "Porque vocês, meu velho, gastaram a palavra "quente", antes de nós chegarmos." É um fato que "frio" é muitas vezes utilizado hoje para significar o que antes era designado por "quente". Antigamente, uma "discussão calorosa ou quente" (ou "a coisa esteve quente") significava uma discussão ou cena em que as pessoas se envolviam em profundidade. De outro lado, "uma atitude fria" costumava designar uma atitude de objetividade a distância e desinteressada. Naqueles tempos, a palavra "desinteressada" significava a nobre qualidade de um caráter bem formado. Como que de repente passou a significar "não dou a mínima bola". A palavra "quente" caiu em desuso semelhante, na medida em que se foram processando profundas mudanças no ambiente. Mas o termo de gíria "frio" quer dizer muito mais do que a velha idéia de "quente". Indica uma espécie de empenho e participação em situações que envolvem todas as faculdades de uma pessoa. Neste sentido, podemos dizer que a automação é fria, enquanto as velhas espécies mecânicas de "empregos" (trabalhos) especializados ou fragmentados são "quadradas". As situações e pessoas "quadradas" não são "frias" porque apresentam muito pouco do hábito de envolvimento profundo de nossas faculdades. Os jovens de hoje dizem: "O humor não é frio." Suas piadas favoritas o demonstram. Pergunta: "O que é vermelho e zumbe?" Resposta: "Uma uva elétrica." "E por que ela zumbe?" Resposta: "Porque não conhece as palavras." Presumivelmente o humor não é "frio" porque nos induz a rir *de* alguma coisa, em lugar de nos envolver empaticamente *nela*. O enredo desapareceu tanto das piadas como dos filmes "frios". Os filmes de Bergman e Fellini exigem muito maior participação do que os espetáculos narrativos. Um enredo abrange um conjunto de eventos muito semelhante à linha melódica, em música. A melodia, *melos modos*, o "princípio-meio-fim" é uma estrutura contínua, encadeada e repetitiva, que não comparece na arte "fria" do Oriente. A arte e a poesia Zen criam o envolvimento por meio do *intervalo*, da pausa, e não na *conexão* empregada no mundo ocidental visualmente organizado. O espectador se torna artista na arte oriental porque éle mesmo deve contribuir com todos os elos.

O capítulo sobre os "meios quentes e frios" provocou a confusão de muitos críticos de *Understanding Media*, incapazes de reconhecer as enormes mudanças estruturais que hoje estão ocorrendo no ambiente humano. A gíria oferece uma indicação imediata da percepção em transformação. Não se baseia em teorias, mas na experiência imediata. O estudante dos meios de comunicação não apenas deve ter em conta a gíria, como um guia para a percepção em transformação, mas também estudar ésses meios enquanto introdutores de novos hábitos de percepção.

O capítulo sobre "o meio é a mensagem" pode talvez ser mais bem esclarecido observando-se que toda tecnologia gradualmente cria um ambiente humano totalmente novo. Os ambientes não são envoltórios passivos, mas processos ativos. Em seu esplêndido trabalho *Prefácio a Platão* (Harvard University Press, 1963), Eric Havelock estabelece o contraste entre as culturas oral e escrita dos gregos. No tempo de Platão a palavra escrita tinha criado um novo ambiente, que já começara a destribalizar o homem. Anteriormente, os gregos se formavam graças ao processo da *enciclopédia tribal*. Tinham memorizado os poetas. Os poetas proviam uma sabedoria operacional específica para todas as contingências da vida — Ann Landers em verso. Com o advento do homem individual destribalizado, uma nova educação se fez necessária. Platão delineou esse programa para os alfabetizados, um programa baseado nas idéias. Com o alfabeto fonético, o conhecimento classificado tomou o lugar do conhecimento operacional de Homero e Hesíodo e da enciclopédia tribal. Desde então, a educação por dados classificados tem sido a linha programática no Ocidente. ·

Hoje, no entanto, na era da eletrônica, a classificação dos dados cede ao reconhecimento de estruturas e padrões, a frase-chave da IBM. Quando os dados se alteram rapidamente, a classificação é por demais fragmentária. Para dar conta dos dados em velocidade elétrica e em situações características de "sobrecarga da informação", os homens recorrem ao estudo das configurações, como o marinheiro do *Maesltrom*, de Edgar Allan Poe. Apenas começou a se desenvolver a situação dos desistentes (*drop outs*) em nossas escolas. Hoje, o jovem estudante cresce num mundo eletricamente estruturado. Não é um mundo de rodas, mas de circuitos, não é um mundo de fragmentos, mas de configurações e estruturas. O estudante, hoje, *vive* miticamente e em profundidade. Na escola, no entanto, ele encontra uma situação organizada segundo a informação classificada. Os assuntos não são relacionados. Eles são visualmente concebidos em termos de um projeto ou planta arquitetônica. O estudante não encontra meio possível de participar dele, nem consegue descobrir como a cena educacional se liga ao mundo mítico dos dados e experiências processados eletronicamente e que para ele constitui ponto pacífico. Como diz um executivo da IBM: "Quando entraram para o primeiro ano primário, minhas crianças já tinham vivido diversas existências, em comparação aos seus avós."

"O meio é a mensagem" significa, em termos da era eletrônica, que já se criou um ambiente totalmente novo. O "conteúdo" deste novo ambiente é o velho ambiente me-

---

* Autora de uma espécie de enciclopédia popular (N. do T.).

11

canizado da era industrial. O novo ambiente reprocessa o velho tão radicalmente quanto a TV está reprocessando o cinema. Pois o "conteúdo" da TV é o cinema. A televisão é ambiental e imperceptível como todos os ambientes. Nós apenas temos consciência do "conteúdo", ou seja, do velho ambiente. Quando a produção de máquinas era nova, gradualmente foi criando um ambiente cujo conteúdo era o velho ambiente da vida agrária e das artes e ofícios. Este ambiente antigo se foi elevando à categoria de forma artística por obra do novo ambiente mecânico. A máquina transformou a Natureza numa forma de arte. Pela primeira vez os homens começaram a olhar a Natureza como fonte de valores estéticos e espirituais. Maravilhavam-se de que as eras passadas tivessem sido tão desapercebidas do mundo da Natureza enquanto arte. Toda tecnologia nova cria um ambiente que é logo considerado corrupto e degradante. Todavia o novo transforma seu predecessor em forma de arte. Quando o escrever era novo, Platão transformou o velho diálogo oral em forma artística. "A visão do mundo elisabetano" era uma visão da Idade Média. E a Idade Industrial transformou a Renascença numa forma de arte, como se vê na obra de Jacob Burckhardt. Em troca, Siegfried Giedion, na era da eletricidade, ensinou-nos como encarar o processo total da mecanização como um processo artístico (*Mechanization Takes Command*).

À medida que tecnologias proliferam e criam séries inteiras de ambientes novos, os homens começam a considerar as artes como "antiambientes" ou "contra-ambientes" que nos fornecem os meios de perceber o próprio ambiente. Como Edward T. Hall explicou em *The Silent Language*, os homens nunca têm consciência das normas básicas de seus sistemas ambientais ou de suas culturas. Hoje, as tecnologias e seus ambientes conseqüentes se sucedem com tal rapidez que um ambiente já nos prepara para o próximo. As tecnologias começam a desempenhar a função da arte, tornando-nos conscientes das conseqüências psíquicas e sociais da tecnologia.

A arte como antiambiente se torna, mais do que nunca, um meio de treinar a percepção e o julgamento. A arte ofertada como um bem de consumo e não como um meio de apurar a percepção permanece enganosa e esnobe como sempre. O estudo dos meios, de uma só vez, abre as portas da percepção. E aqui vemos por que os jovens podem fazer trabalhos de alta pesquisa. O professor tem apenas de convidar o estudante a fazer um inventário tão completo quanto possível. Qualquer criança pode fazer uma lista dos efeitos do telefone, ou do rádio, ou do carro, no sentido de moldar a vida e o trabalho de seus amigos e de sua comunidade. Uma lista geral dos efeitos dos meios abre muitas vias insuspeitadas de consciência e investigação.

Edmond Bacon, da comissão do plano-diretor de Filadélfia, descobriu que os escolares podiam ser colegas e pesquisadores de inestimável valia na tarefa de refazer a imagem da cidade. Nós estamos entrando na nova era da educação, que passa a ser programada no sentido da descoberta, mais do que no sentido da instrução. Na medida em que os meios de alimentação de dados aumentam, assim deve aumentar a necessidade de introvisão e de reconhecimento de estruturas. A famosa experiência de Hawthorne, na fábrica da Western Electric, perto de Chicago, pôs a descoberto, há anos atrás, um fenômeno bastante misterioso. Por mais que se alterassem as condições de trabalho dos operários, eles trabalhavam mais e melhor. Quer fossem adversas ou agradáveis as condições de temperatura, luz e mesmo de lazer, a qualidade da produção aumentava. Os pesquisadores melancolicamente concluíram que os testes distorciam a realidade. Não perceberam eles um fato da maior importância: quando os operários conseguem juntar esforços num trabalho de aprendizado e descoberta, a eficiência que daí resulta é simplesmente extraordinária.

Mais atrás fizemos referência ao fenômeno dos estudantes desistentes, que simplesmente abandonam a escola: esta situação vai piorar muito mais, devido à frustração dos estudantes em relação à sua participação no processo de ensino. Esta situação se refere também ao problema da "criança culturalmente retardada". Esta criança existe não somente nas favelas: o seu número aumenta também nos subúrbios, nos núcleos familiares de razoável nível econômico. A criança culturalmente retardada é a criança-televisão. A televisão propiciou um ambiente de baixa orientação visual e alta participação, o que torna muito difícil a sua adaptação ao nosso sistema de ensino. Uma das soluções seria elevar o nível visual da imagem da TV, a fim de possibilitar ao jovem estudante o acesso ao velho mundo visual da sala de aulas e da classe. Valeria a pena tentá-lo — como expediente temporário. A televisão, porém, é apenas um componente do ambiente elétrico de circuito instantâneo, que sucedeu ao velho mundo da roda, das porcas e parafusos e dos raios. Seríamos tolos se não tentássemos superar, por todos os meios, o mundo visual fragmentário de nosso sistema educacional atual.

A filosofia existencial, bem como o Teatro do Absurdo, representam antiambientes que apontam para as pressões críticas exercidas pelo novo ambiente elétrico. Tanto Jean Paul Sartre, como Samuel Beckett e Arthur Miller, denunciam a futilidade dos projetos, dados classificados e "empregos", como via de saída. Mesmo palavras e expressões como "fuga" e "vida delegada" derivam da nova cena e cenário do envolvimento eletrônico. Os engenheiros da televisão já começaram a explorar o verdadeiro caráter Braille da imagem do vídeo, como meio de propiciar a sua visão aos cegos, projetando a imagem diretamente em sua pele. É dessa maneira que devemos usar todos os meios e veículos, a fim de que possamos enxergar a nossa situação.

Na página 23 há algumas linhas extraídas de *Romeu e Julieta*, marotamente modificadas, fazendo alusão à televisão. Alguns críticos logo pensaram que se tratava de uma involuntária citação errada.

O poder das artes de antecipar, de uma ou mais gerações, os futuros desenvolvimentos sociais e técnicos foi reconhecido há muito tempo. Ezra Pound chamou o artista de "antenas da raça". A arte, como o radar, atua como se fosse um verdadeiro "sistema de alarme premonitório", capacitando-nos a descobrir e a enfrentar objetivos sociais e psíquicos, com grande antecedência. O conceito profético das artes entra em conflito com o conceito corrente das artes como meios de auto-expressão. Se a arte é um "sistema de alarme prévio" — para usar uma expressão da Segunda Guerra Mundial, quando o radar era novidade — tem ela a maior relevância não apenas no estudo dos meios e veículos de comunicação, como no desenvolvimento dos controles nesses mesmos meios.

Quando o radar era novidade, verificou-se a necessidade de eliminar o sistema de balões que precedeu o radar como sistema de proteção das cidades. Os balões interferiam na auto-alimentação elétrica da nova informação do radar. Este parece ser o caso de nosso atual currículo escolar, para não falar das artes em geral. Tanto de um como de outras, apenas devemos utilizar aquelas manifestações que acentuam a nossa percepção da tecnologia e de suas conseqüências psicológicas e sociais. A arte, como ambiente-radar, exerce a função de indispensável treino perceptivo — e não de papel de dieta privilegiada para a elite. A finalidade da arte, enquanto auto-alimentação tipo radar, que nos fornece uma imagem corporativa, dinâmica e mutável, não é tanto de preparar-nos para as transformações quanto a de permitir-nos manter um roteiro estável em direção a metas permanentes, mesmo em meio a inovações as mais perturbadoras. Pois já percebemos a futilidade que é mudar nossos objetivos quando mudamos nossas tecnologias.

PREFÁCIO

James Reston escreveu no *The New York Times* (7-6-1957):

> "Um diretor da saúde pública... noticiou esta semana que um ratinho que, presumivelmente, andara assistindo televisão, atacou uma menina e seu gato, já adulto... Ambos, gato e rato, sobreviveram, e o incidente fica registrado como lembrete de que as coisas parecem estar mudando."

Depois de três mil anos de explosão, graças às tecnologias fragmentárias e mecânicas, o mundo ocidental está implodindo. Durante as idades mecânicas projetamos nossos corpos no espaço. Hoje, depois de mais de um século de tecnologia elétrica, projetamos nosso próprio sistema nervoso central num abraço global, abolindo tempo e espaço (pelo menos naquilo que concerne ao nosso planeta). Estamos nos aproximando rapidamente da fase final das extensões do homem: a simulação tecnológica da consciência, pela qual o processo criativo do conhecimento se estenderá coletiva e corporativamente a toda a sociedade humana, tal como já se fez com nossos sentidos e nossos nervos através dos diversos meios e veículos. Se a projeção da consciência — já antiga aspiração dos anunciantes para produtos específicos — será ou não uma "boa coisa", é uma questão aberta às mais variadas soluções. São poucas as possibilidades de responder a essas questões relativas às extensões do homem, se não levarmos em conta todas as extensões em

17

conjunto. Qualquer extensão — seja da pele, da mão, ou do pé — afeta todo o complexo psíquico e social.

Algumas das principais extensões — juntamente com algumas de suas conseqüências psíquicas e sociais — são estudadas neste livro. Para se ter uma idéia da pouca atenção que se tem dado a esses assuntos no passado, basta referir-me à verdadeira consternação que este livro provocou num de seus editóres. Notou ele, desconsolado, que "setenta e cinco por cento de sua matéria é nova. Um livro de sucesso não pode arriscar mais do que dez por cento de novidade". Parece que em nossos dias vale a pena correr um tal risco: as barreiras estão cada vez mais altas e a necessidade de entender os efeitos das extensões do homem se torna cada vez mais urgente.

Na idade mecânica, que agora vai mergulhando no passado, muitas ações podiam ser empreendidas sem maiores preocupações. A lentidão do movimento retardava as reações por consideráveis lapsos de tempo. Hoje, ação e reação ocorrem quase que ao mesmo tempo. Vivemos como que miticamente e integralmente, mas continuamos a pensar dentro dos velhos padrões da idade pré-elétrica e do espaço e tempo fracionados.

Com a tecnologia da alfabetização, o homem ocidental adquiriu o poder de agir sem reação. As vantagens de fragmentar-se deste modo podem ser exemplificadas pelo caso do cirurgião, que se tornaria desamparado se tivesse de envolver-se humanamente em suas intervenções. Adquirimos a arte de levar a cabo as mais perigosas operações sociais com a mais completa isenção. A nossa isenção era uma atitude de não-participação. Mas na era da eletricidade, quando o nosso sistema nervoso central é tecnologicamente projetado para envolver-nos na Humanidade inteira, incorporando-a em nós, temos necessariamente de envolver-nos, em profundidade, em cada uma de nossas ações. Não é mais possível adorar o papel olímpico e dissociado do literato ocidental.

O teatro do absurdo dramatiza este recente dilema do homem ocidental — o dilema do homem de ação que parece não estar envolvido na ação. Esta é a origem e a atração dos palhaços de Samuel Beckett. Depois de três mil anos de explosão especializada, de especialização e alienação crescentes nas extensões tecnológicas de nosso corpo, nosso mundo tornou-se compressivo por uma dramática reversão. Eletricamente contraído, o globo já não é mais do que uma vila. A velocidade elétrica, aglutinando todas as funções sociais e políticas numa súbita implosão, elevou a consciência humana de responsabilidade a um grau dos mais intensos. É este fator implosivo que altera a posição do negro, do adolescente e de outros grupos. Eles já não podem ser *contidos*, no sentido político de associação limitada. Eles agora estão *envolvidos* em nossas vidas, como nós na deles — graças aos meios elétricos.

Esta é a Idade da Angústia, por força da implosão elétrica, que obriga ao compromisso e à participação, independentemente de qualquer "ponto de vista". Por nobre que seja, o caráter parcial e especializado do ponto de vista não tem maior utilidade na idade da eletricidade. Ao nível da informação, o mesmo abalo ocorreu com a substituição do simples ponto de vista *pela imagem inclusiva*. Se o século XIX foi a idade da cadeira do chefe de redação e do editorialista, o nosso é o século do divã do psicanalista. Enquanto extensão do homem, a cadeira é uma ablação especializada do traseiro, uma espécie de ablativo das costas, ao passo que o divã prolonga ou "estende" o ser integral. O psicanalista utiliza o divã porque ele elimina a tentação de expressar pontos de vista particulares e afasta a necessidade de racionalizar os fatos.

A aspiração de nosso tempo pela totalidade, pela empatia e pela conscientização profunda é um corolário natural da tecnologia elétrica. A idade da indústria mecânica que nos precedeu encontrou seu modo natural de expressão na afirmação veemente da perspectiva particular. Todas as culturas possuem seus modelos favoritos de percepção e conhecimento, que elas buscam aplicar a tudo e a todos. Uma das características de nosso tempo é a rebelião contra os padrões impostos. Como que subitamente, passamos a

19

ansiar por que as pessoas e as coisas explicitem seus seres totalmente. Nesta nova atitude há uma profunda fé a ser procurada — uma fé que se refere à harmonia última de todo ser. E é com esta fé que este livro foi escrito. Ele explora os contornos de nossos próprios seres, prolongados em nossas tecnologias, buscando um princípio de inteligibilidade em cada um deles. Plenamente confiante em que é possível atingir uma compreensão dessas formas, de modo a ordená-las utilmente, encarei-as de maneira nova, acolhendo muito pouco do acervo de conhecimentos convencionais que sobre elas se acumulou. Podemos dizer dos meios e veículos o que Robert Theobald disse das depressões econômicas: "Há um fator adicional que ajudou a controlar as depressões: a melhor compreensão de seu desenvolvimento." O exame da origem e do desenvolvimento das extensões individuais do homem deve ser precedido de um lance de olhos sôbre alguns aspectos gerais dos meios e veículos — extensões do homem — a começar pelo jamais explicado entorpecimento que cada uma das extensões acarreta no indivíduo e na sociedade.

PRIMEIRA PARTE

1

O MEIO É A MENSAGEM

Numa cultura como a nossa, há muito acostumada a dividir e estilhaçar todas as coisas como meio de controlá-las, não deixa, às vezes, de ser um tanto chocante lembrar que, para efeitos práticos e operacionais, o meio é a mensagem. Isto apenas significa que as conseqüências sociais e pessoais de qualquer meio — ou seja, de qualquer uma das extensões de nós mesmos — constituem o resultado do novo estalão introduzido em nossas vidas por uma nova tecnologia ou extensão de nós mesmos. Assim, com a automação, por exemplo, os novos padrões da associação humana tendem a eliminar empregos, não há dúvida. Trata-se de um resultado negativo. Do lado positivo, a automação cria papéis que as pessoas devem desempenhar, em seu trabalho ou em suas relações com os outros, com aquele profundo sentido de participação que a tecnologia mecânica que a precedeu havia destruído. Muita gente estaria inclinada a dizer que não era a máquina, mas o que se fez com ela, que constitui de fato o seu significado ou mensagem. Em termos da mudança que a máquina introduziu em nossas relações com outros e conosco mesmos, pouco importava que ela produzisse flocos de milho ou Cadillacs. A reestruturação da associação e do trabalho humanos foi moldada pela técnica de fragmentação, que constitui a essência da tecnologia da máquina. O oposto é que constitui a essência da tecnologia da automação. Ela é integral e descentralizadora, em profundidade, assim como a máquina era fragmentária, centralizadora e superficial na estruturação das relações humanas.

Neste passo, o exemplo da luz elétrica pode mostrar-se esclarecedor. A luz elétrica é informação pura. É algo assim como um meio sem mensagem, a menos que seja usada para explicitar algum anúncio verbal ou algum nome. Este fato, característico de todos os veículos, significa que o "conteúdo" de qualquer meio ou veículo é sempre um outro meio ou veículo. O conteúdo da escrita é a fala, assim como a palavra escrita é o conteúdo da imprensa e a palavra impressa é o conteúdo do telégrafo. Se alguém perguntar, "Qual é o conteúdo da fala?", necessário se torna dizer: "É um processo de pensamento, real, não-verbal em si mesmo." Uma pintura abstrata representa uma manifestação direta dos processos do pensamento criativo, tais como poderiam comparecer nos desenhos de um computador. Estamos aqui nos referindo, contudo, às conseqüências psicológicas e sociais dos desenhos e padrões, na medida em que ampliam ou aceleram os processos já existentes. Pois a "mensagem" de qualquer meio ou tecnologia é a mudança de escala, cadência ou padrão que esse meio ou tecnologia introduz nas coisas humanas. A estrada de ferro não introduziu movimento, transporte, roda ou caminhos na sociedade humana, mas acelerou e ampliou a escala das funções humanas anteriores, criando tipos de cidades, de trabalho e de lazer totalmente novos. Isto se deu independentemente do fato de a ferrovia estar operando numa região tropical ou setentrional, sem nenhuma relação com o frete ou conteúdo do veículo ferroviário. O avião, de outro lado, acelerando o ritmo de transporte, tende a dissolver a forma "ferroviária" da cidade, da política e das associações, independentemente da finalidade para a qual é utilizado.

Voltemos à luz elétrica. Pouca diferença faz que seja usada para uma intervenção cirúrgica no cérebro ou para uma partida noturna de beisebol. Poderia objetar-se que essas atividades, de certa maneira, constituem o "conteúdo" da luz elétrica, uma vez que não poderiam existir sem ela.

Este fato apenas serve para destacar o ponto de que "o meio é a mensagem", porque é o meio que configura e controla a proporção e a forma das ações e associações humanas. O conteúdo ou usos desses meios são tão diversos quão ineficazes na estruturação da forma das associações humanas. Na verdade não deixa de ser bastante típico que o "conteúdo" de qualquer meio nos cegue para a natureza desse mesmo meio. Somente hoje as indústrias se tornaram conscientes das diversas espécies de negócios em que estão mergulhadas. A IBM só começou a navegar com boa visibilidade depois que descobriu que não estava no ramo da produção de máquinas e equipamentos para escritórios e sim no de processamento da informação. A General Electric aufere uma boa parte de seus lucros das lâmpadas elétricas e dos sistemas de iluminação. Ela ainda não descobriu que, tanto quanto a A. T. & T., ela está no negócio da informação móvel e em mudança.

Não percebemos a luz elétrica como meio de comunicação simplesmente porque ela não possui "conteúdo". É o quanto basta para exemplificar como se falha no estudo dos meios e veículos. Somente compreendemos que a luz elétrica é um meio de comunicação quando utilizada no registro do nome de algum produto. O que aqui notamos, porém, não é a luz, mas o "conteúdo" (ou seja, aquilo que na verdade é um outro meio). A mensagem da luz elétrica é como a mensagem da energia elétrica na indústria: totalmente radical, difusa e descentralizada. Embora desligadas de seus usos, tanto a luz como a energia elétrica eliminam os fatores de tempo e espaço da associação humana, exatamente como o fazem o rádio, o telégrafo, o telefone e a televisão, criando a participação em profundidade.

Um manual bastante completo para o estudo das extensões do homem poderia ser organizado compilando-se citações de Shakespeare. Não chegaríamos a pensar na televisão se alguém nos propusesse, como adivinha, estes versos de *Romeu e Julieta?*:

Mas, veja! Que luz é aquela, que passa pela janela?
Ela fala — e não diz nada.

No *Otelo*, que, tanto quanto o *Rei Lear*, trata do tormento de pessoas transformadas por ilusões, lemos estes versos, que bem falam da intuição de Shakespeare em relação aos poderes de transformação dos novos meios:

> Não há encantos
> Pelos quais a virtude de moços e moças
> Possa dar em desmandos? Você, Roderigo,
> Já não leu algo assim?

Em *Troilo e Cressida*, que é quase completamente dedicado ao estudo tanto social como psicológico da comunicação, Shakespeare reafirma a sua consciência de que a verdadeira navegação política e social depende da capacidade de antecipar as conseqüências da inovação:

> A providência de um estado previdente
> Distingue cada grão do tesouro de Pluto,
> Encontra o fundo das profundas insondáveis,
> Liga senso e lugar, e quase como os deuses
> Descobre os pensamentos em seus berços mudos.

A consciência crescente que se tem da ação dos meios, independentemente de seu "conteúdo" ou programação, vem indicada nesta quadrinha anônima e irritada:

> No pensamento (e nos fatos) de hoje
> Tudo induz e conduz ao ato e à ação,
> De forma que só é digno de elogio
> Falar da queda e não da contusão.

A mesma espécie de conhecimento total e configuracional que revela por que, socialmente falando, o meio é a mensagem, é constatada também na mais recente e radical das teorias médicas. Em sua obra, *Stress of Life* ("A Tensão da Vida"), Hans Selye fala da consternação manifestada por um de seus colegas de pesquisa, ao ouvir a sua teoria:

> "Quando me viu embarcado em mais uma descrição extasiada do que eu observara em animais tratados com este ou aquele material impuro ou tóxico, olhou-me com olhos angustiosamente tristes e disse, num desespero patente: "Mas, Selye, veja bem o que você

está fazendo, antes que seja tarde! Você parece estar decidido a dedicar toda a sua vida ao estudo da farmacologia da sujeira!"

(Hans Selye, *The Stress of Life*)

Assim como Selye trata da situação ambiental total em sua teoria da doença baseada no *stress*, assim as mais recentes abordagens ao estudo dos meios levam em conta não apenas o "conteúdo", mas o próprio meio e a matriz cultural em que um meio ou veículo específico atua. O antigo desconhecimento dos efeitos sociais e psicológicos dos meios pode ser ilustrado praticamente por qualquer um dos pronunciamentos oficiais.

Ao aceitar um grau honorífico da Universidade de Notre Dame, há alguns anos, o Gen. David Sarnoff declarou o seguinte: "Estamos sempre inclinados a transformar o instrumental técnico em bode expiatório dos pecados praticados por aqueles que os manejam. Os produtos da ciência moderna, em si mesmos, não são bons nem maus: é o modo com que são empregados que determina o seu valor." Aqui temos a voz do sonambulismo de nossos dias. É o mesmo que dizer: "Uma torta de maçãs, em si mesma, não é boa nem má: o seu valor depende do modo com que é utilizada." Ou ainda: "O vírus da varíola, em si mesmo, não é bom nem mau: o modo como é usado é que determina o seu valor." E ainda: "As armas de fogo, em si mesmas, não são boas nem más: o seu valor é determinado pelo modo como são empregadas." Vale dizer: se os estilhaços atingem as pessoas certas, as armas são boas; se o tubo de televisão detona a munição certa e atinge o público certo, então ele é bom. Não estou querendo ser maldoso. Na afirmação de Sarnoff praticamente nada resiste à análise, pois ela ignora a natureza do meio, dos meios em geral e de qualquer meio em particular, bem no estilo narcisístico de alguém que se sente hipnotizado pela amputação e extensão de seu próprio ser numa forma técnica nova. O General Sarnoff continuou a explicação de sua atitude frente à tecnologia da imprensa dizendo que era verdade que a imprensa veiculava muita droga, mas, em compensação, havia disseminado a Bíblia e os pensamentos dos profetas e filósofos. Nunca ocorreu ao General Sarnoff que qualquer tecnologia pode fazer tudo, menos somar-se ao que já somos.

Economistas como Robert Theobald, W. W. Rostow e John Kenneth Galbraith, há anos vêm expondo por que a "economia clássica" não consegue explicar as mudanças ou o crescimento. E o paradoxo da mecanização reside no fato de ser, ela mesma, a causa do desenvolvimento e das mudanças, enquanto que o princípio da mecanização exclui a própria possibilidade de crescimento ou a compreensão dàs transformações. Isto porque a mecanização se realiza pela fragmentação de um processo, seguida da seriação das partes fragmentadas. Contudo, como David Hume mostrou no século XVIII, não há princípio de causalidade numa mera seqüência. O fato de uma coisa seguir-se a outra não significa nada. A simples sucessão não conduz a nada, a não ser à mudança. Assim a eletricidade viria a causar a maior das revoluções, ao liquidar a seqüência e tornar as coisas simultâneas. Com a "velocidade instantânea", as causas das coisas vieram novamente à tona da consciência, o que não ocorria com as coisas em seqüência e em conseqüente concatenação. Em lugar de perguntar o que veio primeiro, o ovo ou a galinha, começou-se a desconfiar que a galinha foi idéia do ovo para a produção de mais ovos.

Antes de o avião romper a barreira do som, as ondas sonoras se fizeram visíveis nas asas do avião. A súbita visibilidade do som, justo no momento em que ele termina é um exemplo adequado daquela grande estrutura do ser que revela formas novas e contraditórias precisamente quando as formas anteriores atingem seu desempenho máximo. A mecanização nunca se revelou tão claramente em sua natureza fragmentada ou seqüencial no nascimento do cinema — o momento em que fomos traduzidos, para além do mecanismo, em termos de um mundo de crescimento e de inter-relação orgânica. O cinema, pela pura aceleração mecânica, transportou-nos do mundo das seqüências e dos encadeamentos para o mundo das estruturas e das configurações criativas. A mensagem do cinema enquanto meio é a mensagem da transição da sucessão linear para a configuração. Foi esta transição que deu nascimento à observação, hoje perfeitamente correta: "Se funciona, então é obsoleto." Quando a velocidade elétrica sucede à seqüência mecânica do cinema, as linhas de força das estruturas e dos meios se tornam audíveis e claras. Retornamos à forma inclusiva do ícone.

Para uma cultura altamente mecanizada e letrada, o cinema surgiu como um mundo de ilusões triunfantes e de sonhos que o dinheiro podia comprar. Foi nesta fase do cinema que o cubismo apareceu, e foi descrito por E. H. Gombrich (*Art and Illusion*) como "a mais radical tentativa de extinguir a ambigüidade e acentuar a leitura integral do quadro — que se torna uma construção feita pelo homem, uma tela colorida". O cubismo substitui o "ponto de vista", ou faceta da ilusão perspectivista, por todas as facetas do objeto apresentadas simultaneamente. Em lugar da ilusão especializada da terceira dimensão, o cubismo erige na tela um jogo de planos contraditórios ou um dramático conflito de estruturas, luzes e texturas, que forçam e transmitem a mensagem por envolvência. E há muitos que têm isto como exercício praticado no campo da pintura — e não no campo da ilusão.

Em outras palavras, o cubismo, exibindo o dentro e o fora, o acima e o abaixo, a frente, as costas e tudo o mais, em duas dimensões, desfaz a ilusão da perspectiva em favor da apreensão sensória instantânea do todo. Ao propiciar a apreensão total instantânea, o cubismo como que de repente anunciou que *o meio é a mensagem*. Não se torna, pois, evidente que, a partir do momento em que o seqüencial cede ao simultâneo, ingressamos no mundo da estrutura e da configuração? E não foi isto que aconteceu tanto na Física como na pintura, na poesia e na comunicação? Os segmentos especializados da atenção deslocaram-se para o campo total, e é por isso que agora podemos dizer, da maneira a mais natural possível: "O meio é a mensagem." Antes da velocidade elétrica e do campo integral ou unificado, que o meio fôsse a mensagem era algo que não tinha nada de óbvio. Parecia, então que a mensagem era o "conteúdo", como costumavam dizer as pessoas ao perguntarem sobre o que *significava* um quadro, ou de que coisa tratava. Nunca se lembravam de perguntar do que tratava uma melodia, ou uma casa ou um vestido. Nestes assuntos, as pessoas sempre conservavam um certo senso de integralidade, de forma e função como unidade. Mas na era da eletricidade, esta idéia integral de estrutura e configuração se tornou tão dominante que as teorias educacionais passaram a lançar mão dela. Em lugar de operar com "problemas" particulares de aritmética, a abordagem estrutural agora segue as linhas de força do campo dos números — e passamos a ver crianças meditando sobre a teoria dos números e dos conjuntos.

O Cardeal Newman disse de Napoleão: "Ele compreendeu a gramática da pólvora." Napoleão dedicou alguma atenção a outros meios também, especialmente ao telégrafo semafórico, que lhe deu grande vantagem sobre seus inimigos. E os anais registram a sua declaração de que "três jornais hostis são mais de temer do que mil baionetas".

Alexis de Tocqueville foi o primeiro a dominar a gramática da imprensa e da tipografia. Capacitou-se assim a decifrar a mensagem das mudanças iminentes na França e na América, como se estivesse lendo em voz alta um texto que lhe tivessem passado às mãos. De fato, o século XIX, na França e na América, se apresentava como um livro aberto a Tocqueville, pois havia aprendido a gramática da imprensa. E sabia também quando a gramática não funcionava. Perguntado por que não escrevia um livro sobre a Inglaterra, uma vez que a conhecia e admirava tanto, respondeu:

> "Somente quem estivesse afetado por um elevado grau de delírio filosófico acreditar-se-ia capaz de julgar a Inglaterra em apenas seis meses. Um ano sempre pareceu um tempo por demais breve para conhecer bem os Estados Unidos, e é muito mais fácil ter uma noção clara e precisa da União Americana do que da Grã-Bretanha. Na América, todas as leis, num certo sentido, derivam da mesma linha de pensamento. A sociedade como um todo se funda sobre um simples fato, por assim dizer; tudo brota de um mesmo princípio. Pode-se comparar a América a uma floresta atravessada por numerosas estradas retas, convergindo para um mesmo ponto. Basta

encontrar um centro e tudo o mais se revela, num relance. Na Inglaterra, os caminhos se emaranham e só percorrendo um por um pode-se traçar um quadro do todo."

Em trabalho anterior sobre a Revolução Francesa, De Tocqueville já havia explicado como a palavra impressa, atingindo sua saturação cultural no século XVIII, havia homogeneizado a nação francesa. Os franceses se tornaram a mesma espécie de gente, do norte ao sul. Os princípios tipográficos da uniformidade, da continuidade e da linearidade se haviam superposto às complexidades da antiga sociedade feudal e oral. A revolução foi empreendida pelos novos literatos e bacharéis.

Na Inglaterra, contudo, era tal a força das antigas tradições orais do direito costumeiro, estribadas na instituição medieval do Parlamento, que nenhuma uniformidade ou continuidade da nova cultura impressa e visual poderia vir a prevalecer completamente. O resultado foi que o mais importante acontecimento da história inglesa simplesmente não houve — vale dizer, a Revolução Inglesa na trilha da Revolução Francesa. À parte a monarquia, a Revolução Americana não teve que descartar ou desenraizar instituições legais medievais. E muitos têm sustentado que a presidência americana se tornou muito mais personalista e monárquica do que qualquer monarquia européia.

O contraste entre a Inglaterra e a América, estabelecido por De Tocqueville, baseia-se claramente na criação da uniformidade e da continuidade pela tipografia e pela cultura impressa. A Inglaterra, diz ele, rejeitou esse princípio, permanecendo fiel à tradição oral e dinâmica do direito costumeiro. Daí a qualidade descontínua e imprevisível da cultura inglesa. A gramática da imprensa não tem serventia na elaboração da mensagem das instituições e de uma cultura oral e não escrita. A aristocracia inglesa foi justamente classificada como bárbara por Mathew Arnold, porque o seu poder e o seu *status* nada tinham que ver com a cultura letrada ou com as formas culturais da tipografia. Dizia o Duque de Gloucester a Edward Gibbon, por ocasião do lançamento da *Declínio e Queda do Im-*

pério Romano, deste último: "Mais um maldito tijolo, hein Sr. Gibbon? Escrevinhar, escrevinhar, escrevinhar, hein, Sr. Gibbon?" De Tocqueville era um aristocrata altamente letrado, mas perfeitamente capaz de desligar-se de valores e pressupostos da tipografia. Eis por que só ele entendeu a gramática da tipografia. E é somente assim, permanecendo à margem de qualquer estrutura ou meio, que os seus princípios e linhas de força podem ser percebidos. Pois os meios têm o poder de impor seus pressupostos e sua própria adoção aos incautos. A predição e o controle consistem em evitar este estado subliminar de transe narcísico. Mas o melhor adjutório para este fim consiste simplesmente em saber que o feitiço pode ocorrer imediatamente, por contato, como os primeiros compassos de uma melodia.

Passagem para a Índia, de E. M. Forster, é um estudo dramático da inabilidade das culturas orientais, intuitivas e orais, de assimilar e compreender os padrões de experiência europeus, racionais e visuais. Para os ocidentais, há muito tempo, "racional", naturalmente significa "seqüência uniforme e contínua". Em outras palavras, confundimos razão com instrução letrada e racionalismo com uma tecnologia isolada. Dessa forma, na era da eletricidade, o homem parece tornar-se irracional aos olhos do ocidental comum. No romance de Forster, o momento da verdade e da desalienação do transe tipográfico ocidental ocorre nas Cavernas Marabar. A força de argumentação de Adela Quested não pode medir-se com o campo de ressonância total e inclusiva que é a Índia. Depois das Cavernas, "a vida continuou como sempre, mas sem conseqüências, isto é, os sons não tinham eco nem o pensamento se desenvolvia. Tudo parecia cortado pela raiz e infectado de ilusão". *Passagem para a Índia* (a expressão é de Whitman, que viu a América marchando para o Oriente) é uma parábola do homem ocidental na era da eletricidade e só incidentalmente se refere à Europa ou ao Oriente. O conflito último entre a visão e o som, entre as formas escritas e orais de percepção e organização da existência, está ocorrendo agora. Uma vez que a compreensão paralisa a ação, como observou Nietzsche, podemos moderar a rudeza desse conflito pela compreensão dos meios que nos prolongam e que provocam essas guerras dentro de nós.

A destribalização pela escrita e seus efeitos traumáticos no homem tribal é o tema de um livro do psiquiatra J. C. Carothers, *The African Mind in Health and Disease* ("A Mentalidade Africana, na Saúde e na Doença"), editado pela Organização de Saúde, Genebra, 1959. A maior parte desse material apareceu num artigo da revista *Psychiatry*, intitulado "A Cultura, a Psiquiatria e a Palavra Escrita" (novembro, 1959). Novamente aqui, vemos a velocidade elétrica revelando as linhas de força que, a partir da tecnologia ocidental, operam nas mais remotas áreas da caatinga, da savana e do deserto. Um exemplo é o beduíno levando, no camelo, seu rádio transístor. Submergir os nativos com torrentes de conceitos para os quais não foram preparados é a ação normal de toda a nossa tecnologia. Mas com os meios elétricos, o próprio homem ocidental começa a sofrer exatamente a mesma inundação que atinge o remoto nativo. Não estamos mais bem preparados para enfrentar o rádio e a televisão em nosso ambiente letrado do que o nativo de Gana em relação à escrita, que o expulsa de seu mundo tribal coletivo, acuando-o num isolamento individual. Estamos tão sonados em nosso nôvo mundo elétrico quanto o nativo envolvido por nossa cultura escrita e mecânica.

A velocidade elétrica mistura as culturas da pré-história com os detritos dos mercadologistas industriais, os analfabetos com os semiletrados e os pós-letrados. Crises de esgotamento nervoso e mental, nos mais variados graus, constituem o resultado, bastante comum, do desarraigamento e da inundação provocada pelas novas informações e pelas novas e infindáveis estruturas informacionais. Wyndham Lewis escolheu este tema para o seu ciclo de romances chamado *The Human Age* ("A Era Humana"). O primeiro deles, *The Childermass* ("O Dia dos Santos Inocentes"), aborda precisamente a questão da mudança acelerada dos meios, vista como uma espécie de massacre dos inocentes. Em nosso próprio mundo, à medida em que ganhamos consciência dos efeitos da tecnologia na formação e nas manifestações psíquicas, vamos perdendo tôda a confiança em nosso direito de atribuir culpas. As antigas sociedades pré-históricas têm como patético o crime violento. O assassino é encarado da mesma forma como encaramos uma vítima do câncer. "Deve ser horrível sentir-se assim", dizem eles. J. M. Synge desenvolveu essa idéia de maneira bastante conseqüente em sua peça *O Playboy do Mundo Ocidental*.

Se o criminoso é visto como um inconformista, incapaz de atender aos ditames da tecnologia, no sentido do comportamento segundo padrões uniformes e contínuos, o homem letrado se inclina a encarar pateticamente aquêles que não se enquadram nos esquemas. Mais especialmente, a criança, o aleijado, a mulher e as pessoas de cor comparecem como vítimas da injustiça, no mundo da tecnologia tipográfica e visual. Por outro lado, numa cultura que distribua papéis (sentido teatral) em lugar de empregos, o anão, o deformado e a criança criam seus próprios espaços. Deles não se espera que venham a caber em nichos uniformes e repetitivos — sempre fora de medida para os seus tamanhos. Veja-se a frase: "É um mundo para homens." Como observação quantitativa, infindavelmente repetida numa cultura homogeneizada, ela se refere a homens que precisam ser Dagwoods em série, se quiserem integrar-se nela. É em nossos testes de Q. I. que produzimos a maior enchente de padrões espúrios. Inscientes de nossa tendência cultural tipográfica, nossos pesquisadores partem do princípio de que hábitos uniformes e contínuos constituem índices de inteligência, dessa forma eliminando o homem-ouvido e o homem-tato.

C. P. Snow, resenhando um livro de A. L. Rowse (*The New York Times Book Review*, 24-12-61), sôbre o *Apaziguamento* e a estrada de Munique, traça uma descrição dos cérebros e da experiência dos ingleses, nos anos 30. "Seu Q. I. era muito mais elevado do que o habitual entre os próceres políticos. Como puderam chegar a um tal fracasso?". E Snow aprova a opinião de Rowse: "Não davam ouvido a advertências porque não queriam ouvir." O fato de serem anticomunistas tornava-lhes impossível a leitura da mensagem de Hitler. Mas o fracasso deles não foi nada em comparação com o nosso atual. Os padrões americanos fincados na escrita como tecnologia uniforme aplicável a todos os níveis — educação, governo, indústria e vida social — estão agora ameaçados pela tecnologia elétrica. A ameaça de Stalin ou Hitler era externa. A tecnologia elétrica está dentro dos muros e nós somos insensíveis, surdos, cegos e mudos, ante a sua confrontação com a tecnologia de Gutenberg, na e através da qual se formou o modo americano de vida. Mas não é o momento de sugerir estratégias, quando a existência da ameaça sequer foi reconhecida. Estou na mesma posição de Pasteur, ao dizer aos doutores que seu maior inimigo era perfeitamente invisível — e perfeitamente irreconhecível por eles. Nossa resposta aos meios e veículos de comunicação — ou seja, o que conta é o modo como são usados — tem muito da postura alvar do idiota tecnológico. O "conteúdo" de um meio é como a "bola" de carne que o assaltante leva consigo para distrair o cão de guarda da mente. O efeito de um meio se torna mais forte e intenso justamente porque o seu "conteúdo" é um outro meio. O conteúdo de um filme é um romance, uma peça de teatro ou uma ópera. O efeito da forma fílmica não está relacionado ao conteúdo de seu programa. O "conteúdo" da escrita ou da imprensa é a fala, mas o leitor permanece quase que inteiramente inconsciente, seja em relação à palavra impressa, seja em relação à palavra falada.

Arnold Toynbee ignora até à inocência a função dos meios na formação da história, mas contém muitos exemplos úteis ao estudante dos *media*. Em certa altura, chega até a sugerir que a educação de adultos — através da Associação Educacional dos Trabalhadores, na Inglaterra — pode constituir-se numa força eficaz contra a imprensa popular. Toynbee acha que, embora todas as sociedades orientais já tenham aceitado a tecnologia industrial e suas conseqüências políticas, "no plano cultural, no entanto, não se observa uma tendência uniforme correspondente" (Somer-

33

vell, I. 267). Esta é a voz do letrado que, aos tropeções no mundo dos anúncios, garganteia: "Pessoalmente, não dou atenção a anúncios." As reservas espirituais e culturais que os povos orientais possam ter em relação à nossa tecnologia não lhes poderão valer muito. Os efeitos da tecnologia não ocorrem aos níveis das opiniões e dos conceitos: eles se manifestam nas relações entre os sentidos e nas estruturas da percepção, num passo firme e sem qualquer resistência. O artista sério é a única pessoa capaz de enfrentar, impune, a tecnologia, justamente porque ele é um perito nas mudanças da percepção.

A operação do meio monetário no Japão do século XVII produziu efeitos semelhantes aos da "operação tipografia" no Ocidente. A penetração da economia do dinheiro, escreveu G. B. Sansom (*Japan*, Cresset Press, Londres, 1931), "provocou uma revolução, lenta mas irresistível, que culminou com o esfacelamento do governo feudal e a retomada do intercâmbio com países estrangeiros, depois de mais de dois séculos de isolamento". O dinheiro reorganizou a vida dos sentidos dos povos precisamente porque ele é uma extensão da vida de nossos sentidos. Esta mudança não depende da aprovação ou desaprovação dos membros constitutivos da sociedade.

Arnold Toynbee abordou o tema do poder de transformação dos meios, em seu conceito da "eterização", que ele tem como o princípio da simplificação e da eficiência progressivas em qualquer organização ou tecnologia. Mas é significativo que ele ignore o *efeito* do desafio dessas formas sobre as reações de nossos sentidos. Acha que a resposta expressa por nossas opiniões é que é relevante em relação aos efeitos dos meios e da tecnologia na sociedade — um "ponto de vista" claramente resultante do feitiço tipográfico. O homem de uma sociedade letrada e homogeneizada já não é sensível à diversa e descontínua vida das formas. Ele adquire a ilusão da terceira dimensão e do "ponto de vista pessoal" como parte de sua fixação narcísica, excluindo-se assim da consciência de um Blake ou do Salmista, para os quais nós nos transformamos naquilo que contemplamos.

Hoje, se quisermos estabelecer os marcos de nossa própria cultura, permanecendo à margem das tendências e pressões exercidas por qualquer forma técnica de expressão humana, basta que visitemos uma sociedade onde uma certa forma particular ainda não foi sentida ou um período histórico onde ela ainda era desconhecida. O Prof. Wilbur Schramm efetuou essa manobra tática, ao estudar a *Television in the Lives of our Children* ("A Televisão na Vida de Nossas Crianças"). Encontrou áreas onde a televisão ainda não havia penetrado o suficiente e efetuou alguns testes. Como não havia feito nenhum estudo sobre a natureza específica da imagem televisada, seus testes versaram sobre preferências de "conteúdo", tempo de exposição ao vídeo e levantamentos de vocabulário. Numa palavra, sua abordagem do problema foi puramente literária, embora inconsciente. Em conseqüência, não teve nada a relatar. Tivesse empregado tais métodos em 1500 para descobrir os efeitos do livro impresso sobre a vida de crianças e adultos, nada teria concluído sobre as mudanças provocadas pela tipografia sobre a psicologia humana e social. A imprensa criou o individualismo e o nacionalismo no século XVI. A análise de programas e "conteúdos" não oferece pistas para a magia desses meios ou sua carga subliminar.

Leonard Doob, em seu relatório *Communication in Africa* ("Comunicação na África"), conta de um africano que sofria um bocado para ouvir, todas as noites, o noticiário da BBC — embora não entendesse nada do que se falava. Mas estar em presença daqueles sons, às 7 horas da noite, diariamente, era importante para ele. Sua atitude para com a fala era igual à nossa diante da melodia: a entonação ressonante já é bastante significativa. No século XVII, nossos ancestrais ainda partilhavam dessa atitude do nativo ante as formas dos meios, como bem nos faz sentir o francês Bernard Lam, em *The Art of Speaking* ("A Arte de Falar", Londres, 1697):

> "É uma virtude da sabedoria de Deus, que criou o Homem para a felicidade, que o que lhe é útil na conversação e no modo de vida também lhe é agradável... porque toda vitualha que provê à nutrição é saborosa, enquanto insípidas se tornam outras coisas

que não podem ser assimiladas e transformadas em nossa própria substância. Não pode agradar ao Ouvinte um Discurso que não flua fácil da boca do Orador, nem pode ser ele facilmente proferido se com deleite não for ouvido."

Há aqui uma teoria do equilíbrio da expressão e da dieta humanas, que só agora estamos tentando recuperar em relação aos meios — depois de séculos de fragmentação e especialização.

O Papa Pio XII preocupava-se profundamente com o desenvolvimento de estudos sérios sobre os atuais meios de comunicação. Dizia ele, em 17 de fevereiro de 1950:

"Não é um exagero dizer-se que o futuro da sociedade moderna, bem como da estabilidade de sua vida interior, dependem em grande parte da manutenção de um equilíbrio entre a força das técnicas de comunicação e a capacidade de reação do indivíduo."

Durante séculos, o fracasso da Humanidade a esse respeito tem sido característico e total. A aceitação dócil e subliminar do impacto causado pelos meios transformou-os em prisões sem muros para seus usuários. Como observou A. J. Liebling em seu livro *The Press* ("A Imprensa"), um homem não consegue ser livre se não consegue enxergar para onde vai, ainda que tenha um revólver para ajudá-lo. Todo meio ou veículo de comunicação também é uma arma poderosa para abater outros meios e veículos e outros grupos. Resulta daí que os tempos que correm se têm caracterizado por numerosas guerras civis, que não se limitam ao mundo da arte e do entretenimento. Em *War and Human Progress* ("A Guerra e o Progresso Humano"), o Prof. J. U. Nef declara: "As guerras totais de nosso tempo têm resultado de uma série de erros intelectuais...".

Como a força plasmadora dos meios são os próprios meios, questões de largo alcance se impõem à nossa consideração; embora mereçam volumes, não podem aqui ser senão mencionadas. Uma delas é que os meios tecnológicos são recursos naturais ou matérias-primas, a mesmo título que o carvão, o algodão e o petróleo. Todos concordarão em que uma sociedade cuja economia depende de um ou dois produtos básicos, algodão ou trigo, madeira, peixe ou gado, apresentará, como resultado, determinados e evidentes padrões sociais de organização. A ênfase em certas matérias-primas básicas é responsável pela extrema instabilidade da economia, mas também pela maior capacidade de resistência da população. O *pathos* e o humor do estadunidense do Sul se implantam numa economia dèsse tipo, de produtos limitados. Uma sociedade configurada segundo o apoio que lhe fornecem alguns poucos bens tende a aceitá-los como liames ou elos sociais, tal como a metrópole em relação à imprensa. O algodão e o petróleo, como o rádio e a televisão, tornam-se "tributos fixos" para a inteira vida psíquica da comunidade. É este fato que, permeando uma sociedade, lhe confere aquele peculiar sabor cultural. Cada produto que molda uma sociedade acaba por transpirar em todos e por todos os seus sentidos.

Que os nossos sentidos humanos, de que os meios são extensões, também se constituem em tributos fixos sobre as nossas energias pessoais e que também configuram a consciência e experiência de cada um de nós pode ser percebido naquela situação mencionada pelo psicólogo C. G. Jung:

> "Todo Romano era cercado por escravos. O escravo e a sua psicologia inundaram a Itália antiga, e todo Romano se tornou interiormente — e, claro, inconscientemente — um escravo. Vivendo constantemente na atmosfera dos escravos, ele se contaminou de sua psicologia, através do inconsciente. Ninguém consegue evitar essa influência." (*Contributions to Analytical Psychology*, Londres, 1928).

37

2

MEIOS QUENTES E FRIOS

"O surgimento da valsa — explicou Curt Sachs, em sua *World History of the Dance* ("História Mundial da Dança") — foi o resultado daquela aspiração pela verdade, simplicidade, convívio com a natureza e primitivismo propiciados pelos últimos dois terços do século XVIII." No século do Jazz, nós tendemos a subestimar o aparecimento da valsa, expressão humana quente e explosiva, que rompeu aquelas barreiras formais do feudalismo representadas pelos estilos da dança coral e palaciana.

Há um princípio básico pelo qual se pode distinguir um meio quente, como o rádio, de um meio frio, como o telefone, ou um meio quente, como o cinema, de um meio frio, como a televisão. Um meio quente é aquele que prolonga um único de nossos sentidos e em "alta definição". Alta definição se refere a um estado de alta saturação de dados. Visualmente, uma fotografia se distingue pela "alta definição". Já uma caricatura ou um desenho animado são de "baixa definição", pois fornecem pouca informação visual. O telefone é um meio frio, ou de baixa definição, porque ao ouvido é fornecida uma magra quantidade de informação. A fala é um meio frio de baixa definição, porque muito pouco é fornecido e muita coisa deve ser preenchida pelo ouvinte. De outro lado, os meios quentes não deixam muita coisa a ser preenchida ou completada pela audiência. Segue-se naturalmente que um meio quente, como o rádio, e um meio frio, como o telefone, têm efeitos bem diferentes sobre seus usuários.

Um meio frio como os caracteres escritos hieroglíficos ou ideogrâmicos atua de modo muito diferente daquele de um meio quente e explosivo como o do alfabeto fonético. Quando elevado a um alto grau de intensidade visual abstrata, o alfabeto se transforma em tipografia. A palavra impressa, graças à sua intensidade especializada, quebrou os elos das corporações e mosteiros medievais, criando formas de empresas e de monopólios extremamente individualistas. Mas a reversão típica ocorreu quando o monopólio extremado trouxe de volta a corporação, com seu domínio impessoal sobre muitas vidas. O aquecimento do meio da escrita pela intensificação da imprensa repetitiva conduziu ao nacionalismo e às guerras religiosas do século XVI. Os meios pesados e maciços, como a pedra, agem como interligadores do tempo. Usados para a escrita, são em verdade bastante frios e servem para unificar as eras e as idades; já o papel é um meio quente, que serve para unificar os espaços horizontalmente, seja nos impérios do entretenimento, seja nos impérios políticos.

Um meio quente permite menos participação do que um frio: uma conferência envolve menos do que um seminário, e um livro menos do que um diálogo. Com a imprensa, muitas formas anteriores foram excluídas da vida e da arte, enquanto outras ganharam uma nova intensidade. Mas o nosso próprio tempo está cheio de exemplos do princípio segundo o qual a forma quente exclui e a forma fria inclui. Quando as bailarinas começaram a dançar nas pontas dos pés, há um século atrás, todos sentiram que a arte do balé havia adquirido uma nova "espiritualidade". Devido a essa nova intensidade, as figuras masculinas foram excluídas do balé. O papel das mulheres também se tornou fragmentário com o advento da especialização industrial e a explosão das funções caseiras em lavanderias, padarias e hospitais na periferia da comunidade. A intensidade, ou alta definição, produz a fragmentação ou especialização, tanto na vida como no entretenimento; isto explica por que toda experiência intensa deve ser "esquecida", "censurada" e reduzida a um estado bastante frio antes de ser "aprendida" ou assimilada. A "censura" freudiana é menos uma função moral do que uma indispensável condição do aprendizado. Aceitássemos integral e diretamente todos os choques causados nas várias estruturas de nossa consciência, e logo não passaríamos de pobres náufragos neuróticos, gaguejando e apertando botões de alarme a cada minuto. A "censura" protege nosso sistema central de valores, bem como nosso sistema nervoso, arrefecendo e esfriando bastante as arremetidas da experiência. Para muita gente, este sistema de esfriamento redunda num perpétuo estado de *rigor mortis* psíquico, ou de sonambulismo, particularmente notável em períodos de novas tecnologias.

Um exemplo do impacto dilacerante de uma tecnologia quente sucedendo-se a uma tecnologia fria é fornecido por Robert Theobald em *The Rich and the Poor* ("Os Ricos e os Pobres"). Quando os missionários deram machados de aço aos nativos australianos, sua cultura — baseada no machado de pedra — entrou em colapso. O machado não apenas era raro como sempre fora um símbolo de classe (*status*), de importância viril. Os missionários providenciaram uma grande quantidade de afiados machados de aço e os entregaram às mulheres e às crianças. Os homens tinham mesmo de pedi-los emprestados às mulheres, o que causou a ruína da dignidade dos machos. Uma hierarquia feudal e tribal de tipo tradicional entra rapidamente em decadência quando se defronta com qualquer meio quente do tipo mecânico, uniforme e repetitivo. Enquanto meios, o dinheiro, a roda, a escrita ou qualquer outra forma especializada de aceleração, de intercâmbio e de informações, operam no sentido da fragmentação da estrutura tribal. Igualmente, uma aceleração extremamente acentuada, como a que ocorre com a eletricidade, contribui para restaurar os padrões tribais de envolvimento intenso, tal como a que ocorreu com a introdução do rádio na Europa, e como tende a acontecer na América, como resultado da televisão. As tecnologias especializadas destribalizam. A tecnologia elétrica não especializada retribaliza. O processo de perturbação resultante de uma nova distribuição de habilidades vem acompanhado de muita defasagem cultural: as pessoas se sentem compelidas a encarar as novas situações como se fossem velhas, daí derivando idéias como a da "explosão demográfica", numa área de implosão. No tempo dos relógios, Newton acabou por apresentar o universo físico à imagem de um relógio. Poetas como Blake, porém, estavam bem adiante de Newton, em suas reações ao desafio do relógio. Blake falou da necessidade de livrar-se "da visão única e do sono de Newton", percebendo muito bem que a resposta de Newton ao desafio proposto pelo nôvo mecanismo não era senão uma repetição mecânica desse mesmo desafio. Blake via Newton, Locke e outros como Narcisos hipnotizados, totalmente incapazes de enfrentar o repto do mecanismo. W. B. Yeats deu a sua versão blakeana integral sôbre Newton e Locke num famoso epigrama:

> Locke adormece a sonhar:
> O jardim se esvai.
> De seu flanco Deus extrai
> O fuso do tear.

Yeats apresenta Locke, o filósofo do associacionismo mecânico e linear, como que hipnotizado por sua própria imagem. O "jardim" ou consciência unificada desaparece. O homem do século XVIII prolongou-se a si mesmo sob a forma do tear mecânico, que Yeats dota de tôda a sua significação sexual. A própria mulher é assim vista como uma extensão tecnológica do ser do homem.

A contra-estratégia de Blake para o seu tempo era a de opor ao mecanismo o mito orgânico. Hoje, imerso na era da eletricidade, o próprio mito é uma resposta simples e automática passível de expressão e formulação matemática, sem nada daquela percepção imaginativa de Blake. Estivesse mergulhado na era elétrica e Blake não teria aceito o desafio em têrmos de mera repetição da forma elétrica. Porque o mito *é* a visão instantânea de um processo complexo que normalmente se prolonga por um longo período. O mito é a contração ou implosão de qualquer processo e a velocidade instantânea da eletricidade confere dimensão mítica a tôdas as corriqueiras ações sociais e industriais de hoje. Nós *vivemos* miticamente, mas continuamos a pensar fragmentariamente e em planos separados.

41

Os estudiosos estão perfeitamente cônscios da discrepância entre as maneiras com que abordam os assuntos e os próprios assuntos. Os eruditos das Escrituras, tanto do Velho como do Novo Testamento, freqüentemente declaram que o objeto de suas indagações não é linear, embora julguem que assim deva ser tratado. O tema é o das relações entre Deus e o homem, entre Deus e o mundo e entre o homem e o seu próximo — e todas as relações são conjuntas, agindo e reagindo umas sobre as outras ao mesmo tempo. No início de uma discussão, o modo de pensamento oriental e hebraico é o de atar e atacar simultaneamente o problema e a sua resposta, o que é típico das sociedades orais em geral. A mensagem integral é traçada e retraçada incessantemente, seguindo o fio de uma espiral concêntrica com redundância aparente. Basta parar em qualquer parte, depois das primeiras sentenças, para recuperar toda a mensagem — quando se está preparado para "escavá-la". Este tipo de plano parece haver inspirado Frank Lloyd Wright em seu projeto da Guggenheim Art Gallery, apoiado num partido espiral e concêntrico. É uma forma redundante inevitável na era da eletricidade, pois a estrutura concêntrica superpondo-se em profundidade é imposta pela qualidade instantânea da velocidade elétrica. O concêntrico, com sua infindável interseção de planos, é necessário para a introvisão. Em verdade, ele é a própria técnica da introvisão e, como tal, necessário para o estudo dos meios, uma vez que nenhum meio tem sua existência ou significado por si só, estando na dependência da constante inter-relação com os outros meios.

A nova configuração e estruturação elétrica da vida cada vez mais se opõe aos velhos processos e instrumentos de análise, lineares e fragmentários, da idade mecânica. E cada vez mais nos apartamos do conteúdo das mensagens para estudar o efeito total. Kenneth Boulding tocou no assunto em *The Image* ("A Imagem"), ao dizer: "O significado de uma mensagem é a mudança que ela produz na imagem." O interesse antes pelo *efeito* do que pelo *significado* é uma mudança básica de nosso tempo, pois o efeito envolve a situação total e não apenas um plano do movimento da informação. Por estranho que pareça, a precedência do efeito sobre a informação está implícita na idéia de libelo, no Direito Inglês: "Quanto maior a verdade. maior o libelo."

Inicialmente, o efeito da tecnologia elétrica foi a angústia. E agora parece estar criando tédio. Vimos atravessando os três estágios — alarma, resistência, exaustão — que caracterizam qualquer doença ou *stress* vital. seja individual ou coletiva. Pelo menos, nossa queda cansada após o primeiro entrevero com a eletricidade inclinou-nos para a expectativa de novos problemas. Entretanto, os países subdesenvolvidos que mostraram pouca permeabilidade à nossa cultura mecânica e especializada estão em muito melhores condições para enfrentar e entender a tecnologia elétrica. Não apenas as culturas atrasadas e não-industriais não possuem hábitos de especialização que devam superar em sua confrontação com o eletromagnetismo. como, na cultura oral de sua tradição, ainda possuem muito daquele "campo" unificado total de nosso nôvo eletromagnetismo. Nossas velhas áreas industrializadas, tendo corroído automaticamente suas tradições orais, encontram-se na posição de ter de redescobri-las se desejarem manter-se à altura da era da eletricidade.

Em termos de meios frios e quentes, os países atrasados são frios e nós somos quentes. O citadino bem posto é quente, o rústico do interior é frio. Mas em termos da reversão dos procedimentos e valores da era elétrica, os tempos mecânicos passados eram quentes, enquanto nós da era da TV somos frios. A valsa era uma dança quente, rápida e mecânica, adequada aos tempos industriais, em seus aspectos de pompa e cerimônia. O *twist*, ao contrário, é uma forma fria de gesto improvisado, envolvente e tagarela. No tempo do cinema e do rádio, que eram novos meios quentes, o *jazz* era quente (*hot jazz*). Em si mesmo, porém, o *jazz* tende a ser forma dançável de diálogo informal, tendo muito pouco das formas mecânicas e repetitivas da valsa. Depois que o primeiro impacto do rádio e do cinema foi absorvido, o *jazz* frio (*cool jazz*) surgiu naturalmente.

43

No número da revista *Life* de 13-9-1963, dedicado à Rússia, menciona-se que, nos clubes noturnos e restaurantes russos, "embora o *charleston* seja tolerado, o *twist* é tabu". Tudo isto não indica senão que um país em vias de industrialização tende a considerar o *hot jazz* como mais consentâneo com seus programas de desenvolvimento. De outra parte, o *twist*, forma fria e envolvente, chocaria essa cultura, por retrógrado e incompatível com a recente ênfase no mecânico. O *charleston*, em seu aspecto de boneco mecânico tirado a cordel, se constitui numa forma de vanguarda para os russos. De nossa parte, encontramos a vanguarda no frio e no primitivo, que nos prometem envolvimento em profundidade e expressão integral.

A venda pesada (*hard sell*) e a linha quente (*hot line*) tornam-se cômicas na era da televisão, e a morte de todos os caixeiros-viajantes, a um simples golpe da TV, fez passar de quente a fria a cultura americana, ainda incapaz de reconhecer-se. Em verdade, a América mais parece estar vivendo segundo o processo inverso ao descrito por Margaret Mead, na revista *Time* (4-9-1954): "Muito se lamenta o fato de a sociedade ter de mudar depressa demais para acompanhar a máquina. Há uma grande vantagem em caminhar rápido, se você caminha de maneira completa, se as mudanças sociais, educacionais e de recreação estejam de passos acertados. Necessário se torna mudar tóda a estrutura de uma vez e todo o grupo junto — e as próprias pessoas devem decidir-se a mudar."

Margaret Mead toma aqui a mudança como aceleração uniforme do movimento ou uma elevação uniforme das temperaturas nas sociedades atrasadas. Não há dúvida de que estamos chegando bastante próximos de um mundo controlado automàticamente, a ponto de podermos dizer: "Menos seis horas de rádio na Indonésia, na próxima semana, senão haverá uma grande queda no índice de atenção literária." Ou: "Programemos vinte horas mais de TV na África do Sul, na próxima semana, para esfriar a temperatura tribal, elevada pelo rádio na última semana." Culturas inteiras podem agora ser programadas, no sentido de que seu clima emocional se mantenha estável, assim como já começamos a saber alguma coisa sobre a manutenção do equilíbrio nas economias comerciais do mundo.

Na esfera puramente pessoal e privada, muitas vezes nos lembramos de como mudanças de tom e atitude são requeridas em diferentes estações e ocasiões, a fim de manter a situação sob controle. Os *clubmen* ingleses, a bem do companheirismo e da amabilidade, há muito excluíram de sua conversação certos tópicos particularmente quentes, tais como religião e política, no âmbito de seus clubes altamente "participacionais". Explorando essa veia, W. H. Auden escreveu, em sua introdução ao livro de John Betjeman, *Slick But Not Streamlined* ("Bem Passado mas não Passageiro"): "... nesta temporada, o homem de boa vontade deve usar o coração ao alcance da mão, mas não nela... O estilo escorreito do homem hoje apenas cai bem em Iago". No Renascimento, quando a imprensa aqueceu o *milieu* do homem a um grau bastante elevado, o cavalheiro e o cortesão (no estilo Hamlet-Mercúcio), adotavam, como contraste, a atitude descontraída e informal de um ser superior e lúdico. A alusão de Auden a Iago nos lembra de que Iago era o *alter ego* e o assessor do seriíssimo e nada descontraído General Otelo. Imitando seu honesto e reto general, Iago aqueceu sua própria imagem, deixando à mostra seu coração, até que o General Otelo o pronunciasse claramente "honesto Iago", um homem à imagem e semelhança de seu próprio coração honesto e implacável.

Em *The City in History* ("A Cidade na História"), Lewis Mumford se mostra favorável às cidades frias e informalmente estruturadas, contra as cidades quentes e densamente povoadas. Acha ele que o grande período de Atenas foi aquele em que ainda estavam vivos os hábitos democráticos aldeões de viver e participar. Foi então que floresceu toda a gama de expressões e indagações humanas que posteriormente se tornaram impossíveis nos centros urbanos altamente desenvolvidos. Por definição, uma situação altamente desenvolvida é baixa em oportunidades de participação e rigorosa em suas exigências de fragmentação especializada para com aqueles que pudessem controlá-la. Por exemplo, o que hoje se chama "aumento de empregos", nos negócios e no empresariado, consiste em permitir ao empregado maior liberdade na descoberta e definição de sua função. Assim também, ao ler uma estória policial, o leitor participa como co-autor, simplesmente por que muita coisa é deixada fora da narrativa. A meia de seda de malha larga é muito mais sensual do que o *nylon* macio, porque o olho manipula, preenchendo-a e completando a imagem, tal como no mosaico da imagem da TV.

Douglas Cater, em *The Fourth Branch of Government* ("O Quarto Poder do Governo"), narra como o pessoal de serviço de imprensa de Washington se comprazia em completar ou preencher as lacunas da personalidade de Calvin Coolidge. Ele era tão parecido com uma simples *charge*, que eles sentiam necessidade de completar sua imagem, para ele mesmo e para o seu público. Não deixa de ser instrutivo o fato de a imprensa aplicar o adjetivo "frio" (*cool*) a Cal. No sentido real de um meio frio, Calvin Coolidge era tão carente de dados articulados em sua imagem pública que só havia uma palavra para ele. Ele era realmente frio. Nos quentes anos 20, o quente meio da imprensa achava Cal bastante frio, e se regozijava com sua "falta de imagem", pois esta mesma falta convidava a imprensa a elaborar uma imagem para o público. Em contraposição, F. D. R. (Franklin Delano Roosevelt) era um quente homem de imprensa, que rivalizava com o jornal e se comprazia em derrotar a imprensa através de um rival, o meio quente do rádio. Como contraste, Jack Paar, famoso entrevistador da TV americana, levava um espetáculo frio ao frio meio da televisão, tornando-se um rival dos fofoqueiros noturnos e de seus aliados nas colunas sociais. A guerra de Jack Para com os colunistas foi um estranho exemplo do choque entre um meio frio e um meio quente, tal como ocorreu com o escândalo da trapaça do *show* de TV "O céu é o limite". A rivalidade entre os meios quentes da imprensa e do rádio, de um lado, e a televisão, do outro, na conquista das verbas de publicidade, apenas serviu para confundir e superaquecer as questões implicadas no negócio. que acabou por envolver despropositadamente Charles Van Doren

Um despacho da *Associated Press*, de Santa Mônica. Califórnia, de 9-8-1962, informava que:

> Uns cem infratores de trânsito assistiram hoje a uma fita sobre acidentes de trânsito, como castigo às suas infrações. Dois dêles foram acometidos de choque emocional e acessos de náusea. Aos assistentes se oferecia uma redução de cinco dólares nas multas, desde que concordassem em assistir ao referido filme, *Signal 30*, feito pela polícia do Estado de Ohio. O espetáculo mostrava ferragens retorcidas e corpos mutilados, além de gravações dos gritos das vítimas.

Que um meio quente, com conteúdo quente. possa servir para esfriar motoristas quentes é coisa muito discutível. Mas a questão interessa à compreensão dos meios. O efeito do tratamento por meios quentes dificilmente implica a empatia e a participação. A êste propósito, um anúncio de seguros de vida que mostrava o Papai num pulmão de aço rodeado de um alegre grupo familiar fêz mais para despertar sentimentos de horror no leitor do que as mais sábias advertências do mundo. Este problema também surge em relação à pena capital. Uma pena rigorosa constitui o melhor meio de dissuasão para os grandes crimes? E quanto à bomba atômica e à guerra fria, as ameaças de retaliação maciça serão o meio mais eficaz para a paz? Não parece evidente que quando se força uma situação humana a um ponto extremo de saturação, o resultado mais provável é a precipitação? Quando todos os recursos e energias disponíveis são aplicados a um organismo ou estrutura. dá-se uma espécie de reversão da estrutura. O espetáculo da brutalidade empregado como dissuasão pode brutalizar. Sob certas condições, pelo menos, a brutalidade usada no esporte pode humanizar. Com respeito à bomba e à retaliação como antídotos, podemos dizer que o entorpecimento é o resultado óbvio de todo terror prolongado. como ficou comprovado ao se tornar público o programa dos abrigos atômicos. A indiferença é o preço da eterna vigilância.

Todavia. importa muito saber se um meio quente é utilizado numa cultura quente ou fria. O rádio, meio quente, aplicado a culturas frias ou não letradas, provoca um efeito violento, contrariamente ao que acontece, por exemplo, na Inglaterra e na América, onde o rádio é considerado divertimento. Uma cultura fria, ou pouco letrada, não pode aceitar como simples divertimentos os meios quentes, como o rádio e o cinema. Estes meios são tão perturbadores para elas como o meio frio da televisão acabou por se mostrar em nosso mundo altamente letrado.

Quanto ao pavor da guerra fria e da bomba quente, a estratégia cultural mais necessária é a que envolve o humor e o jôgo. O jogo esfria as situações quentes da vida real, arremedando-as. A competição esportiva entre a Rússia e o Ocidente dificilmente servirá ao propósito da distensão. Estes esportes são inflamáveis, eis a verdade. O que consideramos divertimento ou piada em nossos meios, inevitavelmente se transforma em violenta agitação política numa cultura fria.

Um modo de estabelecer a diferença básica entre os empregos dos meios quentes e frios é o de comparar e opor a transmissão de um concerto sinfônico e a transmissão de um ensaio sinfônico. Dois dos melhores espetáculos da CBC foram os que focalizaram Glenn Gould na gravação de recitais de piano e a apresentação de Igor Stravinsky ensaindo a Sinfônica de Toronto, numa de suas novas peças. Um meio frio como a TV, quando corretamente empregado, exige este envolvimento no processo. As mensagens bem delineadas são mais adequadas aos meios quentes, como o rádio e a vitrola. Francis Bacon nunca se cansava de comparar a prosa fria e a prosa quente. Escrever métodos, ou "embalagens completas" opunha-se, para êle, ao escrever por aforismos ou por observações simples, tais como "A vingança é uma espécie de justiça selvagem". O consumidor passivo deseja pacotes já prontos, mas, dizia Bacon, aquele que está interessado no avanço do conhecimento e na indagação das causas recorrerá aos aforismos porque são incompletos e solicitam a participação em profundidade.

O princípio que distingue os meios frios e quentes está perfeitamente corporificado na sabedoria popular: "Garôta de óculos não convida a cantadas." Os óculos intensificam a visão de dentro para fora, saturando a imagem feminina — sem embargo da imagem antifeminina clássica representada pela bibliotecária. Já os óculos escuros criam a imagem inescrutável e inacessível que convida à participação e à complementação.

Numa cultura visual altamente letrada, ao sermos apresentados a alguém, é comum acontecer que a aparência visual ofusque o som do nome da pessoa, o que nos obriga a expedientes de autodefesa, tais como perguntar: "Como é mesmo o seu nome completo?" Já numa cultura auditiva, o que se impõe é o som do nome da pessoa, como bem sabia Joyce, ao dizer em *Finnegans Wake*: "Quem lhe deu esse hipnome?" O nome de alguém é um verdadeiro passe hipnótico a que a pessoa fica submetida durante toda vida.

Pregar peças e passar trotes também constituem bons testes para a verificação das diferenças entre os meios frios e quentes. O meio literário quente exclui os aspectos práticos e participantes das brincadeiras, a ponto de Constance Rourke, em *American Humor* ("O Humor Americano"), negar mesmo a sua qualidade de brincadeira. Para as pessoas letradas, pregar peças, com seu envolvimento físico integral, é de tão mau gosto quanto o trocadilho, que nos obriga a sair da linha estabelecida pela ordem tipográfica, com seu avanço suave e uniforme. Na verdade, para a pessoa letrada, em geral pouco consciente da natureza altamente abstrata do meio tipográfico, as formas de arte mais gritantes e participantes é que parecem "quentes", enquanto que a forma abstrata, mais intensamente literária, parece fria." "Bem pode a senhora perceber — disse o Dr. Johnson, com um sorriso pugilístico — que sou bem criado a ponto de ter escrúpulos doentios." E o Dr. Johnson estava certo em supor que "bem criado" passara a significar o "toque da camisa branca" na apresentação pessoal, em consonância com o rigor da página impressa. O "conforto" consiste em abandonar uma disposição visual em favor de uma disposição que permite a participação informal dos sentidos — um estado que não se obtêm quando se aquece apenas um dos sentidos (o visual em especial), a ponto de torná-lo dominante numa situação qualquer.

De outro lado, em experiências em que se incluem todas as sensações externas, a pessoa dá início a um furioso processo de preenchimento e completação, que redunda em pura alucinação. Dessa forma, o aquecimento de um dos sentidos tende a produzir hipnose, o esfriamento de todos os sentidos redunda em alucinação.

3

REVERSÃO DO MEIO SUPERAQUECIDO

Uma manchete de 21/6/1963 declarava:

LINHA QUENTE WASHINGTON-MOSCOU DENTRO DE 60 DIAS

Do serviço do *Times* de Londres, em Genebra:

O acordo para o estabelecimento de uma linha de comunicação direta entre Washington e Moscou, para casos de emergência, foi ontem assinado aqui. Charles Stelle representou os Estados Unidos e Semyon Tsarapkin a União Soviética...

A ligação, conhecida como "linha quente", deverá ser inaugurada dentro de sessenta dias, de acordo com o porta-voz americano. Utilizará concessões de circuitos comerciais, um cabo e outros meios sem fio, empregando um equipamento de teletipo.

A decisão de utilizar um meio quente, o impresso, em lugar de um meio mais participante, frio, como o telefone, é infeliz em todos os sentidos. Sem dúvida a decisão foi produto da tendência literária do Ocidente, inclinando-se para a forma impressa, sob a alegação de que é mais impessoal do que o telefone. As implicações da forma impressa são bastante diferentes em Moscou e em Washington. O mesmo acontece com o telefone. A estima dos russos por este instrumento, tão de acordo com suas tradições orais, deve-se ao rico envolvimento não-visual que ele propicia. O russo utiliza o telefone para os mesmos efeitos que nós associamos a uma ansiosa conversa cara a cara.

Tanto o telefone como o teletipo são amplificações de tendências culturais inconscientes de Moscou e Washington, respectivamente; como tais, são verdadeiros convites aos mais terríveis desentendimentos. Os russos acham muito natural a espionagem por via auditiva, mas se sentem ultrajados por nossa espionagem visual, que eles não consideram nada natural.

É velha doutrina o princípio segundo o qual as coisas se apresentam, nas fases intermediárias de desenvolvimento, sob formas contrárias às que apresentarão em seu estágio final. Chistosas ou sérias, muitas e variadas são as observações que denotam interesse nesse poder que têm as coisas de se transformarem em seu contrário, por evolução. Assim escrevia Alexander Pope:

> O vício é um monstro de tão feio aspecto,
> Que para abominá-lo basta a vista;
> Mas se o vemos demais, a face horrenda
> De abjeta a familiar, chega a benquista.

E disse o lagarto, contemplando uma borboleta: "Não, você nunca vai me pegar numa dessas malditas antenas."

Em outro nível, temos visto, em nosso século, a zombaria aos mitos e legendas tradicionais transformar-se em estudo reverente. À medida que começamos a reagir em profundidade à vida e aos problemas sociais de nosso globo-aldeia, tornamo-nos reacionários. O envolvimento que acompanha nossas tecnologias imediatas transforma as pessoas mais "socialmente conscientes" em pessoas conservadoras.

Quando o primeiro *Sputnik* entrou em órbita, uma professora de ginásio pediu aos seus alunos da segunda série que escrevessem alguns versos a respeito. Um deles escreveu:

> As estrelas são tão grandes,
> A Terra é tão pequena:
> Fique como está.

Para o homem, o conhecimento e o processo de obter conhecimento possuem a mesma magnitude. Nossa habilidade em compreender, ao mesmo tempo, galáxias e estruturas subatômicas é um movimento de faculdades que as inclui e transcende. O ginasiano que escreveu os versos acima *vive* num mundo muito mais vasto do que aquele que pode ser descrito por conceitos ou medido por instrumentos de um cientista de nossos dias. Sobre esta reversão, escreveu W. Butler Yeats: "O mundo visível já não é mais uma realidade e o mundo invisível já não é mais um sonho."

Associado a esta transformação do mundo real em ficção científica, situa-se o processo de reversão, que ora se vai desenvolvendo rapidamente, pelo qual o Ocidente se aproxima do Oriente, e o Oriente do Ocidente. Joyce codificou esta reversão recíproca em sua frase críptica:

O Ocidente alerta, o Oriente desperta
Quando se troca a noite pelo dia.

O título de seu *Finnegans Wake* é um conjunto de trocadilhos de múltiplos níveis a propósito da reversão pela qual o homem ocidental reingressa em seu ciclo tribal, ou Finn, seguindo a trilha do velho Finn, bem desperto desta vez, enquanto tornamos a entrar na noite tribal; é como nossa consciência contemporânea do Inconsciente.

A aceleração da velocidade da forma mecânica para a forma elétrica instantânea faz reverter a explosão em implosão. Em nossa atual era elétrica, as energias de nosso mundo, implosivas ou em contração, entram em choque com as velhas estruturas de organização, expansionistas e tradicionais. Até recentemente, nossas instituições e disposições sociais, políticas e econômicas — obedeciam a uma organização unidirecional. Ainda acreditamos que ela seja "explosiva" ou expansiva; e embora ela já não impere, ainda falamos em explosão da população e explosão de ensino. Em verdade, não é o aumento numérico que cria a nossa preocupação com a população; trata-se antes do fato de que todo mundo está passando a viver na maior vizinhança, criada pelo envolvimento elétrico que enreda umas vidas nas outras. Do mesmo modo na educação, não é o aumento do número daqueles que buscam o conhecimento que gera a crise. Nossa nova preocupação com a educação vai na esteira da mudança dos currículos organizados segundo disciplinas estanques rumo à inter-relação dos conhecimentos. A soberania dos departamentos se dissolve tão ràpidamente quanto as soberanias nacionais, sob as condições da velocidade elétrica. A obsessão com as velhas estruturas de expansão mecânica e unidirecional, do centro para a periferia, já não tem mais sentido em nosso mundo elétrico. A eletricidade não centraliza, mas descentraliza. É como a diferença entre o sistema ferroviário e o sistema da rède elétrica: um exige terminais e grandes centros urbanos, enquanto que a energia elétrica, presente tanto na fazenda quanto na sala do executivo, faz com que todo lugar seja centro, sem exigir grandes conjuntos e aglomerações. Esta estrutura reversa se manifestou logo nas primeiras utilidades destinadas a "poupar esforços" — tostadores, lavadoras ou aspiradores. Em lugar de poupar trabalho, os eletrodomésticos permitem que cada qual faça seu próprio trabalho. O que o século XIX delegara a servos e empregadas, agora executamos nós mesmos. Este princípio se aplica *in toto* na era da eletricidade. Em política, êle permite que Fidel Castro exista como núcleo ou centro independente. E permitiria a Quebec deixar a União Canadense. o que seria totalmente inconcebível sob o regime das ferrovias. As ferrovias requerem um espaço político e econômico uniforme. De outro lado, o avião e o rádio permitem a mais completa descontinuidade e diversidade na organização espacial.

Hoje, o grande princípio da Física, da Economia e da ciência política clássicas — o da divisibilidade de todo processo — sofreu uma auto-reversão por simples extensão da teoria do campo unificado; a automação na indústria substituiu a divisibilidade do processo pelo entrelaçamento orgânico de todas as funções do complexo produtivo. A fita magnética sucedeu a linha de montagem.

Na nova Era da Informação elétrica e da produção programada, os próprios bens de consumo assumem cada vez mais o caráter de informação, embora esta tendência se manifeste principalmente nas crescentes verbas publicitárias. É significativo que os bens de consumo mais usados na comunicação social — cigarros, cosméticos é sabonetes — sejam também os maiores responsáveis pela manutenção dos meios de comunicação em geral. À medida que aumentam os níveis da informação elétrica, praticamente toda e qualquer espécie de material atenderá a qualquer espécie de necessidade ou função, obrigando mais e mais o intelectual a investir-se no papel de comando social e de serviço da produção.

Foi Julien Benda, com *Great Betrayal* ("A traição dos intelectuais"), quem contribuiu para esclarecer a nova situação do intelectual, que subitamente passou a ser o braço-açoite da sociedade. Benda percebeu que os artistas e intelectuais, há muito alienados do poder e que desde Voltaire estavam na oposição, passavam a ser convocados para o serviço da tomada de decisões nos altos escalões. Traíram ao assinar a rendição de sua autonomia, tornando-se os lacaios do poder, tal como o físico atômico, hoje, é o lacaio dos senhores da guerra.

Tivesse Benda conhecido melhor sua história e teria ficado menos furioso e menos surpreso. Sempre foi papel da inteligência agir como ligação e mediadora entre os velhos e os novos grupos no poder. É familiar o caso dos escravos gregos, que foram por muito tempo os confidentes intelectuais e os educadores do poder romano. E é precisamente éste papel servil do intelectual confidente do tubarão — comercial, militar ou político — que o educador continuou a interpretar no mundo ocidental, até nossos dias. Na Inglaterra, os *Angries* (jovens irados) constituíram um grupo deste tipo de intelectuais, vindos dos escalões mais baixos por força da válvula-chocadeira da educação. Quando vieram à tona do mundo do poder descobriram que o ar não era nem puro, nem estimulante. Mas perderam o sangue-frio mais depressa do que Bernard Shaw e, como éle, logo se acomodaram às fantasias e bizarrias e ao cultivo de valores de diversão.

Em seu *Study of History* ("O Estudo da História"), Toynbee anota numerosas reversões de forma e dinâmica,

55

como a que ocorreu em meados do século IV com os germanos a serviço de Roma, os quais, como que de repente, começaram a sentir-se orgulhosos de seus nomes tribais, que passaram a conservar. Este momento marca uma nova confiança, originária da saturação dos valores romanos, momento este assinalado por uma virada romana complementar no sentido de valores primitivos. (Os americanos, saturados de valores europeus, especialmente com o advento da televisão, passaram a colecionar lanternas de diligências postes de amarrar cavalos e utensílios de cozinha coloniais. como objetos culturais.) Assim como os bárbaros atingiram o topo da escala social romana, os romanos começaram a mostrar preferência pelo vestuário e pelas maneiras esnobes dos homens tribais, dentro daquele mesmo espírito frívolo e esnobe que atraía os cortesãos de Luís XVI para o mundo dos pastores e pastoras. Pareceria muito natural que os intelectuais assumissem o poder, enquanto a classe governante como que se divertia na Disneylândia — pelo menos para Marx e seus seguidores. Mas os seus cálculos não levaram em conta a compreensão da dinâmica dos novos meios de comunicação. Marx baseou sua análise na máquina, extemporaneamente, quando já o telégrafo e outras formas implosivas haviam começado a reversão da dinâmica mecânica.

O presente capítulo é dedicado a mostrar que em qualquer meio ou estrutura existe o que Kenneth Boulding chama de "limite de ruptura, no qual o sistema subitamente se transforma em outro ou atravessa um ponto irreversível em seu processo dinâmico". Vários desses "limites de ruptura", serão discutidos mais adiante, inclusive o limite entre a estase e o movimento, e entre o mecânico e o orgânico no mundo das artes plásticas. Um dos efeitos da fotografia estática foi o de suprimir o consumo conspícuo ou privilegiado dos ricos, mas o efeito do movimento na fotografia foi o de fornecer "bens de fantasia aos pobres do mundo inteiro".

Hoje, a rodovia que ultrapassa seu limite de ruptura transforma as cidades em auto-estradas, enquanto estas mesmas vão adquirindo um caráter urbano contínuo. Outra reversão característica do limite de ruptura rodoviário é que o campo deixa de ser o centro de todo trabalho e a cidade deixa de ser o centro do lazer. O progresso das estradas e dos transportes provocou a reversão da antiga estrutura: as cidades se tornaram centros de trabalho, os campos passaram a servir ao lazer e à recreação.

Primitivamente, o aumento de tráfego propiciado pelo dinheiro e pelas estradas conduzira à liquidação do estado estático tribal (como Toynbee chama a cultura de nômades em busca de víveres). É típico da reversão que ocorre nos limites de ruptura o fato de o homem nômade, caçador em busca de alimentos, ser socialmente estático. De outro lado, o homem sedentário e especializado é dinâmico, explosivo e progressista. A nova cidade mundial e magnética será estática e icônica ou inclusiva.

No mundo antigo, a consciência intuitiva dos limites de ruptura como pontos de reversão e irreversibilidade estava incorporada na idéia grega de *hubris*, que Toynbee apresenta em seu *Estudo de História*, sob os títulos de "A Nêmese da Criatividade" e "A reversão dos papéis". Os dramaturgos gregos apresentavam a idéia de criatividade como criadora também de sua própria espécie de cegueira, como no caso de Édipo Rei, que deslindou o enigma da Esfinge. Foi como se os gregos percebessem que o castigo por uma ruptura era a obnubilação geral da consciência para o campo total. Numa obra chinesa — *The Way and its Power* ("O Caminho e seu Poder"), na tradução de Arthur Waley — há uma série de exemplos que mostra o fenômeno dos meios superaquecidos do homem ou cultura superprolongada e da peripécia de reversão inevitável:

> Quem se mantém na ponta dos pés não se mantém firme;
> Quem dá as mais largas passadas não é o mais rápido...
> Quem proclama o que fará não tem êxito em nada;
> Quem se orgulha de sua própria obra nada realiza de duradouro.

Uma das causas mais comuns de ruptura em qualquer sistema é o cruzamento com outro sistema, como aconteceu com a imprensa e a prensa a vapor, ou com o rádio e o cinema (gerando o cinema falado). Hoje, com o microfilme e os microcartões, para não falar das memórias eletrônicas a palavra impressa de novo assumiu muito do caráter artesanal de um manuscrito. Mas a imprensa de tipos móveis foi, por si mesma, o maior limite de ruptura na história da leitura fonética, assim como o alfabeto fonético foi o limite de ruptura entre o homem tribal e o homem individualista.

Os limites de ruptura ou reversões infindáveis passaram para a tessitura das estruturas burocráticas e empresariais, inclusive os pontos pelos quais os indivíduos começaram a ser responsáveis e imputáveis pelas suas "ações privadas". Foi este o momento de colapso da autoridade coletiva tribal. Séculos mais tarde, quando novas explosões e expansões haviam exaurido as forças da ação privada, a empresa corporativa inventou a idéia da Dívida Pública, tornando o indivíduo particularmente responsável pela ação do grupo.

No século XIX, quando se aqueceram os processos mecânicos e dissociativos da fragmentação técnica, os homens voltaram toda a sua atenção para o associativo e o corporativo. No primeiro grande período da substituição do trabalho humano pela máquina, Carlyle e os pré-rafaelistas promulgaram a doutrina do *Trabalho* como uma comunhão social mística, enquanto milionários como Ruskin e Morris mourejavam como mineiros, por razões estéticas. A mais curiosa de tôdas as reversões da grande época vitoriana da mecanização e da alta compostura moral foi a contra-estratégia de Lewis Carrol e Edward Lear, cujo *nonsense* acabou por se mostrar extraordinariamente duradouro. Enquanto os Lordes Cardigans tomavam seu banho de sangue no Vale da Morte, Gilbert e Sullivan anunciavam que o limite de ruptura fora franqueado.

4

O AMANTE DE "GADGETS"

NARCISO COMO NARCOSE

O mito grego de Narciso está diretamente ligado a um fato da experiência humana, como a própria palavra *Narciso* indica. Ela vem da palavra grega *narcosis*, entorpecimento. O jovem Narciso tomou seu próprio reflexo na água por outra pessoa. A extensão de si mesmo pelo espelho embotou suas percepções até que ele se tornou o servomecanismo de sua própria imagem prolongada ou repetida. A ninfa Eco tentou conquistar seu amor por meio de fragmentos de sua própria fala, mas em vão. Ele estava sonado. Havia-se adaptado à extensão de si mesmo e tornara-se um sistema fechado.

O que importa neste mito é o fato de que os homens logo se tornam fascinados por qualquer extensão de si mesmos em qualquer material que não seja o deles próprios. Tem havido cínicos que insistem em que os homens se apaixonam profundamente por mulheres que reflitam sua própria imagem. Seja como fôr, a sabedoria do mito de Narciso de nenhum modo indica que ele se tenha enamorado de algo que êle tenha considerado como sua própria pessoa. É claro que seus sentimentos a respeito da imagem refletida teriam sido bem diferentes, soubesse êle que se tratava de uma extensão ou repetição de si mesmo. E não deixa de ser um sintoma bastante significativo das tendências de nossa cultura marcadamente tecnológica e narcótica

59

o fato de havermos interpretado a história de Narciso como um caso de auto-amor e como se ele tivesse imaginado que a imagem refletida fosse a sua própria!

Fisiologicamente, sobram razões para que uma extensão de nós mesmos nos mergulhe num estado de entorpecimento. Pesquisas médicas, como as de Hans Selye e Adolphe Jonas sustentam que tôdas as extensões de nós mesmos, na doença ou na saúde, não são senão tentativas de manter o equilíbrio. Encaram essa extensão como "auto-amputação" e acham que o dispositivo da estratégia ou da fôrça auto-amputativa é acionado pelo organismo tôda vez que a energia perceptiva não consegue localizar ou evitar a causa da irritação. Na linguagem corrente, possuímos várias expressões que se referem a essa auto-amputação que nos é imposta pelas mais variadas pressões. Entre elas: "Não caber em si de contente", "Estar fora de si", "Estar baratinado", "Nem piscou", "Falta-lhe um parafuso", "Ficar possesso". E muitas vêzes criamos situações artificiais que imitam as irritações e pressões da vida real, sob condições controladas (esporte e jogo).

Embora não estivesse na intenção de Jonas e Selye fornecer uma explicação para a invenção e a tecnologia humanas, o certo é que nos deram uma teoria da doença que chega a explicar por que o homem é impelido a prolongar várias partes de seu corpo, numa espécie de auto-amputação. Sob pressão de hiperestímulos físicos da mais vária espécie, o sistema nervoso central reage para proteger-se, numa estratégia de amputação ou isolamento do órgão, sentido ou função atingida. Assim, o estímulo para uma nova invenção é a pressão exercida pela aceleração do ritmo e do aumento de carga. No caso da roda como extensão do pé, por exemplo, a pressão das novas cargas resultantes da aceleração das trocas por meios escritos e monetários criou as condições para a extensão ou "amputação" daquela função corporal. Em compensação, a roda, como contra-irritante das cargas crescentes, resultou em nova intensidade de ação pela amplificação de uma função separada ou isolada (o pé em rotação). O sistema nervoso somente suporta uma tal amplificação através do embotamento ou do bloqueio da percepção. A imagem refletida do moço é uma auto-amputação ou extensão provocada por pressões irritantes. Como contra-irritante, a imagem provoca um entorpecimento ou choque generalizado que obstrui o reconhecimento. A auto-amputação impossibilita o auto-reconhecimento.

O princípio da auto-amputação como alívio imediato para a pressão exercida sobre o sistema nervoso central prontamente se aplica à origem dos meios de comunicação, desde a fala até o computador.

Fisiologicamente, o sistema nervoso central, essa rêde elétrica que coordena os diversos meios de nossos sentidos, desempenha o papel principal. Tudo o que ameaça a sua função deve ser contido, localizado ou cortado, mesmo ao preço da extração total do órgão ofendido. A função do corpo, entendido como um grupo de órgãos de proteção e sustentação do sistema nervoso central é a de atuar como amortecedor contra súbitas variações do estímulo no âmbito físico e social. Um fracasso ou um vexame social é um choque de que muitos se "ressentem" ou que pode causar distúrbios musculares generalizados, sinal de que a pessoa deve subtrair-se à situação ameaçadora.

A terapêutica física ou social é um contra-irritante que colabora para o equilíbrio dos órgãos físicos que protegem o sistema nervoso central. Enquanto o prazer é um contra--irritante (esportes, diversões, álcool), o confôrto é a extirpação dos irritantes. Tanto o prazer como o confôrto são estratégias de equilíbrio para o sistema nervoso central.

Com o advento da tecnologia elétrica, o homem prolongou, ou projetou para fora de si mesmo, um modêlo vivo do próprio sistema nervoso central. Nesta medida, trata-se de um desenvolvimento que sugere uma auto-amputação desesperada e suicida, como se o sistema nervoso central não mais pudesse contar com os órgãos do corpo para a função de amortecedores de proteção contra as pedras e flechas do mecanismo adverso. Pode muito bem dar-se que as sucessivas mecanizações dos vários órgãos físicos, desde a invenção da imprensa, se tenha constituído numa experiência social por demais violenta e exacerbada para o sistema nervoso central.

E ao falar da única causa plausível para um tal desenvolvimento, voltamos ao tema de Narciso. Se Narciso se hipnotiza pela sua própria imagem auto-amputada, há uma boa razão para o hipnotismo. Há um íntimo paralelo de reações entre as estruturas dos choques ou traumas físicos e mentais. Uma pessoa que subitamente perde seus entes queridos e uma que cai de uma altura de poucos metros apresentam ambas sintomas de estado de choque. A perda da família e a queda física são casos extremos de amputação do próprio ser. O choque produz um embotamento generalizado ou uma sensibilização do limiar da percepção. A vítima parece imune à dor e a outros estímulos.

O choque de guerra criado pelo barulho violento foi adaptado à Odontologia mediante o dispositivo conhecido como *audiac*. O paciente coloca o aparelho de escuta e vai aumentando o volume do ruído até o ponto em que não mais sente a dor do motor. A seleção de um *único* sentido para estimulação intensa, ou, em tecnologia, de um único sentido "amputado", prolongado ou isolado, é a razão parcial do efeito de entorpecimento que a tecnologia como tal exerce sôbre seus produtores e consumidores. Pois o sistema nervoso central arregimenta uma reação de embotamento geral ao desafio de uma irritação localizada.

A pessoa que sofre uma queda apresenta uma espécie de imunidade à dor ou aos estímulos sensórios porque o sistema nervoso central tem de se proteger contra os golpes violentos das sensações. Somente aos poucos o indivíduo reconquista sua sensibilidade normal à visão e ao som, momento em que pode começar a tremer e transpirar, como o teria feito se o sistema nervoso central estivesse preparado previamente para a queda que ocorreu inesperadamente.

Dependendo de que sentido ou faculdade é prolongado tecnologicamente, ou "auto-amputado", o "fechamento" ou a busca de equilíbrio pelos demais sentidos é fàcilmente previsto. Ocorre com os sentidos o mesmo que ocorre com a cor. A sensação se manifesta sempre na base de 100%, e a cor é sempre 100% cor, mas a relação entre os componentes da sensação ou da cor pode variar infinitamente. Entretanto, se o som, por exemplo, fôr intensificado, tato, paladar e visão serão afetados imediatamente. O efeito do rádio sobre o homem letrado ou visual foi o de reavivar suas memórias tribais, e o efeito do som acrescido ao cinema foi o de reduzir o papel da mímica, do tato e da cinestesia. Igualmente, quando o homem nômade se voltou para os meios sedentários e especializados, os sentidos também se especializaram. O desenvolvimento da escrita e da organização visual da vida possibilitou a descoberta do individualismo, da introspecção e assim por diante.

Qualquer invenção ou tecnologia é uma extensão ou auto-amputação de nosso corpo, e essa extensão exige novas relações e equilíbrios entre os demais órgãos e extensões do corpo. Assim, não há meio de recusarmo-nos a ceder às novas relações sensórias ou ao "fechamento" de sentidos provocado pela imagem da televisão. Mas o efeito do ingresso da imagem da televisão variará de cultura a cultura, dependente das relações sensórias existentes em cada cultura. Na Europa tátil, visual, a TV intensificou o sentido visual, forçando-a em direção aos estilos americanos de acondicionamento e vestuário. Na América, cultura intensamente visual, a televisão abriu as portas da percepção audiotátil para o mundo não-visual das linguagens faladas, da alimentação e das artes plásticas. Como extensão e acelerador da vida sensória, todo meio afeta de um golpe o campo total dos sentidos, como já o dissera o Salmista, há muito tempo, no Salmo 113:

> Seus ídolos são prata e ouro,
> Obras de mão de homem.
> Têm boca e não falam;
> Têm ouvidos e não ouvem;
> Têm narizes e não cheiram;
> Têm mãos e não manejam;
> Têm pés e não caminham,
> Nem falam pelas suas gargantas.
> Quem os fez será como eles,
> Como eles todos os que neles confiam.

O conceito de "ídolo", para o Salmista hebreu. é muito semelhante ao de Narciso para o fazedor de mitos grego. E o Salmista insiste em que a *contemplação* dos ídolos. ou o uso da tecnologia, conforma os homens a êles: "Quem os fez será como eles." Este é simplesmente um caso de privação ou "fechamento" de sentidos. O poeta Blake desenvolveu a idéia do Salmista numa teoria completa da comunicação e da mudança social. Em seu longo poema *Jerusalém*, ele explica por que os homens se tornaram naquilo que contemplaram. O que acontece, diz Blake. é que "o espectro da Fôrça da Razão do Homem" tornou-se fragmentário, "separado da Imaginação e fechado em si mesmo como em aço". Numa palavra, Blake vê o homem como que fracionado por suas tecnologias. Mas êle insiste em que essas tecnologias são auto-amputações de seus próprios órgãos. Quando amputado, cada órgão se torna um sistema fechado de nova e grande intensidade. que lança o homem "nos martírios e nas guerras". Além disso. Blake anuncia que o seu tema, em *Jerusalém*, é o tema dos órgãos da percepção:

> Se os Órgãos Perceptivos se alteram, os Objetos de Percepção
> [parecem alterar-se;
> Se os Órgãos Perceptivos se fecham, seus Objetos também
> [parecem fechar-se.

Contemplar, utilizar ou perceber uma extensão de nós mesmos sob forma tecnológica implica necessàriamente em adotá-la. Ouvir rádio ou ler uma página impressa é aceitar essas extensões de nós mesmos e sofrer o "fechamento" ou o deslocamento da percepção, que automàticamente se segue. É a contínua adoção de nossa própria tecnologia no uso diário que nos coloca no papel de Narciso da consciência e do adormecimento subliminar em relação às imagens de nós mesmos. Incorporando continuamente tecnologias, relacionamo-nos a elas como servomecanismos. Eis por que, para utilizar êsses objetos-extensões-de-nós-mesmos. devemos servi-los. como a ídolos ou religiões menores. Um índio é um servomecanismo de sua canoa. como o vaqueiro de seu cavalo e um executivo de seu relógio.

Fisiologicamente, no uso normal da tecnologia (ou seja, de seu corpo em extensão vária), o homem é perpetuamente modificado por ela, mas em compensação sempre encontra novos meios de modificá-la. É como se o homem se tornasse o órgão sexual do mundo da máquina, como a abelha do mundo das plantas, fecundando-o e permitindo o evolver de formas sempre novas. O mundo da máquina corresponde ao amor do homem atendendo a suas vontades e desejos, ou seja, provendo-o de riqueza. Um dos méritos da pesquisa motivacional foi o da revelação da relação entre o Sexo e o carro.

Socialmente, a acumulação de pressões e irritações grupais conduz à invenção e à inovação como contra-irritantes. A guerra e o temor da guerra sempre foram considerados os maiores incentivos à extensão tecnológica de nossos corpos. Lewis Mumford, em sua *The City in History* ("A Cidade na História"), chega mesmo a considerar a cidade murada como uma extensão da pele, a mesmo título da habitação e do vestuário. Mais ainda do que a preparação para a guerra, o período que sucede a invasão é um período tecnologicamente rico, porque a cultura tem de readaptar tódas as suas relações sensórias para acomodar-se ao impacto da cultura invasora. Nesse intensivo e híbrido intercâmbio e luta de idéias e de formas é que são liberadas as maiores energias sociais, das quais nascem as mais avançadas tecnologias. Buckminster Fuller estima que desde 1910 os governos já gastaram três trilhões e meio de dólares em aviões. Isto corresponde a 63 vezes os depósitos de ouro existentes no mundo.

O princípio do embotamento vem à tona com a tecnologia elétrica, ou com qualquer outra. Temos de entorpecer nosso sistema nervoso central quando ele é exposto e projetado para fora: caso contrário, perecemos. A idade da angústia e dos meios elétricos é também a idade da inconsciência e da apatia. Em compensação, e surpreendentemente. é também a idade da consciência do inconsciente. Com nosso sistema nervoso central estratègicamente entorpecido, as tarefas da consciência e da organização são transferidas para a vida física do homem, de modo que, pela primeira vez, ele se tornou consciente do fato de que a tecnologia é uma extensão de nosso corpo físico. Aparentemente, isto não podia ter acontecido antes da era da eletricidade, que nos forneceu os meios da consciência imediata do campo total. Com essa consciência, a vida subliminar, privada e social, foi desvendada por completo, daí resultando que a "consciência social" nos é apresentada como a causa dos sentimentos de culpa. O existencialismo nos oferece uma filosofia de estruturas mais do que de categorias, e de envolvimento social total, em lugar do espírito burguês do isolamento individual e do ponto de vista. Na era da eletricidade, usamos tôda a Humanidade como nossa pele.

5

A ENERGIA HÍBRIDA

Les Liaisons Dangereuses

"Durante a maior parte de nossa vida, o que vemos é a guerra civil alastrar-se no mundo da arte e do entretenimento... Cinema, discos, rádio, cinema falado...". Esta observação é de Donald MacWhinnie, estudioso do rádio. Esta guerra civil nos afeta no mais profundo de nossa vida psíquica também, pois a guerra é conduzida por forças que são extensões e amplificações de nossos próprios seres. Na verdade, inter-relação entre os meios é um outro nome que podemos dar a essa guerra civil, que avassala tanto nossas sociedades quanto nossas mentes. Já se disse que "para os cegos, todas as coisas são repentinas". O cruzamento ou hibridização dos meios libera grande força ou energia, como por fissão ou fusão. Não se trata de falar em cegueira nestes casos, desde que sejamos advertidos previamente de que existe.

Já explicamos que os meios, ou extensões do homem, são agentes "produtores de acontecimentos", mas não agentes "produtores de consciência". A hibridização ou combinação desses agentes oferece uma oportunidade especialmente favorável para a observação de seus componentes e propriedades estruturais. "Assim como o filme silencioso reclamava o som, o filme sonoro reclama a cor", escreveu Sergei Eisenstein, em suas *Notas de um Diretor de Cinema*. Esse tipo de observação pode ser estendido sistematicamente a todos os meios: "Assim como a imprensa clamava pelo nacionalismo, o rádio clama pelo tribalismo." Esses meios sendo extensões de nós mesmos, dependem de nós para sua inter-relação e sua evolução. O fato de que se inter-relacionem e proliferem em novas progênies tem sido causa de maravilha através das idades. Deixarão de nos espantar se nos dermos ao trabalho de inquirir sobre sua ação. Podemos até, se o quisermos, pensar as coisas antes de as produzirmos.

Platão, em todo o seu esforço para imaginar uma escola de formação ideal, deixou escapar o fato de que Atenas era mais escola do que qualquer universidade imaginável. Em outras palavras, a maior escola já estava de matrículas abertas antes de ter sido concebida. E isto é particularmente verdadeiro em relação aos meios. Eles começam a funcionar muito antes de que nos demos conta deles. Na verdade, o simples fato de se apresentarem fora de nós corta a possibilidade de serem "pensados".

Todos observam como o carvão, o aço e os carros afetam a organização da vida diária, de forma que a sociedade começa a apresentar-se como um eco lingüístico ou como repetição das normas da linguagem, fato este que perturbou profundamente o Partido Comunista Russo. Ligados que estão à tecnologia industrial do século XIX como base da libertação das classes, nada pode ser mais subversivo para a dialética marxista do que a idéia de que os meios lingüísticos moldam o desenvolvimento social tanto quanto os meios de produção.

De fato, de todas as grandes uniões híbridas que geram furiosa liberação de energia e mudança, nenhuma supera o encontro entre as culturas letradas e as culturas orais. A alfabetização fonética deu ao homem um olho por um ouvido — e esta é, social e politicamente, talvez a mais radical explosão jamais ocorrida em qualquer estrutura social. A esta explosão do olho, que se repete freqüentemente nas "áreas atrasadas", chamamos de ocidentalização. Com a alfabetização agora em vias de hibridizar as culturas dos chineses, dos indianos e dos africanos, estamos às vésperas de assistir a uma tal liberação de força humana e de violência agressiva, que torna quase pacífica a história anterior à tecnologia do alfabeto fonético.

Sabemos, pelo nosso próprio passado, que espécie de energia é liberada, como que por fissão, quando a alfabetização faz explodir a unidade familiar ou tribal. E o que sabemos sobre as energias sociais e mentais que se desenvolvem por fusão elétrica, ou implosão, quando os indivíduos letrados são subitamente atraídos por um campo eletromagnético, tal como o que está ocorrendo com a pressão exercida pelo Mercado Comum na Europa? Convém não enganar-se: a fusão dos povos que conheceram o individualismo e o nacionalismo é um processo diferente da fissão que ocorre nas culturas orais e "subdesenvolvidas", que só agora emergem para o individualismo e o nacionalismo. É a diferença que vai entre a bomba A e a bomba H. Esta, de longe, é a mais violenta. Além disso, os produtos da fusão elétrica são imensamente complexos, enquanto os produtos da fissão são simples. A alfabetização cria espécies de povos muito mais simples do que aquelas que se desenvolvem na teia complexa das sociedades orais e tribais comuns. O homem fracionado cria o mundo ocidental homogeneizado, enquanto as sociedades orais são constituídas de gente diferenciada, não por habilitações especializadas ou sinais visíveis, mas por suas singulares misturas emocionais. O mundo interior do homem oral é um aranzel de emoções e sentimentos complexos, que o homem prático do Ocidente há muito desmanchou e suprimiu dentro de si, no interesse da eficiência e da praticabilidade.

A perspectiva imediata para o homem ocidental, letrado e fragmentado, ao defrontar-se com a implosão elétrica dentro de sua própria cultura, é a de transformar-se rápida e seguramente numa criatura profundamente estruturada e complexa, emocionalmente consciente de sua total interdependência em relação ao resto da sociedade humana. Os representantes do velho individualismo ocidental vão agora assumindo a aparência, bem ou mal, do General Bull Moose ("General Tormenta"), de Al Capp, ou dos membros da sociedade John Bircher, tribalmente empenhados em se opor ao tribal. O individualismo fragmentado, letrado e visual não tem mais lugar numa sociedade que implode, elètricametne estruturada. O que deve então ser feito? Enfrentar os fatos ao nível consciente, ou velar e reprimir esses assuntos até que alguma violência nos alivie do pesado fardo? A sina da implosão e da interdependência é mais terrível para o homem ocidental do que a sina da explosão e da independência para o homem tribal. No meu caso, pode ser mera questão de temperamento, mas eu encontro algum alívio do fardo simplesmente no entender e clarificar as questões. De outra parte, como a consciência e a conscientização parecem ser um privilégio humano, não é desejável estender essa condição aos nossos conflitos ocultos, tanto pessoais como sociais?

Este livro, buscando compreender muitos meios, os conflitos dos quais derivam e os conflitos ainda maiores a que dão corpo, sustenta a promessa de reduzir esses conflitos mediante um aumento da autonomia humana. Anotemos agora alguns dos efeitos dos meios híbridos, ou seja, da interpenetração de um e outro meio.

Por exemplo, a vida no Pentágono ficou bem mais complicada com os vôos a jato. A cada dez ou quinze minutos. uma campainha convoca especialistas dos vários departamentos para ouvirem o relatório pessoal de algum perito recém-chegado de alguma remota parte do mundo. Enquanto isso, a papelada vai-se empilhando em cada escrivaninha. E cada departamento, diariamente. despacha algum elemento seu a jato, para áreas remotas, a fim de colhër mais dados e elaborar mais relatórios. Tal é a rapidez deste processo de junção do avião a jato. do relatório verbal e da máquina de escrever, que aquéles que vão para os confins do mundo muitas vezes são incapazes de soletrar o nome do lugar para o qual foram enviados como peritos. Lewis Carroll observava que, à medida que os mapas de grande escala se tornavam mais detalhados e extensivos. tendiam a confundir-se com os campos — o que certamente provocaria o protesto dos fazendeiros... Por que não usar a terra real como mapa de si mesma? Em matéria de coleta de dados, chegamos a ponto semelhante a partir do momento em que cada chiclete que mastigamos é registrado por um computador, que traduz os nossos menores gestos numa curva de probabilidade ou de algum parâmetro da ciência social. Nossa vida particular e associativa se transformou em processo de informação justamente porque projetamos para fora nosso sistema nervoso central, *sub specie* de tecnologia elétrica. Esta é a chave para a perplexidade do Professor Boorstin, em seu livro *The Image, or What Happened to The American Dream* ("A Imagem, — ou O que Aconteceu ao Sonho Americano").

A luz elétrica acabou com o regime de noite e dia, do exterior e do interior. Mas a energia híbrida é liberada quando a luz se encontra com um estrutura de organização humana já existente. Os carros podem viajar tóda a noite, há as partidas noturnas de beisebol, e os edifícios podem dispensar as janelas. Numa palavra, a mensagem da luz elétrica é a mudança total. É informação pura, sem qualquer conteúdo que restrinja sua força transformadora e informativa.

Se o estudante da teoria da informação apenas meditar no poder da luz elétrica em transformar toda e qualquer estrutura de espaço-tempo, de trabalho ou da sociedade na qual penetra ou com a qual entra em contato, certamente disporá da chave da forma de energia que preside a todos os meios e que molda tudo o que toca. À exceção da luz, todos os meios andam aos pares, um atuando como "conteúdo" do outro, de modo a obscurecer a atuação de ambos.

É uma característica especial dos que operam os meios para outrem o fato de se interessarem pelo programa do rádio, da imprensa ou do filme. Os proprietários, eles mesmos, estão muito mais interessados nos meios como tais e não muito dispostos a ir além "do que o público quer" ou qualquer outra fórmula mais ou menos vaga. Os donos têm consciência dos meios enquanto poder, e sabem que esse poder tem pouco a ver com o "conteúdo", ou seja, os meios dentro dos meios. Quando a imprensa tocou na tecla do "interesse humano", depois que o telégrafo reestruturara o meio da imprensa, o jornal matou o teatro, tal como a TV atinge duramente o cinema e os clubes noturnos. George Bernard Shaw teve o espírito e a imaginação de replicar. Pôs a imprensa no teatro, transpondo para o palco o mundo das controvérsias e do interesse humano, tal como Dickens fizera com o romance. O cinema incorporou o romance, o jornal e o palco — todos de uma vez. E a televisão conquistou o cinema, devolvendo ao público o teatro de arena.

O que estou querendo dizer é que os meios, como extensões de nossos sentidos, estabelecem novos índices relacionais, não apenas entre os nossos sentidos particulares, como também entre si, na medida em que se inter-relacionam. O rádio alterou a forma das estórias noticiosas, bem como a imagem fílmica, com o advento do sonoro. A televisão provocou mudanças drásticas na programação do rádio e na forma das radionovelas.

São poetas e pintores os que reagem imediatamente aos novos meios, como o rádio e a televisão. O rádio, a vitrola e o gravador nos devolveram a voz do poeta como uma importante dimensão da experiência poética. Novamente, as palavras se tornaram uma espécie de pintura com luz. Mas a televisão, com seu modo de profunda participação, levou os poetas a apresentarem seus poemas em cafés, parques públicos e outros tantos lugares. Com a televisão, eles logo sentiram a necessidade do contato pessoal com o público. (Em Toronto, cidade orientada no sentido da imprensa, a leitura de poemas em parques públicos constitui ofensa pública. Religião e política são permitidas, mas não poesia, como os jovens poetas recentemente descobriram.)

O romancista John O'Hara escreveu na secção de resenha de livros de *The New York Times Book Review*, em 27-11-1955:

> Com o livro, a gente tem uma grande satisfação. Sabe-se que o leitor está preso dentro daquelas capas. Mas, como escritor, tem-se de imaginar a satisfação que êle está tendo. Já com o teatro —

bem, eu costumava ir para ver ambas as encenações de *Pal Joey* e observar — não imaginar — como o público estava apreciando a coisa. Eu bem que gostaria de começar já o próximo romance sobre uma cidadezinha, mas eu preciso do derivativo de uma peça.

Em nosso tempo, os artistas conseguem balancear tão facilmente sua dieta de meios como sua dieta de livros. Um poeta como Yeats utilizou plenamente sua cultura oral de camponês na criação de seus efeitos literários. Logo em seus inícios, Eliot causou um grande impacto graças ao emprego cuidadoso das formas de *jazz* e do cinema. *The Love Song of J. Alfred Prufrock* ("O Canto de Amor de J. Alfred Prufrock") deriva muito de sua força de interpenetração das linguagens do filme e do *jazz*. Mas esta combinação atinge o máximo de sua força com *The Waste Land* ("A Terra Estéril") e *Sweeney Agonistes* ("Os Trabalhos de Sweeney"). *Prufrock* não apenas utiliza a forma fílmica, mas também o tema cinematográfico de Charlie Chaplin, como James Joyce fez em *Ulisses*. O Bloom, de Joyce, é uma incorporação deliberada de Chaplin ("Chorney Choplain" como ele o chamou em *Finnegans Wake*). E Chaplin, assim como Chopin havia adaptado o piano ao estilo do balé, acertou na prodigiosa mistura de meios — cinema e balé — desenvolvendo aquela sua alternância à la Pavlova, entre o êxtase e o gingado. Adaptou os passos clássicos do balé a uma mímica cinematográfica, dosando exatamente o lírico e o irônico, tal como se vê também no *Prufrock* e no *Ulysses*. Os artistas de todos os setores são sempre os primeiros a descobrir como capacitar um determinado meio para uso ou como liberar a força latente de outro. De uma forma mais simples, esta é a técnica empregada por Charles Boyer, naquele seu *blend* franco-inglês em que se manifesta seu delírio polido e gutural.

O livro impresso encorajou os artistas a reduzir, tanto quanto possível, todas as formas de expressão ao simples plano narrativo e descritivo da palavra impressa. O advento dos meios elétricos liberou, de vez, a arte de sua camisa de força, criando o mundo de Paul Klee, Picasso, Braque, Eisenstein, dos irmãos Marx e de James Joyce.

Um tópico da resenha de livros do *The New York Times Book Review*, 16-9-1962, proclama: "Nada como um *best seller* para fazer Hollywood vibrar."

Hoje, naturalmente, as estrelas e astros de cinema só largam a praia, a ficção científica ou o curso de aperfeiçoamento que estão fazendo quando atraídos pela possibilidade de encarnar um papel extraído de algum livro famoso. Este é o modo pelo qual o jogo dos meios hoje afeta a colônia cinematográfica. E eles não compreendem melhor os seus problemas ligados aos meios do que o fazem os publicitários da Madison Avenue. Mas do ponto de vista dos donos da indústria cinematográfica, e dos meios coligados, o *best seller* é uma forma de garantia de que algum novo padrão ou *gestalt* de massa foi detectado na mente do público. Para o cauteloso processador de enlatados, é como um jorro de petróleo ou indício de ouro no qual ele pode farejar um botim de respeitáveis proporções. Vale dizer que os banqueiros de Hollywood são muito mais espertos do que os historiadores literários, pois estes desprezam o gosto popular, a não ser depois que tenha sofrido o processo de decantação que vai das conferências aos compêndios da literatura.

Lillian Ross, em *Picture* ("Cinema"), deu um falso relato das filmagens de *The Red Badge of Courage* ("Glória de Um Covarde"). Obteve elogios fáceis para um livro tolo sobre um grande filme, simplesmente admitindo, de saída, a superioridade do meio literário sobre o meio cinematográfico. Seu livro despertou muita atenção como um produto híbrido.

Agatha Christie escreveu um livro de doze contos sobre Hercule Poirot, intitulado *The Labours of Hercules*, e que se situa bem acima de seu bom nível literário habitual. Reelaborando temas clássicos para efeitos de paralelos modernos e verossímeis, ela pôde elevar o conto de detetives a uma intensidade extraordinária.

Nem foi outro o método de James Joyce, em *Dubliners* ("Dublinenses"), e em *Ulysses*, onde paralelos clássicos precisos criam a verdadeira energia híbrida. Baudelaire, disse o Sr. Eliot, "ensinou-nos a elevar a imagética da vida comum a uma intensidade de primeira classe". E isto se obtém. não por alguma enfatização direta da força poética, mas pela simples adaptação de situações de uma cultura a outra. sob forma híbrida. É precisamente deste modo que, durante as guerras e migrações, a mescla cultural se torna a norma da vida diária. As operações de Pesquisa estabelecem o princípio da hibridização como técnica de descoberta criativa.

Quando a estória ou o roteiro cinematográficos foram aplicados aos artigos e matérias de *idéias* e de temas, o mundo das revistas descobriu um híbrido que acabou com a supremacia do conto. Quando as rodas foram dispostas sob a forma de *tandem*, o princípio da roda se combinou com o princípio linear da tipografia para criar o equilíbrio aerodinâmico. O cruzamento da roda com a forma linear industrial liberou a nova forma do avião.

O híbrido, ou encontro de dois meios, constitui um momento de verdade e revelação, do qual nasce a forma nova. Isto porque o paralelo de dois meios nos mantém nas fronteiras entre formas que nos despertam da narcose narcísica. O momento do encontro dos meios é um momento de liberdade e libertação do entorpecimento e do transe que eles impõem aos nossos sentidos.

6

OS MEIOS COMO TRADUTORES

Ao telefone, a criança neurótica demonstra tendência a perder seus traços neuróticos — fato que tem intrigado os psiquiatras. Alguns gagos perdem a gagueira quando falam em língua estrangeira. As tecnologias são meios de traduzir uma espécie de conhecimento para outra, como observou Lyman Bryson, ao declarar que "tecnologia é explicitação". A tradução é, pois, um desvendamento de formas do conhecimento. O que chamamos de "mecanização" é uma tradução da natureza, e de nossas próprias naturezas, para formas ampliadas e especializadas. Assim, a piada de *Finnegans Wake*, "O que o passarinho féz ontem, o homem poderá fazer no próximo ano", é uma observação estritamente literal sobre a marcha da tecnologia. O poder da tecnologia, naquilo que se refere à sua dependência do processo alternativo de agarrar e soltar, a fim de ampliar o objetivo da ação, tem sido comparado ao poder dos macacos arbóreos em relação aos símios que permanecem no solo. Elias Canetti estabeleceu a correta associação dêste poder de agarrar-e-soltar dos macacos superiores com a estratégia dos especuladores da Bôlsa de Valôres. E tudo isto está sintetizado na variante popular sobre uma idéia de Robert Browning: "O homem deve alcançar mais do que aquilo que pode agarrar — e aqui temos a metáfora." Todos os meios são metáforas ativas em seu poder de traduzir a experiência em novas formas. A palavra falada foi a primeira tecnologia pela qual o homem pôde desvincular-se de seu ambiente para retomá-lo de novo modo. As palavras são uma espécie de recuperação da informação que pode abranger, a alta velocidade, a totalidade do ambiente e da experiência. As palavras são sistemas complexos de metáforas e símbolos que traduzem a experiência para os nossos sentidos manifestos ou exteriorizados. Elas constituem uma tecnologia da explicitação. Através da tradução da experiência sensória imediata em símbolos vocais, a totalidade do mundo pode ser evocada e recuperada, a qualquer momento.

Nesta era da eletricidade, nós mesmos nos vemos traduzidos mais e mais em termos de informação, rumo à extensão tecnológica da consciência. É justamente isto que queremos significar quando dizemos que, a cada dia que passa, sabemos mais e mais sobre o homem. Queremos dizer que podemos traduzir a nós mesmos cada vez mais em outras formas de expressão que nos superam. O homem é uma forma de expressão da qual se espera, tradicionalmente, que se repita a si mesma para ecoar o louvor ao Criador. "A oração é a tempestade revertida", disse George Herbert. O homem tem o poder de fazer reverberar o trovão divino pela tradução verbal.

Ao colocar o nosso corpo físico dentro do sistema nervoso prolongado, mediante os meios elétricos, nós deflagramos uma dinâmica pela qual todas as tecnologias anteriores — meras extensões das mãos, dos pés, dos dentes e dos controles de calor do corpo, e incluindo as cidades como extensões do corpo — serão traduzidas em sistemas de informação. A tecnologia eletromagnética exige dos homens um estado de completa calma e repouso meditativos, tal como convém a um organismo que agora usa o cérebro fora do crânio e os nervos fora de seu abrigo. O homem deve servir à tecnologia elétrica com a mesma fidelidade servomecanística com que serviu seu barco de couro, sua piroga, sua tipografia e todas as demais extensões de seus órgãos físicos. Com uma diferença, porém: as tecnologias anteriores eram parciais e fragmentárias, a elétrica é total e inclusiva. Um consenso ou uma consciência externa se faz agora tão necessário quanto a consciência particular. Com os novos meios também é possível armazenar e traduzir tudo; e, quanto à velocidade, não há problema. Nenhuma aceleração maior é possível aquém da barreira da luz.

Assim como é possível utilizar qualquer coisa como combustível, tecido ou material de construção, à medida que se elevam os níveis de informação na Física e na Química, assim, com a tecnologia elétrica, todos os bens sólidos podem ser convocados a manifestar-se como utilidades sólidas por meio dos circuitos de informação montados naquelas estruturas orgânicas que conhecemos pelos nomes de "automação" e de recuperação da informação. Sob as condições da tecnologia elétrica todo o negócio humano se transforma em aprendizado e conhecimento. Em termos do que ainda consideramos "economia" (palavra grega para a casa e seus dependentes), isto significa que todas as formas de riqueza derivam do movimento da informação. O problema de descobrir ocupações ou empregos pode se tornar tão difícil quanto a riqueza é fácil.

A longa revolução pela qual os homens buscaram traduzir a natureza em arte, há muito estamos acostumados a conhecer como "conhecimentos aplicados". "Aplicado" significa traduzido ou conduzido de uma espécie de forma material para outra. Para os que se interessam por êste extraordinário processo do conhecimento aplicado na civilização ocidental, Shakespeare fornece um bom material para meditação com seu *As You Like It*. O mundo dourado do bem-estar, sem emprego ou ocupação, de sua floresta de Arden, é um processo de tradução a que agora estamos dando início através do portal de automação elétrica.

É como se Shakespeare tivesse entendido a floresta de Arden, nem mais nem menos, como um modelo avançado da era da automação, quando todas as coisas podem ser traduzidas em quaisquer outras que se desejem:

> Nossa vida, sem sobressaltos públicos,
> Acha línguas nas plantas, e livros nos livres
> Regatos, e sermões nas rochas, e o bem
> Em toda parte. Eu não a mudaria.

AMIENS:

Venturosa é sua Graça,
Que pode traduzir a teimosia da fortuna
Em estilo tão calmo e doce.

(*As You Like It*, Ato II, Cena I, 15-21)

Shakespeare fala de um mundo em que — como que por programação — se pode fazer reverter os materiais do mundo natural numa variedade de níveis e intensidades de estilo. Nós estamos próximos disso, em escala maciça, nos tempos eletrônicos que correm. Aqui vemos a imagem da Idade de Ouro como uma idade de completas metamorfoses, ou traduções da natureza em arte, e aberta à nossa idade elétrica. O poeta Stephane Mallarmé achava que "o mundo existe para acabar num livro". Hoje estamos em posição de ir além, transferindo todo o espetáculo para a memória de um computador. Pois o homem, como observa Julian Huxley, diferentemente das criaturas simplesmente biológicas, possui um aparato de transmissão e transformação baseado em sua capacidade de armazenar experiência. E esta capacidade de armazenar — como na própria linguagem, de resto — é também um meio de transformar a experiência:

"Aquelas pérolas que eram seus olhos."

Nosso dilema pode tornar-se como o daquele ouvinte que telefonou para a emissora de rádio: "São vocês que costumam informar duas vezes mais sobre o tempo? Então desliguem: estou me afogando."

Ou então podemos voltar ao estado do homem tribal. para o qual os rituais mágicos são meios de "conhecimento aplicado". Em lugar de traduzir a natureza em arte, o nativo não-lembrado procura dotar a natureza de energia espiritual.

Talvez haja uma chave para alguns desses problemas na idéia freudiana de que tentamos "recalcar" a experiência ou acontecimento que não conseguimos traduzir em arte consciente. É este mesmo mecanismo que serve para entorpecer-nos em presença daquelas extensões de nós mesmos que são os meios estudados neste livro. Assim como a metáfora transmite e transforma a experiência, assim fazem os meios. "Mas eu continuo na fila" * é uma expressão com a qual traduzimos um convite social em *acontecimento* esportivo, transformando o "Que pena!" convencional numa imagem de desapontamento espontâneo: "Seu convite não é apenas um daqueles gestos casuais de que eu possa fazer pouco. Ele me provoca a mesma frustração que um jogo de futebol interrompido." Como em todas as metáforas, temos aqui uma *ratio* complexa entre quatro partes: "Seu convite está para os convites comuns como os jogos de futebol para a vida social convencional." É assim que, percebendo um conjunto de relações através de outro, armazenamos e ampliamos a experiência em formas como o dinheiro. Pois o dinheiro também é uma metáfora. E todos os meios como extensões de nós mesmos servem para fornecer uma consciência e uma visão transformadoras "Constitui uma excelente invenção — diz Bacón — o fato de Pã, ou o mundo, ter escolhido Eco para esposa, em lugar de qualquer outra voz ou fala, pois a verdadeira filosofia é aquela que fielmente traduz as próprias palavras do mundo..."

Hoje o computador-tradutor Mark II se propõe traduzir as obras-primas de qualquer literatura para qualquer língua, traduzindo desta forma as palavras de um crítico russo sobre *Guerra e Paz*, de Tolstói: "Guerra e Mundo (paz... mas nem por isso a cultura se mantém) custa no lugar. Algo traduzido. Algo impresso." (Boorstin, 141.)

Palavras como "apanhar" ou "aprender" indicam o processo de chegar-se a uma coisa através de outra, manipulando e sentindo muitas facetas de uma vez, através de mais de um sentido. Começa a ficar evidente que "toque" e "contato" não se referem apenas à pele, mas ao jogo recíproco dos sentidos: "manter contato" ou "estabelecer con-

---

* A expressão americana é "I'll take a rain-check on that", *rain-check* indicando a garantia de revalidação de um ingresso para alguma competição esportiva, em caso de mau tempo (N. do T.).

tato" é algo que resulta do encontro frutífero dos sentidos — a visão traduzida em som e o som em movimento, paladar e olfato. *O senso comum* por muitos séculos foi tido como o poder especificamente humano de traduzir a experiência de um sentido isolado para todos os demais sentidos, de modo a apresentar à mente uma imagem continuamente unificada da experiência. De fato, esta *ratio* unificada entre os sentidos durante muito tempo foi considerada a marca de nossa racionalidade, bem podendo voltar a ser assim considerada em nossa era de computadores. Agora é possível programar *ratios* entre os sentidos que se aproximem da condição da consciência. Mas esta condição seria necessáriamente uma extensão de nossa própria consciência, tal como a roda é uma extensão dos pés em rotação. Tendo prolongado ou traduzido nosso sistema nervoso central em tecnologia eletromagnética, o próximo passo é transferir nossa consciência para o mundo do computador. Então poderemos programar a consciência, de forma a que ela não ceda ao entorpecimento e à alienação narcísica provocada pelas ilusões do mundo do entretenimento que assaltam a Humanidade quando ela se defronta consigo mesma, projetada em seu próprio arremedo.

Se a obra da cidade é o refazimento ou a tradução do homem numa forma mais adequada do que aquela que seus ancestrais nômades realizaram, por que não poderia a tradução, ora em curso, de nossas vidas sob a forma de informação, resultar numa só consciência do globo inteiro e da família humana?

7

DESAFIO E COLAPSO

A Némese da Criatividade

Foi Bertrand Russel quem declarou que a grande descoberta do século XX foi a técnica da suspensão do juízo. A. N. Whitehead, de outro lado, explicou como a grande descoberta do século XIX foi a descoberta da técnica da descoberta. Ou seja: a técnica de principiar com a coisa a ser descoberta e proceder em recuo, passo a passo, como numa linha de montagem, até o ponto de onde é necessário começar para se atingir o objetivo visado. Nas artes, isto significa partir do *efeito* para chegar-se ao poema ao quadro ou à construção que produzam aquele efeito e não outro.

Mas a "técnica da suspensão do juízo" vai além. Por exemplo, ela antecipa o efeito de uma infância infeliz no adulto, neutralizando o efeito antes que êle se produza. Em psiquiatria, é a técnica da permissão total projetada como um anestésico para a mente, enquanto outras fixações ou efeitos morais de falsos julgamentos são eliminados, sistematicamente.

Como se vê, isto é coisa bastante diferente do efeito narcótico e de entorpecimento das novas tecnologias, efeito que reduz a atenção enquanto a nova forma força os portões do julgamento e da percepção. A inserção de uma nova tecnologia na mente grupal requer uma cirurgia social maciça, e é obtida embutindo-se o dispositivo de entorpecimento discutido mais atrás. Já a "técnica da suspensão do juízo" apresenta a possibilidade de rejeitar o narcótico. prorrogando indefinidamente a inserção da nova tecnologia na psique social. Uma nova estase está em vista.

Werner Heisenberg, em *The Physicist's Conception of Nature* ("A Concepção da Natureza Segundo o Físico"). constitui um exemplo do novo físico dos *quanta*, a quem a consciência global das formas sugere que deveríamos nos manter afastados da maior parte delas. Ele mostra que a mudança técnica não altera apenas os hábitos da vida mas também as estruturas do pensamento e da valoração. citando e aprovando a visão do sábio chinês:

> Viajando pelas regiões ao norte do Rio Han, Tzu-Gung avistou um ancião trabalhando em seu horto. Havia cavado um canal de irrigação. Descia a um poço, colhia um balde de água e o despejava no canal. Apesar do enorme esforço, os resultados pareciam bem pobres.
>
> Tzu-Gung disse: "Há um modo de irrigar uma centena de canais num dia, assim você fará muito com pouco esforço. Não é algo que lhe interesse?"
>
> O horticultor levantou-se, olhou para ele e disse: "E que modo é esse?"
>
> Respondeu Tzu-Gung: "Você apanha uma alavanca de madeira, pesada numa ponta e leve na outra. Dessa forma você pode puxar água tão depressa que parecerá um riacho. É o que se chama um poço de monjolo."
>
> Então o sangue subiu ao rosto do velho, e ele disse: "Ouvi de meu mestre que quem quer que use máquinas acabará por fazer tudo como uma máquina. Quem trabalha como uma máquina, terá o coração como uma máquina, e quem leva o coração como uma máquina em seu peito, perderá sua simplicidade. Quem perde sua simplicidade, se tornará inseguro nas lutas de sua alma. Incerteza nas lutas da alma é alguma coisa que não está de acordo com o senso das coisas honestas. Não é que eu não saiba fazer essas coisas. É que eu tenho vergonha de usá-las."

Talvez que o ponto mais interessante desta estória seja o de ela haver atraído a atenção do físico moderno. Ela não teria interessado a Newton ou a Adam Smith, grandes peritos e defensores das abordagens fragmentárias e especializadas. Mas os trabalhos de Hans Selye, com sua idéia de doença baseada no *stress*, sem dúvida está bem de acordo com a visão do sábio chinês. Nos anos 20, ele já ficava intrigado com o fato de os médicos se empenharem no diagnóstico de moléstias isoladas e na aplicação de remédios específicos, sem prestar qualquer atenção ao "sindrôme de estar doente". Os que se preocupam com o "conteúdo" programado dos meios e não com os próprios meios se assemelham aos médicos que ignoram o "sindrôme de estar simplesmente doente". Empreendendo uma abordagem total e inclusiva do campo da doença, Hans Selye começou o que Adophe Jonas continuou com seu *Irritation and Counter-Irritation*, ou seja, a busca de uma reação à doença enquanto tal ou a um novo impacto de qualquer espécie. Hoje, dispomos de anestésicos que nos permitem executar as mais terríveis operações físicas.

Os novos meios e tecnologias pelos quais nos ampliamos e prolongamos constituem vastas cirurgias coletivas levadas a efeito no corpo social com o mais completo desdém pelos anestésicos. Se as intervenções se impõem, a inevitabilidade de contaminar todo o sistema tem de ser levada em conta. Ao se operar uma sociedade com uma nova tecnologia, a área que sofre a incisão não é a mais afetada. A área da incisão e do impacto fica entorpecida. O sistema inteiro é que muda. O efeito do rádio é visual, o efeito da fotografia é auditivo. Qualquer impacto altera as *ratios* de todos os sentidos. O que procuramos hoje é controlar esses deslocamentos das proporções sensoriais da visão social e psíquica — quando não evitá-los por completo. Ter a doença sem os seus sintomas é estar imune. Nenhuma sociedade teve um conhecimento suficiente de suas ações a ponto de poder desenvolver uma imunidade contra suas novas extensões ou tecnologias. Hoje começamos a perceber que a arte pode ser capaz de prover uma tal imunidade.

Na história da cultura humana não há exemplo de um ajustamento consciente dos vários fatores da vida pessoal e social às várias extensões, excetuados os esforços anódinos e periféricos dos artistas. O artista apanha a mensagem do desafio cultural e tecnológico décadas antes que ocorra seu impacto transformador. Constrói então modelos ou arcas de Noé para fazer frente à mudança iminente. "A guerra de 1870 não teria ocorrido se as pessoas tivessem lido *A Educação Sentimental*", disse Gustave Flaubert.

É este aspecto da nova arte que Kenneth Galbraith recomenda aos homens de negócio, para meticuloso estudo, se desejarem continuar no ramo. Na era da eletricidade já não faz sentido falar-se que o artista está adiante de seu tempo. Nossa tecnologia também está adiante de seu tempo, se tivermos a habilidade de reconhecê-la tal como ela é. Para prevenir o naufrágio da sociedade, o artista agora vai-se transferir da torre de marfim para a torre de controle da sociedade. Assim como a educação superior já não é mais uma veleidade ou um luxo, mas uma necessidade premente da estrutura produtiva e operacional da era da eletricidade, assim o artista é indispensável para a configuração análise e compreensão da vida das formas, bem como das estruturas criadas pela tecnologia elétrica.

As vítimas que sofreram o impacto da nova tecnologia invariavelmente costumam tartamudear lugares-comuns sobre a falta de senso prático dos artistas e sobre seus gostos fantasiosos. Mas é do reconhecimento geral que, no século passado — e para usar as palavras de Wyndham Lewis — "o artista está sempre empenhado em escrever a minuciosa história do futuro, porque ele é a única pessoa consciente da natureza do presente!" O conhecimento deste simples fato agora se torna necessário à sobrevivência humana. É secular a habilidade do artista em furtar-se ao pleno golpe das novas tecnologias, neutralizando sua violência com plena consciência, assim como é secular a inabilidade das vítimas atingidas, e que não sabem contornar a nova violência, em reconhecer a necessidade que têm dos artistas. Premiar os artistas e transformá-los em celebridades pode também ser um meio de ignorar seu trabalho profético, impedindo que eles sejam oportunamente úteis à sobrevivência. O artista é o homem que, em qualquer campo, científico ou humanístico, percebe as implicações de suas ações e do novo conhecimento de seu tempo. Ele é o homem da consciência integral.

O artista pode corrigir as relações entre os sentidos antes que o golpe da nova tecnologia adormeça os procedimentos conscientes. Pode corrigi-los antes que se manifestem o entorpecimento, o tateio subliminar e a reação. Sendo assim, como se pode apresentar a questão àqueles que podem fazer algo a respeito?

Se houvesse uma possibilidade, remota que fosse, de esta análise ser correta, ela asseguraria um armistício global e um período de compra na Bolsa de Valores. Se é verdade que o artista possui os meios de antecipar e evitar as conseqüências do trauma psicológico, o que pensar do mundo e da burocracia da "apreciação da arte"? Isto não pareceria, de repente, algo assim como uma conspiração para fazer do artista um pernóstico, um frívolo ou um Milton de província? Se os homens pudessem ser convencidos de que a arte é um pré-conhecimento preciso sobre como enfrentar as conseqüências psicológicas e sociais de uma nova tecnologia, tornar-se-iam todos eles artistas? Ou dariam início a uma escrupulosa tradução das novas formas das artes em termos de roteiros de navegação social? Tenho curiosidade em saber o que aconteceria se, de repente, a arte começasse a ser vista tal como é, ou seja, informação exata para reordenação das mentes, no sentido de antecipar o próximo golpe que nos será vibrado pelas nossas faculdades projetadas para fora. Cessaríamos então de olhar para as obras de arte como um explorador olharia para o ouro e as pedras preciosas que servem de adorno para os simples não-letrados? De qualquer forma, na arte experimental os homens encontram as especificações exatas da violência que se desencadeará sobre suas psiques, pelos seus próprios irritantes ou tecnologias. Aquelas partes de nós mesmos que projetamos para fora sob a forma de novas invenções são tentativas de repelir ou neutralizar pressões e irritações coletivas. Mas o contra-irritante muitas vezes se revela uma praga maior ainda do que o irritante inicial, tal como o vício em drogas. E é aqui que o artista nos mostra como "desviar o golpe", em lugar de "receber um direto no queixo". E só nos resta repetir que a história humana não tem sido senão uma longa série de "diretos no queixo".

Há bastante tempo já Emile Durkheim exprimiu a idéia de que a tarefa especializada sempre se furta à ação da consciência social. Isto pareceria indicar que o artista é a consciência social — e como tal é tratado convenientemente! "Não temos arte — dizem os nativos de Bali — procuramos fazer tudo da melhor forma possível."

Com o impacto do automóvel, a metrópole moderna vai-se espalhando irremediàvelmente. Como resposta ao desafio da rapidez rodoviária, os subúrbios e as cidades-jardins chegaram tarde demais — ou no tempo oportuno de se transformarem simplesmente num desastre automobilístico. A disposição de funções ajustadas para um certo conjunto de intensidades tornou-se insuportável quando submetida a outra intensidade. Uma extensão tecnológica de nossos corpos, projetada para aliviar o *stress* físico, pode produzir um *stress* psíquico muito mais grave. A tecnologia especializada do Ocidente, transferida para o mundo árabe nos últimos tempos de Roma, liberou uma furiosa descarga de energia tribal.

Os meios de diagnose relativamente ardilosos que devem ser empregados para sujeitar o impacto e a forma real de um novo meio não são muito diferentes daqueles indicados nas estórias de detetives, tais como as de Peter Cheyney. Em *You Can't Keep the Change* ("Você Não Vai Ficar Com o Troco"), escreveu Cheyney:

> Para Callaghan, um caso não passava de uma coleção de gente. Algumas — ou todas — viviam a fornecer informações erradas ou a contar mentiras, porque as circunstâncias as forçavam ou conduziam a isso.
>
> Mas o fato de *terem* de contar mentiras e dar falsas impressões obrigava-as a uma re-orientação de seus pontos de vista e de suas próprias vidas. Mais cedo ou mais tarde essas pessoas se cansavam ou relaxavam. Então — e só então — podia o investigador rastrear a pista que o conduziria a uma possível solução lógica.

É interessante notar que o êxito em manter uma fachada respeitável do tipo costumeiro somente pode ser conseguido através de um esforço desesperado de recomposição da fachada. Depois do crime, depois de executado o golpe, a fachada usual só pode ser sustentada através de um contínuo conserto dos andaimes. Assim é em nossa vida social, quando a golpeia uma nova tecnologia, e em nossa vida particular, quando ocorre uma experiência intensa em relação ao golpe, preparando mais faculdades para a assimilação do corpo estranho. A observação de Peter Cheyney sobre um dos processos da ficção detetivesca se constitui num exemplo de uma forma popular de distração funcionando como modelo mímico do fato real.

Talvez que o "fechamento" ou a conseqüência psicológica mais evidente de uma tecnologia nova seja simplesmente a sua demanda. Ninguém quer um carro até que haja carros, e ninguém está interessado em TV até que existam programas de televisão. Este poder da tecnologia em criar seu próprio mercado de procura não pode ser desvinculado do fato de a tecnologia ser, antes de mais nada. uma extensão de nossos corpos e de nossos sentidos. Quando estamos privados do sentido da visão, os outros sentidos, até certo ponto, procuram supri-lo. Mas a necessidade de utilizar os sentidos disponíveis é tão premente quanto respirar — o que confere sentido à necessidade que sentimos em manter o rádio ou o aparelho de televisão ligados quase que continuamente. A pressão para o uso contínuo independe do "conteúdo" dos programas ou do sentido de vida particular de cada um, testemunhando o fato de que a tecnologia é parte de nosso corpo. A tecnologia elétrica se relaciona diretamente com nosso sistema nervoso central, de modo que é ridículo falar do "que o público quer", brincando com seus próprios nervos. Seria o mesmo que perguntar ao público que espécie de luz e som prefere no ambiente urbano que o envolve! Poucos direitos nos restam a partir do momento em que submetemos nossos sistemas nervoso e sensorial à manipulação particular daqueles que procuram lucrar arrendando nossos olhos, ouvidos e nervos. Alugar nossos olhos, ouvidos e nervos para os interêsses particulares é o mesmo que transferir a conversação comum para uma empresa particular ou dar a atmosfera terrestre em monopólio a uma companhia. Algo assim já aconteceu com o espaço exterior, pelas mesmas razões pelas quais arrendamos nossos sistema nervoso central a diversas firmas. Enquanto adotarmos a atitude de Narciso, encarando as extensões de nossos corpos como se estivessem de fato *lá fora*, independentes de nós, enfrentaremos os desafios tecnológicos com a mesma sorte, a mesma piruéta e queda de quem escorrega numa casca de banana.

Arquimedes disse certa vez: "Dê-me um ponto de apoio e eu moverei o mundo." Hoje, ele apontaria para nossos meios elétricos e diria: "Eu me apoiarei em seus olhos, ouvidos, nervos e cérebro e o mundo se moverá em qualquer compasso e forma que eu desejar." Nós arrendamos êsses "pontos de apoio" às empresas particulares.

Arnold Toynbee dedicou boa parte de seu *Um Estudo de História* à análise dos desafios que as culturas têm enfrentado através dos séculos. É altamente relevante para o homem ocidental a explicação de Toynbee sôbre como os coxos e aleijados compensam suas deficiências numa sociedade de guerreiros. Tornam-se especialistas, como Vulcano, o ferreiro e armeiro. E como reagem as comunidades conquistadas e escravizadas? Empregam a mesma estratégia do coxo numa sociedade de guerreiros. Especializam-se tornando-se indispensáveis aos seus amos. O estigma de servilismo e pusilanimidade que ainda hoje pesa sôbre a figura do especialista provavelmente deriva da longa história da escravização humana e da sua queda na especialização como contra-irritante. A capitulação do homem ocidental à sua própria tecnologia, com um crescendo de demanda especializada, sempre pareceu uma espécie de escravidão aos observadores de nosso mundo. Mas a fragmentação que daí deriva tem sido voluntária e entusiástica, contrariamente à consciente estratégia de especialização empregada pelos prisioneiros da conquista militar.

É claro que a especialização, ou a fragmentação como técnica de obter segurança em relação à tirania e à opressão vem acompanhada de um perigo. Para se atingir uma perfeita adaptação a qualquer ambiente, necessário se torna canalizar para esse fim todas as energias e forças vitais, o que conduz a uma espécie de limite estático. Qualquer mudança no ambiente dos bem adaptados encontra-os sem recursos para enfrentar o novo desafio. Esta é a sina dos representantes da "sabedoria convencional", em qualquer sociedade. Apostam toda a sua segurança e condição social numa única forma de conhecimento adquirido — de forma que a inovação para eles não é inovação, mas aniquilamento.

A existência de uma fronteira ou muro, atrás do qual existe uma outra espécie de sociedade, é uma forma semelhante de desafio para as mais diversas culturas. A simples existência, lado a lado, de duas formas de organização, é suficiente para gerar tensão em alto grau. De fato, este foi o princípio das estruturas artísticas simbolistas no século passado. Toynbee observa que o desafio de uma civilização a uma sociedade tribal demonstra seguidamente que a sociedade mais simples está condenada a ver sua economia e suas instituições "desintegradas pela chuva da energia psíquica gerada pela civilização" de cultura mais complexa. Quando duas sociedades vivem lado a lado, o desafio psíquico da mais complexa atua como liberação explosiva de energia em relação à mais simples. Para colher ilustrações numerosas dessa espécie de problema, não é necessário ir além da vida diária do adolescente em meio ao complexo dos centros urbanos. Assim como os bárbaros se tornavam furiosamente inquietos ao contato com os civilizados, decaindo nas migrações em massa, assim o adolescente, obrigado a partilhar da vida de uma cidade que não pode aceitá-lo como adulto parte para a "rebelião sem causa". Antes, o adolescente dispunha de uma garantia de revalidação de sua entrada: estava preparado para esperar a sua vez, na fila. Mas com a televisão, o impulso à participação encerrou a adolescência e todo lar americano tem o seu muro de Berlim.

Toynbee é generoso em fornecer exemplos numerosos e variados de desafio e ruína e é especialmente arguto ao apontar o fútil e freqüente recurso ao futurismo e ao arcaísmo como estratégias para fazer frente às mudanças radicais. Voltar para o tempo do cavalo ou ansiar pela vinda dos veículos antigravitacionais não é uma resposta adequada ao desafio do automóvel. Estes dois meios uniformes de olhar para trás e para a frente são meios comuns de evitar as descontinuidades da experiência do presente com suas exigências de exame e avaliação sensíveis. Somente o artista dedicado parece ter o poder de fazer frente à realidade presente.

Seguidamente, Toynbee insiste na estratégia cultural da imitação do exemplo dos grandes homens. Isto, naturalmente, significa colocar a segurança cultural antes nas mãos da *vontade* do que no poder da *percepção* adequada das situações. Qualquer um pode objetar que isto não é senão a crença inglesa na personalidade, em oposição ao intelecto. Considerando-se o poder infinito dos homens em hipnotizar-se, inconscientizando-se em presença de um desafio, pode-se argumentar que, para a sobrevivência, a força de vontade é tão útil quanto a inteligência. Hoje também necessitamos da vontade para nos mantermos incomumente informados e conscientes.

Arnold Toynbee dá um exemplo de como a tecnologia renascentista foi efetivamente enfrentada e criativamente controlada, ao mostrar como a revivescência do parlamento medieval descentralizado salvou a Inglaterra do monopólio do centralismo que avassalou o continente. Lewis Mumford, em *City in History* ("A Cidade na História"), conta a estranha história de como as cidades da Nova Inglaterra conseguiram desenvolver a estrutura da cidade medieval ideal, eliminando as muralhas e misturando campo e cidade. Quando uma tecnologia de um determinado tempo implica num impulso poderoso numa direção, a sabedoria aconselha opor-lhe um outro impulso. A implosão da energia elétrica em nosso século não pode ser neutralizada pela explosão e pela expansão, mas sim pela descentralização e pela flexibilidade de múltiplos centros pequenos. Por exemplo, a corrida dos estudantes para a universidade não é explosão. mas implosão. A estratégia adequada para enfrentar esta força não é aumentar a universidade, mas criar numerosos grupos de faculdades autônomas em lugar da universidade centralizada, que se desenvolveu segundo as linhas das formas de govêrno européias e da indústria do século XIX.

Da mesma forma, os efeitos excessivamente tácteis da imagem televisionada não podem ser neutralizados por simples mudanças de programação. A estratégia criativa baseada num diagnóstico adequado aconselharia um aprofundamento correspondente e uma abordagem estrutural nos mundos literário e visual. Se persistirmos numa abordagem convencional a êstes desenvolvimentos, nossa cultura tradicional será posta de lado, como o foi o escolasticismo no século XVI. Tivessem os Escolásticos, com sua complexa cultura oral, compreendido a tecnologia de Gutemberg, teriam criado uma nova síntese da educação escrita e oral, em lugar de submeter-se à imagem e permitir que à página visual ficasse afeta a missão educacional. Os Escolásticos orais não estiveram à altura do nôvo desafio visual da imprensa: a expansão ou explosão da tecnologia de Gutenberg daí resultante só serviu para contribuir, em muitos aspectos, para o empobrecimento da cultura, como os historiadores como Mumford começam agora a perceber. Em *Um Estudo de História*, Arnold Toynbee, ao considerar "a natureza do crescimento das civilizações", não apenas abandona o conceito de ampliação como critério do crescimento real das sociedades, como afirma: "Mais comumente a expansão geográfica é concomitante com o declínio real e coincide com os "períodos de perturbações" ou com o estado universal — ambos constituindo estágios de declínio e de desintegração."

Toynbee expõe o princípio de que os períodos de agitação ou de mudanças rápidas produzem o militarismo, e de que este produz o império e a expansão. O velho mito grego, ensinando que do alfabeto surgiu o militarismo. ("O Rei Cadmo semeou os dentes do dragão e dêles brotaram homens armados") na verdade vai muito mais fundo do que a história de Toynbee: "Militarismo" é apenas uma descrição vaga e não uma análise de causalidade. O militarismo é uma espécie de organização visual das energias sociais, ao mesmo tempo especializada e explosiva, de modo que é mera redundância dizer, como o faz Toynbee, que ele tan-

92

to cria os novos impérios como provoca a *débâcle* social Mas o militarismo é uma forma de industrialismo, ou seja, a concentração de grande quantidade de energia homogeneizada em alguns poucos tipos de produção. O legionário era um homem com uma pá. Era um trabalhador e um construtor hábil, que processava e embalava os recursos de muitas sociedades, expedindo-os para casa. Antes da maquinaria, as únicas forças maciças para o processamento de materiais eram os soldados e os escravos. Como indica o mito de Cadmo, o alfabeto fonético foi o maior processador de homens para a vida militar homogeneizada que existiu na Antigüidade. O período da sociedade grega que Heródoto declara ter sido "castigado de mais agitações do que nas vinte gerações precedentes", foi um tempo que — em nosso retrospecto literário — se nos afigura como um dos maiores séculos da história humana. Foi Macaulay quem observou que as épocas sobre as quais gostamos de ler não eram épocas nas quais fosse agradável viver. A era que sucedeu a Alexandre viu o helenismo expandir-se na Ásia e preparou o curso da expansão romana posterior. No entanto, estes foram exatamente os séculos que assistiram à ruína da civilização grega.

Toynbee se refere à estranha falsificação da história pela arqueologia, pois a sobrevivência de muitos objetos materiais do passado pouco nos diz da qualidade da vida e da experiência diária de um tempo determinado. Melhoramentos técnicos contínuos nos meios de combate são observados durante todo o período do declínio helênico e romano. Toynbee comprova sua hipótese testando-a com os melhoramentos da agricultura grega. Quando as leis de Sólon afastaram os gregos da lavoura mista segundo um programa de cultivo de produtos especializados para a exportação, uma gloriosa manifestação de energia na vida grega foi a feliz conseqüência. Na fase seguinte, quando o impulso da especialização passou a apoiar-se, em grande parte, no trabalho escravo, houve um aumento espetacular na produção. Mas as legiões de escravos tecnologicamente especializados no trabalho da terra estiolaram a existência social dos proprietários independentes e dos pequenos fazendeiros, o que conduziu ao estranho mundo das cidades romanas, com suas multidões de parasitas desenraizados.

O especialismo da indústria mecanizada e da organização do mercado impôs ao homem ocidental — num grau muito maior do que aquele provocado pela escravidão romana — o desafio da manufatura pela *monofratura,* ou seja, a montagem de todas as coisas e operações peça por peça. Este é o desafio que permeou todos os aspectos de nossa vida, permitindo-nos a expansão triunfante em todas as direções e em todas as esferas.

SEGUNDA PARTE

8

A PALAVRA FALADA

FLOR DO MAL?

Eis a transcrição de um trecho de um programa popular de *disk-jockey*:

> Aqui está Patty Baby... e vejam aqui a menina, os pés dela dançam *aquela* dança... olá Fredy Canon, meu chá vai ser um negócio... como é que vai essa fôrça? Plap! plap! Daqui a pouco estaremos naquela onda, mandando aquela brasa.
>
> E... bem... eu também estou aqui, dêem uma manjada... é o máximo... um pão... o próprio: D. M.... dê-me a hora aí, meu velho... vinte e uma e vinte e dois. Estamos em cima... bola prá frente... Disco é que eu gosto... óba óba alô alô... É só chamar WAlnut 5-1151, WAlnut 5-1151 e dizer o que é que está indo ao ar em Disco é que eu gosto... tá?

Dave Mickie geme, grunhe, rebola, canta, trauteia, entoa, corre, sempre reagindo às suas próprias ações. Ele se move quase que inteiramente na área da experiência falada, e não da escrita, criando, desse modo, a participação da audiência. A palavra falada envolve todos os sentidos intensamente, embora as pessoas altamente letradas tendam a falár de maneira tão concatenada e natural quanto lhes é possível. O natural envolvimento dos sentidos nas cul-

95

turas onde a palavra escrita não é a norma da experiência vem às vezes indicado em guias turísticos, como neste guia da Grécia:

> Vocês observarão que muitos gregos parecem levar um tempo enorme para calcular as contas de algo parecido com um rosário de âmbar. Mas êste rosário não tem significação religiosa. São chamados *komboloia*, ou "contas da preocupação"; são uma herança dos turcos, e os gregos os fazem tilintar em terra, no mar ou no ar, como que para se protegerem daquele silêncio insuportável que ameaça reinar quando a conversação morre. Todos fazem isso — pastôres, policiais, estivadores e comerciantes.
>
> E se você achar curioso o fato de ver tão poucas mulheres usando colares de contas, ficará sabendo que os seus maridos já se apossaram deles antecipadamente só pelo prazer de os tatear e fazer soar. Mais estético do que girar os polegares e mais barato do que fumar, esta obsessão indica a sensorialidade táctil de uma raça que produziu as maiores obras de escultura do mundo ocidental...

Quando se observa a ausência da pesada pressão da cultura escrita numa cultura, ocorre uma outra forma de envolvimento sensório e de apreciação cultural, como explica espirituosamente nosso guia grego.

> ... não se surpreenda com a freqüência com que você é abraçado, acariciado e catucado, na Grécia. Você pode até acabar se sentindo como um cachorro doméstico... numa família carinhosa. Essa inclinação para o toque e os tapinhas nos parece uma extensão táctil da ávida curiosidade dos gregos acima referida. É como se os seus anfitriões estivessem querendo descobrir do que você é feito.

Os caracteres francamente divergentes das palavras escrita e falada podem hoje ser mais bem estudados, graças ao contato mais íntimo que hoje temos com as culturas pré-letradas. Um nativo — o único alfabetizado de seu grupo — falando da sua função de leitor de cartas para os outros, disse que se sentia impelido a tapar os ouvidos com os dedos, durante a leitura, para não violar a intimidade das cartas. Trata-se de um testemunho interessante dos valôres da intimidade alimentados pela pressão visual da escrita fonética. Uma tal separação dos sentidos, e do indivíduo em relação ao grupo, dificilmente pode ocorrer sem a influência da escrita fonética. A palavra falada não permite a extensão e a amplificação da força visual requerida para os hábitos do individualismo e da intimidade.

É esclarecedor o confronto entre a natureza da palavra falada e da sua forma escrita. Embora a escrita fonética separe e prolongue a força visual das palavras, ela o faz de maneira relativamente lenta e rude. Não há muitas maneiras de se escrever "noite", mas Stanislavsky costumava pedir aos seus jovens atores que a pronunciassem em cinqüenta modos e variantes diferentes, enquanto a audiência ia registrando os diferentes matizes de sentimentos e significados expressos por eles. Mais de uma página em prosa e mais de uma narrativa têm sido dedicadas a exprimir o que não é senão um soluço, um gemido, um riso ou um grito lancinante. A palavra escrita desafia, em seqüência, o que é imediato e implícito na palavra falada.

Além disso, ao falar, tendemos a reagir a cada situação, seguindo o tom e o gesto até de nosso próprio ato de falar. Já o escrever tende a ser uma espécie de ação separada e especializada, sem muita oportunidade e apelo para a reação. O homem ou a sociedade letrada desenvolve uma enorme força de atenção em qualquer coisa, com um considerável distanciamento em relação ao envolvimento sentimental e emocional experimentado por um homem ou uma sociedade não-letrada.

O filósofo francês Henri Bergson viveu e escreveu dentro de uma tradição de pensamento que considerava a língua como uma tecnologia humana que debilitou e rebaixou os valores do inconsciente coletivo. É a projeção do homem na fala que permite ao intelecto destacar-se da vastidão real. Bergson sugere que, sem a linguagem, a inteligência humana teria permanecido totalmente envolvida nos objetos de sua atenção. A linguagem é para a inteligência o que a roda é para os pés, pois lhes permite deslocar-se de uma coisa a outra com desenvoltura e rapidez, envolvendo-se cada vez menos. A linguagem projeta e amplia o homem, mas também divide as suas faculdades. A consciência coletiva e o conhecimento intuitivo ficam diminuídos por esta extensão técnica da consciência que é a fala.

Em *A Evolução Criativa*, Bergson afirma que a própria consciência é uma extensão do homem que obscurece a felicidade da união no inconsciente coletivo. A fala separa o homem e a Humanidade do inconsciente cósmico. Como extensão, manifestação ou exposição de todos os nossos sentidos a um só tempo, a linguagem sempre foi considerada a mais rica forma de arte humana, pois que a distingue da criação animal.

Se o ouvido humano pode ser comparado ao receptor de rádio, capaz de descodificar as ondas eletromagnéticas e recodificá-las como som, a voz humana pode ser comparada ao transmissor de rádio, ao traduzir o som em ondas eletromagnéticas. O poder da voz em moldar o ar e o espaço em formas verbais pode ter sido precedido de uma expressão menos especializada de gritos, grunhidos, gestos e comandos, de canções e danças. As estruturas dos sentidos projetadas nas várias línguas são tão diversas como os estilos na moda e na arte. Cada língua materna ensina aos seus usuários um certo modo de ver e sentir o mundo, um certo modo de agir no mundo — e que é único.

Nossa nova tecnologia elétrica, que projeta sentidos e nervos num amplexo global, tem grandes implicações em relação ao futuro da linguagem. A tecnologia elétrica necessita tão pouco de palavras como o computador digital necessita de números. A eletricidade indica o caminho para a extensão do próprio processo da consciência, em escala mundial e sem qualquer verbalização. Um estado de consciência coletiva como este deve ter sido a condição do homem pré-verbal. A língua, como tecnologia de extensão humana, com seus conhecidos poderes de divisão e separação, deve se haver configurado na torre de Babel pela qual os homens procuraram escalar os céus. Hoje os computadores parecem prometer os meios de se poder traduzir qualquer língua em qualquer outra, qualquer código em outro código — e instantaneamente. Em suma, o computador, pela tecnologia, anuncia o advento de uma condição pentecostal de compreensão e unidade universais. O próximo passo lógico seria, não mais traduzir, mas superar as línguas através de uma consciência cósmica geral, muito semelhante ao inconsciente coletivo sonhado por Bergson. A condição de "imponderabilidade", que os biólogos tomam como promessa de imortalidade física, pode ser acompanhada pela condição de *infalibilidade*, que asseguraria a paz e a harmonia coletiva e perpétua.

9

A PALAVRA ESCRITA

Um Olho por um Ouvido

Sobre o seu encontro com o mundo escrito, na África Ocidental, escreveu o Príncipe Modupe:

> Na casa do Padre Perry, o único lugar totalmente ocupado era o das estantes de livros. Gradativamente cheguei a compreender que as marcas sobre as páginas eram *palavras na armadilha*. Qualquer um podia decifrar os símbolos e soltar as palavras aprisionadas, falando-as. A tinta de impressão enjaulava os pensamentos; eles não podiam fugir, assim como um *dumbu* não pode fugir da armadilha. Quando me dei conta do que realmente isto significava, assaltou-me a mesma sensação e o mesmo espanto que tive quando vi pela primeira vez as luzes brilhantes de Conacre. Estremeci, com a intensidade de meu desejo de aprender a fazer eu mesmo aquela coisa extraordinária.

Em contraste flagrante com a ânsia e a pressa do nativo, temos as atuais ansiedades do homem civilizado em relação à palavra escrita. Para alguns ocidentais, a palavra escrita ou impressa se tornou um assunto melindroso. Não há dúvida de que hoje se escreve, imprime e lê mais do que antes, mas há também uma nova tecnologia elétrica que ameaça esta antiga tecnologia construída sobre o alfabeto fonético. Graças à sua ação de prolongar o nosso sistema nervoso central, a tecnologia elétrica parece favorecer a palavra falada, inclusiva e participacional, e não a palavra escrita especializada. Nossos valóres ocidentais, baseados na palavra escrita, têm sido consideravelmente afetados pelos meios elétricos, tais como o telefone, o rádio e a televisão. Talvez seja por isso que muitas pessoas altamente letradas encontrem dificuldade em analisar esta questão sem evitar um pânico moral. Acrescente-se ainda a isto a circunstância de o homem ocidental, em mais de dois mil anos de cultura escrita, ter realizado muito pouco para estudar ou compreender os efeitos do alfabeto fonético, responsável pela criação de muitos de seus padrões básicos de cultura. E não há dúvida que pode parecer um pouco tarde estudar a questão agora.

Suponhamos que em lugar de ostentar as listras e estrêlas, tivéssemos de escrever as palavras "bandeira americana" num pedaço de pano e exibi-lo como pavilhão nacional. Embora os símbolos transmitissem o mesmo significado, o efeito seria bem diferente. Traduzir o rico mosaico visual das listras e estrêlas para a forma escrita significaria privá-la da maior parte de suas qualidades de experiência e de imagem corporada, embora o vínculo literal abstrato permanecesse quase o mesmo. Talvez esta ilustração sirva para sugerir a mudança que ocorre com o homem tribal quando êle se alfabetiza. Quase todos os sentimentos familiares, emocionais e grupais, se vêem eliminados nas relações com a comunidade. Ele é livre, emocionalmente, de separar-se da tribo e de tornar-se um homem civilizado, um indivíduo de organização visual, com hábitos, atitudes e direitos iguais aos outros indivíduos civilizados.

Segundo o mito grego, Cadmo, legendariamente o rei que introduziu as letras do alfabeto na Grécia, semeou os dentes do dragão e dêles germinaram homens armados. Como qualquer outro mito, este também sintetiza um longo processo numa introvisão fulgurante.

O alfabeto significou o poder, a autoridade e o contrôle das estruturas militares, a distância. Quando combinado com o papiro, o alfabeto decretou o fim das burocracias templárias estacionárias e dos monopólios sacerdotais do conhecimento e do poder. Diferentemente da escrita pré-

101

-alfabética, com seus inumeráveis signos de difícil assimilação, o alfabeto podia ser apreendido em poucas horas. Quando aplicados a materiais grosseiros como o tijolo e a pedra, um conhecimento tão extenso e uma habilitação tão complexa como a escrita pré-alfabética asseguravam para a casta dos escribas um monopólio de poder sacerdotal. O alfabeto acessível, juntamente com o papiro transportável, barato e leve, produziu a transferência do poder da classe sacerdotal para a classe militar. Tudo isto está implicado no mito de Cadmo e dos dentes do dragão, incluindo a queda das cidades-estado e a ascensão dos impérios e das burocracias militares.

Em termos de extensões do homem, o tema dos dentes de dragão no mito de Cadmo é da maior importância. Em *Crowds and Power* ("As Multidões e o Poder"), Elias Canetti nos recorda que os dentes constituem um agente óbvio da força, no homem, e especialmente em muitos animais. As línguas contêm muitos testemunhos da força de apreensão, devoração e precisão dos dentes. E não deixa de ser natural e adequado que a força das letras, como agentes de ordem e precisão agressivas, seja considerada como extensão dos dentes do dragão. Os dentes são claramente visuais em sua ordem linear. As letras são como os dentes, não só visualmente; seu poder de dotar de dentes o negócio da construção de impérios é manifesto em nossa história ocidental.

O alfabeto fonético é uma tecnologia única. Tem havido muitas espécies de escrita, pitográficas e silábicas, mas só há um alfabeto fonético, em que letras semanticamente destituídas de significado são utilizadas como correspondentes a sons também semanticamente sem significação. Culturalmente falando, esta rígida divisão paralelística entre o mundo visual e auditivo foi violenta e impiedosa. A palavra fonética escrita sacrificou mundos de significado e percepção, antes assegurados por formas como o hieróglifo e o ideograma chinês. Estas formas de escrita culturalmente mais ricas, no entanto, não ofereciam ao homem as pontes de passagem do mundo magicamente descontínuo e

102

tradicional da palavra da tribo para o meio visual, frio e uniforme. Séculos de emprego do ideograma em nada ameaçaram a trama inconsútil das sutilezas familiares e tribais da sociedade chinesa. De outra parte, uma simples geração de alfabetização na África, hoje — como na Gália há dois mil anos — é suficiente para desligar o indivíduo da teia tribal, pelo menos no início. Isto nada tem a ver com o *conteúdo* das palavras, mas é o resultado da súbita ruptura entre as experiências auditiva e visual do homem. Só o alfabeto fonético produz uma divisão tão clara da experiência, dando-nos um olho por um ouvido e liberando o homem pré-letrado do transe tribal, da ressonância da palavra mágica e da teia do parentesco.

Alguém poderia objetar que, neste caso, o alfabeto fonético, sozinho, é uma tecnologia que dispõe dos meios de criar o "homem civilizado", indivíduos separados que são iguais perante a lei escrita. A separação do indivíduo, a continuidade do espaço e do tempo e a uniformidade dos códigos são as primeiras marcas das sociedades letradas e civilizadas. As culturas tribais, como as da Índia e da China, podem ser bastante superiores às culturas ocidentais, na extensão e sutileza de suas percepções e de sua expressão. Mas não estamos aqui preocupados com a questão de valores, e sim com a configuração das sociedades. As culturas tribais não podem agasalhar a possibilidade do indivíduo ou do cidadão separado. Sua idéia de espaço e tempo não é contínua nem uniforme, mas emotiva e compressiva em sua intensidade. As culturas sentem a "mensagem" do alfabeto em seu poder de projetar estruturas de uniformidade e continuidade visuais.

Como intensificação e extensão da função visual, o alfabeto fonético reduz o papel dos sentidos do som, do tato e do paladar em qualquer cultura letrada. Que isto não aconteça em culturas como a chinesa, que utiliza uma escrita não-fonética, é um fato que as capacita à manutenção de um rico celeiro de percepção inclusiva e profunda da experiência e que tende a se malbaratar nas culturas civilizadas do alfabeto fonético. Pois o ideograma é uma *gestalt* inclusiva, e não uma dissociação analítica dos sentidos e das funções como a escrita fonética.

Sem dúvida, as realizações do mundo ocidental testemunham os valóres tremendos da cultura escrita. Mas muita gente se sentirá disposta a objetar que pagamos um preço demasiado alto por nossas estruturas de tecnologias e valóres especializados. É certo que a estruturação linear da vida racional pela cultura escrita nos envolveu num entrelaçamento de concordância suficiente para justificar uma indagação mais ampla do que a que fazemos no presente capítulo. Pode dar-se que haja abordagens mais frutuosas, seguindo-se linhas bastante diversas; por exemplo, a consciência é considerada como a marca do ser racional, mas nada existe de linear ou seqüencial no campo total do conhecimento do tempo presente num momento dado da consciência. A consciência não é um processo verbal. Todavia, durante os séculos de cultura fonética, temos considerado a cadeia de inferências como a marca da lógica e da razão. No entanto, a escrita chinesa dota cada ideograma de uma intuição total do ser e da razão, permitindo apenas um reduzido papel à seqüência visual como marca do esforço e da organização mentais. Na sociedade letrada ocidental, ainda é plausível e aceitável dizer-se que "algo se segue" de alguma coisa, como se houvesse alguma causa operativa responsável por tal seqüência. Foi David Hume, no século XVIII, quem indicou que não há causalidade assinalada em qualquer seqüência, natural ou lógica. A seqüência é meramente aditiva e não causativa. A argumentação de Hume "acordou-me de meu sono dogmático", disse Immanuel Kant. No entanto, nem Hume nem Kant localizaram a causa oculta da nossa tendência ocidental para a seqüência "lógica" na difusa tecnologia do alfabeto. Na era da eletricidade sentimo-nos tão livres para inventar lógicas não-lineares como para elaborar geometrias não-euclidianas. Mesmo a cadeia de montagem, como método de seqüência analítica para a mecanização de toda espécie de realização e produção, vai hoje cedendo lugar a novas formas.

Somente as culturas letradas dominaram as seqüências lineares concatenadas como formas de organização psíquica e social. A fragmentação da experiência em unidades uniformes aptas a produzir ações e mudanças formais mais rápidas (conhecimento aplicado) tem sido o segredo do domínio ocidental tanto sobre o homem como sobre a natureza. Esta é a razão por que o planejamento industrial do Ocidente parece tão militar, ainda que involuntariamente, enquanto os planos militares têm muito de industrial. Ambos são moldados pelo alfabeto, em sua técnica de transformação e controle e que consiste em tornar todas as situações uniformes e contínuas. Este processo, manifesto inclusive na fase greco-romana, intensificou-se com a uniformidade e a repetibilidade da descoberta de Gutenberg.

A civilização se baseia na alfabetização porque esta é um processamento uniforme de uma cultura pelo sentido da visão, projetado no espaço e no tempo pelo alfabeto. Nas culturas tribais, a experiência se organiza segundo o sentido vital auditivo, que reprime os valores visuais. A audição, à diferença do olho frio e neutro, é hiperestética, sutil e todo-inclusiva. As culturas orais agem e reagem ao mesmo tempo. A cultura fonética fornece aos homens os meios de reprimir sentimentos e emoções quando envolvidos na ação. Agir sem reagir e sem se envolver é umas das vantagens peculiares ao homem ocidental letrado.

A estória do *The Ugly American* ("O Americano Feio.") descreve a infindável sucessão de equívocos cometida pelos americanos visualistas e civilizados quando se defrontam com as culturas orientais, tribais e auditivas. A água corrente, com sua organização linear de condutos, foi recentemente instalada em algumas aldeias indianas — uma experiência levada a efeito pela civilizada UNESCO Os moradores logo solicitaram que os canos fossem removidos, pois lhe pareceu que toda a vida social da aldeia ficara empobrecida, já que não mais se tornara necessária a visita ao poço comunal. Para nós, a água encanada faz parte do conforto. Não pensamos nela em termos de cultura ou de cultura escrita, da mesma forma como não pensamos em

105

alfabetização em termos de mudanças de hábitos, emoções e percepções. Para os povos pré-letrados é perfeitamente claro que as nossas comodidades mais comuns representam para eles alterações totais de cultura.

Menos penetrados pelos padrões da cultura letrada do que os americanos, os russos se sentem mais à vontade para perceber e adaptar as atitudes asiáticas. No Ocidente, o ler e escrever vem junto com canos, torneiras, ruas, linhas de montagem e levantamentos de estoques. A mais formidável expressão da cultura letrada talvez seja o nosso sistema de preços uniformes, que atinge os mercados distantes e acelera o rodízio dos bens de consumo. Mesmo as nossas idéias de causa e efeito se manifestam sob a forma de coisas em seqüência e em sucessão, o que as culturas tribais ou auditivas consideram bastante ridículo e que já vai perdendo sua posição hegemônica, inclusive na nova Física e na nova Biologia.

Todos os alfabetos do mundo ocidental, da Rússia e dos Bascos, de Portugal e do Peru, derivam dos caracteres greco-romanos. A separação única que introduzem entre o som e a visão, de um lado, e o conteúdo verbal e semântico, de outro, os transformaram na mais radical das tecnologias, no sentido da tradução e homogeneização das culturas. Todas as demais formas de escrita sempre serviram a uma única cultura, bem como a distingui-las de outras. Só as letras fonéticas podiam traduzir, ainda que grosseiramente, os sons de qualquer língua para um só e mesmo código visual. Os esforços recentes dos chineses em aplicar as letras fonéticas à sua língua têm esbarrado no problema das grandes variações tonais e nos múltiplos significados dos sons semelhantes. Isto conduziu à prática de articular os monossílabos chineses em polissílabos, a fim de eliminar a ambigüidade tonal. Desta forma, o alfabeto fonético ocidental vai transformando os traços fundamentalmente auditivos da língua e da cultura chinesas, fazendo com que a China possa desenvolver aquelas estruturas lineares e visuais que conferem força e unidade centralizada e uniforme à organização e ao trabalho ocidentais. À medida que saímos da era Gutenberg em nossa própria cultura, mais facilmente podemos discernir os seus traços fundamentais: homogeneidade, uniformidade e continuidade. Estas foram as características que deram aos gregos e romanos seu poder de ascendência sobre os bárbaros não-letrados. O bárbaro ou homem tribal, ontem como hoje, sentia-se embaraçado pelo pluralismo, pela singularidade e pela descontinuidade de sua própria cultura.

Para resumir, as escritas pictográfica e hieroglífica — tal como as das culturas babilônicas, maia e chinesa — representam uma extensão do sentido visual para armazenar e facilitar o acesso à experiência humana. Todas essas formas conferiam expressão pictórica a significados orais. Assemelham-se ao desenho animado e são bastante canhestras, pois requerem numerosos signos para a infinidade de dados e de operações da ação social. Em contraste, o alfabeto fonético, com apenas poucos sinais, pode abranger todas as línguas. Tal realização, no entanto, implicou na separação de ambos os signos, oral e visual, de seus significados semânticos e emocionais. Nenhum sistema de escrita jamais havia realizado um tal efeito.

Esta mesma separação entre visão, som e significado, peculiar ao alfabeto fonético, se estende também aos seus efeitos sociais e psicológicos. O homem letrado sofre uma compartimentação de sua vida sensória, emocional e imaginativa, como o proclamaram Rousseau e, mais tarde, os poetas e filósofos românticos. Hoje, a simples referência a D. H. Lawrence já é suficiente para trazer à baila os esforços empreendidos no século XX para superar o homem letrado e recuperar a "integridade" humana. Se o homem ocidental sofre a dissociação de sua sensibilidade interna pelo emprego do alfabeto, também conquista a liberdade pessoal de dissociar-se do clã e da família. Esta liberdade de forjar-se uma carreira individual já se manifestara na vida militar do mundo antigo. As carreiras estavam abertas aos talentos, tanto na Roma republicana como na França napoleônica — e pelas mesmas razões. A nova cultura letrada criara um meio homogêneo e maleável, onde a mobilidade dos grupos armados e dos indivíduos ambiciosos era tão nova quanto prática.

107

10

ESTRADAS E ROTAS DE PAPEL

Foi só com o advento do telégrafo que a mensagem começou a viajar mais depresa do que o mensageiro. Antes dêle, as estradas e a palavra escrita eram estreitamente interligadas. Com o telégrafo, a informação se destacou de certos bens sólidos, como a pedra e o papiro, tal como o dinheiro se desligara antes do couro, do lingote de ouro e dos metais, para terminar em papel. O têrmo "comunicação" tem sido empregado extensivamente, em conexão com estradas e pontes, rotas marítimas, rios e canais, antes mesmo de se ver transformado em "movimento da informação", na era da eletricidade. Talvez não haja modo mais adequado de definir a natureza da era da eletricidade do que estudar, inicialmente, o surgimento da idéia de transporte como comunicação, e depois da transição da idéia de transporte para a idéia de informação, por meio da eletricidade. A palavra "metáfora" vem do grego *meta pherein*, conduzir através ou transportar. Neste livro estudamos tôdas as formas de transporte de bens e de informação, seja como metáfora, seja como intercâmbio. Toda forma de transporte não apenas conduz, mas traduz e transforma o transmissor, o receptor e a mensagem. O uso de qualquer meio ou extensão do homem altera as estruturas de interdependência entre os homens, assim como altera as *ratios* entre os nossos sentidos.

O tema constante dêste livro é o de que tôdas as tecnologias são extensões de nossos sistema físico e nervoso, tendo em vista o aumento da energia e da velocidade. Não havendo tais acréscimos de força e rapidez, novas extensões de nós mesmos não ocorreriam ou seriam rejeitadas. Um aumento de força ou velocidade, em qualquer agrupamento, constituído por quaisquer componentes que sejam, já é em si mesmo uma ruptura que provoca uma mudança de organização. A alteração dos agrupamentos sociais e a formação de novas comunidades ocorre com a aceleração do movimento da informação, por meio das mensagens em papel e do transporte rodoviário. Esta aceleração significa mais controle a maiores distâncias. Historicamente, representou a formação do Império Romano e o desmantelamento das cidades-estado do mundo grego. Antes que o uso do papiro e do alfabeto criasse os incentivos para a construção de vias pavimentadas mais rápidas, a cidade murada e a cidade-estado eram formas que ainda podiam perdurar.

Essencialmente, a aldeia e a cidade-estado são formas que incluem todas as funções e necessidades humanas. Com o aumento da velocidade e, portanto, com o aumento do controle militar à distância, a cidade-estado entrou em colapso. Outrora inclusivas e auto-suficientes, suas necessidades e funções se expandiram nas atividades especializadas do império. A aceleração tende a separar as funções, tanto comerciais como políticas; além de um certo ponto, ela provoca a ruptura e o colapso do sistema. Quando, em *Um Estudo da História*, Arnold Toynbee recorre a uma documentação maciça sobre o "declínio das civilizações", começa por asseverar: "Um dos sinais mais salientes da desintegração, como já fizemos observar, é (...) quando uma civilização em declínio consegue uma trégua ao preço de submeter-se a uma unificação política forçada num estado universal." Desintegração e trégua são conseqüências de movimentos de informação sempre mais rápidos, graças a correios circulando por boas estradas. A aceleração cria o que alguns economistas chamam de estrutura *centro-margem*. Quando ela se torna extensiva demais para o centro gerador e controlador, partes dela começam a destacar-se para se constituírem em novos sistemas centro-margem autônomos. O exemplo mais familiar é a estória das colônias americanas da Grã-Bretanha. Quando as treze colônias começaram a desenvolver uma considerável vida social e econômica própria, sentiram a necessidade de tornar-se centros com suas próprias periferias. É o momento em que o centro original pode empreender um esförço redobrado no sentido de manter o controle centralizado em relação à periferia, como fez a Inglaterra. Mas a lentidão das viagens marítimas era totalmente inadequada à conservação de um império tão vasto, simplesmente numa base centro-margem. Uma estrutura unificada centro-margem pode ser conseguida mais facilmente por förças terrestres do que por förças marítimas. É a relativa lentidão da viagem marítima que inspira as potências marítimas na criação de múltiplos centros, como que por um processo de semeadura. Potências marítimas tendem a criar centros sem margens, potências terrestres a criar estruturas do tipo centro-margem. A velocidade elétrica cria centros por tóda parte. As margens já não mais existem neste planeta.

A falta de homogeneidade na velocidade do movimento informacional cria diversidades estruturais na organização. Pode-se prever fàcilmente que qualquer novo meio de informação altera qualquer estrutura. Se o novo meio é acessível a todos os pontos da estrutura ao mesmo tempo, há a possibilidade de ela mudar sem romper-se. Onde há grande discrepância nas velocidades do movimento — como entre as viagens aéreas e terrestres ou entre o telefone e a máquina de escrever — sérios conflitos podem ocorrer na organização. A metrópole moderna se tornou um caso típico dessa discrepância. Se a homogeneidade das velocidades fosse total, não haveria rebeliões nem rupturas. A unidade política pela homogeneidade se tornou possível pela primeira vez com a imprensa. Já na Roma antiga havia apenas o papel manuscrito para romper a opacidade ou reduzir a descontinuidade das aldeias tribais; quando faltaram os suprimentos de papel, a sestradas ficaram vazias, como ocorreu nos tempos modernos com o racionamento da gasolina. Assim, a velha cidade-estado voltou à cena e o feudalismo substituiu o republicanismo.

Parece bastante óbvio que os meios técnicos de aceleração acabem com a independência das aldeias e das cidades-estado. Onde quer que ela ocorra, a nova força sempre começa a operar no sentido de homogeneizar o maior número possível de áreas marginais. O processo que Roma realizou através do alfabeto fonético acoplado às suas estradas de papel vem ocorrendo na Rússia há um século. E no-exemplo da África de hoje podemos acompanhar o desenvolvimento do processamento visual da psique humana pelo alfabeto fonético, até que se atinja um grau de homogeneização apreciável na organização social. Esse processamento visual foi também realizado no mundo antigo por meio de tecnologias não-letradas, como sucedeu na Assíria. Mas o alfabeto fonético não tem rival como tradutor do homem: da câmara de eco da tribo integrada para o mundo visual e neutro da organização linear.

A situação da África se complica com a nova tecnologia eletrônica. O próprio homem ocidental se desocidentaliza por seus novos processos de aceleração, assim como os africanos se destribalizam pela velha tecnologia da imprensa e da indústria. Se compreendêssemos os meios, antigos e novos, essas confusões e rupturas poderiam ser programadas e sincronizadas. Mas é o próprio sucesso que obtemos da especialização e separação de funções, para conseguir a aceleração, que constitui a causa de nossa inconsciência e ignorância da situação. Sempre foi assim — no mundo ocidental, pelo menos. A autoconsciência das causas e limites da própria cultura ameaça a estrutura do ego; é, portanto, evitada. Nietzsche dizia que a compreensão paralisa a ação, e os homens de ação parecem intuir este fato quando repelem os perigos da compreensão.

O ponto-chave da aceleração pela roda, pela estrada e pelo papel é a extensão do poder num espaço sempre mais homogêneo e uniforme. O potencial real da tecnologia romana somente foi avaliado quando a imprensa propiciou à estrada e à roda uma velocidade muito maior do que a alcançada no auge de Roma. Mas a aceleração da era eletrônica é tão destrutiva para o homem ocidental letrado

111

e linear quanto o foram as vias de papel romanas para as aldeias tribais. A aceleração de hoje não é uma lenta explosão centrífuga do centro para as margens, mas uma implosão imediata e uma interfusão do espaço e das funções. Nossa civilização especializada e fragmentada, baseada na estrutura centro-margem, subitamente está experimentando uma reunificação instantânea de todas as suas partes mecanizadas num todo orgânico. Este é o mundo nôvo da aldeia global. Como Mumford explica em *A Cidade na História*, a aldeia chegara a uma extensão social e institucional de todas as faculdades em formas sempre mais especializadas. A era eletrônica não pode manter a baixa rotação da estrutura centro-margem, que tem caracterizado o mundo ocidental nos últimos dois mil anos. Não se trata de uma questão de valôres. Tivéssemos entendido os meios antigos, como as estradas e a palavra escrita, e se avaliássemos devidamente seus efeitos humanos, poderíamos reduzir ou mesmo eliminar o fator eletrônico de nossas vidas. Existe algum exemplo de cultura que tenha compreendido a tecnologia subjacente à sua estrutura e que estivesse preparada para conservá-la? Se houve, ela se referiu antes a valôres e preferências. Os valôres e preferências que emergem da mera operação automática desta ou daquela tecnologia agindo em nossa vida social não podem ser perpetuados.

No capítulo dedicado à roda, mostraremos que o transporte sem rodas desempenhou um grande papel antes dela, sob a forma de trenós, na neve e no pântano. Muitos dêles eram puxados por animais de carga. Mas a maior parte dos transportes sem rodas do passado se desenvolveu nos rios e no mar, fato este que se exprime de maneira bastante rica na localização e na forma das grandes cidades do mundo. Vários escritores observaram que a mais antiga bêsta de carga foi a mulher, pois o macho devia estar sempre livre para poder lutar por ela, assim como um beque de espera, no futebol. Mas esta fase pertence ao estágio do transporte anterior à roda, ao período do homem caçador e coletor de comida em terras não delimitadas. Hoje, quando o maior volume de transporte consiste no movimento da informação, a roda e a estrada vão sofrendo um processo de recessão e obsolescência; mas no início, as estradas se tornaram necessárias para assimilar as pressões oriundas da roda e em favor da roda. Os povoados criaram o impulso para as trocas e para o movimento crescente de matérias--primas e produtos do campo em direção aos centros de processamento, onde havia divisão do trabalho e ofícios especializados. O progresso da roda e da estrada aproximou mais e mais a cidade do campo, numa ação recíproca de esponja, de toma-lá-dá-cá. É o processo a que assistimos em nosso século, com o automóvel. O desenvolvimento das estradas aproximou a cidade do campo. Quando as pessoas começaram a falar em "dar um giro pelo campo", a estrada já substituía o campo. Com as auto-estradas, a estrada se tornou um muro entre o homem e o campo. Veio então o período da auto-estrada como cidade, uma cidade esticando-se de maneira contínua pelo continente e dissolvendo as cidades existentes nesses conglomerados espichados que tanto aborrecem seus habitantes de hoje.

A ruptura do velho complexo cidade-campo, provocada pela roda e pela estrada, viria a se acentuar com o transporte aéreo. Com o avião, as cidades começaram a ter uma relação tão tênue com as necessidades humanas quanto os museus. Tornaram-se corredores de mostruários, reflexos das lojas de linhas de montagem industriais de que se originaram. A estrada passa a ser utilizada cada vez menos para viagem e cada vez mais para recreação. O viajante passa a preferir as rotas aéreas, abandonando a experiência do ato de viajar. Assim como se costumava dizer que um transatlântico podia ser um hotel numa grande cidade, o viajante a jato, sobre Tóquio ou Nova Iorque, pode sentir-se como num bar de hotel, no que se refere à experiência de viagem. Ele só começa a viajar depois que aterrissa.

Enquanto isso, orientado e moldado pelo avião, pela auto-estrada e pela coleta elétrica da informação, o campo tende a voltar a ser aquela área sem trilhas do nomadismo anterior à roda. Os *beatniks* se reúnem na areia para meditar sobre os *hai-cai.*

113

A aceleração e a ruptura são os principais fatôres do impacto dos meios sôbre as formas sociais existentes. Hoje a aceleração tende a ser total, dando fim ao espaço como fator principal das disposições sociais. Toynbee encara o fator da aceleração como tradutor dos problemas físicos em problemas morais: a estrada antiga, com seus cabriolés, carroças e riquixás eram cheias de chateações miúdas, mas os perigos eram também miúdos. Depois, quando passaram a dominar as fôrças que aceleram o tráfego, desaparece o problema de carregar e transportar, mas o problema físico é traduzido em termos de problema psicológico, uma vez que o aniquilamento do espaço também permite o aniquilamento do viajante... Este princípio se aplica ao estudo de todos os meios. Todos os modos de intercâmbio e interassociação humana tendem a progredir pela aceleração. E por seu turno a velocidade acentua os problemas de forma e estrutura. As distribuições e disposições antigas não tinham sido feitas para essa velocidade e quando se tenta adaptá-las a movimentos novos e mais rápidos, o que ocorre é que as pessoas começam a sentir um esvaziamento dos valôres da vida. No entanto, êsses problemas não são novos. O primeiro ato de Júlio César ao assumir o poder foi o de restringir o movimento noturno dos veículos de rodas na cidade de Roma, para que não perturbassem o sono dos moradores. O melhoramento dos transportes durante o Renascimento transformou em favelas as cidades muradas medievais.

Antes que o alfabeto e o papiro estendessem consideravelmente o poder, mesmo as tentativas dos reis no sentido de ampliar seus podéres em têrmos espaciais tiveram que chocar-se contra as barreiras da burocracia sacerdotal, na sede do governo. Para seus monopólios estáticos, um meio complexo e grosseiro como a inscrição em pedra representava um perigo para os impérios muito amplos. As lutas entre os que exerciam o poder sobre as almas dos homens e os que buscavam controlar os recursos físicos das nações não foram privilégio de um só tempo e lugar. No Velho Testamento, um exemplo dêste tipo de luta vem registrado no Livro de Samuel, I, 8, quando os Filhos de Israel pedem a Samuel que lhes dê um rei. Samuel lhes explica a natureza da lei real, em oposição à sacerdotal:

> Eis, disse ele, como vos há de tratar o vosso rei: Tomará os vossos filhos para os seus carros e a sua cavalaria, e para correr diante de seu carro. Fará dêles chefes de mil e chefes de cinqüenta, empregá-los-á em sua lavoura e em suas colheitas, na fabricação de suas armas de guerra e de seus carros. Fará de vossas filhas suas perfumistas, cozinheiras e padeiras. Tomará também o melhor de vossos campos, de vossas vinhas e de vossos olivais, e dá-los-á aos seus servos.

Paradoxalmente, o efeito da roda e do papel na organização das novas estruturas do poder, não foi o de descentralizar, mas o de centralizar. A aceleração das comunicações sempre permite à autoridade central estender suas operações a margens mais distantes. A introdução do alfabeto e do papiro significou o treinamento de um maior número de pessoas como escribas e administradores. Mas a extensão resultante da homogeneização e do treinamento uniforme não teve papel de relevo no mundo antigo ou medieval. O poder intensamente centralizado e unificado só se tornou possível com a mecanização da escrita, durante o Renascimento. Como este processo ainda está em desenvolvimento, para nós é fácil ver que foi nos exércitos do Egito e de Roma que ocorreu uma espécie de democratização pela educação tecnológica uniforme. Carreiras se abriram para os talentosos treinados na escrita. No capítulo dedicado à palavra escrita, vimos como a escrita alfabética traduziu o homem tribal para o mundo visual, convidando-o a empreender a organização visual do espaço. Nos templos, os grupos sacerdotais estavam mais preocupados com o registro do passado e com o controle do espaço interior do invisível do que com a conquista militar externa. Daí o choque entre os monopolizadores sacerdotais do conhecimento e os que desejavam aplicá-lo a novas conquistas e a novas extensões do poder. (Este mesmo choque volta a ocorrer entre a universidade e o mundo dos negócios.) Foi esse tipo de rivalidade que inspirou Ptolomeu II a fundar a grande biblioteca em Alexandria, como centro do poder imperial. O vasto quadro de servidores civis e escribas necessários

115

às variadas tarefas especializadas funcionava como contrapeso e força antitética em relação à casta sacerdotal. A biblioteca servia à organização política do império num sentido que não podia interessar aos sacerdotes. Uma rivalidade não muito diferente hoje se desenvolve entre os cientistas atômicos e aqueles cuja preocupação maior é o poder.

Se percebemos que a cidade-centro foi, em primeiro lugar, um conglomerado de aldeões ameaçados, mais fácil se torna perceber como essas maltas de refugiados acuados pôde expandir-se em império. A cidade-estado, enquanto forma, não foi uma resposta a um desenvolvimento comercial pacífico, mas um amontoamento de segurança em meio à anarquia e à dissolução. Assim a cidade-estado grega foi uma forma tribal de comunidade inclusiva e integral, bastante diferente das cidades especializadas que cresceram como extensões da expansão militar romana. As cidades-estado gregas viriam depois a se desintegrar pela ação natural do comércio especializado e pela separação de funções, tal como foi retratado por Mumford, em *A Cidade na História*. As cidades romanas começaram como operações especializadas do poder central. As cidades gregas terminaram neste ponto.

Se a cidade empreende o comércio rural, ela estabelece de imediato uma relação centro-margem com a área rural em questão. Esta relação implica em trazer do campo gêneros e matérias-primas em troca das manufaturas especializadas do artesão. De outra parte, se a mesma cidade procura lançar-se no comércio marítimo, o mais natural é que venha a "inseminar" outra cidade-centro, como fizeram os gregos, em lugar de tratar as áreas de além-mar como margem especializada ou celeiro de matérias-primas.

Eis como podemos resenhar brevemente as mudanças estruturais que ocorrem na organização do espaço, em virtude da roda, da estrada e do papiro: No princípio era a aldeia, que não possuía nenhuma dessas extensões comunitárias do corpo físico individual. Mas a aldeia já era uma forma de comunidade diferente daquela dos caçadores e pescadores, pois os aldeões podem ser sedentários, dando

116

assim início à divisão do trabalho e das funções. O simples fato de se congregarem já é uma forma de aceleração das atividades humanas que cria as condições para a posterior separação e especialização das ações. Nem são outras as condições para a extensão do pé para a roda, que acelera a produção e a troca. Igualmente, essas mesmas condições intensificam as rupturas e conflitos comunais, o que faz com que os homens se aglomerem em aglutinações sempre maiores, a fim de resistir às atividades aceleradas de outras comunidades. As aldeias se convertem na cidade-estado por meio da resistência e tendo em vista a segurança e a proteção.

A aldeia institucionalizou todas as funções humanas em forma de baixa intensidade. Nesta forma amena, qualquer um podia desempenhar muitos papéis. Alta participação, baixa organização. Esta é a forma da estabilidade em qualquer tipo de organização. Todavia, a expansão das formas das aldeias em cidade-estado reclamava intensidade maior bem como a inevitável separação de funções para enfrentar essa intensidade e a competição. Tódas as aldeias tomavam parte nos rituais sazonais que na cidade se transformaram no drama grego especializado. "As medidas e proporções da aldeia prevaleceram no desenvolvimento das cidades gregas até o século IV a. C...." — diz Mumford em *A Cidade na História*. Esta extensão e esta tradução dos órgãos humanos para o modelo da aldeia, sem perda da unidade corporal, é o critério que Mumford utiliza para caracterizar a excelência das formas urbanas, em qualquer tempo e lugar. Esta abordagem biológica do ambiente fabricado pelo homem é de nôvo procurada hoje, na era da eletricidade. Não deixa de ser estranho que a idéia da "escala humana" não tenha tido nenhum atrativo para os séculos mecânicos.

A tendência natural da comunidade ampliada, que é a cidade, é a de intensificar e acelerar as funções de tóda ordem — fala, ofícios, moeda e troca. Por sua vez, isto implica na extensão inevitável dessas ações por meio de subdivisões, vale dizer, por meio de invenções. A cidade se formou como uma espécie de abrigo ou escudo protetor do homem, mas essa camada protetora foi obtida a custo de uma maximalização da luta intramuros. Os torneios guerreiros, tais como os descritos por Heródoto, começaram como banhos sangrentos e rituais entre os cidadãos. A tribuna, as côrtes e os mercados adquiriram aquela imagem intensa de competição divisionista, hoje conhecida como "a corrida de ratos". Mas foi em meio a essas irritações que o homem produziu suas maiores invenções ou contra-irritantes. Essas invenções eram extensões de si mesmos obtidas graças a uma labuta concentrada, com a qual ele buscava neutralizar sua aflição. A palavra grega *ponos*, "trabalho", é o têrmo que o pai da Medicina, Hipócrates, utiliza para descrever a luta do corpo enfermo. Hoje, esta idéia leva o nome de *homeostase*, ou equilíbrio, entendido como estratégia do domínio corporal. Todas as organizações, especialmente as biológicas, lutam para se manter constantes em sua condição interna, em meio às variações dos choques e das mudanças externas. O ambiente social produzido pelo homem como extensão de seu corpo responde às novas pressões e irritações lançando mão de novas extensões — sempre no esforço de manter energia permanente, constância, equilíbrio e *homeostase*. Formada para a proteção, inesperadamente a cidade gerou violentas intensidades e novas energias híbridas, pela acelerada inter-relação de funções e conhecimentos. Acabou por explodir em agressão. O alarma da aldeia, seguido pela resistência da cidade, terminou na exaustão e na inércia do império. Esses três estágios do síndrome da doença e da irritação foram sentidos, por aquêles que os viveram, como expressões físicas normais da convalescença produzida pelo contra-irritante.

O terceiro estágio da luta pelo equilíbrio entre forças em jogo na cidade tomou a forma do império, estado universal que gerou a extensão dos sentidos humanos sob as formas da roda, da estrada e do alfabeto. Podemos transmitir nossas condolências àqueles que primeiro consideraram esses instrumentos um meio providencial de levar a ordem a distantes regiões de turbulência e anarquia. Decerto terão visto esses instrumentos como formas gloriosas de "ajuda estrangeira", distribuindo as bênçãos do centro às margens bárbaras. Neste momento, por exemplo, estamos no escuro quanto às implicações políticas do Telstar. O lançamento desses satélites como extensões de nosso sistema nervoso provoca uma resposta automática em todos os órgãos do corpo político da Humanidade. Esta nova intensificação da proximidade imposta pelo Telstar reclama uma redistribuição de todos os órgãos, a fim de que a energia e o equilíbrio se conservem. Para as crianças, o processo de ensinar e aprender será afetado mais cedo do que se imagina. O fator tempo adquirirá novas formas no mundo dos negócios e das finanças. E estranhos turbilhões de poder aparecerão inesperadamente entre os povos do mundo.

A cidade plenamente desenvolvida coincide com o desenvolvimento da escrita — especialmente da escrita fonética, forma especializada de escrita que provoca a dicotomia entre o som e a visão. Foi este instrumento que capacitou Roma a impor alguma ordem visual nas áreas tribais. A aceitação dos efeitos da escrita fonética não depende de persuasão ou de adulação. Esta tecnologia opera automaticamente a tradução do sonoro mundo tribal para a linearidades e a visualidade euclidianas. As estradas e ruas romanas eram padronizadas e se repetiam uniformemente em toda parte. Não havia adaptação aos contornos de uma colina ou aos costumes locais. O tráfego rodante desapareceu dessas estradas com o declínio dos suprimentos de papiro. Conseqüência da perda do Egito, a falta de papiro significou o declínio da burocracia, bem como da organização do exército. E assim surgiu o mundo medieval sem estradas, cidades ou burocracias uniformes, que combateu a roda, assim como posteriores formas urbanas iriam combater a ferrovia e como hoje nós combatemos o automóvel. A velocidade e a força nunca são compatíveis com as disposições sociais e espaciais existentes.

Escrevendo sobre as novas avenidas retas das cidades do século XVII, Mumford assinala um fator que também estava presente na cidade romana com seu tráfego rodante, a saber, a necessidade das largas avenidas retas para acelerar os movimentos militares e ostentar a pompa e as particularidades do poder. No mundo romano, o exército era a força de trabalho de um processo mecanizado de criação de riquezas. Os soldados funcionando como peças uniformes de reposição, a máquina militar romana produzia e distribuía bens, muito à semelhança da indústria durante as primeiras fases da revolução industrial. O comércio acompanhava as legiões. Mais do que isso, as legiões se constituíam em máquina industrial: numerosas cidades novas eram como novas fábricas dirigidas por pessoal militar uniformemente treinado. Com a difusão da imprensa e da leitura, o elo entre o soldado uniformizado e a mão fabril produtora de riquezas tornou-se menos visível. Este elo era bastante evidente nos exércitos de Napoleão. Com seus exércitos de cidadãos, Napoleão era a própria revolução, que atingia áreas antes fora de seu alcance.

Além do mais, o exército romano, força móvel e industrial produtora de riquezas, criou um vasto público consumidor nas cidades romanas. A divisão do trabalho sempre cria uma separação entre o produtor e o consumidor, pois tende a separar o local de trabalho do domicílio. O mundo não conheceu nada de comparável ao especialista consumidor romano, antes do advento de sua burocracia letrada. Este fenômeno se institucionalizou no tipo chamado de "parasita" e na instituição social dos torneios de gladiadores (*panem et circenses*). A esponja privada e a esponja coletiva, ambas sequiosas de suas rações de sensação, atingiram uma claridade e uma distinção horríveis, que rivalizavam com a força crua da máquina militar predatória.

Com o corte dos suprimentos de papiro pelos maometanos, o Mediterrâneo, antes um lago romano, tornou-se um lago muçulmano, e o centro romano entrou em colapso. O que antes eram as margens desta estrutura centro-margem transformou-se em centros independentes, em novas bases estruturalmente feudais. O centro romano ruiu no século V, enquanto a roda, a estrada e o papel definhavam, até se transformarem no paradigma fantasmal do poderio passado.

O papiro não mais voltaria à cena. Como outros centros medievais, Bizâncio dependia basicamente do pergaminho, material escasso e custoso demais para acelerar o comércio ou a educação. Foi o papel, vindo da China e gradualmente abrindo caminho para a Europa, via Oriente Próximo, que provocou a firme aceleração da educação e do comércio a partir do século XI, fornecendo as bases do 'Renascimento do século XII", popularizando as reproduções e, finalmente, tornando possível a imprensa no século XV.

Com o movimento da informação sob forma impressa, voltaram à ativa a roda e a estrada, depois de um recesso de mil anos. Na Inglaterra, a pressão da imprensa gerou as estradas pavimentadas do século XVIII, com as conseqüentes modificações industriais e populacionais. A imprensa, escrita mecânica, introduziu uma extensão e uma separação das funções humanas inimagináveis mesmo nos tempos romanos. Era natural, pois, que as acentuadas velocidades crescentes da roda, na estrada e nas fábricas, se relacionassem com o alfabeto, que já realizara tarefa similar de aceleração e especialização no mundo antigo. A velocidade, pelo menos nos estágios mais baixos da ordem mecânica, sempre opera no sentido da extensão, da separação e da amplificação das funções do corpo. Mesmo o aprendizado especializado da alta educação se desenvolve na ignorância das inter-relações. A complexa consciência destas inter-relações esmorece o impulso em direção à especialização.

As estradas postais da Inglaterra, em sua maior parte. eram financiadas pelos jornais. O rápido aumento do tráfego trouxe a estrada de ferro, nova e mais acentuada especialização da roda. A história da América moderna, que começa com a descoberta do homem branco pelo índio — como muito bem observou um gaiato — rapidamente passou da exploração pela canoa para o desenvolvimento pela estrada de ferro. Durante três séculos, a Europa investiu nos peixes e peles da América. A escuna de pesca e a canoa precederam a estrada e as rotas postais como marcos de nossa organização espacial norte-americana. Os investidores europeus no comércio de peles naturalmente não queriam ver seus roteiros de caça invadidos pelos Toms Sawyers e pelos Hucks Finns. Combateram os colonizadores e inspetores de terras como Washington e Jefferson, que simplesmente não estavam interessados em pensar em termos de arminho. Assim, a guerra da independência se travou em meio a profundas rivalidades de meios e bens. Qualquer novo meio, por sua aceleração, provoca rupturas nas vidas e nos investimentos da comunidade inteira. Foi a estrada de ferro que elevou a arte da guerra a uma intensidade inaudita: a Guerra Civil Americana foi o primeiro conflito de grandes proporções a envolver a ferrovia, para a admiração e exame dos estados-maiores europeus, que ainda não tinham tido a oportunidade de utilizar a estrada de ferro para um derramamento de sangue geral.

A guerra não é outra coisa senão uma mudança tecnológica acelerada. Ela ocorre quando as desigualdades dos índices de crescimento provocam um desequilíbrio acentuado entre as estruturas existentes. A tardia unificação e industrialização da Alemanha deixou-a fora da corrida pelas colônias e matérias-primas, durante anos. Como as guerras napoleônicas, tecnologicamente, eram algo assim como a tática da França para alcançar a Inglaterra, também a Primeira Guerra Mundial foi uma fase importante da industrialização final da Alemanha e da América. Como Roma não mostrara antes, e a Rússia está mostrando agora, o militarismo é o principal caminho para a aceleração e a educação tecnológicas nas áreas subdesenvolvidas.

À Guerra de 1812, seguiu-se um entusiasmo quase unânime pelo melhoramento das vias de transporte terrestre. O bloqueio inglês das costas do Atlântico obrigara a um volume de transportes terrestres sem precedentes, o que só serviu para sublinhar o estado insatisfatório das estradas. Sem dúvida, a guerra é uma forma de ênfase que provoca a atenção social distraída, por mais de um sinal revelador. No entanto, em plena Paz Quente que se seguiu à Segunda Guerra Mundial, o que se mostrou inadequado foram as auto-estradas da mente. Muitas pessoas demonstraram sua insatisfação com nossos métodos educacionais, após o lançamento do Sputnik, da mesma forma como muitos se haviam queixado das estradas durante a Guerra de 1812.

Agora que o homem projetou para fora seu sistema nervoso central por meio da tecnologia elétrica, o campo de batalha se deslocou para a estrutura mental criadora e destruidora de imagens, tanto na guerra como nos negócios. Até a era da eletricidade, a educação superior era um privilégio e um luxo das classes ociosas; hoje ela se tornou uma necessidade da produção e da sobrevivência. Quando a própria informação se constitui no tráfego mais importante, a necessidade de conhecimentos avançados se faz sentir mesmo nos espíritos mais rotineiros. Essa súbita erupção da formação acadêmica no mercado traz consigo aquela qualidade da reversão clássica, dando como resultado as sonoras gargalhadas que explodem tanto nas galerias como no *campus*. Mas a hilaridade irá esmorecendo à medida em que as *Suites* Executivas forem ocupadas pelos doutorados em Filosofia.

Para se ter uma visão dos meios pelos quais a aceleração da roda, da estrada e do papel, reordena as estruturas da população e das implantações urbanas, basta percorrer alguns dos exemplos fornecidos por Oscar Handlin, em seu estudo *Boston's Immigrants* ("Os Imigrantes de Boston"). Diz ele que, em 1790, Boston era uma unidade compacta, com os trabalhadores e comerciantes vivendo lado a lado, de modo que não havia tendência à separação das áreas residenciais em bases classistas: "Mas a cidade cresceu enquanto os distritos periféricos se tornavam mais acessíveis, a população se espalhou e, ao mesmo tempo, foi se dividindo por áreas distintas." Esta simples sentença encerra o tema deste capítulo. Ela pode ser generalizada, de modo a incluir a arte da escrita: "À medida que se difundia visualmente e se tornava mais acessível sob forma alfabética, o conhecimento se foi dividindo e fixando em especializações." Até a eletrificação, o aumento de velocidade produz a divisão das funções, das classes sociais e do conhecimento.

No entanto, com a velocidade elétrica, dá-se a reversão total. A implosão e a contração substituem a explosão e a expansão mecânica. Estendendo-se a fórmula de Handlin

123

à energia, teremos: "À medida que a energia crescia e que dela se iam beneficiando as áreas periféricas, ia-se ela distribuindo por funções e empregos distintos." Esta fórmula constitui um princípio da aceleração em todos os níveis da organização humana. Ela se refere especialmente àquelas extensões de nosso corpo que se manifestam nas mensagens da roda, da estrada e do papel. Agora que projetamos para fora não apenas nossos órgãos físicos, mas o nosso próprio sistema nervoso, mediante a tecnologia elétrica, já não se aplica o princípio da divisão e da especialização como fator da aceleração. Quando a informação se desloca à velocidade dos sinais do sistema nervoso central, o homem se defronta com a obsolescência de tôdas as formas anteriores de aceleração, tais como a rodovia e a ferrovia. Começa a aparecer o campo total da consciência inclusiva. As velhas estruturas dos ajustamentos psíquicos e sociais tornam-se irrelevantes.

Refere-nos Handlin que, até 1820, os bostonianos andavam a pé ou utilizavam veículos particulares. Os coletivos de tração animal foram introduzidos em 1826, para grande expansão e aceleração dos negócios. Nesse ínterim, o desenvolvimento da indústria na Inglaterra ia levando os interesses empresariais às áreas rurais, desalojando muita gente de suas terras e provocando o aumento do índice de imigração. O embarque de imigrantes tornou-se lucrativo, encorajando a aceleração dos transportes marítimos. O governo britânico passou então a subvencionar a Cunard Line a fim de assegurar contatos rápidos com as colônias. As ferrovias viriam logo a ligar-se a esse serviço da Cunard, tendo em vista o serviço postal e a interiorização dos imigrantes.

Embora a América tivesse desenvolvido um serviço maciço de canais internos e de vapores fluviais, ainda não estava engrenada para atender ao ritmo da nova produção industrial. A necessidade da estrada de ferro se fazia sentir para dar conta da produção mecanizada e para cobrir as grandes distâncias do continente. A locomotiva a vapor, como acelerador, mostrou ser uma das mais revolucionárias extensões de nosso corpo físico, criando um novo centralismo político e novas proporções e formas urbanas. É à estrada de ferro que a cidade americana deve sua configuração abstrata de treliça e a sua separação inorgânica entre a produção, o consumo e o domicílio. O automóvel aglutinou a forma abstrata da cidade industrial, misturando suas funções separadas a ponto de deixar perplexos tanto o citadino quanto o urbanista. O avião viria completar a confusão, aumentando a mobilidade do cidadão a ponto de tornar irrelevante o espaço urbano. O espaço urbano é igualmente irrelevante para o telefone, o telégrafo, o rádio e a televisão. O que os urbanistas chamam de "escala humana", ao discutir os espaços urbanos, está desligado dessas formas elétricas. As extensões elétricas de nós mesmos simplesmente contornam o espaço e o tempo, criando problemas sem precedentes de organização e envolvimento humanos. Um dia ainda suspiraremos pelos bons tempos do automóvel e da auto-estrada.

11

NÚMERO

O Perfil da Multidão

Hitler votava um ódio especial ao Tratado de Versalhes, porque ele esvaziara o exército alemão. Com suas batidas de calcanhares, os membros do exército alemão, após 1870, se haviam tornado o novo símbolo da unidade e do poder tribais. Na Inglaterra e na América, o mesmo senso de grandeza numérica derivado dos números estava associado à crescente produção industrial, e às estatísticas da riqueza e da produção: "tanques aos milhões". Não deixa de ser misterioso o poder dos meros números — refiram-se eles à população ou à riqueza — no sentido de dinamizar o impulso em direção ao crescimento e ao engrandecimento. Em *As Multidões e o Poder*, Elias Canetti ilustra o profundo liame que existe entre a inflação monetária e o comportamento da massa. Ele se mostra intrigado ante nosso fracasso em estudar a inflação como fenômeno de massas, uma vez que seus efeitos no mundo moderno penetram por tôda parte. O impulso para o crescimento ilimitado, inerente a tôda espécie de multidão, aglomerado ou horda, indicaria a ligação entre a inflação econômica e a inflação populacional. No teatro, num baile, num jôgo ou na igreja, cada pessoa desfruta as demais pessoas presentes. O prazer de estar na massa é o senso da alegria da multiplicação dos números, senso este que os membros letrados da sociedade ocidental têm por suspeito.

Numa sociedade como esta, a separação indivíduo/grupo, no espaço (intimidade), no pensamento (ponto de vista) e no trabalho (especialização) tem contado com o suporte cultural e tecnológico dos letrados, com sua galáxia--comitiva de instituições fragmentadas, industriais e políticas. Mas o poder da palavra impressa em criar o homem social homogeneizado cresceu de maneira segura até nosso tempo, criando o paradoxo da "mentalidade de massa" e do militarismo de massa dos exércitos de cidadãos. Levadas ao seu extremo mecanizado, as letras muitas vezes parecem ter produzido efeitos contrários à civilização, tal como a numeração, nos seus primórdios, parece haver rompido a unidade tribal, como atesta o Velho Testamento ("E Satã se ergueu contra Israel e fêz Davi contar os Israelitas"). Os números e as letras fonéticas foram os primeiros meios que fragmentaram e destribalizaram o homem.

Tradicionalmente, e com justiça, através da história ocidental, temos considerado as letras como a fonte da civilização e alçado as literaturas à condição de marcos-padrão das realizações civilizadas. Mas, ao longo do percurso, tem--nos acompanhado a sombra do número, a linguagem da ciência. Isoladamente, o número é tão misterioso quanto a escrita. Visto como uma extensão de nosso corpo físico, êle se torna bastante inteligível. Assim como a escrita é uma extensão e separação de nosso sentido mais neutro e objetivo — o sentido da visão — o número é a extensão e a separação de nossa atividade mais íntima e relacional, o sentido do tato.

A faculdade do tato, chamada sentido "háptico" pelos gregos, popularizou-se como tal através do programa sensório da Bauhaus, com os trabalhos de Paul Klee, Walter Gropius e muitos outros da Alemanha da década de 20. O sentido do tato, propiciando uma espécie de sistema nervoso ou unidade orgânica à obra de arte, tem obsecado os artistas desde o tempo de Cézanne. Por mais de um século, os artistas vêm tentando responder ao desafio da era da eletricidade pelo expediente de investir o sentido tátil com papel do sistema nervoso unificador dos demais sentidos. Paradoxalmente, isto foi alcançado pela "arte abstrata", que

127

oferece um sistema nervoso central para a obra de arte muito mais adequado do que a casca convencional da velha imagem pictórica. Cada vez mais as pessoas vão percebendo que o senso do tato é necessário à existência integral. O ocupante imponderável da cápsula espacial tem de lutar para conservar o senso integrativo do tato. Nossas tecnologias mecânicas de extensão e separação das funções de nossos seres físicos nos têm levado próximos a um estado de desintegração, fazendo com que percamos o contato conosco mesmos. Pode dar-se muito bem que em nossa vida consciente interior a interação de nossos sentidos constitua o sentido do tato. Ou o *tato* não seria apenas o contato epidérmico com as *coisas*, mas a própria vida das coisas na *mente?* Os gregos tinham a noção de um consenso ou de uma faculdade do "senso comum", capaz de traduzir um sentido em outro, de modo a conferir, ao homem, consciência. Hoje, quando, pela tecnologia, prolongamos todos os nossos sentidos e todas as partes de nosso corpo, sentimos a ânsia da necessidade de um consenso externo entre a tecnologia e a experiência que eleva a nossa vida comunal ao nível de um consenso mundial. Uma vez atingida uma fragmentação mundial, não deixa de ser natural pensar numa integração mundial. Dante sonhou essa universalidade do ser consciente para a Humanidade; ele acreditava que os homens não passariam de uns cacos quebrados até que se unissem numa consciência inclusiva. O que hoje vemos, no entanto, em lugar de uma consciência social eletricamente ordenada, é a subconsciência particular ou o "ponto de vista" individual, impostos, a rigor, pela velha tecnologia mecânica. Este é o resultado perfeitamente natural do conflito ou "defasagem cultural", num mundo suspenso entre duas tecnologias.

O mundo antigo associava, magicamente, o número às propriedades das coisas físicas e às necessárias causas das coisas, tal como a Ciência, até há pouco, buscava reduzir todos os objetos a quantidades numéricas. No entanto, em todas as suas manifestações, o número parece possuir tanto uma ressonância auditiva e repetitiva quanto uma dimensão tátil.

É a qualidade do número que explica o seu poder de criar um efeito de ícone ou de imagem comprimida e inclusiva. Assim é ele usado nos registros dos jornais e revistas: "Ciclista de 12 anos colide com ônibus" ou "Guilherme Sansão, 51 anos, é o novo Presidente Superintendente da Limpeza." Pela regra do polegar, os jornalistas descobriram a força icônica dos números.

Desde Henri Bergson e do grupo de artistas da Bauhaus, para -não falar de Jung e Freud, os valores não-letrados e até antiletrados do homem tribal em geral têm merecido estudos e promoções entusiásticas. Para muitos artistas e intelectuais europeus, o *jazz* se tornou um dos pontos de encontro em sua busca da Imagem Romântica integral. O entusiasmo acrítico do intelectual europeu pela cultura tribal transparece na exclamação do arquiteto Le Corbusier, ao ver Manhattan pela primeira vez: "É *hot-jazz* em pedra!" Outro exemplo é o relato de Moholy-Nagy sôbre a visita que fez a um clube noturno de São Francisco, em 1940. Uma banda de negros tocava com animação e humor. Lá pelas tantas, um dos músicos entoou: *Um milhão e três*, recebendo como resposta: *Um milhão e sete e meio;* um outro então cantou *Onze;* tendo como resposta *Vinte e Um*. E assim, em meio a "risos felizes e cantos estridentes, os números tomaram conta do local".

Para os europeus, observa Moholy-Nagy, a América apresenta-se como uma terra de abstrações, onde os números parecem adquirir existência própria, como indicam certas expressões: *57 variedades, 5 e 10, 7up, atrás da bola 8*. O número vira como que signo figurativo. Pode ser que isto seja eco de uma cultura industrial que depende, e muito, de preços, gráficos e números. Veja-se um caso como êste: 90-55-90. Nada melhor, para tornar os números sensualmente táteis, do que murmurá-los sob a forma mágica da figura feminina, enquanto as mãos hápticas a moldam no ar.

Baudelaire possuía a intuição certa do número enquanto mão tátil ou sistema nervoso para inter-relacionar unidades separadas, ao dizer que "o número está dentro do indivíduo. A embriaguez é um número". Isto explica porque "o prazer de estar numa multidão é uma expressão misteriosa da satisfação na multiplicação dos números." Vale dizer, que o número não é apenas auditivo e ressonante, como a palavra falada, mas que se origina do sentido do tato, do qual é uma extensão. O conjunto estatístico, ou aglomerado de números, produz os atuais desenhos de cavernas ou pinturas digitais das tabelas do especialista em estatística. A coleta estatística de números dá ao homem um novo influxo de intuição primitiva e de conhecimento mágico e subconsciente relativamente ao gôsto e aos sentimentos do público: "Você se sente mais satisfeito quando usa produtos de marcas conhecidas."

Tal como o dinheiro, o relógio e outras formas de medida, os números adquirem uma vida e uma intensidade à parte como aumento da cultura escrita. É escasso o emprego dos números nas sociedades pré-letradas; hoje, o computador digital não-letrado substitui os números por simples *sim/não*. O computador é forte em delineamentos gerais, fraco em dígitos. Com efeito, a era da eletricidade reintegra o número — para o bem ou para o mal — na experiência visual e auditiva.

A *Decadência do Ocidente*, de Oswald Spengler, nasceu, em boa parte, de suas preocupações com a nova matemática. De um lado, as geometrias não-euclidianas e, de outro, o advento das funções na teoria dos números, lhe pareceram prenunciar o fim do homem ocidental. Ele não percebeu que a invenção do próprio espaço euclidiano resulta diretamente da ação do alfabeto fonético nos sentidos humanos. E nem se deu conta de que o número é uma extensão do corpo físico do homem, uma extensão do nosso sentido do tato. O "infinito do processo das funções", no qual, melancolicamente, Spengler via dissolverem-se a Geometria e o número tradicionais, é, também, uma extensão de nosso sistema nervoso central nas tecnologias elétricas. Não é o caso de sermos gratos a escritores apocalípticos, como Spengler, que encaram nossas tecnologias como visitantes cósmicos dos espaços exteriores. Os Spenglers são homens tri-

130

balmente em transe, que anseiam pelo retorno do inconsciente coletivo e pela embriaguez do número. Na Índia, a idéia de *darshan* — a experiência mística de estar em enormes aglomerações — situa-se no extremo oposto do espectro da idéia ocidental dos valores conscientes.

As mais primitivas tribos da Austrália e da África, assim como os esquimós de hoje, ainda não chegaram à contagem pelos dedos, nem possuem números em série. Dispõem de um sistema binário de números independentes indicativos do *um* e do *dois*, com números compostos até seis. Depois de seis, apenas percebem "montes". Não possuindo o senso da série, dificilmente percebem quando dois alfinetes são retirados de uma fileira de sete. Mas logo se dão conta da falta de um alfinete. Tobias Dantzig, que estudou este assunto, diz, em sua obra, *Number: The Language of Science* ("Número: A Linguagem da Ciência"), que a paridade, ou senso sinestésico, é mais forte do que o senso numérico nesses povos. Isto certamente indica que, quando o número surge numa cultura, desenvolve-se o seu sentido visual. Uma cultura tribal intimamente integrada não se submeterá facilmente à pressão separatista e individualista do visual, que leva à divisão do trabalho e a certas formas aceleradas, como a escrita e o dinheiro. Se o homem ocidental estivesse realmente disposto a não abrir mão de seus padrões fragmentados e individualistas, derivados da palavra impressa, em particular, teria de apagar de sua vida toda a sua tecnologia elétrica, desde o telégrafo. O caráter implosivo (compressivo) da tecnologia elétrica faz girar para trás o disco ou o filme do homem ocidental, rumo ao núcleo da escuridão tribal — a que Joseph Conrad chamou de "África interior". O caráter instantâneo do movimento informacional elétrico não aumenta e sim envolve a família do homem num estado coesivo de vida aldeã.

Parece contraditório que o poder de fragmentação e divisão de nosso analítico mundo ocidental derive de uma acentuação da faculdade visual. Este mesmo senso visual é igualmente responsável pelo nosso hábito de ver todas as coisas como se fossem contínuas e interligadas. A frag-

131

mentação pela ênfase visual ocorre naquele isolamento de um momento no tempo, ou de um aspecto do espaço, situados além do alcance do tato, da audição, do olfato ou do movimento. Com a implosão de relações não visualizáveis, fruto da velocidade instantânea, a tecnologia elétrica destrona o sentido visual e nos restaura no domínio da sinestesia e do interenvolvimento íntimo dos demais sentidos.

Spengler mergulhou no Pântano do Desalento, ao ver o homem ocidental retirar-se da magnitude Numérica para a Terra Encantada das Funções e das relações abstratas. "A coisa mais importante da Matemática clássica" — escreve — "é a sua proposição de que o número é a essência de todas as coisas *perceptíveis* aos sentidos. Definindo o número como medida, ela contém todo o sentimento do mundo de uma alma apaixonadamente devotada ao "aqui" e "agora". Neste sentido, medir é medir algo próximo e corpóreo."

O extático homem tribal transparece em cada página de Spengler. Nunca lhe ocorreu que a *ratio* entre as coisas corpóreas não pode ser senão racional. Ou seja, a racionalidade ou consciência é, em si mesma, uma *ratio* ou proporção entre os componentes sensórios da experiência, e não algo que se *acrescenta* a esta experiência. Os seres sub-racionais não têm meios de alcançar essa *ratio* ou proporção na vida de seus sentidos, mas estão como que codificados para comprimentos fixos de onda, possuindo infalibilidade apenas em sua própria área de experiência. Complexa e sutil, a consciência pode ser debilitada ou destruída pela simples aceleração ou desaceleração da intensidade de um único sentido, tal como acontece na hipnose. E a intensificação de um único sentido por um único meio pode hipnotizar uma comunidade inteira. Assim, Spengler proclamou a queda do Ocidente, ao pensar que estava assistindo ao abandono das relações e construções visuais, na Ciência e na Matemática, em favor de uma teoria não-visual das relações e das funções.

Tivesse Spengler se empenhado em descobrir as origens do número e do espaço euclidiano nos efeitos psicológicos do alfabeto fonético, e *A Decadência do Ocidente* não teria sido escrita. Esta obra se baseia na premissa de que o homem clássico e apolíneo não era produto das tendências tecnológicas da cultura grega (a saber, o impacto primordial da escrita sôbre a sociedade tribal), mas antes o resultado de uma vibração especial da alma que se aninhava no seio do mundo grego. É um bom exemplo de quão facilmente os homens de uma cultura particular entram em pânico quando as balizas e padrões que lhes são familiares são deslocadas ou borradas pela pressão indireta dos novos meios. Spengler, como Hitler, a partir do rádio, investiu-se no mandato de proclamar o fim de todos os valores "racionais" ou visuais. Estava agindo como Pip, nas *Grandes Esperanças*, de Dickens. Pip era um menino pobre, cujo benfeitor anônimo desejava elevá-lo ao *status* de um cavalheiro. Pip assim o desejava e a isso se dispunha, quando descobriu que o seu benfeitor era um condenado foragido. Spengler, Hitler e muitos outros assim chamados "irracionalistas" de nosso tempo são como os mensageiros de telegramas, que cantam a sua mensagem cândidamente ignorantes sôbre o meio que fornece a canção que cantam.

Voltando a Tobias Dantzig e ao seu *Número: A Linguagem da Ciência*, vemos que o progresso que vai do tateio dos dedos "ao conceito numérico homogêneo, que tornou a Matemática possível" é o resultado de uma abstração visual em relação à operação da manipulação tátil. Em nossa conversação diária, podemos observar os extremos dêsse processo. No gangsterismo, a expressão "pôr as mãos em" indica que a ficha ou "número" de alguém veio a furo. Nos perfis dos gráficos estatísticos vê-se francamente expressa a manipulação do público para tôda a sorte de manobras que visem ao poder. Por exemplo, nos escritórios dos grandes corretores de títulos, há um médico moderno conhecido por "Dr. Avulsos". Sua função mágica é a de estudar as compras e vendas diárias efetuadas pelos pequenos investidores nos grandes negócios. A experiência revela que esses pequenos investidores erram em 80% dos casos. Um traçado estatístico do fracasso do "homenzinho a ser procurado" assegura aos grandes operadores uma certeza de cerca de 80%. Desta forma, do erro nasce a verdade; e da pobreza, a riqueza — graças aos números. Esta é a moderna mágica dos números. A atitude mais primitiva ante o mágico poder dos números vem ilustrada pelo pavor que assaltou os inglêses quando Guilherme, o Conquistador, os recenseou, juntamente com seus bens móveis, registrando tudo num livro que o povo batizou de Livro do Juízo Final.

Retornando, uma vez mais, e brevemente, à questão do número em sua manifestação mais limitada, e tendo antes esclarecido que a idéia de homogeneidade tinha de preceder a elevação dos números primitivos ao nível da Matemática, Dantzig assinala um outro fator escrito e visual na velha Matemática. "Correspondência e sucessão, os dois princípios inerentes a tôda Matemática — antes, a todos os reinos do pensamento exato — se entretecem no próprio estofo de nosso sistema numérico" — observa Dantzig. Assim também estão eles presentes na própria trama da lógica e da filosofia ocidentais. Já vimos como a tecnologia fonética gerou a continuidade visual e o ponto de vista individual e como êstes elementos contribuíram para o surgimento do espaço euclidiano. Dantzig declara que a idéia de correspondência é que nos dá os números cardeais. Ambas essas idéias espaciais — linearidade e ponto de vista — surgem com a escrita, especialmente com a escrita fonética, mas nenhuma delas é necessária à nova Física ou à nova Matemática. E a escrita também não é necessária à tecnologia elétrica. É claro que a escrita e a aritmética convencional continuarão a ser da maior utilidade para o homem, apesar de tudo. Mesmo Einstein não podia encarar a nova física quântica com tranqüilidade. Newtoniano demais visual para a nova tarefa, dizia que os *quanta* não podiam ser manipulados matemàticamente. É o mesmo que dizer que a poesia não pode ser adequadamente traduzida em forma puramente visual na página impressa.

Dantzig desenvolve suas observações sôbre o número dizendo que a população alfabetizada logo abandona o ábaco e a enumeração digital, embora os manuais de aritmética do Renascimento ainda contivessem regras para o cál-

134

culo manual. Pode ser verdade que os números tenham precedido a alfabetização em algumas culturas, mas assim também a pressão visual precede a escrita. A escrita é apenas a principal manifestação da extensão de nosso sentido visual, como bem nos lembram a fotografia e o cinema. E bem antes da tecnologia da escrita, os fatores binários das mãos e pés já eram suficientes para impulsionar o homem nos caminhos da contagem. O matemático Leibniz chegou mesmo a ver uma imagem da Criação na mística elegância do sistema binário do *zero* e *um*. A unidade do Ser Supremo operando no vácuo mediante uma função binária bastaria para extrair do caos tôdas as coisas.

Dantzig ainda nos recorda que nos tempos do manuscrito havia uma caótica variedade de signos para os numerais, a forma estável só sendo atingida após a invenção da imprensa. Embora êste seja um dos menores efeitos culturais decorrentes da imprensa, ele serve para lembrar-nos de que um dos fatôres mais importantes que influíram sôbre os gregos em sua adoção das letras do alfabeto fonético foi o prestígio e a aceitação do sistema numérico dos negociantes fenícios. Os romanos adotaram as letras fenícias através dos gregos, mas mantiveram um sistema numérico bem mais antigo. Os cômicos Wayne e Shuster nunca falham em fazer rir o público ao alinharem um grupo de antigos policiais romanos, vestindo togas e declinando seus números, em algarismos romanos, da esquerda para a direita. Esta piada demonstra como a pressão dos números obrigou os homens a buscarem métodos de numeração sempre mais fluentes. Antes do advento dos números ordinais, sucessivos ou posicionais, os chefes tinham de contar grandes corpos de tropa por métodos de deslocamento. Em certos casos, eram agrupados em espaços de áreas aproximadamente conhecidas. O método de fazer os soldados marcharem em fila e depositarem pedra em recipientes não está afastado do ábaco e da tábua de somar. Com o tempo, o método da tábua de somar levou à grande descoberta do princípio posicional nos primeiros séculos de nossa era. Simplesmente colocando na tábua, um após outro, 3, 4 e 2, foi possível aumentar de maneira fantástica a velocidade e

135

o potencial do cálculo. A descoberta do cálculo por números posicionais e não por números simplesmente aditivos conduziu também à descoberta do *zero*. O simples posicionamento do 3 e do 2 na tábua podia gerar ambigüidade: 32 ou 302? Tornava-se necessário um sinal para indicar os vazios entre os números. Só no século XIII é que a palavra árabe *sifr* ("vazio", "lacuna") foi latinizada e incluída em nossa cultura como cifra (*ziphirum*) transformando-se no *zero* italiano. O zero realmente significava uma lacuna posicional. Só viria a adquirir a indispensável qualidade de "infinito" com a criação da perspectiva do "ponto de fuga", na pintura do Renascimento. O novo espaço visual da pintura renascentista afetou o número tanto quanto o fizera a linearidade de séculos antes.

Com a ligação entre o zero posicional medieval e o ponto de fuga da Renascença, chega-se a um fato importante sobre os números. O ponto de fuga e o infinito eram desconhecidos nas culturas grega e romana, como se fossem subprodutos da alfabetização. Foi só quando a imprensa prolongou a faculdade visual a um ponto de alta precisão, uniformidade e intensidade, é que os demais sentidos puderam ser contidos ou rebaixados o suficiente para criar a nova consciência do infinito. Tomado como um aspecto da perspectiva e da imprensa, o infinito matemático ou numérico serve para ilustrar como as nossas várias extensões físicas, ou meios, atuam uma sobre as outras através do agenciamento de nossos próprios sentidos. E é sob esta luz que o homem aparece como o órgão reprodutor do mundo tecnológico, um fato que Samuel Butler já anunciara em *Erewhon*, de maneira pitoresca.

O efeito de qualquer espécie de tecnologia engendra em nós um novo equilíbrio, que, por sua vez, gera novas tecnologias, como acabamos de ver na interação do número (formas tátil e quantitativa) com as formas mais abstratas da cultura visual e escrita. A tecnologia da imprensa transformou o zero medieval no infinito do Renascimento, não apenas por convergência — perspectiva e ponto de fuga — mas pelo fato de introduzir, pela primeira vez na história humana, um fator de repetibilidade exata. A imprensa deu ao homem o conceito da repetição indefinida, necessária ao conceito matemático de infinito.

Este mesmo fato gutenberguiano das unidades uniformes, contínuas e repetíveis indefinidamente inspirou também o conceito relacionado do cálculo infinitesimal, pelo qual se tornou possível traduzir qualquer espécie de espaço elusivo em termos do reto, do plano, do uniforme e do "racional". Este conceito de infinito não nos foi imposto pela lógica. Foi um presente de Gutenberg. E assim foi mais tarde, na linha de montagem industrial. O poder de traduzir conhecimentos em produção mecânica, mediante o parcelamento de qualquer processo em aspectos fragmentados dispostos em seqüência linear de partes móveis e uniformes, constitui a essência formal da imprensa. Esta espantosa técnica de análise espacial, duplicando-se a si mesma, numa espécie de eco, invadiu o mundo dos números e do tato.

Embora não reconhecido, aqui temos mais um exemplo familiar da capacidade de um determinado meio de traduzir-se em outro meio. Uma vez que todos os meios não são senão extensões de nosso corpo e de nossos sentidos, e assim como habitualmente traduzimos um sentido em outro, em nossa experiência diária, não deve surpreender-nos o fato de os nossos sentidos prolongados, ou tecnologias, repetirem o processo da tradução e assimilação de uma forma por outra. Pode bem dar-se que esse processo seja inseparável da natureza do tato e da abrasiva ação interfacial das superfícies, seja na Química, nas multidões ou nas tecnologias. A misteriosa necessidade que sentem as massas de crescer e superar, igualmente característica das grandes acumulações de riqueza, pode ser entendida se o dinheiro e os números forem realmente tecnologias que prolongam o poder do tato e o aperto de mão. Quer se refiram a gente ou a dígitos, os números e as unidades monetárias parecem possuir a mesma magia fática no sentido do agarrar e do incorporar.

Os gregos chocaram-se com o problema de traduzir seus meios novos e próprios quando tentaram aplicar a arit-

137

mética racional a um problema geométrico. Ergueram-se os espectros de Aquiles e da tartaruga. Essas tentativas redundaram na primeira crise da história da matemática ocidental. Era uma crise referente ao problema de determinar a diagonal de um quadrado e a circunferência de um círculo: um caso claro de número — sentido táctil — tentando dar conta de um espaço visual e pictórico pela redução do espaço visual a si mesmo.

Para o Renascimento, foi o cálculo infinitesimal que sobrepôs a aritmética mecânica à Física e à Geometria. A idéia de um processo infinito, mas contínuo e uniforme, fundamental para a tecnologia dos tipos móveis de Gutenberg, deu nascimento ao cálculo. Elimine-se o processo do infinito, e a Matemática, tanto pura como aplicada, fica reduzida ao estado em que a conheceram os pré-pitagóricos. Vale dizer, elimine-se o novo meio da imprensa, com sua tecnologia fragmentária da repetibilidade uniforme e linear, e a matemática moderna desaparece. Aplique-se, porém êsse processo infinito e uniforme à procura do comprimento de um arco, e tudo o que se requer é inscrever no arco uma seqüência de contornos retilíneos de um número de lados sempre crescente. Quando estes contornos se aproximam de um limite, o comprimento do arco se torna o limite dessa seqüência. O velho método de determinar volumes pelo deslocamento líquido traduz-se, graças ao cálculo, em termos visuais abstratos. Os princípios relativos ao conceito de comprimento se aplicam também às noções de área, volume, massa, momento, pressão, tensão e esfôrço, velocidade e aceleração.

Fazedora de milagres, a simples função do infinitamente fragmentário e repetível se tornou o meio de transformar tudo o que era não-visual em planos, retas e uniformidades visuais: o oblíquo, o curvo e o protuberante. Da mesma maneira, séculos antes, o alfabeto fonético invadira as culturas descontínuas dos bárbaros, traduzindo suas sinuosidades e obtusidades nas uniformidades da cultura visual do mundo ocidental. É esta ordem de idéias — uniformes, ligadas e visuais — que ainda hoje temos por norma do viver "racional". Na era da eletricidade, das formas de inter-relação instantânea e não-visual, passamos a encontrar, pois, a maior dificuldade em definir o "racional", se mais não fosse pelo simples fato de nunca havermos percebido de onde nasceu.

12

VESTUÁRIO

Extensão de Nossa Pele

Alguns economistas estimam que uma sociedade despida come 40% mais do que uma sociedade em roupas ocidentais. Extensão de nossa pele, a roupa ajuda a armazenar e canalizar energia, e, se o ocidental precisa de menos comida, precisa também de mais sexo. Mas nem o sexo nem o vestuário podem ser entendidos como fatores separados e isolados; muitos sociólogos têm observado que o sexo pode tornar-se uma compensação para a vida em aglomerações... A intimidade, como o individualismo, é desconhecida das sociedades tribais, coisa que os ocidentais precisam ter em mente tôdas as vêzes que falam em atrações de nosso modo de vida para os povos não-letrados.

O vestuário, como extensão da pele, pode ser visto como um mecanismo de contrôle térmico e como um meio de definição do ser social. Nisto, o vestuário e a habitação são parentes próximos, quase gêmeos, embora a roupa seja o mais próximo e o mais velho. A habitação prolonga os mecanismos internos de controle térmico de nosso organismo, enquanto a roupa é uma extensão mais direta da superfície externa de nosso corpo. Hoje, os europeus começam a vestir-se para o ôlho, no estilo americano, justo no momento em que os americanos começam a abandonar seu tradicional estilo visual. O analista dos meios sabe por que êsses estilos opostos como que subitamente começam a tro-

140

car de lugar. Desde a Segunda Guerra Mundial. os europeus vêm sublinhando os valores visuais, e não é coincidência se a sua economia agora se volta para os bens uniformes de consumo em larga escala. De sua parte, e pela primeira vez, os americanos começam a rebelar-se contra os bens de consumo uniformes. Nos carros, nas roupas, nos livros de capa mole; nas barbas, nos bebês e nos penteados em colmeia, o americano agora se pronuncia em favor do tato, da participação, do envolvimento e dos valores escultóricos. A América, um tempo a terra da ordem visual abstrata, de novo e profundamente volta ao contato das tradições européias da vida, da alimentação, e da arte. O que antes foi programa de vanguarda para os expatriados da década de 20, hoje se converte em norma para os adolescentes.

No entanto, os europeus haviam sofrido uma espécie de revolução do consumo, nos fins do século XVIII. Quando o industrialismo era novidade, era "bem" entre as classes superiores abandonar as ricas roupagens de salão em favor de materiais mais simples. Foi a época em que os homens, pela primeira vez, começaram a usar as calças do soldado comum da infantaria (*pionnier*, pioneiro, na acepção francesa primitiva), embora o fizessem como uma espécie de gesto atrevido de "integração" social. Até então, o sistema feudal levara as classes superiores a vestirem-se como falavam, num estilo cortês bastante distanciado dos usos populares. A roupagem e a conversação se combinavam num mesmo nível de esplendor e riqueza de texturas, mais tarde eliminados completamente, com a alfabetização universal e a produção em massa. A máquina de costura, por exemplo, criou a linha longa e reta nas roupas, assim como o linotipo aplanou o estilo vocal do homem.

Um anúncio recente dos Serviços de Computadores C-E-I-R apresentava um simples vestido de algodão. com o título: "Por que a Sra. K. se veste desse jeito?" (referindo-se à esposa de Nikita Kruchev). O texto desse anúncio bastante engenhoso dizia: "Trata-se de um ícone." Para as suas próprias populações ainda atrasadas e para os não

141

alinhados do Oriente e do Sul, ele diz: "Nós somos sóbrios, simples, honestos, pacíficos, caseiros, bons." Para as nações livres do Ocidente, êle diz: "Nós os enterraremos."

Esta é exatamente a mensagem que o vestuário simples, e nôvo, de nossos ancestrais, levava às classes feudais dos tempos da Revolução Francesa. A roupa era um manifesto não-verbal de subversão política.

Na América de hoje há uma atitude revolucionária, que se expressa em nossas roupas, em nossos pátios, em nossos carros compactos. De uma década a esta parte, os vestidos e os penteados das mulheres vêm abandonando o acento visual pelo acento icônico — tátil e escultórico. Como as calças de toureiro e as meias três-quartos, o penteado-colmeia também é icônico e sensualmente inclusivo, em lugar de abstrato e visual. Numa palavra, pela primeira vez a mulher americana se apresenta como uma pessoa a ser tocada e manipulada, e não simplesmente olhada. Enquanto os russos tateiam vagamente em busca dos valôres visuais de consumo, os norte-americanos vão jovialmente desfrutando os recém-descobertos espaços escultóricos e táteis — nos carrôs, nas roupas e nas casas. Por esta razão é-nos relativamente fácil reconhecer no vestuário uma extensão da pele. Na era do biquíni e da caça submarina, começamos a compreender que "o castelo da pele" possui um espaço e um mundo próprios. Foram-se as excitações do *strip-tease*. A nudez só era excitante e picante para uma cultura visual divorciada dos valôres audiotácteis de sociedades menos abstratas. Até 1930, chocavam os palavrões visualizados na página impressa. Palavras que a maioria usa a tôda hora tornavam-se escandalosas como a nudez, quando impressas. Muitos palavrões são carregados de acentos táteis e envolventes. É por isso que parecem tão grosseiros e fortes ao homem visual. Para as culturas ainda envolvidas pela gama completa da vida sensória, isentas da abstração provocada pela escrita e pela ordem visual e industrial, a nudez é simplesmente patética. O Relatório Kinsey sôbre a vida sexual dos homens revela perplexidade ante o fato de os camponeses e as pessoas atrasadas não apreciarem a nudez

142

conjugal ou na alcova. Kruchev não gostou do cancã que lhe ofereceram como diversão em Hollywood. Claro que não. Essa espécie de mímica do envolvimento sensorial só tem sentido para as sociedades letradas há muito. As pessoas atrasadas encaram a nudez, se tanto, com a mesma atitude que esperamos de nossos pintores e escultores — a atitude que envolve todos os sentidos de uma vez. Para uma pessoa que utiliza todo o seu complexo sensório, a nudez é a mais rica das expressões possíveis da forma estrutural. Mas para a sensibilidade altamente visual e retorcida das sociedades industriais, a súbita confrontação com a carne tátil é, de fato, música inebriante.

Hoje há um movimento em direção a um novo equilíbrio, como podemos perceber pela preferência pelas texturas pesadas e grosseiras e pelas formas esculturais do vestuário. Vemos também a exposição ritualística do corpo, dentro e fora de casa. Os psicólogos há muito nos ensinaram que boa parte de nossa audição se faz através da própria pele. Depois de séculos de roupa até os dentes e de contenção num espaço visual uniforme, a era da eletricidade nos introduz num mundo em que vivemos, respiramos e ouvimos com tôda a epiderme. Claro que há muito sabor de novidade neste culto; o equilíbrio entre os sentidos deixará pelo caminho uma boa parte do nôvo ritual, tanto no vestuário como na habitação. Enquanto isso, nas novas roupas e moradias, a nossa sensibilidade unificada se diverte em meio às mais variadas sortes de consciência de materiais e côres, o que faz com que a nossa era seja uma das maiores da História — em Música, Poesia, Pintura e Arquitetura.

13

HABITAÇÃO

"NEW LOOK" E NOVA VISÃO

Se a roupa é uma extensão da pele para guardar e distribuir nosso próprio calor e energia, a habitação é um meio coletivo de atingir o mesmo fim — para a família ou o grupo. Como abrigo, a habitação é uma extensão dos mecanismos corporais de contrôle térmico — uma pele ou roupa coletiva. As cidades são extensões ainda mais amplas dos órgãos corpóreos, visando a atender às necessidades dos grandes grupos. Os leitores do *Ulysses* se lembram como James Joyce estabeleceu correspondências entre as várias formas da cidade — muros, ruas, edifícios e meios — com os diversos órgãos do corpo. Este paralelo entre a cidade e o corpo humano permitiu a Joyce estabelecer um paralelo suplementar entre a antiga Ítaca e a moderna Dublin, criando um sentido em profundidade da unidade humana que transcende a História.

Originariamente, Baudelaire pensou em chamar de *Les Limbes* suas *Flôres do Mal*, tendo em mente as cidades como extensões corporativas ou coletivas de nossos órgãos físicos. [1]

---

[1] Parece-nos que, aqui, McLuhan foi vítima de um hipnotismo verbal: *Les Limbes* dificilmente poderá referir-se aos membros do corpo humano (*libs*, em inglês), e sim a *Os Limbos* da teoria cristã. Estaria dentro de seu estilo paronomástico e das flôres malévolas de Baudelaire, associar *Les Limbes* aos *limbos* das folhas e pétalas — mas esta associação não nos parece calhar no presente caso (N. do T.).

Baudelaire considerava florescências do mal os nossos auto-abandonos e auto-alienações destinados a ampliar ou aumentar o poder das várias funções. Como amplificação do empenho luxurioso e sensual dos homens, para ele a cidade possuía uma completa unidade orgânica e psíquica.

O homem letrado e civilizado tende a restringir o espaço e separar as funções, enquanto o homem tribal livremente projeta a forma de seu corpo para abranger o Universo. Agindo como um órgão do cosmos, o homem tribal aceitou as funções corpóreas como modo de participação nos poderes divinos. O corpo humano, no pensamento religioso dos índios, era ritualmente relacionado à imagem cósmica, e esta se assimilava em forma de habitação. Para o homem tribal e para as sociedades não-letradas, a moradia era uma imagem tanto do corpo quanto do Universo. A construção da casa, com sua lareira e seu fogo-lar, estava ritualmente associada ao ato da criação. Este mesmo ritual estava mais profundamente ainda alicerçado na construção da cidade antiga, cuja configuração e processo haviam sido deliberadamente modelados como um ato de louvor divino. No mundo tribal (como na China e na Índia de hoje), a cidade e o lar podem ser aceitos como encarnações icônicas do *verbo*, do *mythos* divino, aspiração universal. Mesmo em nossa era elétrica, muita gente anseia por esta estratégia inclusiva de conquistar significação para os seus próprios seres particulares e isolados.

Tendo aceitado uma tecnologia analítica da fragmentação, o homem letrado não encontra acesso às estruturas cósmicas tão facilmente quanto o homem tribal. Prefere os espaços separados e compartimentados ao cosmos aberto. Está menos inclinado a aceitar seu corpo como modelo do Universo, ou a ver a sua casa — ou qualquer outro meio de comunicação — como uma extensão ritual de seu próprio corpo. Uma vez adotada a dinâmica visual do alfabeto fonético, começa a perder a obsessão com o ritual e com a ordem cósmica, recorrentes nos órgãos físicos e em suas extensões visuais. Mas a indiferença ao cósmico engendra uma intensa concentração em tarefas miúdas, segmentadas e especializadas, força exclusiva do homem ocidental. Especialista é aquele que nunca comete pequenos erros rumo à grande ilusão.

O homem vive em casas circulares, até que se torna sedentário e especializado na organização de seu trabalho. Os antropólogos constantemente observam essa mudança, sem lhe conhecerem a causa. O analista de meios pode ajudar o antropólogo nesta matéria, embora a explicação possa não parecer óbvia às pessoas de cultura visual. Da mesma maneira, o visualista não pode ver muita diferença entre o cinema e a TV ou entre um Corvair e um Volkswagen, pois a diferença não reside entre dois espaços visuais, mas entre um espaço tátil e um espaço visual. Uma tenda ou uma cabana de índios não são espaços fechados ou visuais; tampouco uma caverna ou um buraco na terra. Estas espécies de espaço — tenda, cabana, iglu, caverna — não são "fechadas" no sentido visual porque seguem linhas de força dinâmicas, como um triângulo. Quando fechada, ou traduzida em espaço visual, a Arquitetura tende a perder sua pressão cinética tátil. Um quadrado é o fechamento de um espaço visual; ou seja, ele consiste de propriedades especiais abstraídas de tensões manifestas. Um triângulo segue linhas de força, pois este é o meio mais econômico de manter um objeto vertical. Um quadrado vai além dessas pressões cinéticas, para encerrar relações espaço-visuais, embora dependendo de apoios diagonais. Esta separação entre a pressão visual e as pressões táteis, diretas e cinéticas, e a sua tradução em novos espaços habitacionais, somente ocorrem depois que os homens aprendem a praticar a especialização de seus sentidos e a fragmentação de suas habilidades de trabalho. A casa ou o quarto quadrado falam a linguagem do especialista sedentário, enquanto que a cabana e o iglu redondos, assim como a tenda cônica, falam dos hábitos nômades integrativos das comunidades empenhadas na busca de víveres.

Toda esta discussão corre um grande risco de má compreensão, porque estes assuntos são altamente técnicos — espacialmente falando. Todavia, quando estes espaços são compreendidos, eles fornecem a chave para muitos e importantes enigmas, passados e presentes. Explicam a mudança da arquitetura de cúpula circular para as formas góticas, mudança esta ocasionada pela alteração da *ratio* ou proporção na vida sensória dos membros da comunidade. Este deslocamento ocorre com a extensão do corpo em novas invenções e tecnologias sociais. Uma nova extensão estabelece um novo equilíbrio entre todos os sentidos e faculdades, de modo a conduzir a uma "nova visão" — novas atitudes e preferências em muitas áreas.

Nos termos mais simples, como já ficou dito, a habitação é um esforço destinado a prolongar ou projetar o mecanismo de controle térmico do corpo. O vestuário ataca o problema mais diretamente, porém menos fundamentalmente, em caráter privado mais do que social. Mas tanto uma como outro armazenam calor e energia, tornando-os acessíveis para a execução de muitas tarefas, que seriam impossíveis de outra forma. Provendo de calor e energia a sociedade, a família ou o grupo, a habitação engendra novas habilidades e novo aprendizado, desempenhando as funções básicas de todos os outros meios. O controle térmico é um fator-chave na habitação e no vestuário. A moradia do esquimó é um bom exemplo. O esquimó pode suportar dias sem comer, a 18°C abaixo de zero; desprovido de alimentos, o nativo sem roupas morre em poucas horas.

Pode surpreender a muitos saber que a forma primitiva do iglu pode ser rastreada até o aparecimento do fogão. Os esquimós viveram durante séculos — e, em parte, ainda vivem — em casas circulares de pedra. O iglu de blocos de gelo é um desenvolvimento bem recente na vida dessa gente da idade da pedra. Estas estruturas só se tornaram possíveis com a chegada do homem branco e seu fogão portátil, melhor, seu fogareiro. O iglu é um abrigo efêmero, destinado ao uso temporário dos caçadores. O esquimó tornou-se caçador só depois de haver entrado em contato com o homem branco; até então, fora simplesmente um apanhador de alimentos. O iglu ilustra o modo pelo qual uma nova estrutura é introduzida em antigos padrões de vida pela intensificação de um único fator — o calor artificial, neste caso. Do mesmo modo a intensificação de um único fator no complexo de nossas vidas conduz a novas relações entre as nossas faculdades tecnologicamente prolongadas, daí resultando um *new look* e uma nova visão, com suas novas invenções e motivações.

No século XX, já estamos familiarizados com as mudanças introduzidas na habitação e na Arquitetura pela aplicação da energia elétrica aos elevadores. A mesma energia aplicada à iluminação alterou ainda mais radicalmente os nossos espaços de vida e de trabalho. Aboliu a divisão entre noite e dia, entre o interno e o externo, entre o subterrâneo e o terrestre. Alterou todas as considerações espaciais para o trabalho e a produção, assim como os outros meios elétricos alteraram a experiência espaço-temporal da sociedade. Tudo isto é bastante familiar. Menos familiar é a revolução arquitetônica provocada pelos melhoramentos da calefação há séculos atrás. Com a mineração do carvão em larga escala, durante o Renascimento, os habitantes dos climas mais frios descobriram novas fontes de energia pessoal. Os novos meios de aquecimento permitiram a manufatura do vidro, o aumento dos aposentos e a elevação dos tetos. A casa do burguês renascentista tornou-se, a um só tempo, dormitório, cozinha, oficina e venda. Uma vez que se tenha a habitação como um vestuário grupal de contrôle térmico, os novos meios de aquecimento podem ser compreendidos como causadores de mudança na forma espacial. Mas a iluminação é quase tão decisiva quanto o aquecimento nas mudanças dos espaços arquitetônicos e urbanos. Esta é a razão por que a história do vidro está tão intimamente relacionada com a história da habitação. A história do espelho é um capítulo importante da história da roupa, das maneiras e do senso de si próprio.

Recentemente, um imaginoso professor de uma escola de favela deu a cada aluno uma fotografia de si próprio; as classes foram largamente decoradas com grandes espelhos. O resultado foi um surpreendente aumento no rendimento do ensino. A criança da favela, em geral, tem pouca orientação visual. Não vê a si mesma como alguém que possa "ser alguém". Não descortina metas e objetivos distantes. Profundamente envolvida no seu mundinho do dia-a-dia, não consegue estabelecer cabeças de ponte para a vida altamente especializada do homem visual. Através da imagem da televisão, a condição da criança favelada vai-se projetando mais e mais a toda a população.

O vestuário e a habitação, como extensões da pele e dos mecanismos de contrôle térmico, são meios de comunicação — antes de mais nada — porque moldam e recombinam as estruturas da associação e da comunidade humanas. As várias técnicas de iluminação e aquecimento não parecem senão dar maior flexibilidade e alcance ao que já é princípio básico na roupa e na casa — a saber, a extensão dos mecanismos de contrôle térmico de nosso corpo, de modo a permitir-nos atingir um certo grau de equilíbrio num ambiente cambiante.

A engenharia moderna pode produzir meios habitacionais que vão desde a cápsula espacial até paredes formadas por jatos de ar. Algumas firmas se estão especializando em grandes construções com paredes e pisos removíveis. É uma flexibilidade que tende naturalmente para o orgânico. A sensitividade humana parece uma vez mais harmonizar-se com as correntes universais que fizeram do homem tribal um mergulhador cósmico.

Não é apenas o *Ulysses*, de Joyce, que dá testemunho desta tendência. Estudos recentes sobre as igrejas góticas acentuam as aspirações orgânicas de seus construtores. Os santos viam sèriamente o corpo como o vestuário simbólico do espírito e encaravam a Igreja como um segundo corpo. cuidando de todos os seus detalhes com o maior apuro. James Joyce forneceu esta imagem detalhada da metrópole como um segundo corpo e Baudelaire um "diálogo" semelhante entre as partes do corpo projetadas às formas da cidade, em suas *Flores do Mal*.

A luz elétrica trouxe ao complexo cultural da habitação e da cidade como extensões do homem. uma flexibilidade orgânica desconhecida. Se as fotos em cores criaram os "museus sem paredes", a iluminação elétrica criou

149

espaços sem paredes, e dia sem noite. Na cidade, na estrada ou no jogo de futebol noturnos, desenhar e escrever com luz saíram do domínio da fotografia pictórica para os espaços vivos e dinâmicos criados pela iluminação externa.

As vidraças eram luxos desconhecidos, em eras não muito remotas. O controle da luz pelo vidro forneceu os meios de controlar a regularidade da vida doméstica, permitindo a dedicação continuada a ofícios e comércios, livre do frio e da chuva. O mundo foi colocado numa moldura. Com a luz elétrica, não apenas podemos levar a cabo as mais delicadas operações, sem maiores preocupações com o tempo, o lugar ou o clima, como podemos fotografar o submicroscópico tão facilmente quanto penetrar no mundo subterrâneo das minas e dos pintores das cavernas.

A iluminação como extensão de nossas energias é um dos exemplos mais nítidos de como essas extensões alteram a nossa percepção. Quem ainda se sinta inclinado a duvidar que a roda, a fotografia ou o avião alteram nossos hábitos de percepção sensível, não pode mais duvidar ante a iluminação elétrica. Neste domínio, o meio é a mensagem, e, quando a luz está ligada, há um mundo sensório que desaparece quando a luz está desligada.

"Pintar com luz" faz parte do jargão do mundo da eletricidade do palco. No carro, no cinema, ou no microscópio, os usos da luz no mundo do movimento são tão diversos quanto os usos da eletricidade no mundo da energia. A luz é informação sem "conteúdo", como o foguete é um veículo sem os acessórios da roda ou da estrada. Assim como um foguete é um sistema de transporte autônomo que consome tanto o seu combustível como o seu motor, assim a luz é um sistema de comunicação autônomo, no qual o meio é a mensagem.

Os recentes aperfeiçoamentos do raio *laser* trouxeram novas possibilidades para a luz. O raio *laser* é uma amplificação da luz mediante radiação intensificada. A concentração da energia radiante desvendou novas propriedades da luz. O raio *laser* como que torna a luz espessa, permitindo que ela seja modulada para transmitir informação, como o fazem as ondas hertzianas. Mas devido a sua grande intensidade, um simples raio *laser* pode transportar a informação de todos os canais de rádio e televisão reunidos dos Estados Unidos. Êstes raios escapam ao alcance da visão e, no futuro, podem servir de mortíferos agentes militares.

Visto do ar, à noite, o caos aparente da área urbana se traduz num rendilhado delicado sôbre um chão de veludo. Gyorgy Kepes desenvolveu êsses efeitos aéreos da cidade noturna transformando-os numa nova forma artística — uma "paisagem-luz" mais do que uma "paisagem iluminada". Essas paisagens elétricas apresentam uma congruência total com a imagem da TV, que também se manifesta como imagem-luz, mais do que como imagem iluminada.

O pintor francês André Girard começou pintando diretamente sôbre película antes que os filmes fotográficos se tornassem populares. Naqueles tempos, era fácil especular sobre a "pintura com luz" e sôbre a introdução do movimento na arte da pintura. Testemunhava Girard:

> Não ficarei surpreso se, dentro de cinqüenta anos, ninguém mais quiser saber de quadros cujos motivos permaneçam *parados* em suas molduras cada vez mais apertadas.

A imagem da televisão voltou a inspirá-lo:

> Vi certa vez, numa sala de controle, o olho sensível da câmara apresentando-me, umas após outras, as paisagens, os rostos e as expressões de um grande quadro meu — numa ordem em que jamais eu havia pensado. Tive a sensação de um compositor que ouvisse uma de suas óperas com todas as cenas trocadas. Era como ver um edifício de um elevador ultra-rápido, que mostrasse o teto antes do térreo, parando rapidamente em alguns andares, mas não em outros.

Desde então, Girard desenvolveu novas técnicas de controle para pintar com luz, ajudado pelos técnicos da CBS e da NBC. No que toca à habitação, a importância de seu trabalho reside em que nos permite conceber possibilidades totalmente novas para a modulação do espaço artístico e arquitetônico. Pintura com luz é algo assim como uma casa sem paredes. A mesma tecnologia elétrica, projetada para a tarefa de receber controles termostáticos globais, prenuncia a obsolescência da habitação como extensão dos mecanismos de controle térmico de nossos corpos. Pode-se igualmente imaginar que a extensão elétrica do processo da consciência coletiva, produzindo a consciência sem paredes, venha a tornar obsoletos os muros lingüísticos. As línguas são extensões tartamudas de nossos cinco sentidos, em diversas proporções e comprimentos de ondas. Uma simulação imediata da consciência contornaria a fala, numa espécie de maciça percepção extra-sensória, assim como os termostatos globais poderiam contornar essas extensões de nossa pele e de nosso corpo a que chamamos casas. Essa extensão do processo da consciência por simulação elétrica pode muito bem ocorrer na década de 60.

14

DINHEIRO

O CARNÊ DO POBRE

A relação entre o complexo monetário e o corpo humano é um tópico central da moderna teoria psicanalítica. Alguns analistas fazem derivar o dinheiro do impulso infantil em brincar com as fezes. Ferenczi, particularmente, considera o dinheiro "nada mais do que bosta desidratada e inodora, revestida de brilho". Em seu conceito de dinheiro, Ferenczi desenvolve a idéia de Freud em *Caráter e Erotismo Anal*. Embora a ligação entre o "lucro sórdido" e o anal persista nas principais correntes da Psicanálise, ela não corresponde o suficiente à natureza e à função do dinheiro na sociedade para guindar-se a tema do presente capítulo.

O dinheiro começou nas culturas não-letradas como bem de consumo; vejam-se os dentes de baleia nas Ilhas Fiji. ou os ratos na Ilha da Páscoa, mais tarde considerados uma iguaria elevada à categoria de artigo de luxo, e como tal tornando-se um meio de mediação e troca. Quando os espanhóis estavam sitiando Leyden, em 1574, foi emitido um dinheiro de couro; tendo aumentado a "dureza", a população cozeu e comeu a nova moeda.

Nas culturas letradas, circunstâncias diversas podem patrocinar a volta do dinheiro como bem de consumo. Depois que os alemães ocuparam a Holanda, durante a Segunda Guerra Mundial, os holandeses tornaram-se ávidos

153

de fumo. Como o suprimento era pequeno, uns poucos cigarros eram trocados por objetos de valor, tais como jóias, instrumentos de precisão e até casas. A revista *Seleções* lembrou um episódio curioso ocorrido no início da ocupação aliada da Europa, em 1945: maços de cigarros fechados serviam como moeda, passando de mão em mão e traduzindo a habilidade de um trabalhador em termos da habilidade de outro — desde que o selo estivesse intacto.

O dinheiro sempre mantém algo de seu caráter comunitário e de consumo. No começo, é muito vaga a sua função de prolongar o anseio do homem por coisas distantes a partir dos bens e produtos mais próximos. É pequeno o aumento da mobilidade da posse e do comércio, no início. O mesmo acontece com o aparecimento da linguagem, na criança. Nos primeiros meses predomina o reflexo do pegar, o "abrir a mão" voluntário só aparecendo no fim do primeiro ano. A fala vem com o desenvolvimento do domínio em soltar os objetos, que dá à criança o poder de desligar-se do ambiente, juntamente com o poder de dinamizar o seu conhecimento do ambiente. Assim se dá com o amadurecimento da idéia de dinheiro enquanto moeda e não enquanto bem útil. A moeda é um modo de abrir mão de produtos e bens imediatos que servem como dinheiro, inicialmente, em favor da extensão do comércio com todo o complexo social. O comércio *via* dinheiro baseia-se no princípio de apanhar e soltar, num ciclo oscilante. Enquanto uma das mãos segura o artigo, com o qual se tenta a parte contrária, a outra se estende para o objeto desejado na troca. A primeira mão abre assim que a segunda é tocada, um pouco à maneira dos trapezistas ao trocarem de trapézio. E, de fato, em *As Multidões e o Poder*, Elias Canetti diz que o comerciante pratica um dos mais antigos passatempos, qual seja o de trepar em árvores e balançar-se de galho em galho. Nos atos de agarrar, calcular e ritmar dos grandes antropóides arbóreos, ele vê uma tradução, em termos financeiros, de um dos mais antigos padrões do movimento. Assim como a mão entre os galhos de uma árvore aprendeu um esquema de agarrar, bem distanciado do movimento de levar a comida à boca, assim o comerciante e o financista desenvolveram fascinantes atividades abstratas que constituem extensões da ávida mobilidade e agilidade dos macacos superiores.

Como qualquer outro meio, o dinheiro é uma matéria--prima, um produto natural. Como forma exterior e visível da necessidade de trocar e intercambiar, ele é uma imagem corporada ou corporativa que depende da sociedade para ganhar *status* institucional. Desligado da participação comunal, o dinheiro não faz sentido, como o descobriu Robinson Crusoe ao encontrar as moedas no navio naufragado:

> Ao ver o dinheiro, sorri para mim mesmo e comecei a falar em voz alta: "Porcaria! De que me serve você agora? Você não paga sequer a pena de apanhá-lo do chão: uma daquelas facas vale mais do que todo êste monte: não tenho como usá-lo. Você pode permanecer nas profundezas, como alguém cuja vida não merece ser salva."
>
> Pensando melhor, porém, resolvi levá-lo, e embrulhando tudo num pedaço de pano, comecei a pensar em fazer uma outra jangada...

O dinheiro primitivo, bem de consumo, como as palavras mágicas da sociedade não-letrada, pode ser um celeiro de energia, que muitas vezes propicia uma atividade econômica febril. Quando empenhados nessa tarefa, os nativos dos Mares do Sul não procuram dela extrair vantagem econômica. Uma intensa atividade produtiva pode ser seguida da destruição deliberada dos produtos, com vistas à obtenção de prestígio moral. Porém, mesmo nas culturas onde se observa êste fenômeno (*potlatch*), o efeito dessas moedas é o de acelerar e dinamizar as energias humanas de um modo que viria a tornar-se universal no mundo antigo com a tecnologia do alfabeto fonético. Tal como a escrita, o dinheiro tem o poder de especializar e redistribuir as energias humanas e de separar as funções, bem como o de traduzir e reduzir um tipo de trabalho a um outro. Mesmo na era eletrônica, o dinheiro nada perdeu de sua potência.

O *potlatch* é bastante difundido, especialmente nos lugares onde há facilidade de encontrar alimentos. Por exemplo, entre os pescadores da costa noroeste ou entre os plantadores de arroz de Bornéu, enormes produções excedentes têm de ser destruídas para evitar o surgimento de diferenças de classes, que destruiriam a ordem social tradicional. Em Bornéu, o viajante pode ver toneladas de arroz expostas às chuvas, durante os rituais, bem como grandes obras públicas destruídas, depois de terem consumido um esforço tremendo.

Ao mesmo tempo, nessas sociedades primitivas, o dinheiro, que é capaz de liberar energias frenéticas com o fito de conferir prestígio mágico a um pedaço de cobre, serve para comprar muito pouco. Necessariamente, ricos e pobres vivem quase da mesma maneira. Hoje, na era eletrônica, o homem mais rico partilha, praticamente, com o homem comum as mesmas diversões, os mesmos alimentos e os mesmos veículos.

O uso de uma utilidade como o dinheiro naturalmente aumenta a sua produção. A economia não especializada da Virgínia, no século XVII, tornava as elaboradas moedas européias bastante dispensáveis. Possuindo pouco capital e pouco inclinados a convertê-lo em dinheiro, os habitantes de Virgínia, em alguns casos, recorreram ao dinheiro — bem de consumo. Quando um produto como o fumo foi convertido em moeda legal, a produção de fumo aumentou, assim como a instituição de moedas metálicas incrementou a mineração.

Como meio social de expandir e ampliar o trabalho e as habilidades humanas sob uma forma facilmente acessível e portátil, o dinheiro perdeu muito do seu poder mágico com o advento do dinheiro representativo, ou papel-moeda. Assim como a fala perdeu a sua magia com a escrita e, mais ainda, com a imprensa, o dinheiro impresso, ao suplantar o ouro, perdeu a sua aura envolvente. Em *Erewhon* (1872), Samuel Butler deixou claras indicações sobre o prestígio misterioso que emana dos metais preciosos. A sua sátira ao meio-dinheiro se manifesta sob a forma de apresentar a antiga atitude reverente em relação ao dinheiro num nôvo contexto social. Mas esta nova espécie de dinheiro abstrato de uma sociedade industrial avançada já não pode sustentar a velha atitude:

Esta é a verdadeira filantropia. Aquele que consegue amealhar uma fortuna colossal no ramo de malharia e que por sua energia consegue reduzir o preço dos artigos de lã em um milésimo de *penny* por libra — este homem vale dez filantropos profissionais. Os Erewhonianos são tão sensíveis a isto que, quando um homem faz uma fortuna de mais de 20 mil libras por ano, eles o desoneram de todos os impostos, considerando-o uma obra de arte, preciosa demais para sofrer intrusões. Raciocinam eles: "Quanto não deve ele ter dado à sociedade antes que a sociedade estivesse em condições de lhe dar tanto dinheiro." Uma organização tão estupenda os deixa maravilhados e eles a consideram como algo caído do céu.

E dizem: "O dinheiro é o símbolo do dever, é o sacramento de haver dado à Humanidade o que a Humanidade desejava. A Humanidade pode não ser bom juiz — mas não há melhor." Isto me chocava a princípio, ao me lembrar que alguém, revestido de suprema autoridade, já dissera que dificilmente um rico entraria no reino dos céus. Mas a influência de Erewhon permitiu-me começar a ver as coisas sob nova luz, e eu não pude deixar de pensar que o homem que não possui riquezas mais dificilmente ainda poderá entrar no reino dos céus.

Na primeira parte do livro, Butler ridiculariza a moralidade da caixa registradora e a religião do mundo industrializado, com seus "Bancos Musicais" e prelados no papel de caixas. Na passagem citada, ele vê o dinheiro como o "sacramento de haver dado à Humanidade o que a Humanidade desejava". Ele quer significar que o dinheiro "é o signo externo e visível de uma graça interior e invisível".

Enquanto meio social ou extensão de uma motivação ou de um desejo interior, o dinheiro cria valôres sociais e espirituais, tal como acontece também na moda. Eis como um anúncio acentua este aspecto do vestido entendido como dinheiro (vale dizer, como um sacramento social ou um signo externo visível): "O importante hoje na moda é você parecer que está usando um tecido popular." A obediência a esta moda literalmente confere uma qualidade de *moeda corrente* a um certo estilo ou padrão de tecido, criando um meio social que promove a riqueza e lhe dá expressão. E não basta isto para acentuar como o dinheiro — ou qualquer outro meio — se constitui e opera? Quando os homens não se sentem à vontade a respeito dos valores sociais alcançados pela uniformidade e a repetição, dando à Huma-

157

nidade o que ela deseja, é sinal de que a tecnologia mecânica vai chegando ao fim. "O dinheiro fala", por que o dinheiro é uma metáfora, uma transferência, uma ponte. Como as palavras e a língua, o dinheiro é um celeiro de trabalho, de experiências e de habilidades comuns realizadas. No entanto, ele é uma tecnologia especializada, tal como a escrita; assim como a palavra escrita intensifica os aspectos visuais da fala e da ordem, assim como o relógio separa visualmente o tempo do espaço, assim o dinheiro separa o trabalho das demais funções sociais. Mesmo hoje, o dinheiro é uma linguagem que traduz o trabalho do fazendeiro no trabalho do barbeiro, do médico, do engenheiro e do encanador. Tal como a escrita, o dinheiro é uma ponte enorme, um tradutor geral e uma vasta metáfora social, que acelera a troca e estreita os laços de interdependência das comunidades. Como a escrita ou como o calendário, ele propicia grande controle e vasta extensão espacial às organizações políticas. Age à distância, no espaço e no tempo. Nas sociedades altamente letradas, fragmentadas, "tempo é dinheiro" — e o dinheiro é o depósito do tempo e do esfôrço alheios.

Na Idade Média, a idéia de fisco ou de erário do Rei relacionava o dinheiro à linguagem ("O Inglês do rei") e às comunicações ("a estrada real"). Antes do advento da imprensa, era bastante natural que os meios de comunicação fóssem considerados como extensões de um só corpo. Com o avanço das sociedades letradas, o dinheiro e o relógio passaram a caracterizar-se segundo o visual e o fragmentário. Na prática, nosso uso ocidental do dinheiro como tradutor e celeiro de trabalho comunitário dependeu de acostumarmo-nos lentamente à palavra escrita e ao seu poder de separar, especializar e delegar funções dentro de uma organização.

Quando observamos a natureza e o uso que se faz do dinheiro nas sociedades não-letradas, podemos entender melhor o modo pelo qual a escrita contribui para o estabelecimento da circulação monetária. A uniformidade dos bens de consumo, combinada com o sistema hoje corrente dos preços fixos, não teria sido possível sem a escrita. Os países "atrasados" levam muito tempo até atingirem o estágio do deslanche (*take off*), justamente porque não sofrem o processo extensivo da imprensa, que os condicionaria psicologicamente no sentido de aceitarem a uniformidade e a repetibilidade. O Ocidente geralmente não se dá conta do modo pelo qual o mundo dos preços e da numeração se baseia na cultura visual da palavra escrita.

As sociedades não-letradas não dispõem de recursos psíquicos para criar e sustentar essas enormes estruturas de informação estatística que nós chamamos mercado e cotação de preços. Organizar a produção é muito mais fácil do que treinar populações inteiras no sentido de se habituarem a traduzir estatisticamente suas aspirações e desejos, de acordo com os mecanismos da oferta e da procura, e de acordo com a tecnologia visual dos preços. Foi só no século XVIII que o Ocidente começou a aceitar essa forma de extensão da vida interior em termos dos novos padrões estatísticos do mercado e da mercadologia. Tão extravagante parecia esse nôvo mecanismo aos pensadores de então que eles o chamavam de "cálculo hedonístico". Em termos de sentimentos e desejos, os preços pareciam então comparáveis ao infinito mundo do espaço, que já, anteriormente, revelara seus segredos à força tradutora do cálculo diferencial. Em outras palavras, a fragmentação da vida interior pelos preços parecia tão misteriosa ao homem do século XVIII quanto o estilhaçamento do espaço por meio do cálculo ao homem do século anterior.

O distanciamento e a extrema abstração de nosso sistema de preços é impensável e inútil para aquelas populações onde a pechincha e o regateio, em qualquer transação, se constituem num drama dos mais excitantes.

Hoje, quando se vão formando novos turbilhões de poder e domínio, por força da interdependência elétrica e instantânea de todos os homens do planêta, o fator visual começa a perder importância na organização social e na experiência pessoal, e o dinheiro vai sendo cada vez menos um meio de armazenar e trocar trabalhos e ofícios. A automação, que é eletrônica, não representa trabalho físico e sim conhecimento programado. À medida que o trabalho é substituído pelo puro movimento e circulação da informação, o dinheiro, enquanto depósito de trabalho, vai-se fundindo com as formas informacionais do crédito e do carnê. Da moeda ao papel-moeda e do papel-moeda ao carnê, caminhamos seguramente para trocas comerciais que se configuram com o próprio movimento da informação. Esta tendência rumo a uma informação inclusiva está representada no carnê do crediário e se reaproxima da natureza do dinheiro tribal. Pois a sociedade tribal, desconhecendo especialismos de trabalhos ou ofícios, também não especializa o dinheiro. Seu dinheiro pode ser comido, bebido ou consumido como certas espaçonaves que agora se projetam e que podem ser devoradas.

"Trabalho" não existe no mundo não-letrado. O pescador, ou o caçador primitivos não trabalhavam mais do que o fazem o poeta, o pintor ou o pensador de nossos dias. Onde o homem global está envolvido, não há trabalho. O trabalho começa com a divisão do trabalho e com a especialização das funções e tarefas nas comunidades sedentárias agrícolas. Na era do computador, novamente nos envolvemos totalmente em nossos papéis. Na era da eletricidade, o "emprego" cede à dedicação e ao empenho, como na tribo.

O dinheiro das sociedades não-letradas se relaciona aos demais órgãos da sociedade de maneira bastante simples. O papel do dinheiro aumentou enormemente depois que ele começou a promover a especialização e a separação das funções sociais. O dinheiro passa então a ser o principal meio de inter-relacionar as atividades cada vez mais especializadas das sociedades letradas. O poder fragmentador do sentido visual, depois que a escrita o isolou dos demais sentidos, é um fato facilmente constatável na era da eletrônica. Com os computadores e com a programação elétrica, os meios de armazenar e movimentar a informação tornam-se cada vez menos visuais e mecânicos e cada vez mais integrais e orgânicos. O campo total criado pelas for-

160

mas elétricas instantâneas não pode ser visualizado, assim como não o podem as velocidades das partículas eletrônicas. O instantâneo cria uma interligação entre o tempo, o espaço e as ocupações humanas, e para isso as velhas formas de transações monetárias se vão mostrando cada vez mais inadequadas. Um físico moderno que tentasse utilizar modelos visuais para apreender os dados da organização atômica não seria capaz sequer de chegar perto da verdadeira natureza de seus problemas. Tanto o tempo (visual e segmentàriamente medido) como o espaço (enquanto visual, uniforme e fechado) desaparecem na era eletrônica da informação instantânea. Na era da informação instantânea, o homem dá por findo o seu trabalho de especialização fragmentada e assume o papel de coletor de informações. Hoje, a coleta de informação retoma o conceito inclusivo de "cultura", exatamente como o primitivo coletor de alimentos trabalhava em perfeito equilíbrio com todo o seu meio ambiente. Hoje, neste mundo nômade e sem "trabalho", nossa busca se volta para o conhecimento e a introvisão dos processos criativos da vida e da sociedade.

O homem abandonou o mundo da tribo pela "sociedade aberta", trocando um ouvido por um olho através da tecnologia da escrita. O alfabeto, particularmente, habilitou-o a romper o círculo mágico e encantado, sonoro, do mundo tribal. Em tempos mais recentes, graças à palavra impressa e à passagem da moeda metálica para o papel-moeda, um processo similar fez com que a economia mudasse de uma sociedade fechada para uma sociedade aberta, do mercantilismo e do protecionismo econômico do comércio nacional para o mercado aberto ideal do livre câmbio. Hoje, a tecnologia elétrica põe em xeque o próprio conceito de dinheiro, à medida em que a nova dinâmica da interdependência humana se desloca de meios fragmentários como a imprensa para os meios de massa, inclusivos, como o telégrafo.

Pôsto que todos os meios são extensões de nós mesmos, ou traduções de alguma parte de nós em têrmos de materiais diversos, o estudo de um meio qualquer nos ajuda

161

a compreender os demais. O dinheiro não faz exceção. O uso primitivo ou não-letrado, do dinheiro, é bastante esclarecedor a esse respeito, pois nêle se manifesta uma fácil aceitação dos produtos naturais como meios de comunicação. O homem não-letrado pode aceitar qualquer produto como dinheiro, em parte porque os produtos de uma comunidade não são apenas utilidades, mas também meios de comunicação. Algodão, trigo, gado, tabaco, madeira, peixes, peles e muitos outros produtos têm operado como poderosas forças de formação e configuração da vida da comunidade em muitas culturas. Quando um desses produtos se torna dominante como liame social, passa também a servir como celeiro de valores e tradutor de habilitações e tarefas.

A maldição clássica de Midas, seu poder de traduzir em ouro tudo o que tocava, de certa forma define o caráter de qualquer meio, incluindo a linguagem. Este mito chama a atenção para o aspecto mágico de tôdas as extensões do corpo e dos sentidos humanos — vale dizer, de toda tecnologia. Tôda tecnologia apresenta o toque de Midas. Quando uma comunidade desenvolve uma extensão de si mesma, ela tende a permitir que tôdas as demais funções se alterem para absorver aquela nova forma.

A linguagem, como a moeda, atua como armazenamento da percepção e como transmissor das percepções e experiências de uma pessoa ou de uma geração para outra. Como tradutora e celeiro da experiência, a linguagem é também redutora e deformadora dessa mesma experiência. As grandes vantagens da aceleração do processo do aprendizado, tornando possível a transmissão do conhecimento e da visão através do espaço e do tempo, logo superam as desvantagens das codificações lingüísticas da experiência. Na ciência e na matemática modernas, aumentam constantemente as maneiras não-verbais de codificar a experiência.

Como a linguagem que armazena trabalho e experiência, o dinheiro também funciona como tradutor e transmissor. De maneira especial, a partir do momento em que a palavra escrita promoveu a separação das funções sociais, o dinheiro foi perdendo seu caráter de "armazém de trabalho". Este

162

caráter, ou papel, é bastante claro nos casos em que um produto ou utilidade — gado ou pele — é usado como dinheiro. Quando o dinheiro se separa de sua forma utilitária, tornando-se um agente especializado de troca (ou tradutor de valôres), passa a circular com maior velocidade e em maior volume.

Mesmo em tempos recentes, a dramática aparição do papel-moeda, ou "dinheiro representativo", como substituto do dinheiro-utilidade, não deixou de causar confusões. De maneira muito parecida, a tecnologia de Gutenberg criou uma vasta e nova república das letras, lançando grande confusão e obscuridade nas fronteiras entre o reino da literatura e o reino da vida. O dinheiro representativo, baseado na tecnologia da imprensa, criou novas dimensões de aceleramento do crédito, incompatíveis com a massa inerte dos lingotes de ouro e do dinheiro-utilidade. Todavia, todos os esforços foram feitos para que o novo dinheiro, veloz, se comportasse como a lenta diligência do ouro. J. M. Keynes estabeleceu a nova orientação em seu *A Treatise on Money* ("Tratado do Dinheiro"):

> Assim, o longo ciclo do Dinheiro-Utilidade cedeu finalmente lugar à era do Dinheiro Representativo. O ouro deixou de ser moeda, tesouro, forma tangível de riqueza, da qual o valor não pode escapar enquanto a mão do proprietário estiver agarrando a sua substância material. Tornou-se uma coisa muito mais abstrata — apenas um padrão de valor; e para que conserve este *status* nominal, basta que circule de tempos a tempos em pequenas quantidades entre Bancos Centrais agrupados, naquelas oportunidades em que eventualmente um dêsses bancos tenha promovido uma inflação ou uma deflação do dinheiro representativo sob a sua tutela, em níveis diferentes dos aconselhados pelo comportamento de seus vizinhos.

Dessa forma, o papel-moeda, ou dinheiro representativo, especializou-se, despindo-se de seu caráter de armazenador de trabalho e revestindo-se da função, igualmente básica e antiga, de transmissor e acelerador de uma espécie de trabalho em outra espécie de trabalho. Assim como o alfabeto foi uma drástica abstração visual da rica cultura hieroglífica dos egípcios, assim também reduziu e traduziu

163

aquela cultura para o grande turbilhão visual do mundo greco-romano. O alfabeto é um processo unidirecional de redução das culturas não-letradas em termos dos fragmentos especializados e visuais de nosso mundo ocidental. O dinheiro é um adendo a essa tecnologia alfabética especializada, provocando nova intensidade na forma gutenberguiana da repetibilidade mecânica. Assim como o alfabeto neutralizou as divergências entre as culturas primitivas, traduzindo sua complexidade em simples termos visuais, assim o dinheiro representativo provocou a redução dos valores morais, no século XIX. Assim como o papel acelerou o poder do alfabeto, no sentido de reduzir os bárbaros orais à uniformidade da civilização romana, assim o papel-moeda permitiu ao Ocidente industrializar o globo inteiro.

Pouco antes do advento do papel-moeda, o volume crescente do movimento da informação nos boletins e jornais europeus criou a imagem e o conceito do Crédito Nacional. Esta imagem corporativa do crédito, então, como agora, depende do rápido e global movimento da informação — ao qual já estamos acostumados há mais de dois séculos. Naquele momento, em que surgia o crédito público, o dinheiro assumiu o papel de traduzir, de uma cultura para outra, não apenas estoques de trabalho locais, mas estoques de trabalho nacionais.

Um dos resultados inevitáveis da aceleração do movimento da informação e do poder tradutor do dinheiro é a oportunidade de enriquecimento para aquêles que podem prever as transformações, com a antecedência de horas ou anos, conforme o caso. Já estamos familiarizados com os exemplos de enriquecimento baseado na antecipação da informação a respeito de títulos, valores, câmbio e bens de raiz. No passado, quando a riqueza não estava tão claramente relacionada à informação, uma classe social podia monopolizar a riqueza resultante de uma mudança na tecnologia. O relato que Keynes faz de um desses casos, em seu estudo *Shakespeare e as Inflações do Lucro*, nos diz que o ouro e a nova riqueza, por beneficiarem antes as classes governantes, propiciaram a estas um estado de exaltação e

164

euforia, uma alegre fuga às habituais ansiedades e angústias, fruto de uma prosperidade que, em troca, inspirava ao artista faminto, em sua água-furtada, novos ritmos triunfais e novas formas exultantes na poesia e na pintura. Quando o lucro sobe bem além dos salários, a classe governante se regozija num tom que inspira as mais elevadas concepções no peito do artista sem vintém. Mas quando lucros e salários se mantêm em níveis proporcionais razoáveis, murcha a alegria das classes governantes e a arte não pode beneficiar-se da prosperidade.

Keynes descobriu a dinâmica do dinheiro enquanto meio. A verdadeira tarefa relativa ao estudo deste meio é idêntica à do estudo de todos os outros meios; ou, como escreve o próprio Keynes: "Abordar dinamicamente o problema, analisando os diferentes elementos em causa, de modo a revelar o processo causal pelo qual o nível do preço é determinado, bem como o método de transição de uma posição de equilíbrio para outra."

Numa palavra, o dinheiro não é um sistema fechado e não possui significado por si mesmo. Como tradutor e amplificador, o dinheiro dispõe de poderes excepcionais para substituir uma espécie de coisa por outra. Os analistas da informação chegaram à conclusão de que o grau de substituição de um recurso por outro aumenta quando a informação aumenta. À medida em que sabemos mais, confiamos menos num alimento, num combustível ou numa matéria-prima. Roupas e móveis hoje podem ser feitos de muitos materiais diferentes. Principal transmissor e trocador de informação, por muitos séculos, o dinheiro hoje começa a ver esta função transferida para a Ciência e a automação.

Em nossos dias, até os recursos naturais apresentam um aspecto informacional. Eles existem em virtude da cultura e da habilitação desta ou daquela comunidade. Mas a recíproca também é verdadeira. Todos os meios — ou extensões do homem — são recursos naturais que existem em virtude do conhecimento e da habilitação partilhados pela comunidade. Foi a tomada de consciência deste aspecto do

165

dinheiro que chocou Robinson Crusoe ao visitar o navio naufragado, daí resultando aquela meditação que citamos no início deste capítulo.

Quando há bens, mas não dinheiro, sempre ocorre alguma espécie de barganha, ou seja, a troca direta de um produto por outro. Mas, nas sociedades não-letradas, quando os bens são utilizados na troca direta, é fácil notar que tendem a revestir-se da função monetária. Algum trabalho sempre se concentra no material, nem que seja o simples transporte. E é nesta mesma medida que o objeto armazena trabalho, informação ou conhecimento técnico. Quando um objeto é trocado por outro, ele já assume a função de dinheiro enquanto tradutor e redutor de coisas múltiplas a algum denominador comum. O denominador comum ou tradutor também opera como poupa-tempo e acelerador. Como tal, dinheiro é tempo e seria muito difícil separar a poupança de trabalho e a poupança de tempo nessa operação.

Há um mistério com os fenícios: embora ávidos mercadores marítimos, adotaram a cunhagem de moedas depois dos lídios, de economia terrestre. A razão atribuída a este atraso pode não solver o mistério fenício, mas serve para sublinhar um fato básico a respeito do dinheiro entendido como meio, a saber: os mercadores de caravana tinham necessidade de um meio de pagamento mais leve e portátil. Esta necessidade pesava menos sobre aqueles que, como os fenícios, comerciavam por mar. A portabilidade, como meio de acelerar e ampliar a distância real da ação, também é ilustrada, e de maneira notável, pelo papiro. O alfabeto era uma coisa, quando aplicado à argila ou à pedra, e outra coisa bem diferente, quando aplicado a algo leve como o papiro. O salto que disto resultou — em velocidade e em espaço — criou o Império Romano.

Na era industrial, a medida cada vez mais precisa do trabalho efetuado revelou que a poupança do tempo é um dos aspectos mais importantes da poupança do trabalho. Os meios dinheiro, escrita e relógio começaram a convergir novamente para um todo orgânico que conduz o homem para o envolvimento total em seu trabalho, tal como o nativo na sociedade primitiva, ou o artista em seu estúdio.

Uma das virtualidades do dinheiro é a de propiciar a transição para o número, porque o tesouro monetário ou o montante em dinheiro têm muito em comum com a multidão. Além disso, estão intimamente associadas as estruturas psicológicas da multidão com a acumulação de riquezas. Elias Canetti acentua que a dinâmica inerente à multidão é o impulso ao crescimento rápido e ilimitado. A mesma dinâmica de poder é característica das grandes concentrações de riqueza. De fato, a unidade moderna da riqueza, na voz popular, é o *milhão*. É uma unidade aceitável para qualquer tipo de moeda. E sempre associada ao *milhão* está a idéia de que ele pode ser alcançado por meio de um rápido lance especulativo. Da mesma forma, Canetti explica como a ambição de ver números em ascensão era um dos traços típicos dos discursos de Hitler.

Montes de gente e de dinheiro aspiram à multiplicação, mas também alimentam a incerteza sobre as possibilidades de desintegração e inflação. Este movimento em dois sentidos — expansão e deflação — parece ser a causa da inquietação das multidões e da incerteza que acompanha tôda riqueza. Canetti se estende longamente na análise dos efeitos psicológicos da inflação alemã, após a Primeira Guerra Mundial. A depreciação do cidadão acompanhou, passo a passo, a depreciação do marco alemão. Não ter mais cara e não ter mais valor se tornaram uma e mesma coisa quando as unidades pessoais e monetárias se confundiram.

15

RELÓGIOS

A Fragrância do Tempo

Em *Comunicação na África*, escreve Leonard Doob: "O turbante, a espada e, hoje, o despertador, são usados ou carregados para significar elevada posição social." Pode-se presumir que muito tempo vai-se passar até que o africano consulte o relógio, a fim de ser pontual...

Assim como a grande revolução na Matemática se deu quando foram descobertos os números em *tandem*, ou posicionais (302 em lugar de 32 etc.), assim grandes mudanças culturais ocorreram no Ocidente quando se descobriu a possibilidade de fixar o tempo como algo que acontece entre dois pontos. Desta aplicação de unidades visuais, abstratas e uniformes, nasceu o nosso sentimento do tempo como duração. Desta divisão do tempo em unidades visualisáveis e uniformes vem o nosso sentido de duração e a nossa impaciência, quando não podemos suportar a delonga entre os acontecimentos. Este sentido de impaciência, ou do tempo enquanto duração, é desconhecido nas culturas não-letradas. Assim como o *trabalho* começou com a divisão do trabalho, a duração começa com a divisão do tempo e especialmente com aquelas subdivisões pelas quais os relógios mecânicos regem a sucessão uniforme do sentido temporal.

Como obra de tecnologia, o relógio é uma máquina que produz segundos, minutos e horas em linha de montagem. Processado desta forma uniforme, o tempo se vê separado dos ritmos da experiência humana. Em suma, o relógio mecânico contribui para criar a imagem de um universo numericamente quantificado e mecanicamente acionado. O desenvolvimento moderno do relógio teve início nos mosteiros medievais, com a sua necessidade de normas e de regras sincronizadas que guiassem a vida comunal. O tempo medido, não segundo a singularidade da experiência privada, mas segundo unidades abstratas e uniformes, gradualmente foi penetrando no sentido da vida, tal como sucedeu com as tecnologias da escrita e da imprensa. Não apenas trabalhar, mas também comer e dormir, acabaram por se acomodar mais ao relógio do que às necessidades orgânicas. À medida que o padrão da medida uniforme e arbitrária do tempo se foi difundindo por tôda a sociedade, até a roupa começou a sofrer alterações anuais, para atender às conveniências da indústria. Nesta altura, naturalmente, a medida mecânica do tempo estabelecida como princípio de conhecimento aplicado juntou suas forças às da imprensa e da linha de montagem, outros meios de fragmentação uniforme dos processos.

O sentido de tempo mais integral e envolvente que se possa imaginar é aquèle expresso pelas culturas japonesa e chinesa. Até à chegada dos missionários no século XVII, chineses e japonéses, por milhares de anos, haviam medido o tempo por graduações de incenso. Não somente as horas e os dias, mas também as estações e os signos zodiacais eram simultaneamente indicados por uma sucessão de fragrâncias cuidadosamente ordenadas. O sentido do olfato, há muito considerado a raiz da memória e a base unificante da individualidade, viria a furo novamente nas experiências de Wilder Penfield. Durante operações cirúrgicas do cérebro, os testes elétricos aplicados ao tecido cerebral faziam reviver muitas das memórias dos pacientes. Estas evocações eram dominadas e unificadas por cheiros e fragrâncias únicas que estruturavam as experiências passadas. O olfato não é apenas o mais delicado e sutil dos sentidos humanos; é também o mais icônico, pois envolve tôda sensorialidade humana de maneira mais completa do que qualquer outro sentido. Não surpreende, pois, que sociedades

169

altamente letradas tomem providências no · sentido de eliminar ou reduzir os odores do ambiente. C. C. (cheiro de corpo) — assinatura personalizada e declaração da individualidade humana — é uma palavra que se deve evitar nas sociedades letradas. Ela é envolvente demais ·para os nossos hábitos de distanciamento e de atenção especializada. As sociedades que mediam fragrâncias de tempo tenderiam a mostrar-se sólida e profundamente unificadas, de modo a resistir a toda espécie de mudanças.

Lewis Mumford é de parecer que o relógio precedeu a imprensa na ordem de influências sobre a mecanização das sociedades. Mas Lewis Mumford não leva em conta o alfabeto fonético como tecnologia, tecnologia esta que tornou possível a fragmentação visual e uniforme do tempo. De fato, ele não vê o alfabeto como fonte da mecanização ocidental, assim como não vê a mecanização como a tradução da sociedade em termos de valores visuais, a partir de padrões audiotácteis. Nossa nova tecnologia elétrica apresenta tendências orgânicas e não-mecânicas porque ela projeta e estende, não os nossos olhos, mas o nosso sistema nervoso central, como uma vestimenta planetária.. No mundo espaço-temporal da tecnologia elétrica, o velho tempo mecânico começa a se tornar inaceitável, quanto mais não fosse pelo simples fato de ser uniforme.

Os modernos estudos de lingüística são antes estruturais do que literários e·devem muito às novas possibilidades dos computadores no campo da tradução. Assim que uma língua é examinada como um sistema unificado, estranhos bolsões são identificados. Examinando o Inglês corrente, Martin Joos espirituosamente consignou "cinco relógios de estilo", cinco diferentes zonas ou climas culturais independentes. Somente uma dessas zonas forma a área da *responsabilidade* e esta é a zona da uniformidade e da homogeneidade que o cérebro-tinteiro de Gutenberg estabelece como seu domínio. É a zona-estilo do Inglês-Padrão, permeada pelo Tempo Central-Padrão: dentro dessa zona, os moradores acusam diversos graus de pontualidade...

Em a *Linguagem Silenciosa*, Edward T. Hall examina como "O Tempo Fala: Sotaques americanos", cotejando o nosso sentido de tempo com o dos índios Hopi. Para êles, o tempo não é uma duração ou sucessão uniforme, mas um pluralismo de muitas espécies de coisas coexistentes. "É o que acontece quando o milho amadurece ou a ovelha cresce... Tem lugar o processo natural em que substâncias vivas desempenham seu drama vital." Portanto, para eles existem tantas espécies de tempo quantas são as espécies de vida. Este, de resto, também é o sentido de tempo dos modernos físicos e cientistas. Êles já não tentam conter os acontecimentos no tempo, mas pensam em cada coisa como produtora de seu próprio espaço. E mais: agora que vivemos eletricamente num mundo instantâneo, tempo e espaço se interpenetram totalmente num mundo espaço--temporal. É dessa mesma forma que um pintor, como Cézanne, recupera a *imagem plástica* pela qual todos os sentidos passam a coexistir numa pintura unificada. Cada objeto e cada conjunto de objetos engendra o seu próprio espaço singular, pelas relações visuais ou musicais que mantém com outros objetos. Quando este conhecimento retornou ao mundo ocidental, foi êle denunciado como a fusão de todas as coisas num mesmo fluxo. Percebemos agora que esta preocupação era uma resposta literária e visual à nova tecnologia não-visual.

Em *Dúvida e Certeza na Ciência*, J. Z. Young explica como a eletricidade não é algo transmitido ou contido em outra coisa, e sim algo que ocorre quando dois ou mais corpos estão em posições especiais. Nossa linguagem derivada da tecnologia alfabética não pode dar conta desta nova visão do conhecimento. Ainda falamos que a corrente elétrica "passa", ainda falamos da "descarga" da energia elétrica, como se estivéssemos falando do tiro linear de uma arma. Mas, com a magia estética do poder pictórico, "a eletricidade é a condição que constatamos quando há certas relações espaciais entre as coisas". O pintor aprende como ajustar as relações entre as coisas, para liberar uma nova percepção; o químico e o físico aprendem como diferentes relações liberam diferentes espécies de energia.

171

Na era da eletricidade, cada vez menos encontramos boas razões para impormos o mesmo conjunto de relações indiscriminadamente a cada tipo de objeto ou conjuntos de objetos. No mundo antigo, o único meio de se conseguir energia ou força era fazer com que mil escravos trabalhassem como um só homem. Na Idade Média, o relógio comunal, prolongado no sino, permitia um alto grau de coordenação das energias das pequenas comunidades. No Renascimento, o relógio se combinou com a respeitabilidade (*sic*) uniforme da nova tipografia, para estender o poder da organização social quase que a uma escala nacional. Já no século XIX, ele propiciara uma tecnologia de coesão inseparável da indústria e do transporte, permitindo que uma metrópole inteira passasse à operar como um autômato. Agora, na era elétrica da informação e do poder descentralizado, já começamos a nos irritar com a uniformidade do tempo-relógio. Nesta era de espaço-tempo, buscamos mais a multiplicidade do que a repetibilidade de ritmos. É a diferença que vai entre soldados em marcha e o balé.

Para a compreensão dos meios e da tecnologia, é necessário ter em mente que a novidade fascinante de um mecanismo ou de uma extensão de nosso corpo produz uma *narcose*, ou seja, um entorpecimento, na região recém-prolongada. Críticas aos relógios só começaram a surgir quando a era da eletricidade veio mostrar a incongruência dessa espécie de tempo mecânico. Em nosso século elétrico, a cidade que segue os horários mecânicos mais parece um conglomerado de sonâmbulos e *zombies*, como verificamos na primeira parte do poema *The Waste Land* ("A Terra Estéril"), de T. S. Eliot.

Num planeta reduzido a aldeia pelos novos meios, as próprias cidades parecem bizarras e estranhas, como se fossem formas arcaicas às quais se tenham sobreposto novos padrões de cultura. Todavia, quando os relógios mecânicos ganharam nova força e nova visibilidade por influência da escrita mecânica, como era então chamada a imprensa, a resposta que se deu ao novo sentido de tempo foi bastante ambígua e até zombeteira. Os sonetos de Shakespeare estão cheios dos temas paralelos dá imortalidade da fama, assegurada pelo engenho da imprensa, e da mesquinha futilidade da vida diária medida pelo relógio:

> Quando vejo o relógio a ver o tempo,
> E o dia afundar-se em noite-breu,
> Pergunto se também a tua beleza
> Entre as perdas de tempo se perdeu.

(Soneto X)

Em *Macbeth*, Shakespeare liga as tecnologias gêmeas da imprensa e do tempo mecânico, no solilóquio famoso, para expressar a desintegração do mundo de Macbeth:

> Amanhã, amanhã, amanhã, amanhã...
> Arrasta-se a cadência dêstes passos, dia-a-dia,
> Até a sílaba final do tempo e da memória.

O tempo, picado em pedacinhos uniformes e sucessivos pelo relógio e pela imprensa, tornou-se tema importante da neurose renascentista, inseparável do novo culto das medidas precisas nas ciências. No *Soneto LX*, Shakespeare começa com o tempo mecânico e termina com o novo engenho da imortalidade (a imprensa):

> Como as ondas na praia pedregosa,
> Nossos minutos correm para o fim,
> Um seguindo-se ao outro, hora a hora,
> E porfiando às carreiras... Confiando
> No tempo, meu verso ficará, fiel,
> Louvando-te, malgrado a mão cruel.

O poema de John Donne, *The Sun Rising* ("O Sol Nascente"), explora o contraste entre o tempo aristocrático e o tempo burguês. A pontualidade, a devoção pedante ao tempo mecânico e à ordem seqüencial, era um dos traços mais desprezíveis da *bourgeosie* do século XIX. Fluindo o tempo-espaço pelos portões da consciência, na era da eletricidade, tôda observância mecânica tornou-se de mau gosto e, mesmo, ridícula. Donne ironizava a desimportância do tempo-relógio; no reino do amor, para ele, mesmo os grandes ciclos cósmicos do tempo não passavam de mesquinhos aspectos do relógio:

> Velho sol bôbo e atarefado,
> Por que você nos chama
> Pelas janelas e cortinas?
> As estações de quem ama
> Seguem teu curso, por acaso?
> Vá acordar meninas
> Atrasadas para a escola
> E aprendizes infelizes,
> Seu malandro pedante
> E descarado;
>
> Vá dizer aos caçadores reais
> Que o rei vai à caça,
> E às formigas do campo
> Que vão para os trigais.
> O amor despreza climas e estações
> E são farrapos do tempo
> Para éle
> As horas, os dias e os meses.

Donne desafiou a autoridade e o direito da nova era de Gutenberg a marcá-lo com os estigmas da tipografia uniforme e repetitiva e com as motivações da mensuração visual de precisão; daí a voga que conhece no século presente. De modo idêntico, em seu poema *To his Coy Mistress* ("À Amada Esquiva" — trad. de Augusto de Campos), Andrew Marvell enchia-se de desprezo pelo novo espírito calculista, que tudo queria medir, tempos e virtudes:

> Dessem-nos tempo e espaço afora,
> Não fora crime essa esquivez, senhora.
> Sentar-nos-íamos tranqüilos
> A figurar de modos mil os
> Nossos dias de amor. Eu com as águas
> Do Humber choraria minhas mágoas;
> Tu podias colhér rubis à margem
> Do Ganges. Que eu me declarasse
> Dez anos antes do Dilúvio! Teus
> Nãos voltar-me-iam a face
> Até a conversão dos Judeus.
> Meu amor vegetal crescendo vasto,
> Mais vasto que os impérios, e mais lento,
> Mil anos para contemplar-te a testa
> E os olhos levaria. Mais duzentos
> Para adorar cada peito
> E trinta mil para o resto.
> Um século para cada parte,

O último para o coração tomar-te:
Pois, Dama, vales tudo o que ofereço,
Nem te amaria por mais baixo preço.

Marvell fundiu as taxas do câmbio e do comércio com as cotações do louvor, para atender a visão convencional e fragmentada de sua amada *à la mode*. Já que ela abordava a realidade em termos da bilheteria, ele introduziu um nôvo tempo-estrutura e um modelo diverso de percepção. Coteje-se com o "Veja esta cena, e veja aquela outra, agora" — de Hamlet. Em lugar da tradução bem burguesa do código medieval do amor cortês em têrmos da linguagem do nôvo comerciante classe-média, por que não um salto byroniano às longas praias do amor ideal?

Mas ao meu dorso eu ouço o alado
Carro do Tempo, perto, perto,
E adiante há apenas o deserto
Sem fim da eternidade.

Vemos aqui a nova perspectiva linear levada à pintura com Gutenberg, mas que ainda não havia ingressado no universo verbal — até o *Paraíso Perdido*, de Milton. A própria linguagem escrita resistira por dois séculos à ordem abstrata visual da sucessão linear e do ponto de fuga. A idade que se seguiu a Marvell, porém, deu-se à poesia paisagística e à subordinação da linguagem a efeitos visuais especiais.

Mas Marvell concluía sua estratégia de reversão, tendo em vista a conquista do tempo-relógio burguês, com a observação:

Assim se não sustamos nosso Sol,
Ao menos o incitamos à corrida.

Propunha que êle e a amada se transformassem numa bala de canhão que, desferida em direção ao Sol, o fizesse apressar-se. Era como se o tempo pudesse ser derrotado, pela reversão de suas características — ou seja, acelerando-o suficientemente. A prova experimental desse fato viria com a era eletrônica, que descobriu que as velocidades instantâneas abolem o tempo e o espaço, restituindo o homem a uma consciência integral e primitiva. Hoje não apenas o relógio, mas também a roda, estão obsoletos, retraindo-se até à forma animal, sob o impulso de velocidades cada vez maiores. No poema acima, a intuição de Andrew Marvell de que o tempo-relógio podia ser derrotado pela velocidade é perfeitamente justificada. No presente, o mecânico começa a ceder terreno à unidade orgânica, por força das condições das velocidades elétricas. O homem pode agora olhar para trás e contemplar dois ou três mil anos de mecanização em vários graus, consciente de que o mecânico não foi senão um interlúdio entre dois grandes períodos orgânicos da cultura. Em 1911, o escultor italiano Boccioni disse: "Somos primitivos de uma cultura desconhecida." Meio século mais tarde, já podemos saber um pouco mais da nova cultura da era eletrônica, e este conhecimento levantou o mistério que envolvia a máquina.

Em oposição à simples ferramenta, a máquina é uma extensão ou explicitação de um processo. A ferramenta prolonga o punho, as unhas, os dentes, o braço. A roda prolonga o pé em rotação ou em movimento seqüencial. A imprensa, a primeira mecanização completa de um artesanato, fraciona o movimento da mão numa série de fases discretas * tão repetitivas quanto o movimento circular da roda. Desta seqüência analítica derivou o princípio da linha de montagem; esta, porém, já é obsoleta na era da eletricidade, porque a sincronização já não é seqüencial. Graças às fitas elétricas, a sincronização de qualquer número de atos diferentes pode ser simultânea. Assim chega ao fim o princípio mecânico da análise em série. Em princípio, a roda também chegou ao fim, embora o nível mecânico de nossa cultura ainda a conserve como parte de um *momento* ou impulso acumulado — uma configuração arcaica.

O relógio moderno, mecânico em princípio, incorporou a roda. Deixou de ter seus velhos significados e funções. A pluralidade de tempos sucede à uniformidade de tempo. Hoje é até fácil jantar em Nova Iorque e ter uma indigestão em Paris. Os viajantes também estão familiarizados

---

* Discreto — Que se manifesta por sinais separados (N. do T.).

com a experiência de estarem, numa hora, em contato com uma cultura do ano 3 000 a. C., e, na hora seguinte, em contato com uma cultura do ano de 1 900 d. C. Em suas linhas externas, a maior parte da vida norte-americana se pauta pelo século XIX. Enquanto isso, nossa experiência interior, cada vez mais defasada em relação a êsses padrões mecânicos, é elétrica, inclusiva e mítica em modo e tom. O modo mítico ou icônico de consciência substitui o ponto de vista pelo multifacetado.

Os historiadores são unânimes em atribuir ao relógio um papel fundamental na sincronização das tarefas humanas da vida monástica. A não ser em comunidades altamente letradas, a aceitação dessa fragmentação da vida em minutos e horas é impensável. A disposição de submeter o organismo humano ao módulo estranho do tempo mecânico era tão dependente da cultura escrita nos primeiros séculos do cristianismo como o é em nossos dias. Para que o relógio domine é necessário que se aceite previamente a pressão visual inerente à alfabetização fonética. A alfabetização, em si mesma, é um ascetismo abstrato que prepara o caminho para infindáveis padrões de privação comunitária. Com a alfabetização universal, o tempo pode adquirir o caráter de um espaço fechado ou pictórico que pode ser dividido e subdividido. Que pode ser preenchido. "Minha agenda está cheia." Que pode ser mantido em branco: "Tenho uma semana livre no próximo mês." Como Sebastian de Grazia mostrou em *Of Time, Work and Leisure* ("Do Tempo, do Trabalho e do Lazer"), todo o tempo livre deste mundo não é lazer, porque lazer não aceita nem a divisão do trabalho inerente ao "trabalho", nem as divisões do tempo que criam o "tempo integral" e o "tempo livre". O lazer exclui os tempos-recipientes. Uma vez mecânica ou visualmente encerrado, dividido e preenchido o tempo, é possível utilizá-lo de maneira cada vez mais eficiente. O tempo pode ser transformado em máquina poupa-trabalho, como Parkinson revela em sua famosa "Lei de Parkinson".

O estudioso da história do relógio descobrirá que se introduziu um princípio totalmente novo com o relógio mecânico. Os primeiros relógios mecânicos conservavam o velho princípio da ação contínua da força propulsora, tal como era utilizada no relógio d'água e na roda d'água. Por volta de 1300, deu-se um passo no sentido de sustar momentaneamente o movimento rotativo, por meio de um pinhão e de uma coroa. Esta função era chamada "escapo" e foi o meio encontrado para traduzir literalmente a força contínua da roda em termos do princípio visual da sucessão uniforme, mas segmentada. O escapo introduziu a ação reversa e recíproca dos ponteiros, pela rotação de um fuso para a frente e para trás. A conjunção, no relógio mecânico, desta antiga extensão do movimento da mão com o movimento circular, para a frente, da roda, redundou, com efeito, na tradução das mãos em pés e dos pés em mãos. Extensão tecnológica de membros humanos combinados mais difícil do que esta talvez não pudesse ser inventada. Dessa forma, a fonte de energia do relógio separou-se dos ponteiros — fonte de informação — por tradução tecnológica. O escapo como tradução de uma espécie de espaço rotário em termos de um espaço uniforme e visual antecede diretamente o cálculo infinitesimal, que traduz qualquer espécie de espaço ou movimento em termos de um espaço visual. contínuo e uniforme.

Situando-se no limite que separa o uso mecânico do uso elétrico do trabalho e do tempo, Parkinson nos diverte bastante, ao piscar, ora com um ólho ora com outro, para o quadro do tempo e do trabalho. Culturas como a nossa, situadas no ponto de transformação, são muito ricas em traços trágicos e cômicos. É a inter-relação máxima de diversas formas de percepção e experiência que torna grandiosas as culturas do século V, século XVI e século XX. Mas poucas são as pessoas que sabem viver esses períodos intensos, quando se dissolve tudo o que sustenta a familiaridade e a segurança — para ser reestruturado em poucas décadas.

Não foi apenas o relógio, mas a alfabetização reforçada pelo relógio que criou o tempo abstrato, levando o homem a comer não quando tinha fome, mas quando era *hora de comer*". Lewis Mumford observa agudamente que o sentido de tempo, mecânico e abstrato, do Renascimento, facultava aos homens viverem no passado clássico, abstraindo-se de seu próprio presente. Ainda uma vez, foi a imprensa que tornou possível a recriação do passado clássico, produzindo em massa a sua literatura e os seus textos. A fixação de um *padrão* de tempo abstrato e mecânico logo se estenderia à alternância periódica dos estilos dos vestuários, da mesma forma como a produção em massa se prolonga à publicação periódica de jornais e revistas. É ponto pacífico para nós que a função da revista *Vogue* é modificar os estilos dos vestidos e que isto faz parte do processo de que ela tira a sua própria razão de existir. Quando alguma coisa circula, ela se torna moeda corrente; a moda criou riquezas modificando os tecidos — para que estejam mais na moda. Já vimos êste processo no capítulo dedicado ao *Dinheiro*. Os relógios são meios mecânicos que transformam as tarefas, criando novas riquezas e novos empregos, pela aceleração entre os homens. Coordenando e acelerando os encontros e iniciativas dos homens, os relógios fazem aumentar a quantidade bruta do intercâmbio humano.

Logo, não há nada de estranho em que Mumford associe "o relógio, a imprensa e o alto-forno" que ele tem por inovações gigantescas do Renascimento. Tanto o relógio como a fornalha aceleraram a fusão dos materiais e o aparecimento de uma conformidade sem arestas nos contornos da vida social. Bem antes da revolução industrial dos fins do século XVIII, as pessoas já se queixavam de que a sociedade se tornara uma "máquina prosaica" que as lançava à vida num ritmo vertiginoso.

O relógio arrancou o homem do mundo dos ritmos sasonais e recorrentes, assim como o alfabeto o havia desprendido da ressonância mágica da palavra falada e da armadilha tribal. Não se processou sem castigos essa dupla tradução do indivíduo: dos punhos da natureza e das garras da tribo. Mas, sob as condições da eletricidade, o retörno à natureza e o retorno à tribo são, fatalmente, simples. Devemos nos precaver contra aquéles que anunciam programas de restituição do homem ao seu estado original e à linguagem da raça. Esses cruzados nunca se detiveram a examinar o papel dos meios e da tecnologia na sua capacidade de jogar o homem de uma dimensão para outra. Eles são como o sonambúlico chefe africano com seu despertador pendurado às costas.

Em *O Sagrado e o Profano*, Mircea Eliade, professor de religião comparada, não percebe que um universo "sagrado", em seus termos, é um universo dominado pela palavra e pelos meios auditivos. De outro lado, o universo "profano", é dominado pelo sentido visual. O relógio e o alfabeto, fracionando o universo em segmentos visuais, deram fim à música da inter-relação. O visual dessacraliza o universo e produz o "homem não-religioso das sociedades modernas".

Historicamente, porém, Eliade é útil, ao relembrar como, antes da era do relógio e da cidade-horário, havia para o homem tribal um relógio cósmico e um tempo sagrado da própria cosmogonia. Quando o homem tribal queria construir uma cidade, uma casa, ou curar um malefício, dava corda no relógio cósmico por meio de palavras mágicas ou de um elaborado ritual que o repunha em contato com o processo original da criação. Eliade menciona que, nas Ilhas Fiji, "a cerimônia de posse de um novo chefe é chamada criação do mundo". O mesmo drama se desenrola para propiciar colheitas abundantes. Enquanto o homem moderno sente-se obrigado a ser pontual e conservador, o homem tribal arcava com a responsabilidade de providenciar energia para o relógio cósmico. Mas o homem elétrico ou ecológico (homem do campo total), com a África dentro de si, pode alimentar a esperança de superar a velha preocupação cósmica do homem tribal.

O homem primitivo vivia numa máquina cósmica muito mais tirânica do que a que o homem letrado ocidental pode conceber. O mundo do ouvido é muito mais envolvente e inclusivo do que pode pretender ser o mundo do olho. O ouvido é hipersensível. O olho é frio e distanciado. O ouvido deixa o homem entregue ao pânico universal, enquanto que o olho, prolongado pela palavra escrita e pelo tempo mecânico, deixa alguns enclaves e ilhas livres da incessante reverberação sonora.

16

TIPOGRAFIA

Como Morar no Assunto

A arte de formular pronunciamentos pictóricos sob uma forma precisa e repetitiva é uma conquista ocidental a que nos acostumamos há muito tempo. Esquecemo-nos, no entanto, de que o mundo das ciências e das tecnologias modernas dificilmente teria existido, não fossem as imprensas e os projetos arquitetônicos, os mapas e a Geometria. Nos tempos de Fernando e Isabel e de outros monarcas marítimos, os mapas levavam a chancela de "alto segredo", como as novas descobertas eletrônicas de hoje. Quando os capitães retornavam de seus cruzeiros, os dignitários da coroa envidavam todos os esforços para conseguirem originais e cópias dos mapas executados durante a viagem. Resultava daí um câmbio negro bastante lucrativo — e os mapas secretos eram vendidos à larga. Esses mapas não tinham nada em comum com os da cartografia posterior: mais pareciam diários de aventuras e experiências. A percepção do espaço uniforme e contínuo era desconhecida do cartógrafo medieval, cujos esforços lembram mais a arte moderna não figurativa. Ainda hoje, os nativos que se defrontam pela primeira vez com o novo espaço renascentista levam um verdadeiro choque. Conta o Príncipe Modupe, em sua autobiografia, *Eu Fui Um Selvagem*, como aprendeu a ler mapas na escola e como voltou à sua aldeia com o mapa de um rio que seu pai percorrera durante anos, como comerciante.

181

...meu pai achou tudo absurdo. Recusou-se a identificar a correnteza que ele cruzara em Bomako e cuja profundidade, dizia, não ultrapassava a altura de um homem, com as grandes águas espraiadas do grande delta do Níger. As distâncias medidas em milhas não tinham qualquer significado para ele... Os mapas eram mentirosos, disse-me ele secamente. Pelo seu tom de voz, percebi que o havia magoado em algum ponto que, então, não percebi. As coisas que ferem uma pessoa não aparecem num mapa. A verdade de um lugar reside na alegria e na tristeza que dele provêm. Aconselhou-me a desconfiar de coisas duvidosas, como um mapa... Compreendo agora, embora não o percebesse naquele tempo, que o fato de eu devassar com desembaraço e facilidade aquelas desconcertantes distâncias traçadas no mapa amesquinhavam aqueles caminhos que ele trabalhosamente percorrera e medira a pé. Com meu papo sobre mapas, eu apagara a grandeza de seus carros de bois, com suas mercadorias e com seu calor.

Todas as palavras do mundo não bastam para descrever um balde, embora seja possível dizer, em poucas palavras, como se faz um balde. Essa inadequação das palavras em transmitir informação visual sobre objetos foi um entrave real ao desenvolvimento das ciências na Grécia e em Roma. Plínio, o Velho, registra a inabilidade dos botânicos gregos e latinos no que respeita aos meios de transmissão de informações sobre plantas e flores:

> Por aqui se vê que outros escritores se contentaram com uma descrição verbal das plantas; em verdade, alguns deles sequer as descreveram, limitando-se, na maior parte, a alinharem pura e simplesmente os seus nomes...

Aqui nos defrontamos uma vez mais com a função básica dos meios de armazenar e transmitir informação. De modo mais simples: armazenar já é transmitir, pois o que já está armazenado é mais acessível do que o que ainda deve ser colhido. O fato de informação visual sobre flores e plantas não poder ser armazenado verbalmente acentua o fato de que a Ciência, no mundo ocidental, sempre esteve na dependência do fator visual. Isto não deve causar surpresa numa cultura letrada baseada na tecnologia do alfabeto e que reduz até a palavra falada a um modo visual. Como a eletricidade criou múltiplos meios não-visuais de armazenamento e recuperação da informação, deslocaram-se a base e o caráter tanto da cultura como da Ciência.

182

Para o educador, como para o filósofo, não se faz necessário ter o conhecimento exato do que esse deslocamento significa para o ensino e para o processo mental.

Bem antes de Gutenberg desenvolver seus tipos móveis de imprensa, muita impressão sobre papel já fora executada, utilizando-se a xilogravura. Talvez que a forma mais popular desta impressão de textos e imagens tenha sido a da *Bíblia Pauperum*, a Bíblia dos Pobres. Estes impressores xilográficos precederam os impressores tipográficos, embora não se possa precisar de quanto tempo, porque essas publicações baratas e populares, desprezadas pelos eruditos, não foram preservadas como não o são os "gibis" de hoje. A grande lei da bibliografia se manifesta nesses trabalhos gráficos pré-Gutenberg: "Quanto mais havia, menos há." Ela se aplica a muitos outros itens, além da matéria impressa — aos selos e os primeiros receptores de rádio.

O homem medieval e renascentista sofria pouco da separação e da especialização das artes, tais como se desenvolveram posteriormente. Os manuscritos e os primeiros livros impressos eram lidos em voz alta — e a poesia era cantada ou declamada. Oratória, Música, Literatura e Desenho estavam intimamente ligados. No mundo das iluminuras, de maneira especial, as letras ganhavam uma ênfase plástica que as aproximava da escultura. Millard Meiss, o iluminador de manuscritos, ao estudar a arte de Andrea Mantegna, diz que, nas margens floridas e ramadas da página, as letras de Mantegna "se erguem como monumentos de pedras, sólidos, finamente entalhados... Palpavelmente implantadas e maciças, elas saltam audazes do fundo colorido, sobre o qual, muitas vezes, projetam a sua sombra..."

A mesma sensibilidade para as letras do alfabeto, vistas como ícones gravados, ressurge hoje nas artes gráficas e no *display* publicitário. Pode ser que o leitor já tenha percebido essa mudança no soneto sobre as vogais, de Rimbaud, ou em algumas das telas de Braque. Mas o estilo das manchetes de jornais tende a impelir as letras para a forma icônica, forma muito próxima da ressonância auditiva e das qualidades tátil e escultórica.

183

Talvez que a suprema qualidade da imprensa se tenha perdido para nós, tão óbvia e espontânea é a sua existência. Essa qualidade reside no fato de ela ser um pronunciamento pictórico que pode ser repetido precisa e indefinidamente — pelo menos até que o tipo se gaste. A repetibilidade é o cerne do princípio mecânico que vem dominando nosso mundo, desde o advento da tecnologia gutenberguiana. Com a tipografia, o princípio dos tipos móveis introduziu o meio de mecanizar qualquer artesanato pelo processo de segmentar e fragmentar a operação total. O que começara com o alfabeto, que separou os gestos, a visão e o som da palavra falada, atingiu um novo nível de intensidade com a xilogravura e, depois, com a tipografia. O alfabeto fez do fator visual o componente supremo, reduzindo a essa forma todos os demais fatos sensoriais da palavra falada. É o que ajuda a explicar por que a gravura em madeira e, mesmo, a fotografia, tiveram tão rápida aceitação no mundo letrado. Estas formas propiciam um mundo de gestos inclusivos e de disposições dramáticas necessàriamente omitidas da palavra escrita.

A imprensa foi logo aceita como meio de transmitir informação e como meio de incentivo à piedade e à meditação. Em 1472, a *Arte da Guerra*, de Voltúrio, foi impressa em Verona, com muitas xilogravuras para explicar os engenhos bélicos. Mas a xilogravura, como acólito da contemplação — nos Livros de Horas, nos Emblemas e nos Calendários de Pastor — continuou por duzentos anos em larga escala.

Não é irrelevante considerar que as velhas impressões e xilogravuras, tais como as histórias em quadrinhos e os "gibis" de hoje, poucos dados fornecem sobre épocas específicas ou aspectos espaciais específicos de um objeto. O leitor é impelido a participar da contemplação e da interpretação dos escassos vestígios que são fornecidos pelas linhas de contôrno. Semelhante ao caráter de gravar em madeira, da caricatura e do desenho animado é a imagem da televisão, que apresenta baixo nível de definição dos objetos, de que resulta um alto grau de participação por parte do telespectador, no sentido de contemplar o que se apresenta apenas esboçado na trama mosaica da retícula. Com o advento da televisão, a história em quadrinhos entrou em declínio.

Exauridos os *pools* do trabalho escravo greco-romano, o Ocidente teve de partir para uma intensificação da tecnologia. Assim também o colono americano, face a novas tarefas e oportunidades e defrontando-se com uma grande escassez de mão-de-obra, foi levado a uma criação verdadeiramente frenética de dispositivos poupa-trabalho. A lógica do sucesso nesse setor pareceria indicar a retirada final da força do trabalho da cena da labuta obrigatória. Mas se éste tem sido o motivo que comanda toda a tecnologia humana, não se segue que estejamos preparados para aceitar as conseqüências. Ele contribui com pontos de referência para que enxerguemos o processo em desenvolvimento nos tempos remotos, quando trabalhar significava servidão especializada e quando só o lazer significava um vida humana digna e a participação do homem integral.

Em sua canhestra fase da xilogravura, a imprensa revela um importante aspecto da linguagem: as palavras não comportam definições precisas no uso diário. Ao examinar o cenário filosófico nos inícios do século XVII, Descartes ficou assombrado com a confusão de línguas e se pôs a trabalhar no sentido de reduzir a Filosofia a uma forma matemática precisa. Seu esforço em prol de uma precisão. irrelevante só serviu para excluir da Filosofia a maior parte das questões filosóficas; e este grande reino da Filosofia logo se fragmentou nessa vasta gama de ciências e especializações não-comunicantes que hoje conhecemos. A intensificação do acento visual nos projetos e na precisão é uma força explosiva que fragmenta tanto o mundo do poder quanto o mundo do conhecimento. A crescente precisão e quantificação da informação visual transformou a imprensa no mundo tridimensional da perspectiva e do ponto de vista fixo. Hieronymus Bosch, em pinturas que difundiam as formas medievais no espaço renascentista, fala-nos do que era sentir-se escanchado entre um mundo velho e um mundo novo, no decorrer daquela revolução. Bosch, simultâneamente, exibia uma plástica mais antiga, uma imagem

185

tátil, e a colocava na nova perspectiva, intensamente visual. A velha idéia medieval de um espaço singular e descontínuo se superpunha à nova idéia de um espaço contínuo e ligado em seqüência. E isto ele realizou com uma intensidade de pesadelo das mais sinceras.

Lewis Carrol lançou o século XIX num mundo de sonho que se revelou tão espantoso quanto o de Bosch, embora construído segundo princípios opostos. *Alice no País das Maravilhas* apresenta como norma aquêle espaço e aquêle tempo contínuos que haviam provocado tanta perplexidade na Renascença. Invadindo este mundo euclidiano uniforme com um espaço-tempo familiar, Carrol construiu a fantasia de um espaço-tempo descontínuo que antecipa Kafka, Joyce e Eliot. Matemático contemporâneo de Clerk Maxwell, Lewis Carrol era tão de vanguarda que já tinha conhecimento das geometrias não-euclidianas que começavam a aparecer em seu tempo. Em *Alice no País das Maravilhas* ele deu aos confiantes vitorianos um jocoso antegosto do espaço-tempo einsteiniano. Bosch dera ao seu tempo um antegosto do novo tempo-espaço contínuo da perspectiva uniforme, encarando com horror o mundo moderno, como Shakespeare no *Rei Lear*, e Pope, na *Dunciada*. Mas Lewis Carrol saudou com efusão a nova era eletrônica do espaço-tempo.

Os nigerianos que estudam nas universidades americanas às vezes são solicitados a identificar relações espaciais. Diante de objetos à luz do Sol, éles muitas vezes não são capazes de indicar em que direção se orientarão as sombras, pois isto envolve projeção em perspectiva tridimensional. O Sol, o objeto e o observador constituem-se em experiências separadas, uma independente da outra. Para o homem medieval, como para o nativo, o espaço não era homogêneo e não *continha* os objetos. Cada coisa criava o seu próprio espaço, como ainda cria para o nativo (e para o físico moderno). Claro que isto não quer dizer que os artistas nativos não relacionem as coisas. Concebem muitas vezes as relações mais complicadas e sofisticadas. Artista e observador não têm qualquer problema em reconhecer e interpretar aquelas estruturas — desde que se trate de uma estrutura tradicional. Basta que alguém a modifique ou a traduza para um outro meio (para três dimensões, por exemplo) — e o artista já não a reconhecerá mais. Um filme sobre Antropologia mostrava um escultor melanésio a entalhar um tambor decorado com tal habilidade, coordenação e facilidade, que os espectadores muitas vezes rompiam em aplausos — que logo se transformavam em canção e em dança. Mas quando o antropólogo pediu à tribo que construísse engradados para embarcar as peças entalhadas, os nativos pelejaram infrutiferamente durante três dias para conseguir encaixar duas pranchas a 90º — e desistiram, frustrados. Não conseguiam embalar o que conseguiram criar.

No mundo de baixa definição da xilogravura medieval, cada objeto criava seu próprio espaço, e não havia nenhum espaço racional e unido em que o objeto devesse caber. À medida em que a impressão retínica é intensificada, os objetos deixam de ter coerência num espaço de sua própria criação, devendo ser *contidos* num espaço uniforme, contínuo e "racional". Em 1905, a teoria da relatividade veio anunciar a dissolução do espaço uniforme newtoniano, como ilusão, ou ficção — ainda que útil. Einstein pronunciou a condenação do espaço contínuo ou "racional" — o que limpou o caminho para Picasso, os Irmãos Marx e *MAD*.

17

ESTÓRIAS EM QUADRINHOS
MAD: Vestíbulo para a TV

Foi graças à imprensa que Dickens se tornou um escritor satírico, pois começou como redator de um caricaturista popular. O estudo das estórias em quadrinhos, nesta altura, logo após o capítulo dedicado à *Imprensa*, visa a chamar a atenção para a permanência de certas características da imprensa e mesmo da xilogravura nas estórias em quadrinhos do século XX. Não é fácil perceber como as qualidades da imprensa e da xilogravura podem reaparecer na trama mosaica da imagem da TV. A televisão é um assunto tão difícil para as pessoas letradas que tem de ser abordada de maneira oblíqua. Dos três milhões de pontos por segundo que bombardeiam o vídeo, o telespectador só consegue captar, iconicamente, algumas dúzias ou pouco mais de setenta pontos, com os quais forma a imagem. Esta imagem é tão imprecisa quanto a das estórias em quadrinhos. É por esta razão que a imprensa e os quadrinhos favorecem uma abordagem cômoda à compreensão da imagem televisionada, pois fornecem baixa informação visual ou poucos detalhes em cadeia. Os pintores e escultores, no entanto, podem facilmente compreender a televisão, pois sentem o quanto de envolvimento tátil se faz necessário para a apreciação das artes plásticas.

As qualidades estruturais da imprensa, da gravura em madeira e, mesmo, da caricatura, implicam num caráter participacional, do tipo "faça você mesmo", que caracteriza muitas das experiências facultadas pelos meios modernos. A imprensa serve de pista para os quadrinhos e êstes servem de pista para a compreensão da imagem da TV.

Muito adolescente enrugado ainda se lembra da fascinação que sobre ele exerceu aquela maravilha de estória em quadrinhos que se chamou *Yellow Kid* ("O Garôto Amarelo"), de Richard F. Outcault. Ao aparecer, ela se chamava *Hogan's Alley* ("A Rua da Cabana"), no *New York Sunday World*. Mostrava uma série de aventuras de crianças que ali moravam — como se fossem Pafúncio e Maricota (Maggie e Jiggs) quando crianças. Esta série fez vender muito jornal em 1898 e nos anos seguintes. Hearst logo a adquiriu, dando início ao suplemento em quadrinhos de grande tiragem. As estórias em quadrinhos (como já explicamos no capítulo dedicado à imprensa), apresentando baixa definição, possuem uma forma de expressão altamente participante, perfeitamente adaptada à forma em mosaico do jornal. Dão também um sentido de continuidade de um dia para o outro. Também as notícias sobre pessoas são de baixo teor informacional e por isso convidam a que o leitor as preencha, exatamente como acontece com a imagem da televisão e a radiofoto. Eis por que a TV constitui um golpe fatal nas estórias em quadrinhos, das quais foi antes um rival do que um complemento. Mas vibrou um golpe mais duro ainda no anúncio pictórico, que teve de abandonar o preciso e o lustroso em favor do impreciso, do escultórico e do tátil. Daí o súbito sucesso da revista *MAD*, que oferece um arremêdo frio e gozador dos meios quentes, tais como a fotografia, o rádio e o cinema. *MAD* não é senão a recorrência das velhas imagens, impressas e gravadas em madeira, nos meios atuais. Seu tipo de configuração acabará por moldar tôdas as mensagens aceitáveis da televisão.

O maior dano causado pelo impacto da TV foi sobre o *Ferdinando* (Li'l Abner), de Al Capp. Durante dezoito anos, Al Capp manteve Ferdinando à beira do casamento. A fórmula sofisticada empregada em suas personagens era oposta à utilizada pelo romancista francês Stendhal, que declarava: "Eu apenas enredo as minhas personagens nas conseqüências de sua própria estupidez — e depois lhes concedo cérebros para que possam sofrer." Já Al Capp diria: "Eu apenas enredo a minha gente nas conseqüências de sua própria estupidez e depois lhes *extraio* os cérebros para que nada possam fazer." A inabilidade desses caracteres em ajudarem-se a si próprios criou uma espécie de paródia de todas as estórias em quadrinhos de suspense. Al Capp levou o suspense ao absurdo. Mas os leitores há muito se vêm deliciando com o fato de os apuros do pessoal desastrado de Riacho Fundo (Dogpath) funcionarem como paradigma da situação humana em geral.

Com a chegada da televisão e sua imagem icônica em mosaico, as situações da vida diária começaram a parecer bem quadradas, de fato. E Al Capp logo percebeu que a sua fórmula de distorção já não funcionava. Sentiu que os americanos haviam perdido a capacidade de rir de si mesmos. Ele estava errado. A televisão simplesmente estava envolvendo todo mundo com todo mundo de uma maneira mais profunda. Meio frio que é, e comandando a participação em profundidade, a televisão veio exigir de Al Capp que reformulasse a imagem de Ferdinando. A confusão e o desconsolo que o assaltaram retratam os sentimentos da grande empresa americana. Da revista *Life* à General Motors, das salas de aula às *Suites* Executivas, tornava-se inevitável a reformulação de imagens e objetivos, no sentido de permitir maior envolvimento e participação do público. Enquanto isso, Al Capp declarava: "A América mudou. O humorista sente a mudança, talvez, mais do que qualquer outro. Há coisas agora na América com as quais não podemos brincar."

O envolvimento em profundidade encorajou todos a se tomarem mais a sério do que antes. Assim como a televisão esfriou a audiência americana, dando-lhe novas preferências e nova orientação para os sentidos da visão, do som, do tato, e do gosto, assim Al Capp deveria ter reduzido a graduação alcóolica de sua maravilhosa bebida. Já não era mais o caso de gozar Dick Tracy ou os esquemas de suspense. Como a revista *MAD* viria a descobrir, a nova audiência começava a achar as cenas e temas da vida quotidiana tão hilariantes quanto o que se passava na remota Riacho Fundo. A revista *MAD* simplesmente transferiu o mundo dos anúncios para o mundo do livro em quadrinhos, e o fez justamente quando a imagem da televisão já começava a eliminar, por emulação direta, as estórias em quadrinhos. Ao mesmo tempo, a imagem da TV tornou turva e embaçada a imagem clara e bem delineada da fotografia. A TV esfriou o público leitor de anúncios até que a ênfase persistente da publicidade e do mundo da diversão e do entretenimento acabou por alimentar o projeto da revista *MAD*. Por obra da TV, os meios quentes — fotografia, filme, rádio — se viram convertidos num mundo de estórias em quadrinhos, pelo simples fato de serem apresentados como embalagens superquentes. Hoje, o menino e a menina de dez anos grudam no seu *MAD* ("Construa o seu ego com *MAD*") com o mesmo desvelo com que um *beatnik* russo guarda a fita gravada de uma velha canção de Elvis Presley, obtida de uma emissão de rádio para os pracinhas. Se a "Voz da América" de repente começasse a programar *jazz*, o Kremlin teria razões de temer. Igualmente eficaz seria se os russos pudessem compulsar os catálogos da Sears Roebuck, em lugar de ouvirem nossa horrível propaganda sobre o modo americano de vida.

Picasso sempre foi um fã de estórias em quadrinhos americanas. De Picasso a Joyce, os intelectuais sempre tiveram estima por essa arte popular americana, porque nela viam uma autêntica reação criativa às iniciativas oficiais. De outra parte, a arte refinada tende a evitar e condenar as manifestações artísticas ruidosas numa poderosa sociedade "quadrada", de alta definição. A arte refinada é uma espécie de réplica das especializadas façanhas acrobáticas de um mundo industrializado. A arte popular é um palhaço que nos desperta para toda aquela vida e todas aquelas faculdades que deixamos de desenvolver na vida de todos os dias. Agindo como homem integral, ele se aventura a desempenhar tarefas especializadas da sociedade. Mas o homem integral é sempre um desastrado numa situação especializada. De qualquer modo, este é o caminho para se chegar à arte das estórias em quadrinhos e à arte do palhaço.

Hoje, nossas crianças de dez anos, ao votarem em *MAD*, estão nos dizendo à sua moda que a imagem da televisão deu por terminada a fase de consumo da cultura americana. Eles estão nos dizendo o que os *beatniks* de dezoito anos foram os primeiros a dizer, há dez anos atrás. A era pictórica do consumo está morta. Sobre nós vem a era icônica. Hoje empurramos para os europeus a embalagem que nos tocou de 1922 a 1952. Enquanto isso, eles vão entrando na primeira idade do consumo de bens padronizados. Nós caminhamos para a nossa primeira e profunda idade de impulso arte-produção. A América se europeíza de modo tão extenso quanto a Europa se americaniza.

Onde ficam as velhas e populares estórias em quadrinhos? Onde fica *Blondie*, onde *Bringing Up Father?* O seu mundo era um mundo pastoral e inocente, no qual a jovem América já se diplomou. Ainda havia adolescência naqueles dias, ainda havia ideais longínquos e sonhos pessoais e metas discerníveis — e não este vigoroso e onipresente estado de espírito corporativo que conduz à participação grupal.

No capítulo sobre a imprensa indicamos como a caricatura é uma forma de experiência do tipo "faça você mesmo" que vem ganhando nova vida à medida que a era da eletricidade avança. Assim, os eletrodomésticos, longe de serem dispositivos que poupam trabalho, são novas formas de trabalho descentralizado e acessível a todos. Assim também é o mundo do telefone e da imagem da televisão, que exige muito mais de seus usuários do que o rádio ou o cinema. Como conseqüência direta dêste aspecto participante e "faça você mesmo" da tecnologia elétrica, toda espécie de entretenimento, na era da eletricidade, tende a favorecer a mesma espécie de envolvimento pessoal. Daí este paradoxo da era da TV: Joãozinho não lê porque a leitura, como se ensina usualmente, é uma atividade demais superficial e muito do tipo consumista. Por esta razão, o livro do intelectual, de caráter mais profundo, pode ter mais apelo para os jovens, que refugam as narrativas comuns que lhes são oferecidas. Os professores freqüentemente observam que estudantes, que não conseguem ler uma página de História, tornam-se peritos em códigos e em análise lingüística. O problema, portanto, não está em que Joãozinho não consiga ler, e sim em que, na era do envolvimento profundo, Joãozinho não consegue visualizar objetivos e metas distantes.

Os primeiros livros de estórias em quadrinhos apareceram em 1935. Não apresentando nada literário ou em seqüência, e sendo tão difíceis de decifrar quanto o popular *Livro de Kells*, logo fascinaram os jovens. Os anciãos da tribo, que jamais haviam percebido que o jornal diário era tão estranho quanto uma exposição de arte surrealista, dificilmente poderiam perceber que os livros de estórias em quadrinhos eram tão exóticos quanto iluminuras do século VIII. Não tendo percebido nada sobre a *forma*, nada podiam perceber do *conteúdo*. Violência e agressão era tudo o que percebiam. Em conseqüência, com uma lógica literária ingênua, prepararam-se para ver a violência inundar o mundo. Como alternativa, atribuíam os crimes às estórias em quadrinhos. O mais retardado dos condenados logo aprendia a resmungar: "Fiquei assim por causa das estórias em quadrinhos."

Enquanto isso, a violência de um ambiente industrial e mecânico tinha de ser vivida e ganhar motivação e significado nos nervos e nas vísceras dos jovens. Viver e ter a experiência de algo é traduzir o seu impacto direto sob muitas formas indiretas de conhecimento. Damos aos jovens uma estridente e roufenha selva de asfalto, em comparação com a qual uma selva de animais tropicais parece mais calma e mansa do que uma coelheira. Achamos isto normal. Pagamos às pessoas para manter essa coisa em seu máximo de intensidade, só porque dá lucro. E os olhos se abriram surpresos quando a indústria do entretenimento se propôs realizar um fac-símile razoável da agitação urbana comum.

Foi Al Capp quem descobriu que — pelo menos até a TV — qualquer variação das agressões de um *Scragg* ou da moralidade de um *Phogbound* era considerada engraçada. *Ele* não achava que fosse engraçado. Punha as coisas em suas estórias tais como as via. Mas a nossa treinada incapacidade em relacionar uma situação a outra fazia com que seu realismo sardônico fosse tomado por manifestação de humor. Quanto mais ele mostrava a capacidade das pessoas em envolver-se em dificuldades 'terríveis — a par de sua completa inabilidade em fazer um gesto que as safasse — mais o risco aumentava. "A sátira — disse Swift — é um espelho no qual vemos todas as atitudes menos as nossas."

Tanto os quadrinhos como o anúncio pertencem ao mundo do jogo, ao mundo dos modelos e das extensões e prolongamentos das situações que se passam em outra parte. A revista *MAD* — mundo da gravura em madeira, da imprensa e da caricatura — aliou tudo isso a outros jogos e modelos do mundo do entretenimento. *MAD* é uma espécie de jornal em mosaico do anúncio entendido como diversão e da diversão como forma da loucura. Acima de tudo, é uma forma de expressão e de experiência do tipo imprensa e xilogravura, cujo apelo imediato é um índice seguro das profundas mudanças que estão ocorrendo em nossa cultura. Precisamos agora compreender o caráter formal da imprensa (quadrinhos e caricatura), que desafia e altera a cultura de consumo do filme, da fotografia e do jornal. Não há uma abordagem única para esta tarefa; nenhuma observação ou idéia isolada pode resolver um problema tão complexo, qual seja o da mudança da percepção humana.

18

A PALAVRA IMPRESSA
O Arquiteto do Nacionalismo

"A senhora pode notar — disse o Dr. Johnson com um sorriso de pugilista — que eu sou bem educado a ponto de ser escrupuloso até no supérfluo." Qualquer que fosse o grau de adaptação do Dr. Johnson à nova moda das camisas brancas ultralimpas de seu tempo, é certo que ele tinha plena consciência das crescentes exigências sociais no que respeitava à representação visual.

A impressão por meio dos tipos móveis foi a primeira mecanização de um artesanato complexo, tornando-se o arquiteto de todas as mecanizações subseqüentes. De Rabelais a More, a Mill e a Morris, a explosão tipográfica estendeu as mentes e as vozes dos homens para reconstituir o diálogo humano numa escala mundial que atravessou os séculos. Encarada simplesmente como um armazenamento da informação, ou como um meio de rápida recuperação do conhecimento, a tipografia acabou com o paroquialismo e com o tribalismo, tanto psíquica quanto socialmente, tanto no espaço como no tempo. Nos primeiros dois séculos, a impressão por tipos móveis foi muito mais motivada pelo desejo de ver os livros antigos e medievais do que pela necessidade de ler e escrever livros novos. Até 1700, mais de 50 por cento de todos os livros impressos eram clássicos ou medievais. Ao primeiro público leitor de obras impressas foram oferecidos livros não apenas na Antigüidade como também da Idade Média. E os livros medievais eram, de longe, os mais populares.

Como qualquer outra extensão do homem, a tipografia provocou conseqüências psíquicas e sociais que logo alteraram os limites e padrões de cultura. Fundindo — ou confundindo, como diriam alguns — os mundos clássico e medieval, o livro impresso criou um terceiro mundo, o moderno, que agora ingressa numa nova era de tecnologia elétrica — uma nova extensão do homem. Os meios elétricos de transmissão da informação estão alterando a nossa cultura tipográfica tão nitidamente quanto a impressão modificou o manuscrito medieval e a cultura escolástica.

Recentemente, Beatrice Warde, em *Alfabeto*, apresentou um mostruário elétrico de letras pintadas com luz. E a propósito de um filme publicitário de Norman McLaren, ela declara:

> Você se admiraria de eu ter chegado tarde ao teatro naquela noite, se eu lhe contasse que vi dois AA egípcios com pés de pau... caminhando de braços dados com aquéle inconfundível gingado de dançarinos de teatro de revista? Vi as cerifas das letras se articularem como sapatilhas de balé... e as letras dançando literalmente *sur les pointes*... Depois de quarenta séculos de alfabeto *necessariamente estático*, eu vi o que os seus componentes podem fazer na quarta dimensão do tempo, fluxo, movimento. Você pode muito bem dizer que eu estava eletrizada.

Nada mais afastado da cultura tipográfica, com seu "lugar para todas as coisas e todas as coisas em seu lugar".

A Sra. Warde passou a vida a estudar a tipografia e demonstra um tato seguro em sua resposta admirativa a letras que não são impressas com tipos e sim pintadas com luz. Pode dar-se que a explosão que começou com as letras fonéticas (os "dentes de dragão" semeados pelo Rei Cadmo) sofra uma reversão no sentido de uma "implosão", sob o impulso da velocidade instantânea da eletricidade. O alfabeto (e a sua extensão na tipografia) tornou possível a difusão da energia que é o conhecimento e rompeu os elos do homem tribal, fazendo-o explodir em aglomerações de indivíduos. Agora, a escrita elétrica e a velocidade despejam sobre ele, instantânea e continuamente, os problemas de todos os outros homens. Ele se torna tribal novamente. A família humana volta a ser uma tribo.

Qualquer estudante da história social do livro impresso possivelmente ficará intrigado com a falta de compreensão dos efeitos psíquicos e sociais causados pela imprensa. São bem escassos os comentários e as observações explícitas sobre os efeitos da imprensa na sensibilidade humana, desde a sua descoberta há cinco séculos. Mas a mesma observação pode ser feita a propósito de todas as extensões do homem, sejam roupas ou computadores. Toda extensão é uma amplificação de um órgão, de um sentido ou de uma função que inspira ao sistema nervoso central um gesto autoprotetor de entorpecimento da área prolongada — pelo menos no que se refere a uma inspeção e a um conhecimento diretos. Comentários indiretos sobre os efeitos do livro impresso podem ser colhidos em abundância na obra de Rabelais, Cervantes, Montaigne, Swift, Pope e Joyce. Eles utilizaram a tipografia para criar novas formas artísticas.

Psicologicamente, o livro impresso, como extensão da faculdade visual, intensificou a perspectiva e o ponto de vista fixo. Associada à ênfase visual do ponto de vista e do ponto de fuga que produzem a ilusão da perspectiva, veio uma outra ilusão: a de que o espaço é visual, uniforme e contínuo. A linearidade, a precisão e a uniformidade da disposição dos tipos móveis são inseparáveis das grandes formas e inovações culturais da experiência renascentista. A nova intensidade da pressão visual e do ponto de vista particular, no primeiro século da imprensa, veio associada aos meios de auto-expressão tornados possíveis pela extensão tipográfica do homem.

Socialmente, a extensão tipográfica do homem trouxe o nacionalismo, o industrialismo, os mercados de massa, a alfabetização e a educação universais. A imprensa apresentou uma imagem de precisão repetitiva que inspirou formas totalmente novas de expansão das energias sociais. Como hoje sucede no Japão e na Rússia, a imprensa liberou grandes energias psíquicas e sociais no Renascimento, tirando o indivíduo de seu grupo tradicional e fornecendo-lhe um modelo de como adicionar indivíduos para formar uma poderosa aglomeração de massa. O mesmo espírito de iniciativa privada

197

que encorajou autores e artistas a cultivar sua expressão particular, levou outros homens à criação de gigantescas corporações, tanto militares como comerciais.

Talvez que o dom mais significativo da tipografia seja o do desligamento e do não-envolvimento — o poder de agir sem reagir. Desde o Renascimento a Ciência exaltou este dom, que se tornou um empecilho na era da eletricidade, em que todo mundo se vê envolvido com todo mundo, durante todo o tempo. A própria palavra "desinteressado", expressando o soberano distanciamento e a integridade ética do homem tipográfico, passou a ser utilizada na última década para significar: "Ele pouco se importa." A mesma integridade indicada pelo termo "desinteressado", como símbolo do temperamento erudito e científico de uma sociedade letrada e ilustrada, agora vai sendo repudiada como "especialização" e fragmentação do conhecimento e da sensibilidade. O poder fracionador e analítico da palavra impressa sobre a nossa vida psíquica deu-nos aquela "dissociação da sensibilidade", que é o primeiro item que se procura eliminar nas artes e na literatura, desde Cézanne e Baudelaire, e em qualquer programa que se proponha reformar o gosto e o conhecimento. Na "implosão" da era elétrica, a separação entre pensamento e sentimento é tão estranha quanto a departamentalização do conhecimento nas escolas e universidades. E foi precisamente esse poder de separar pensamento e sentimento, esse poder de agir sem reagir, que afastou o homem letrado daquele mundo tribal de estreitos laços familiares tanto na vida privada como na vida social.

A tipografia não se adicionou simplesmente à arte da escrita, como o automóvel não se adicionou ao cavalo. A imprensa também teve a sua fase da "carruagem sem cavalo", em suas primeiras décadas; mal compreendida e mal aplicada, não era raro que o comprador de um livro impresso o levasse a um copista para copiá-lo e ilustrá-lo. Mesmo nos inícios do século XVIII, um "livro de texto" ainda era definido como de "Autor Clássico, espaçadamente escrito pelos Estudantes, para que espaço reste à Interpretação ditada pelo Mestre, e outros, e a ser inserida nas Entrelinhas"

(Q. E. D. — Quod Erat Demonstrandum). Antes da imprensa, a maior parte do tempo de aula era gasto na produção desses textos. A classe tendia a ser um *scriptorium* com um comentário. O estudante era um compilador-editor. Por sinal que o mercado de livros era um mercado de segunda mão e relativamente com poucos títulos. A imprensa modificou tanto o processo de ensino como o processo do mercado. O livro foi a primeira máquina de ensinar e também a primeira utilidade produzida em massa. Amplificando e estendendo a palavra escrita, a tipografia revelou e amplificou tremendamente a estrutura da escrita. Hoje, com o cinema e com a aceleração do movimento elétrico da informação, a estrutura formal da palavra impressa, bem como de todo mecanismo em geral, mais parece um dejeto que fica entregue às moscas. Um nôvo meio nunca se soma a um velho, nem deixa o velho em paz. Ele nunca cessa de oprimir os velhos meios, até que encontre para eles novas configurações e posições. A cultura do manuscrito alicerçou os processos orais na educação — o "escolasticismo" — ao nível máximo; mas ao colocar o mesmo texto diante de um número qualquer de alunos ou leitores, a imprensa acabou logo com o regime escolástico das disputas orais. Forneceu uma memória enorme e nova para os escritos do passado, tornando a memória pessoal inadequada.

Conta Margaret Mead que, quando levou exemplares de um livro para as ilhas do Pacífico, o fato foi um verdadeiro acontecimento. Os nativos já haviam visto livros, mas apenas um exemplar de cada, que eles tinham por único. Seu espanto ante a identidade de vários livros foi a sua resposta natural a algo que constitui, afinal de contas, o aspecto mais mágico e poderoso da imprensa e da produção em massa. Ele envolve um princípio de extensão por homogeinização, que é a chave para o entendimento do poderio ocidental. O livro impresso, baseado na uniformidade e na repetibilidade segundo uma ordem visual, foi a primeira máquina de ensinar, assim como a tipografia foi a primeira mecanização do artesanato. Mas, a despeito da extrema fragmentação e especialização da atividade humana, necessárias à realização da palavra impressa, o livro impresso representa um rico compósito de invenções culturais anteriores. O esforço total incorporado ao livro ilustrado e impresso oferece um exemplo marcante da variedade de atos inventivos separados que são necessários ao aparecimento de um novo resultado tecnológico.

As conseqüências psíquicas e sociais da impressão incluíam a extensão de seu caráter físsil e uniforme à gradual homogeinização de diversas zonas, daí resultando a amplificação do poder, da energia e da agressão que costumamos associar aos novos nacionalismos. Psiquicamente, a extensão e amplificação visual do indivíduo pela imprensa acarretou efeitos de vária ordem. Um dos exemplos mais impressionantes é o mencionado por E. N. Forster, ao estudar alguns tipos do Renascimento e ao declarar que a "imprensa, então com apenas um século, fora tomada como um engenho de imortalidade, e todos se apressavam em imprimir seus feitos e paixões, para edificação dos pósteros". As pessoas começaram a agir como se a imortalidade fosse inerente à mágica repetibilidade e extensão da imprensa.

Um outro aspecto significativo da uniformidade e da repetibilidade da página impressa foi a pressão que ela exerceu em relação à soletração, à sintaxe e à pronúncia "corretas". Mais notáveis ainda foram os efeitos da imprensa no que se refere à separação entre Poesia e Canção, entre Prosa e Oratória, entre o falar popular e o falar culto. Quanto à Poesia, como podia ser lida sem ser ouvida, os instrumentos também podiam ser tocados sem que tivessem de acompanhar os versos. A Música se desviou da palavra falada, para voltar a ela de novo com Bartók e Schoenberg.

Com a tipografia, o processo de separação (ou explosão) das funções permeou lentamente todos os níveis e esferas; e em nenhuma parte este assunto foi notado e comentado com maior azedume do que nas peças de Shakespeare. Especialmente no *Rei Lear*, Shakespeare apresenta uma imagem ou modelo do processo de quantificação e fragmentação, que já se fazia sentir no mundo da política e da vida familiar. Logo na abertura da peça, Lear apresenta "nossos propósitos mais negros" como um plano de delegação de poderes e deveres:

> E só conservaremos
> O nome de Rei e alguns atributos;
> Governo, rendas e demais funções
> Lhes pertencem, meus queridos. Partilhem
> Esta coroa — e assim minhas palavras
> Se confirmem.

Este ato de fragmentação e delegação golpeia Lear. seu reino e sua família. Dividir para reinar era a nova idéia dominante na organização do poder do Renascimento. "Nosso propósito mais negro" refere-se ao próprio Maquiavel que desenvolvera uma idéia de poder individualista e quantitativa que causou mais temor ao seu tempo do que Marx ao nosso. A imprensa desafiou os padrões das corporações da organização medieval como a eletricidade agora desafia nossos individualismo fragmentado.

A uniformidade e repetibilidade da imprensa introduziu no Renascimento a idéia de um tempo e de um espaço entendidos como quantidades contínuas mensuráveis. O efeito imediato desta idéia foi o de dessacralizar o mundo da natureza e o mundo do poder. A nova técnica de controle dos processos físicos, mediante a fragmentação e a segmentação, separou Deus da Natureza, o Homem da Natureza, e o Homem do Homem. O choque causado por este afastamento da visão tradicional e do conhecimento inclusivo tem sido atribuído à figura de Maquiavel, que apenas explicitou as novas idéias de domínio — quantitativas, neutras, científicas — a serem aplicadas na manipulação dos reinados.

Toda a obra de Shakespeare vem semeada dos temas das novas limitações do poder. tanto do rei quanto das pessoas. Seu tempo não podia conceber horror maior do que o espetáculo de Ricardo II, o rei sagrado, a sofrer as indignidades da prisão e do desnudamento de suas prerrogativas sagradas. Em *Troilo e Cressida* exibe-se o novo culto do poder físsil e irresponsável, público e privado, numa charada cínica de competição atomística:

Vá pelo atalho

Que a honra vai por trilhas tão estreitas
Que mal dão passo a um homem; vá por ele,
Que a emulação tem filhos aos milhares
E todos em disputa; se você cede
Passagem ou se desvia do caminho,
Como maré montante eles virão,
Deixando-o para trás...

(III, 3)

A imagem de uma sociedade segmentada numa massa homogênea de apetites quantificados ensombrece a visão de Shakespeare, em suas últimas peças.

Dentre as muitas conseqüências imprevistas da tipografia, a emergência do nacionalismo é, talvez, a mais conhecida. A unificação política das populações por meio de agrupamentos vernáculos e lingüísticos não foi possível até que a imprensa transformasse cada idioma em meio de massa extensivo. A tribo, forma prolongada de família de parentesco consangüíneo, explode com a imprensa, sendo substituída por uma associação de homens homogeneamente treinados para serem indivíduos. O próprio nacionalismo surge como nova e intensa imagem visual dos destinos e do *status* grupal e vinculado a uma velocidade do movimento da informação desconhecida antes do advento da imprensa. Hoje, a imagem do nacionalismo ainda depende da imprensa — mas com todos os meios elétricos contra ela. Nos negócios e na política, as velhas associações nacionais de organização social vão-se tornando impraticáveis, sob o efeito da aviação a jato. No Renascimento, foi a velocidade da imprensa e dos conseqüentes desenvolvimentos comerciais e de mercado que fez do nacionalismo algo de natural e novo, pois o nacionalismo implica em continuidade e competição num espaço homogêneo. Por isso mesmo, as heterogeneidades e as descontinuidades não-competitivas das corporações e da organização familiar da Idade Média se transformavam em verdadeiros entraves, à medida que a aceleração da informação pela imprensa reclamava mais fragmentação e uniformidade de funções. Os Cellinis, joalheiros-pintores-escultores--escritores-*condottieri*, tornaram-se obsoletos.

Quando uma nova tecnologia é introduzida num ambiente social, ela não cessa de agir nesse ambiente até a saturação de todas as instituições. A tipografia influiu em todas as fases de desenvolvimento das artes e das ciências. nos últimos quinhentos anos. Seria fácil documentar os processos pelos quais os princípios da continuidade, uniformidade e repetibilidade se tornaram as bases do cálculo, da mercadologia, da produção industrial, da indústria do entretenimento e das ciências. Mas basta apontar que a repetibilidade conferiu ao livro impresso o estranho e novo caráter de um bem de consumo de preço uniforme. o que veio a abrir as portas ao sistema de preços. Além disso, o livro impresso tinha as vantagens da portabilidade e da acessibilidade em relação ao manuscrito.

Diretamente associada a essas qualidades expansivas tivemos a revolução na expressão. Sob as condições do manuscrito, o papel de um autor era tão vago e incerto quanto o de um menestrel. Daí que a expressão própria fosse de pouco interesse. A tipografia inaugurou um meio que possibilitou falar alto e bom som ao próprio mundo, como antes fora possível circunavegar o mundo dos livros devidamente enclausurado no mundo pluralístico das celas monásticas. A audácia dos tipos criou a audácia da expressão.

A uniformidade também atingiu as áreas da fala e da escrita, as composições escritas passando a se pautar por um mesmo tom e atitude em relação ao leitor e em relação ao assunto. Nascera o "homem de letras". Estendido à palavra falada, este *equitom* letrado capacitou os literatos a manterem um "tom elevado" mesmo em discursos contundentes e facultou aos prosadores do século XIX a possibilidade de assumirem qualidades morais que poucos hoje se preocupariam em imitar. A impregnação da linguagem coloquial pelas qualidades tipográficas uniformes fez baixar o tom do bem falar. até que este se tornasse um fac--símile acústico aceitável dos efeitos visuais contínuos e uniformes da tipografia. Conseqüência deste efeito tecnológico, o humor, a gíria e a força dramática do falar anglo--americano se tornaram monopólio dos semiletrados.

Para muita gente, estes assuntos tipográficos vêm carregados de valores controvertidos. Mas em qualquer abordagem que vise à compreensão da imprensa, necessário se torna apartar-se da forma em questão, se se quiser observar a sua pressão e a sua vida características. Aqueles que agora entram em pânico ante a ameaça dos novos meios e ante uma revolução que agora se processa, mais profunda do que a de Gutenberg, sem dúvida não se mostram gratos nem dão mostras daquele frio distanciamento visual em relação ao dom mais poderoso que a alfabetização e a tipografia concederam ao Ocidente: o poder de agir sem reagir ou envolver-se. Foi esta espécie de especialização por dissociação que criou a eficiência e o poderio ocidentais. Sem dissociar a ação dos sentimentos e das emoções, as pessoas se mostram embaraçadas e hesitantes. A imprensa ensinou os homens a dizerem: "Danem-se os torpedos. Para a frente, a todo vapor!".

19

RODA, BICICLETA E AVIÃO

As inter-relações entre a roda, a bicicleta e o avião são deveras surpreendentes para aqueles que nunca pensaram no assunto. Em seu trabalho, os eruditos têm a presunção arqueológica de que as coisas devem ser estudadas isoladamente. Este hábito de especialismo é uma derivação natural da cultura tipográfica. Quando um erudito como Lynn White se aventura a estabelecer algumas inter-relações em sua própria área de estudos históricos especializados, suas observações não deixam de incomodar seus colegas. Em sua obra, *Tecnologia Medieval e Mudança Social*, ele explica como o sistema feudal se constituiu numa extensão do estribo. O estribo apareceu no Ocidente no século VIII, vindo do Oriente. Com ele vieram os combates de choque a cavalo, que provocaram o nascimento de uma nova classe social. A classe dos cavaleiros armados já existia na Europa, mas para armar de modo completo um cavaleiro faziam-se necessários recursos correspondentes às posses de dez ou mais camponeses. Carlos Magno pediu a seus homens livres menos prósperos que fundissem suas propriedades para armar um único cavaleiro. A pressão da nova tecnologia bélica produziu gradualmente o desenvolvimento de classes e de um sistema econômico habilitados a armar numerosos cavaleiros com armadura completa. Pelo ano 1000, a velha palavra *miles* (mil soldados de infantaria) já passara a designar "cavaleiros" e não "soldados".

Lynn White tem ainda muitas coisas a dizer sobre ferraduras e arreios, entendidos como tecnologias revolucio-

205

nárias. que aumentaram o poder e ampliaram o âmbito e a velocidade das ações humanas na baixa Idade Média. Ele é sensível às implicações psíquicas e sociais de cada extensão tecnológica do homem; mostra, por exemplo, como o pesado arado de roda introduziu uma nova ordem, tanto no sistema da lavoura como na dieta daqueles tempos. "A Idade Média estava literalmente coberta de feijão."

Mais diretamente ligado ao nosso assunto — a roda — Lynn White explica como a evolução da roda na Idade Média esteve ligada ao desenvolvimento da coelheira e do arnês. O aumento da velocidade e da resistência do cavalo na tração de veículos só foi obtido com a invenção da coelheira ou gargantilha. Uma vez aperfeiçoada, esta parte do arreio levou ao desenvolvimento de carroças com eixos frontais pivotados e freios. A carroça de quatro rodas, capaz de suportar cargas pesadas, já era uma realidade corriqueira em meados do século XIII. Seus efeitos sôbre a vida urbana foram extraordinários. Os homens do campo começaram a viver nas cidades, indo às suas lavouras diariamente, quase como os fazendeiros motorizados de Saskatchewan. Estes vivem praticamente na cidade e não possuem moradia no campo, além dos abrigos para tratores e demais equipamentos.

Com os ônibus e bondes de tração animal, os alojamentos das cidades americanas se afastaram das lojas e das fábricas. A proximidade da ferrovia fez desenvolver os subúrbios; a distância entre a moradia e a estação podia ser coberta a pé. As lojas e hotéis em volta da estação deram forma e concentração ao subúrbio. Lewis Mumford sustentava que o automóvel transformou a dona de casa suburbana em motorista de tempo integral. Sem dúvida, ainda não se completaram as transformações da roda enquanto acionadora de tarefas e arquiteta das sempre novas relações humanas, mas a sua força configuradora vai diminuindo na era da informação, e o fato acima referido apenas nos alerta para a sua forma característica, que ora tende para o arcaico.

Antes do aparecimento do veículo de rodas. vigorava o princípio de tração de arrasto; os trenós e esquis precederam as rodas nos veículos, assim como o movimento abrasivo semicircular, do fuso e da verruma movidos a mão. precedeu o livre movimento circular da roda do oleiro. Requer-se um momento de tradução ou "abstração" para separar os movimentos recíprocos da mão, do movimento livre da roda. "Sem dúvida, a noção da roda surgiu originariamente da observação de que fazer rolar uma tora era mais fácil do que empurrá-la", observa Lewis Mumford, em *Técnicas e Civilização*. Alguns podem objetar que fazer rolar um tronco de árvore está mais próximo da operação das mãos em relação ao fuso do que ao movimento rotatório dos pés, sem que isso necessariamente tivesse conduzido à sua tradução em termos da tecnologia da roda. Sob pressão das necessidades, é mais natural fragmentar nossa própria forma corpórea, de maneira que uma parte dela se traduza em outro material, do que transferir movimentos de objetos externos em outros materiais. A extensão das posturas e movimentos de nosso corpo a novos materiais, por meio da amplificação, é uma tendência constante para a obtenção de maior energia. A maior parte de nossas pressões corpóreas é interpretada como necessidade no sentido de prolongar o armazenamento e a mobilidade das funções, tal como ocorre, de resto, na fala, no dinheiro e na escrita. Todos os tipos de utensílios são manifestações dessas pressões corpóreas, por meio de extensões de nosso corpo. A necessidade de armazenamento e portabilidade pode ser facilmente notada em vasos, jarros e fósforos (fogo armazenado).

A economia de gestos, principal característica de tôdas as ferramentas e máquinas, talvez seja a expressão imediata de pressões físicas que nos impelem a projetarmo-nos ou estendermo-nos a nós mesmos, seja sob a forma de palavras. seja sob a forma de rodas. O homem pode expressá-lo com flores, arados ou locomotivas. Em *Krazy Kat*, Ignatz expressou-o com tijolos.

Um dos mais avançados usos da roda é o da câmara e do projetor de cinema. Não deixa de ser significante que êste agrupamento de rodas extremamente complexo e sutil tenha sido inventado para que alguém ganhasse uma aposta sôbre se os quatro pés de um cavalo, na corrida, levantavam-se ou não simultaneamente do chão. Esta aposta foi feita entre o pioneiro da fotografia, Edward Muybridge e o criador de cavalos Leland Stanford, em 1889. No início, uma série de câmaras foi disposta, uma ao lado da outra, para que cada uma fixasse um flagrante das patas em movimento. A câmara e o projetor de cinema foram desenvolvidos a partir da idéia de reconstruir mecanicamente o movimento dos pés. A roda, que começou como extensão dos pés, viria a dar um grande passo evolucionário nas salas de cinema.

Mediante uma enorme aceleração dos segmentos de uma linha de montagem, a câmara cinematográfica enrola o mundo num carretel e depois o desenrola e o traduz numa tela. O cinema recria o movimento e o processo orgânico levando o princípio mecânico até o ponto de reversão — e esta estrutura comparece em todas as extensões humanas, quando elas atingem o máximo do desempenho. Quando o avião decola, a estrada desaparece; ele se torna um míssil, um sistema de transporte auto-suficiente. Nesse ponto, a roda é reabsorvida na forma de um pássaro ou de um peixe — o avião no ar. Os mergulhadores não precisam de atalhos ou estradas e costumam declarar que o seu movimento é igual ao do vôo de um pássaro; seus pés deixam de existir como movimento progressivo e seqüencial, origem da ação giratória da roda. Diversa da asa e da nadadeira, a roda é linear e exige estrada para se completar.

Foi o alinhamento das rodas em *tandem* que criou o velocípede e a bicicleta; por aceleração, em conexão com o princípio visual da linearidade móvel, a roda ganhou um novo grau de intensidade. A bicicleta elevou a roda ao plano de equilíbrio aerodinâmico, e criou o aeroplano — de maneira não tão indireta. Não foi por acidente que os irmãos Wright eram mecânicos de bicicleta, ou que os primeiros aeroplanos mais pareciam bicicletas. As transformações da tecnologia têm o caráter da evolução orgânica porque todas as tecnologias são extensões do nosso ser físico. Samuel Butler nutria grande admiração por Bernard Shaw; este considerava que o processo evolucionário fôra fantasti-

camente acelerado por transferência ao modo-máquina. Ma›
Shaw se dava por satisfeito em deixar as coisas nessa situação comodamente obscura. O próprio Butler, pelo menos
indicara que o homem dera às máquinas poderes delegados
de reprodução, tendo em vista o impacto que elas depois
causariam aos próprios corpos que as haviam criado, por
extensão. A resposta à energia e à velocidade crescente de
nossos corpos prolongados gera sempre novas extensões.
Toda tecnologia cria novas tensões e necessidades nos seres
humanos que a criaram. A nova necessidade e a nova resposta tecnológica nascem do abrangimento da tecnologia já
existente — e assim por diante, num processo incessante.

As pessoas familiarizadas com os romances e peças teatrais de Samuel Beckett conhecem os ricos efeitos cômicos
que ele obtém com o tema da bicicleta. Para ele, ela representa um símbolo da mentalidade cartesiana, em sua relação acrobática de mente e corpo em equilíbrio instável.
Esta situação corre paralela à progressão linear que arremeda a própria forma da independência da ação, engenhosa
e objetiva. Para Beckett, o ser integral não é o acrobata
mas o palhaço. O acrobata age como um especialista, usando apenas um setor limitado de suas faculdades. O palhaço
é um homem integral que arremeda o acrobata numa mímica elaborada da incompetência. Beckett vê a bicicleta
como sinal e símbolo da futilidade especializada na atual
era da eletricidade, quando devemos interagir e reagir, utilizando todas as nossas faculdades de uma só vez.

Humpty-Dumpty, a personagem de Lewis Carrol, é o
exemplo mais familiar do palhaço inutilmente tentando imitar o acrobata. Apenas porque os cavalos e todos os homens
do Rei não conseguiram juntar as partes de Humpty-Dumpty, não se segue que a automação eletromagnética não con-
seguiria trazê-lo de volta, inteiro. De qualquer modo, ele
que era um ovo unificado e integral, nada tinha a fazer
em cima de um muro. Os muros são feitos de tijolos uniformemente fragmentados, fruto das especializações e das
burocracias. São os inimigos mortais dos seres integrais —
como os ovos. Humpty-Dumpty desafiou o muro — e o
resultado foi uma queda espetacular.

209

A canção de ninar também serve de comentário às consequências da queda de Humpty-Dumpty. Trata-se, aqui, de novo, dos cavalos e dos homens do Rei. Eles também são especializados e fragmentados. Não possuindo uma visão unificada do conjunto, são inúteis. Humpty-Dumpty é um exemplo claro do todo integral. A simples existência do muro já prenuncia a sua queda. Em *Finnegans Wake*, James Joyce entrelaça constantemente esses temas, e o próprio título do livro indica que, por mais que pareça "da idade da pedra", a era da eletricidade vai recuperando a unidade do espaço plástico e icônico — juntando de novo os pedaços de Humpty-Dumpty.

A roda do oleiro, como todas as tecnologias, foi a aceleração de um processo já existente. Depois que o nomadismo e a caça aos alimentos foram substituídos pelo sedentarismo da lavoura, aumentou a necessidade de armazenamento. As urnas tornaram-se necessárias para os mais diversos fins. Pelo cultivo da terra, os homens passaram a aplicar suas energias na mudança da forma das coisas. A mudança para a produção especializada de uma certa área criou a necessidade do comércio e do transporte. Antes de 5000 a. C., os trenós já eram usados para esse fim no Norte da Europa, precedidos por carregadores humanos e lombos de animais. A roda aplicada ao trenó foi uma aceleração dos pés, não das mãos. Com a aceleração dos pés surgiu a necessidade da estrada, assim como, com a extensão de nossas costas na forma da cadeira, surgiu a necessidade da mesa. A roda é um ablativo absoluto dos pés, como a cadeira é um ablativo absoluto das costas e do assento. Quando esses ablativos são introduzidos, alteram a sintaxe da sociedade. Não há *ceteris paribus* no mundo dos meios e da tecnologia. Toda extensão ou aceleração imediatamente introduz novas configurações na situação geral.

A roda fez a estrada e transportou mais depressa os produtos dos campos para os postos de troca. A aceleração criou centros cada vez maiores, aumentou a especialização, e com ela os incentivos, os dependentes e as agressões. E assim foi que o veículo de rodas logo fez a sua aparição como carro de combate, assim como o centro urbano, criado pela roda, logo se manifestou como um baluarte agressivo. Para explicar o grau crescente de criatividade e destrutividade humanas, bastaram a formação e a consolidação das aptidões especializadas em função da aceleração da roda.

Lewis Mumford chama a esta urbanização de "implosão", mas ela foi, na realidade, uma explosão. A roda e a estrada expressaram e incrementaram essa explosão, segundo o esquema radial, ou centro-margem, considerando que as cidades foram formadas pela fragmentação de esquemas pastoris. O centralismo depende da periferia acessível pela roda e pela estrada. As potências marítimas não assumem esta estrutura centro-margem, como não o fazem as culturas do deserto e da estepe. Hoje, com o jato e a eletricidade, o centralismo e o especialismo urbanos sofrem uma reversão no sentido da descentralização e da inter-relação das funções sociais em formas cada vez menos especializadas.

A roda e a estrada centralizam porque produzem uma aceleração que o navio não consegue. Mas além de um certo ponto, como acontece com o automóvel e o avião — a aceleração cria a descentralização em pleno centralismo antigo. Esta é a origem do caos urbano de nosso tempo. Levada além de uma certa intensidade de movimento, a roda deixa de funcionar como fator centralizador. Todas as formas elétricas possuem um efeito descentralizador, destoando das velhas estruturas mecânicas como uma gaita de foles numa sinfonia. É pena que o Sr. Mumford tenha escolhido o termo "implosão" para a explosão especializada das cidades. A "implosão" pertence à era da eletrônica, como pertenceu às culturas pré-históricas. Todas as sociedades primitivas são "implosivas", como o é a palavra falada. Mas "tecnologia é explicitação", como disse Lyman Bryson; a explicitação, como extensão especializada de funções, também é centralismo e explosão de funções — e não implosão, contração ou simultaneidade.

Um executivo de uma empresa de aviação, bem consciente do caráter implosivo do mundo aviatório, pediu a cada um dos executivos das companhias de aviação de todo o mundo uma pedra de cada uma das zonas onde as mesmas tivessem sedes e agências. Pretendia construir um pequeno monumento de seixos de todas as partes do mundo. Perguntado: "Prá que essa história?", respondeu que. graças à aviação, a gente podia ter contato, num único lugar, com todos os lugares do mundo. Com efeito, ele havia acertado no princípio mosaico ou icônico do contato simultâneo e da inter-relação, inerente à velocidade implosiva do avião. O mesmo princípio do mosaico implosivo é ainda mais típico do movimento da informação elétrica, sob todas as suas formas.

O centralismo e a extensão da energia da roda e da palavra falada às margens do império criam forças diretas e externas às quais nem todos estão dispostos a se submeter. Pois a implosão é a magia e o encantamento da tribo e da família, aos quais os homens de bom grado se submetem. Face à explicitação tecnológica, incluindo a da estrutura urbana centralista, alguns conseguem romper o círculo encantado da magia tribal. Mumford cita as palavras do filósofo chinês Mêncio, a esse propósito:

> Quando os homens são subjugados pela força, não o são em suas mentes — e apenas porque a sua própria força é insuficiente. Quando os homens são subjugados pela força da personalidade, de bom grado entregam seus corações — e realmente se submetem.

Como expressão das novas extensões especializadas do corpo, a reunião de pessoas e suprimentos em núcleos centrais, por força da roda e da estrada, passou a reclamar sempre novas extensões mútuas, numa ação de esponja — tomar e soltar — que aprisionou todas as estruturas urbanas de qualquer tempo e lugar. Observa Mumford: "Se interpreto corretamente os dados, as formas cooperativas da organização urbana foram solapadas e viciadas do exterior pelos mitos destrutivos e mortais... que obedeciam à expansão exorbitante da força física e da engenhosidade tecnológica." Para atingir essa força por extensão de seus próprios corpos, os homens pagaram com a explosão, em fragmentos explicitados, da unidade interna de seus próprios seres. Hoje, na era da implosão, estamos passando a antiga explosão de trás para diante, como num filme. Podemos observar os fragmentos do homem recompondo-se de novo, numa era que possui tanto poder destrutivo que utilizá-lo é coisa sem sentido, mesmo para os mais obtusos.

Os historiadores vêem as formas das grandes cidades do mundo antigo como manifestações de todas as facetas da personalidade humana. As instituições, arquitetônicas e administrativas, como extensões de nossos seres físicos, tendem inevitavelmente para semelhanças universais. O sistema nervoso central de uma cidade era a cidadela, que incluía o grande templo e o palácio do rei e estava investida das dimensões e da iconografia do poder e do prestígio. O alcance da expansão do poderio deste núcleo central dependia da sua capacidade de agir à distância. Até o aparecimento do alfabeto e do papiro, a cidade não podia alcançar muito longe com seu poder (V. o capítulo sôbre *Estradas e Estradas de Papel*). A rapidez de expansão da cidade antiga era diretamente proporcional à rapidez com que o homem especializado podia separar suas próprias funções internas no espaço e na arquitetura. Dizer que as cidades dos astecas e dos incas eram semelhantes às cidades européias significa apenas que as mesmas faculdades foram partilhadas e projetadas em ambas as regiões. A questão da influência física direta e da imitação, como que por difusão carece de importância.

20

A FOTOGRAFIA

O BORDEL SEM PAREDES

Uma fotografia de *A Catedral de São Pedro num Momento Histórico* serviu de ilustração para a capa da revista *Life*, de 14-6-1963. O que caracteriza de maneira peculiar a fotografia é o fato de ela apresentar momentos isolados no tempo. A ação de contínuo esquadrinhamento da câmara de TV não transmite um aspecto ou momento isolado, mas sim o contorno, o perfil icônico e a transparência. A arte egípcia, como a escultura primitiva de nossos dias, também nos fornecem um significativo delineamento que nada tem a ver com um momento no tempo. A escultura tende para o intemporal.

A consciência do poder de transformação da fotografia muitas vezes transparece nas estórias populares, como a da mulher que exclamou: "Mas que amor de criança!" — para ouvir da mãe a seguinte resposta: "A senhora tinha de ver uma fotografia dela." O poder da câmara fotográfica de estar em tôda parte e de inter-relacionar coisas vem bem indicado pela jactância da revista *Vogue* (15-3-1953), nestas linhas: "Hoje, sem precisar sair de seu país, uma mulher pode ter o que há de melhor no seu banheiro, proveniente de cinco (ou mais) nações diferentes — e tudo comparável ao requinte e ao sonho de um estadista." Eis por que, na era da fotografia, a moda se tornou algo como a colagem na pintura.

214

Há um século atrás, a mania inglesa pelo monóculo parecia dar ao usuário o poder de uma câmara que fixasse as pessoas com um olhar superior, como se elas fôssem coisas. Eric Von Stroheim se tornou famoso com o seu monóculo, ao criar a figura do altivo oficial prussiano. Tanto o monóculo como a câmara fotográfica tendem a transformar as pessoas em coisas; a fotografia estende e multiplica a imagem humana em proporções de mercadoria produzida em massa. Os astros e estrelas de cinema e os ídolos nas matinês são levados ao domínio público pela fotografia. Eles se tornam sonhos que o dinheiro pode comprar; podem ser comprados, abraçados e apontados mais facilmente do que mulheres públicas. Pelo seu aspecto de prostituição, os bens produzidos em massa sempre preocupam algumas pessoas. A peça de Jean Genet, *O Balcão*, apresenta a sociedade como um bordel cercado de violência e horror. Face ao caos da revolução, ergue-se o ávido desejo da Humanidade em prostituir-se. O bordel resiste em meio às mais violentas mudanças. Numa palavra, a fotografia inspirou Genet em seu tema do mundo como um bordel, pois a fotografia é um Bordel Sem Paredes.

Ninguém pode desfrutar uma fotografia solitariamente. Ao ler e escrever, pode-se ter a ilusão de isolamento, mas a fotografia não favorece uma tal disposição. Se há qualquer razão em deplorar o aparecimento de formas artísticas coletivas e corporativas, como a imprensa e o cinema, sem dúvida ela está relacionada ao fato de essas formas novas desgastarem as tecnologias individuais anteriores. Mas se não tivesse havido a impressão, e as gravuras em metal e madeira, a fotografia não teria aparecido. Durante séculos as gravuras em madeira e metal haviam dado configuração ao mundo por uma disposição especial de linhas e pontos que possuía uma sintaxe extraordinariamente elaborada. Muitos historiadores dessa sintaxe visual, tais como E. H. Gombrich e William M. Ivins, tiveram grandes dificuldades para explicar como a arte do manuscrito impregnara a arte da gravura até que, pelo processo do meio-tom, os pontos e linhas subitamente caíram abaixo do limiar da visão normal. A sintaxe ou rede da racionalidade desapareceu das últimas

215

gravuras, tal como tendia a desaparecer da mensagem telegráfica e da pintura impressionista. Com o pontilhismo de Seurat, finalmente, o mundo apareceu *através* da pintura. A orientação do ponto de vista sintático *imposto de fora* à pintura chegou ao fim como forma literária nas manchetes de jornais, por via do telégrafo. Do mesmo modo, com a fotografia, os homens descobriram como fazer reportagem visual sem sintaxe.

Foi em 1839 que William Henry Fox Talbot, perante a Sociedade Real, procedeu à leitura de sua comunicação intitulada *Notas Sobre a Arte do Desenho Fotogênico, ou processo pelo qual os Objetos Naturais podem ser delineados sem a ajuda do lápis do artista*. Ele tinha plena consciência de que a fotografia era uma espécie de automação que eliminava os procedimentos sintáticos da pena e do lápis. Mas provavelmente não tinha tanta consciência de haver alinhado o mundo pictórico com os processos industriais. A fotografia refletia automàticamente o mundo externo, fornecendo uma imagem visual exata e repetível. Foi esta qualidade suprema da uniformidade e da repetibilidade que produziu a ruptura gutenberguiana entre a Idade Média e a Renascença. A fotografia teve um papel quase semelhante na ruptura entre o industrialismo meramente mecânico e a era gráfica do homem eletrônico. O passo da era do Homem Tipográfico para a era do Homem Gráfico foi dado com a invenção da fotografia. Tanto os daguerreótipos como as fotografias introduziram a luz e a química no processo de elaboração e fabricação. Os objetos naturais se delineavam sozinhos por uma exposição intensificada pelas lentes e fixada por produtos químicos. No processo do daguerreótipo, notava-se a mesma granulação de pontos minúsculos que depois encontrariam eco no *pontilhismo* de Seurat e que ainda hoje pode ser observada na trama de pontos da *radiofoto* dos jornais. Um ano após a descoberta de Daguerre, Samuel F. B. Morse já estava tirando fotografias de sua mulher e da sua filha na cidade de Nova Iorque. Pontos para o ôlho (fotografia) e pontos para o ouvido (telégrafo) encontraram-se assim no alto de um arranha--céu.

Um outro cruzamento ocorreu com a invenção de Talbot, a fotografia, que ele concebia como uma extensão da *câmera obscura*, ou figuras no "quartinho escuro", como os italianos denominavam a caixa de imagens de brinquedo do século XVI. Ao mesmo tempo em que se chegava à escrita mecânica através dos tipos móveis, ganhava corpo o passatempo de olhar imagens móveis projetadas na parede de uma sala escura. Bastam luz na parte externa e um furo numa parede para que as imagens do mundo exterior se projetem numa parede oposta. Esta nova descoberta fascinou os pintores, pois intensificava a nova ilusão da perspectiva e da terceira dimensão, intimamente relacionadas à palavra impressa. Mas os primeiros espectadores da imagem móvel, no século XVI, viam-nas de cabeça para baixo. Introduziram-se as lentes — e as figuras apareceram na posição normal. Nossa visão normal também é de cabeça para baixo. Fisicamente, aprendemos a endireitar a imagem visual do mundo traduzindo a impressão retínica do visual para o tátil e o cinético. Aparentemente, a posição normal é algo que podemos sentir, mas não podemos ver diretamente.

Para o estudioso dos meios, o fato de a visão normal consistir na tradução de um sentido para outro é uma indicação útil sobre as formas de atividade de distorção e tradução a que somos levados por qualquer forma de linguagem ou cultura. Nada diverte mais o esquimó do que ver o homem branco torcer o pescoço para ver as fotos de uma revista pregadas nas paredes do iglu. Isto porque o esquimó, tal como a criança antes de aprender a ler *em linha*, não tem necessidade de ver as figuras em posição normal. Sem dúvida é digno de consideração o fato de os ocidentais se intrigarem com o fenômeno de os nativos terem de aprender a ler fotografias como nós aprendemos a ler palavras. A distorção tendenciosa da vida de nossos sentidos por obra da tecnologia parece ser um fato que preferimos ignorar em nossas vidas diárias. As provas de que os nativos não percebem em perspectiva e nem em terceira dimensão parecem ameaçar a imagem do ego e da estrutura ocidental, como muitos descobrirão depois de uma viagem

217

aos Laboratórios de Percepção Ames, da Universidade do Estado de Ohio. Este laboratório é montado para revelar as várias ilusões que, criamos para nós mesmos naquilo que consideramos ser a percepção visual "normal".

Torna-se claro que aceitamos essa distorção e essa obliqüidade de modo subliminar através da maior parte da história humana. E porque já não nos contentamos em deixar nossas experiências em tal estado subliminar e porque muita gente já começa a ter consciência do inconsciente — são questões que convidam à investigação. As pessoas de hoje em dia passam a interessar-se muito mais em pôr suas casas em ordem — um processo de autoconscientização que recebeu um grande impulso graças à fotografia.

William Henry Fox Talbot, deliciando-se num cenário suíço, começou a refletir sôbre a *câmera obscura* e se pôs a escrever que "foi durante esses pensamentos que me ocorreu a idéia... de como seria encantador se se pudesse imprimir essas imagens naturais de maneira durável, fixas no papel!". No Renascimento, a imprensa inspirara um desejo semelhante de dar caráter permanente às nossas experiências e sentimentos diários.

O método que Talbot concebeu foi o de imprimir positivos, quimicamente, a partir de negativos, de modo a obter imagens exatas e repetitíveis. Removeu-se, desta forma, o entrave que dificultava os botânicos gregos e os seus sucessores. Desde as suas origens, a maior parte das ciências via-se impedida de progredir pela falta de um adequado meio não-verbal de transmitir informação. Hoje, até a física subatômica não poderia desenvolver-se sem a fotografia. O *New York Times* dominical, de 15-6-1958, registrava:

O método microforético pode localizar um mílio-bilionésimo de grama — declara um desenhista industrial de Londres.

Amostras de substâncias pesando menos do que um mílio-milionésimo de grama podem agora ser analisadas graças a um novo microscópio técnico britânico. Este é o "método microforético", de Bernard M. Turner, analista bioquímico e desenhista industrial londrino. Pode ser aplicado ao estudo das células do cérebro e do sistema nervoso à duplicação celular, inclusive a do tecido canceroso do cérebro e acredita-se que prestará valiosa ajuda nas análises da poluição atmosférica pela poeira...

Correntes elétricas atraem ou repelem os diversos componentes da amostra para zonas onde possam ser normalmente visíveis.

Mas dizer que a "câmara não pode mentir" é simplesmente sublinhar as múltiplas ilusões que ora se praticam em seu nome. Na verdade, o mundo do cinema, que foi preparado pela fotografia, tornou-se sinônimo de ilusão e fantasia, transformando a sociedade no que Joyce chamou de "notibercário de noticiário", substituindo o mundo correto da realidade pela realidade do carretel de películas. Joyce, mais do que ninguém, sabia dos efeitos da fotografia sobre os nossos sentidos, nossa linguagem e nossos processos mentais. *Aniilamento do étimo* foi o seu veredicto sobre a "escrita automática", como ele chamava a fotografia. Via a fotografia como um rival, e, mesmo, um usurpador da palavra, falada ou escrita. Mas se o étimo (etimologia) é o coração, o cerne e a substância daquelas coisas que apreendemos com as palavras, Joyce pode querer significar que a foto era uma nova criação a partir de nada (*a-nihil*), ou mesmo a redução da criação a um negativo fotográfico. Se, de fato, há um terrível niilismo na fotografia e a substituição da substância por sombras, nada perdemos em sabê-lo. A tecnologia da fotografia é uma extensão de nosso próprio ser e pode ser retirada da circulação como qualquer outra tecnologia, se chegarmos à conclusão de que ela é nociva. Mas a mutilação dessas *extensões* do nosso ser físico requer tanto conhecimento e perícia quanto uma amputação física.

Se o alfabeto fonético for um meio técnico de *seccionar* a palavra falada de seus aspectos sonoros e gestuais, a fotografia e seu desenvolvimento no cinema *restauraram* o gesto na tecnologia humana de registro da experiência. De fato, os instantâneos dos gestos humanos chamaram a atenção para o mundo dos gestos físicos e psíquicos, mais do que anteriormente. Freud e Jung elaboraram suas observações com base na interpretação das linguagens gestuais individuais e coletivas, seja nos sonhos, seja nos atos da vida de todos os dias. A era da fotografia tornou-se a era do gesto, da mímica e da dança — e supera nisso todas as demais.

As *gestalts* físicas e psíquicas, ou instantâneos — matéria--prima de Freud e Jung — devem muito ao mundo dos gestos tal como foi revelado pela fotografia. A fotografia é igualmente útil para as posturas, atitudes e gestos individuais e coletivos, enquanto que a linguagem escrita e impressa tende a favorecer as atitudes individuais e particulares. Assim, as tradicionais figuras de retórica fixavam atitudes mentais individuais do orador particular em relação à audiência, enquanto que os mitos e arquétipos junguianos são atitudes mentais coletivas, que repelem a forma escrita, como a repelem a mímica e a dança. Que a fotografia seja bastante versátil na revelação e fixação de estruturas e gestos mostram-no inúmeros exemplos, tal como o da análise do vôo dos pássaros. Foi a fotografia que revelou o segredo do vôo dos pássaros e ajudou o homem a alçar vôo. Mostrando um momento do vôo, mostrou que êle se baseava no princípio da fixidez da asa. O movimento da asa se destinava à propulsão e não ao vôo.

Mas a maior revolução introduzida pela fotografia foi, talvez, a observada no mundo das artes tradicionais. O pintor já não podia pintar um mundo fotografado em demasia. Dedicou-se, pois, à revelação do processo interno da criatividade, no expressionismo e na arte abstrata. O escritor também já não podia descrever objetos e acontecimentos para os seus leitores, já informados pela fotografia, pela imprensa, pelo cinema e pelo rádio. O poeta e o romancista voltaram-se para os gestos interiores da mente — que nos fornecem a introvisão e com os quais elaboramos nosso mundo e nós mesmos. A arte se deslocou da descrição para a fazimento interno. Em lugar de pintar um mundo correspondente ao já conhecido, os artistas dedicaram-se à apresentação do processo criativo destinado à participação pública. Forneceram-nos os meios de nos envolvermos no processo do fazer. Cada desenvolvimento da era elétrica provoca e exige um elevado grau de orientação produtora. A era do consumidor de bens processados e embalados já não pertence à era da eletricidade, mas à era mecânica que a precedeu. Mas, inevitàvelmente, ambas se entrelaçam, como podemos observar claramente no motor de combustão interna, que exige a centelha elétrica para provocar a explosão que faz mover os cilindros. O telégrafo é uma forma elétrica; cruzado com a impressão e as rotativas, produz o jornal moderno. A fotografia não é uma máquina, mas um processo químico e luminoso; cruzado com a máquina, produz o cinema. Há um vigor e uma violência nessas formas híbridas que as tornam como que autodestrutivas. Já no rádio e na televisão — formas puramente elétricas, das quais o princípio mecânico foi excluído — observa-se uma relação inteiramente nova entre os meios e seus usuários. É uma relação de alta participação e envolvimento; para o bem e para o mal, o mecanismo dela se vê excluído.

Idealmente, a educação é uma defesa civil contra as cinzas radioativas dos meios de massa. Mas até hoje o homem ocidental não se educou nem se equipou para enfrentar os meios com suas próprias armas. O homem ocidental não só se mostra entorpecido e vago em presença do cinema ou da fotografia, como ainda agrava a sua inépcia através de uma condescendência e de uma arrogância defensiva despropositais em relação à "cultura popular" e às "diversões de massa". Foi com esse mesmo espírito de paquidérmica espessura que os filósofos escolásticos fracassaram no desafio ao livro impresso, no século XVI. Os interesses investidos no conhecimento adquirido e na sabedoria convencional sempre foram superados e engolfados pelos novos meios. Seja para efeitos de conservação como para efeitos de mudança, o estudo dêste processo, no entanto, mal se iniciou. A noção de que o interesse próprio aguça o olho no reconhecimento e controle dos processos de mudança carece de base, como o demonstra a indústria automobilística. Aqui vemos um mundo de obsoletismo tão condenado à lenta erosão como o foram as empresas fabricantes de caleças e carruagens, em 1915. Será que a General Motors, por exemplo, sequer suspeita dos efeitos das imagens da televisão sobre os possuidores de carro? As empresas jornalísticas também vão sendo minadas pela imagem da TV e pelos seus efeitos sobre o ícone publicitário. O significado do novo ícone publicitário ainda não foi apreendido por aqueles que, sob o seu influxo, arriscam perder tudo. O mesmo se pode dizer da indústria cinematográfica em geral. Essas empresas não são "alfabetizadas" senão em relação às linguagens de seus próprios meios e por isso são apanhadas desprevenidas pelas surpreendentes mudanças que resultam dos cruzamentos e hibridizações dos meios.

Os estudiosos das estruturas dos meios devem observar que cada pormenor do mosaico total do mundo contemporâneo é rico de significados. Em 15-3-1953, a revista *Vogue* já anunciava um novo híbrido, resultante do cruzamento entre a fotografia e a viagem aérea:

> O primeiro número de Moda Internacional de *Vogue* marca um novo tento. É um número que não poderia ter sido feito antes. A moda só tirou a sua carteira internacional há pouco tempo. Pela primeira vez podemos levar às leitoras, neste número, uma reportagem sobre as coleções de alta costura em cinco países diferentes.

As qualidades deste texto publicitário, minério que apresenta um alto teor aurífero no laboratório do analista dos meios, só podem ser apreciadas devidamente pelas pessoas treinadas na linguagem da visão e das artes plásticas em geral. O redator tem de ser um verdadeiro artista de *strip-tease* para sentir imediatamente o estado de espírito de seu público. Esta é também a atitude do escritor popular e do letrista de canções. Isto significa que qualquer escritor ou artista de larga aceitação popular corporifica e revela um conjunto de atitudes correntes que podem ser conceituadas pelo analista. "Você lê o que eu escrevo, Zé?". Mas o significado das palavras do redator do *Vogue* se perderia, se o texto fosse analisado meramente segundo critérios literários ou editoriais, assim como o texto de um anúncio ilustrado não deve ser tido por um pronunciamento literário, e sim como uma mímica da psicopatologia da vida diária. Na era da fotografia, a linguagem adquire um caráter gráfico ou icônico, cujo "significado" tem pouco que ver com o universo semântico — e nada com a república das letras.

Se abrirmos um exemplar da revista *Life*, 1938, as fotos ou os gestos então considerados normais hoje nos transmitem a sensação de um tempo mais remoto do que objetos de antigüidade. Hoje, as criancinhas ligam a expressão "nos velhos tempos" aos chapéus e galochas de ontem, tão perfeitamente estão elas em sintonia com as abruptas mudanças sazonais das atitudes visuais do mundo da moda. Mas a experiência básica refere-se ao que sente a maior parte das pessoas em relação ao jornal do dia anterior: nada pode estar mais fora de moda do que ele. Os músicos de *jazz* experimentam o seu desgosto pelo *jazz* gravado com a frase: "Está tão "passado" quanto o jornal de ontem."

Talvez que este seja o meio mais imediato de apreender o significado da fotografia enquanto criadora de um mundo em acelerado ímpeto de transição. A nossa relação com o "jornal de hoje" ou o *jazz* verbal e direto, é a mesma que se produz em relação à moda. A moda não é um modo de se estar informado ou de ter conhecimento, mas um modo de *estar com*. E isto nos chama a atenção para o aspecto negativo da fotografia. Positivamente, o efeito da aceleração da seqüência temporal é o de abolir o tempo, assim como o telégrafo e o cabo submarino aboliram o espaço. Sem dúvida, a fotografia faz ambas as coisas. Elimina as fronteiras nacionais e barreiras culturais, envolvendo-nos na *Família do Homem*, * sem qualquer ponto de vista particular. Uma fotografia de um grupo de pessoas de qualquer cor é uma fotografia de gente e não de "gente de cor". Esta é a lógica da fotografia, politicamente falando. Mas a lógica da fotografia não é verbal nem sintática; é esta condição que torna a cultura literária incapaz de entender a fotografia. Pela mesma razão, a completa transformação da consciência dos sentidos humanos por obra da forma fotográfica implica no desenvolvimento de uma autoconsciência que altera a expressão facial e as máscaras cosméticas de modo tão imediato quanto altera nossas posturas corporais, em público ou particularmente. Isto pode ser observado em qualquer revista ou filme de há uns quinze anos atrás. E não é exagerado dizer, pois, que a fotografia

---

* Famoso álbum de fotografias, com obras de profissionais de renome internacional, executado em fins da década de 1950, sob o patrocínio da UNESCO. (N. do T.)

altera tanto as nossas atitudes externas quanto as nossas atitudes e o nosso diálogo interno. A idade de Jung e Freud é, acima de tudo, a idade da fotografia, a idade de todos os matizes das atitudes autocríticas.

Este imenso enxaguamento das nossas vidas interiores, motivado pela nova cultura da *gestalt* fotográfica encontra paralelos óbvios em nossas tentativas de reordenar nossas casas, jardins e cidades. Basta ver a foto de uma favela para que ela se torne intolerável. A mera equivalência da foto com a realidade já fornece um novo motivo para mudanças — como novos motivos para viagens.

Daniel Boorstin, em *A Imagem: ou O que Aconteceu ao Sonho Americano*, oferece-nos um giro *literário* pelo novo mundo fotográfico da viagem. Basta encarar o novo turismo de uma perspectiva literária para descobrir que ele não faz sentido algum. Para o homem letrado que leu sôbre a Europa, em antecipação de uma viagem, há um anúncio que diz: "Você está a apenas quinze refinadíssimas refeições da Europa, pelo navio mais rápido do mundo" — e que lhe parece grosseiro e repugnante. A publicidade de viagens por via aérea é ainda pior: "Jantar em Nova Iorque, indigestão em Paris." A fotografia inverteu os escopos da viagem, que antes visavam ao encontro com o estranho, o pitoresco e o não-familiar. Nos inícios do século XVII, Descartes observava que viajar era quase conversar com homens de outros países — um ponto de vista pouco comum antes de seu tempo. Para os que apreciam experiências singulares desse tipo, necessário se faz que retornem muitos séculos atrás, pelos roteiros da Arte e da Arqueologia. O Professor Boorstin parece sentir-se infeliz com o fato de tantos americanos viajarem tanto — e mudarem tão pouco. Ele acha que a experiência da viagem se transformou em algo "diluído, forçado, pré-fabricado". Não se preocupa em saber por que a fotografia causou esta mudança. Do mesmo modo, muita gente inteligente do passado deplorou o fato de o livro se haver tornado um substituto da indagação, da conversação e da reflexão, sem que se tenha dado ao trabalho de refletir sobre a natureza do livro impresso. O leitor de livros sempre tendeu a ser passivo, porque este é o melhor modo de ler. Hoje, o viajante se tornou passivo. Um *travelerscheck*, um passaporte e uma escova de dentes — e o mundo vira uma ostra. A estrada pavimentada, a ferrovia e o navio a vapor eliminaram todo o *trabalho* da viagem. Movidas pelos caprichos mais tolos, as pessoas agora se amontoam nos logradouros estrangeiros, porque viajar, hoje, difere muito pouco de uma ida ao cinema ou uma olhada numa revista. A fórmula das agências de viagem, "Viaje agora, pague depois", podia bem ser mudada para "Viaje agora, chegue mais tarde", já que as pessoas que por ela se orientam nunca saem dos caminhos batidos de sua falta de percepção, nem, em verdade, chegam a lugar algum. Xangai, Berlim ou Veneza podem estar nos "pacotes" de seu guia turístico: elas não os abrirão. Em 1961, a TWA começou a exibir filmes a bordo, em seus vôos transatlânticos, a fim de que os passageiros pudessem visitar Portugal, Califórnia, ou outro lugar qualquer — quando em viagem para a Holanda... Dessa forma, o mundo virou uma espécie de museu de objetos que já encontramos alguma vez, em outro meio. É sabido que mesmo os curadores de museus muitas vezes preferem reproduções coloridas em lugar dos objetos originais em suas embalagens próprias. Assim também, o turista que chega diante da Torre de Pisa ou do Grand Canyon, no Arizona, não faz mais do que conferir suas reações ante algo com que já está há muito familiarizado — além de bater algumas fotos...

Lamentar que a viagem turística "em pacote" — como a fotografia — barateie e degrade tudo, ao tornar tudo acessível, é perder o melhor do jogo. É emitir julgamentos de valor a partir do ponto de referência fixo que caracteriza a perspectiva fragmentária da cultura letrada. É a mesma posição de quem considera uma paisagem literária superior a um filme turístico. Para a consciência despreparada, todas as leituras, todos os filmes e todas as viagens são experiências banais e de poucos frutos. Mas a dificuldade de acesso nunca conferiu agudeza de percepção, embora possa envolver o objeto numa aura de pseudovalores — como acontece com uma pedra preciosa, uma estrela de cinema ou um velho mestre. Isto nos leva ao centro do problema do "pseudo-evento", etiqueta aplicada aos novos meios em geral, graças ao poder que manifestam em dar nova estrutura às nossas vidas pela aceleração das velhas estruturas. É necessário lembrar que essa mesma força insidiosa já uma vez se manifestou em relação aos *velhos* meios, incluindo as línguas. Todos os meios existem para conferir às nossas vidas uma percepção artificial e valores arbitrários.

Todos os sentidos se alteram com a aceleração, porque todos os padrões da interdependência pessoal e política se alteram com a aceleração da informação. Alguns sentem agudamente que a aceleração empobreceu o mundo que conheciam, alterando suas formas de interassociação humana. Não há nada de novo ou estranho na preferência bairrista por aqueles pseudo-eventos que entram na composição da sociedade antes da revolução elétrica operada neste século. O estudioso dos meios logo verá que os novos meios de qualquer período não tardam em ser classificados como *pseudo*, por aqueles que viviam em função dos padrões de meios anteriores — quaisquer que tenham sido. O que pareceria indicar um traço normal e até amistoso, no sentido de assegurar um máximo grau de continuidade e de permanência social em meio à mudança e à inovação. Mas nem todo o conservadorismo do mundo consegue opor sequer uma resistência simbólica à nova lufada ecológica dos meios elétricos. Numa auto-estrada em movimento, o veículo que reduz a marcha está acelerando em relação à situação geral da estrada. Esta parece ser a situação irônica da cultura reacionária. Quando há uma tendência numa certa direção, a resistência a ela assegura maior velocidade à mudança. O contrôle da mudança consistiria antes em avançar do que em acompanhá-la. A antecipação confere o poder de desviar e controlar a força. Assim, podemos nos sentir como o homem que foi arrastado de seu buraco na cerca favorito, de onde costumava assistir ao jôgo, por uma turba fanática de admiradores entusiasmados pela chegada de uma estrêla de cinema. Nem podemos chegar a nos acomodar para observar um acontecimento, e este logo se vê superado por outro — assim como a nossa vida ocidental não parece senão uma longa série de *preparações para viver*, aos olhos das culturas pré-letradas. Mas a postura favorita do homem letrado sempre foi a de "encarar com alarme" ou "apontar com orgulho" — e sempre ignorando, escrupulosamente, o que se estava passando realmente.

Uma grande área de influência fotográfica que afeta nossas vidas é o mundo das embalagens e dos *displays* publicitários, bem como a organização das lojas e magazines em geral. Podendo anunciar tôda espécie de produtos numa única página, o jornal logo inspirou o surgimento dos magazines de departamentos, que oferecem tôda espécie de produtos numa única instalação. Hoje, a descentralização dessas instituições numa multiplicação de lojas que se reúnem num *shopping center*, resulta em parte da introdução do carro, em parte do aparecimento da TV. Mas o fotografia ainda exerce uma certa pressão centralizadora nos catálogos de mala-direta. As casas que trabalhavam por mala-direta ou reembolso sofreram no início as pressões das forças centralizadoras da ferrovia e dos correios, bem como, simultâneamente, das forças descentralizadoras do telégrafo. A empresa Sears Roebuck deve a sua existência diretamente ao uso do telégrafo pelo agente da estação; notando o desperdício dos produtos nos desvios ferroviários, aqueles comerciantes perceberam que podiam acabar com isso utilizando o telégrafo para reencaminhá-los e concentrá-los.

Além da fotografia que comparece nas peças publicitárias genericamente incluídas sob o rótulo de *merchandising* (encartes, ampliações, cupons etc.), a complexa rede dos meios pode ser bem caracterizada no mundo dos esportes. Num dos casos, o fotógrafo de jornal contribuiu para mudanças radicais no jogo de futebol americano. Uma foto de jornal mostrando jogadores contundidos, por ocasião do jôgo entre Pensilvânia e Swarthmore, em 1905, chamou a atenção do Presidente Teddy Roosevelt. Ficou tão irado ante a foto do desfigurado Bob Maxwell, jogador do Swarthmore, que fêz expedir imediatamente um ultimato: se o jogo bruto continuasse, ele aboliria a prática dêsse esporte por decreto presidencial. O efeito foi o mesmo obtido por Russel, com seus pungentes despachos telegráficos da Criméia, que criaram a imagem e o papel de Florence Nightingale.

Não menos drásticos foram os efeitos das fotos de jornal que faziam cobertura da vida dos ricos. O "consumo conspícuo" é menos uma criação da Veblen do que do repórter fotográfico, que começou a penetrar nos locais de entretenimento dos milionários. A visão de homens a cavalo ordenando bebidas nos bares dos clubes imediatamente causou uma indignação popular, que obrigou os ricos da América a um comportamento mais apagado e, até, medíocre — e que até hoje não mais abandonaram. A fotografia tornou desaconselhável a exibição externa da riqueza, pois ela denunciava como autodestrutivas as dimensões ostensivas do poder. De outro lado, a fase cinematográfica da fotografia criou uma nova aristocracia de atores e atrizes, que acentuavam, na tela e fora dela, a fantasia de um consumo conspícuo que os ricos não podiam alcançar. O cinema veio demonstrar o poder mágico da fotografia ao apresentar a todas as Cinderelas do mundo um reino consumista de dimensões plutocráticas.

Minha obra, *A Galáxia de Gutenberg*, fornece o necessário pano de fundo para o estudo da rápida ascensão dos novos valores visuais, em virtude do advento da imprensa de tipos móveis. "Um lugar para cada coisa e cada coisa em seu lugar" não é apenas um programa para o tipógrafo dispor suas fontes de tipos, mas um programa de largo âmbito para a organização do conhecimento e da ação, a partir do século XVI. Mesmo a vida interior dos sentimentos e das emoções começou a ser estruturado, ordenado e analisado como paisagens pictóricas isoladas, como Cristopher Hussey explicou em seu fascinante estudo *The Picturesque* ("O Mundo Pictórico"). Mais de um século separa esta análise pictórica da vida interior da descoberta da fotografia por Talbot, em 1839. Acentuando o delineamento pictórico dos objetos naturais mais do que o poderiam fazer a pintura ou a língua, a fotografia teve um efeito *inverso*. Fornecendo um meio de autodelineamento dos objetos, ou de uma "formulação sem sintaxe", a fotografia deu impulso ao delineamento do mundo interior. A formulação sem sintaxe ou verbalização era, em verdade, uma formulação por meio de gestos, de mímica e de *gestalts*. Esta nova dimensão abriu à indagação humana de poetas como Baudelaire e Rimbaud *le paysage intérieur*, ou os campos da mente. Poetas e pintores invadiram o mundo da paisagem interior bem antes que Freud e Jung, com suas câmaras e cadernos de notas, buscassem captar os estados mentais. Mais espetacularmente ainda, Claude Bernard, em sua *Introdução ao Estudo da Medicina Experimental*, introduziu a Ciência no *milieu interieur* do corpo, exatamente quando os poetas faziam o mesmo para a vida da percepção e dos sentimentos.

É importante notar que este derradeiro estágio de pictorialização constituiu-se numa reversão de estruturas. O mundo do corpo e do espírito observado por Baudelaire e Bernard não era um mundo fotográfico, mas um conjunto não-visual de relações, tal como o físico, por exemplo, encontra, graças à nova matemática e à Estatística. Pode-se dizer que a fotografia também chamou a atenção para o mundo infravisual das bactérias, o que fez com que Louis Pasteur fosse proibido da prática da Medicina por seus colegas indignados. Assim como o pintor Samuel Morse sem querer se projetou no mundo não-visual do telégrafo, assim a fotografia de fato transcende o pictórico para captar os gestos e atitudes internas tanto do corpo como do espírito, liberando os mundos da endocrinologia e da psicopatologia.

Sem apreender as suas relações com os outros meios, velhos e novos, é impossível compreender o meio da fotografia. Como extensões que são de nossos sistemas físico e nervoso, os meios constituem um mundo de interações bioquímicas que sempre busca um novo equilíbrio quando ocorre uma nova extensão. Na América, as pessoas toleram as suas imagens no espelho ou numa foto, mas sentem-se incomodadas pelo som gravado de suas próprias vozes. Os mundos visual e da fotografia são áreas de anestesia que conferem segurança.

21

A IMPRENSA

GOVERNO POR INDISCRIÇÃO JORNALÍSTICA

A manchete de um despacho da Associated Press
(25-2-1963) dizia:

SUCESSO DE KENNEDY: A IMPRENSA É CULPADA
*"Kennedy sabe manejar as notícias de maneira
audaz, cínica e sutil"* — declara Krock.

Uma outra citação de Arthur Krock diz que "o encargo maior
ainda recai sobre o processo impresso e eletrônico". O que
equivale a dizer que "a culpa cabe à História". Mas são as
próprias conseqüências instantâneas da informação eletricamente transmitida que tornam necessária uma deliberada
objetivação artística na distribuição e manejamento das notícias. Na diplomacia, a mesma velocidade elétrica faz com
que muitas decisões sejam anunciadas antes de expressamen-
te formuladas, a fim de assegurar previamente as diversas
respostas que possam ocorrer quando as decisões forem
realmente tomadas. Este procedimento, inevitável na era
da velocidade elétrica, que faz com que tôda a sociedade
se envolva no processo da tomada de decisões, choca os
velhos homens da imprensa porque elimina qualquer ponto
de vista definitivo. Na medida em que aumenta a velocidade
da informação, a tendência política é a de afastar-se da representação e delegação de poderes em direção ao envolvi-

mento imediato de toda a comunidade nos atos centrais de decisão. Velocidade mais lentas da informação tornam imperativas a representação e a delegação. Associados a essa delegação vêm os pontos de vista dos diferentes setores da opinião pública, que devem manifestar-se para serem levados à consideração do resto da comunidade. Quando se introduz a velocidade elétrica nessa organização mandatária e representacional, esta obsoleta organização somente pode sobreviver em função de uma série de subterfúgios e artifícios, que provocam a indignação de muitos observadores que consideram esses recursos como traições soezes aos objetivos e propósitos originais das formas estabelecidas.

O tema maciço da imprensa só pode ser examinado por contato direto com as estruturas formais do meio em questão. E é necessário declarar, de vez, que o "interesse humano" é um termo técnico que designa o que é que acontece quando as muitas páginas de um livro ou os múltiplos itens informacionais são dispostos em mosaico numa página. O livro é uma forma privada e confessional que induz ao "ponto de vista". O jornal é uma forma confessional de grupo que induz à participação comunitária. Ele pode dar uma "coloração" aos acontecimentos, utilizando-os ou deixando de utilizá-los. Mas é a exposição comunitária diária de múltiplos itens em justaposição que confere ao jornal a sua complexa dimensão de interesse humano.

A forma do livro não é um mosaico comunal ou uma imagem corporativa, mas uma voz particular. Um dos efeitos inesperados da TV sôbre a imprensa foi o grande aumento de popularidade das revistas *Time* e *Newsweek*. De maneira inexplicável para elas próprias e sem maior esfôrço de granjear assinaturas, suas circulações mais do que dobraram desde o advento da TV. Antes de mais nada, essas revistas noticiosas apresentam, sob forma em mosaico, imagens corporativas da sociedade em ação — e não simplesmente janelas para o mundo, como as velhas revistas ilustradas. Enquanto o espectador de uma revista ilustrada é passivo, o leitor de uma revista noticiosa se envolve na formação de significados para a imagem corporativa da sociedade. Assim o hábito televisivo de envolver-se em imagens em mosaico aumentou enormemente o apelo dessas revistas noticiosas, ao mesmo tempo em que fazia diminuir a atração pelas velhas revistas de . temas, ilustradas.

Mas tanto o livro como o jornal são confessionais quanto ao caráter, criando o efeito de *estória interior* pela sua simples forma, descartado o conteúdo. Assim como a página do livro apresenta a estória interior das aventuras mentais do autor, a página do jornal apresenta a estória interna da comunidade em ação e interação. É por esta razão que a imprensa parece estar desempenhando mais fielmente seu papel justamente quando apresenta o lado sujo das coisas. Notícia é sempre má notícia — má notícia *a respeito de* alguém ou *para* alguém. Em 1962, quando Mineápolis ficou meses sem jornal, o chefe de polícia declarou: "Claro, sinto falta de notícias; mas no que se refere à minha tarefa, espero que os jornais não voltem mais a circular: há menos crimes quando os jornais não se põem a circular idéias."

Mesmo antes da aceleração produzida pelo telégrafo, o jornal do século XIX já havia desenvolvido bastante a sua forma em mosaico. As impressoras rotativas a vapor surgiram décadas antes da eletricidade, mas a composição manual mostrou-se superior a qualquer outro meio mecânico até o desenvolvimento do linotipo, por volta de 1890. Com o linotipo, a imprensa pôde adequar melhor sua forma à captação da notícia por meio do telégrafo e à impressão das notícias pelas rotativas. É típico e significante que a resposta do linotipo à lentidão longeva da composição manual não tenha vindo das pessoas diretamente envolvidas no problema. Fortunas tinham sido gastas em vão para a invenção de máquinas componedoras, até que James Clephane, quando procurava reproduzir as notas taquigráficas, encontrou um meio de combinar a máquina de escrever com o componedor. *Foi a máquina de escrever* que resolveu um problema completamente diferente, o da *composição*. Hoje, tanto a publicação do livro como a do jornal dependem da máquina de escrever.

A aceleração da captação e edição da informação naturalmente criou novas formas de disposição do material para os leitores. Já em 1830, o poeta francês Lamartine dissera: "O livro chegou muito tarde" — chamando a atenção para o fato de que o livro e o jornal são formas inteiramente diferentes. Basta tornar mais lenta a composição e a captação da notícia para que ocorra uma mudança não apenas na aparência física da imprensa, mas também no estilo redacional dos que escrevem para ela. A primeira grande mudança no estilo ocorreu no início do século XVIII, quando os famosos jornais *Tatler* e *Spectator*, de Adison e Steele, descobriram uma nova técnica de redação que respondia à forma da palavra impressa. Foi a técnica do *equitom*, ou do tom único. Consistia ela em manter sempre o mesmo tom e a mesma atitude ante o leitor em toda a composição. Com esta descoberta, Adison e Steele alinharam o discurso escrito com a palavra impressa, apartando-o da variedade de tom e altura da palavra falada e mesmo da palavra manuscrita. Êste modo de alinhar a linguagem com a técnica da impressão deve ser entendido de maneira clara. O telégrafo viria apartar novamente a linguagem da palavra impressa e começou a produzir estranhos ruídos chamados *manchetês*, *jornalês* e *telegrafês* — fenômenos que ainda hoje causam espécie à comunidade literária, com seus maneirismos de tom único que imitam a uniformidade tipográfica. O "manchetês" produz efeitos assim:

BARBEIRO AMACIA AMÍDALAS
PARA ENCONTRO COM VETERANOS

A manchete refere-se ao jogador de beisebol Sal Maglie, trigueiro artista da bola curva dos velhos Dodgers de Brooklyn, por alcunha *O Barbeiro*, por ocasião da homenagem que recebeu num jantar do Ball Club. A mesma comunidade admira o vigor e a rica variedade de tons de Aretino, Rabelais e Nashe, que escreveram antes que a pressão da imprensa fôsse forte o suficiente para reduzir os gestos da linguagem à linearidade uniforme. Conversando com um economista que integrava uma comissão sobre desemprego perguntei-lhe se alguma vez havia considerado a leitura de jornais como forma de emprego remunerado. Não errei ao supor que se mostraria cético a respeito. Todavia, todos os meios que incluem a publicidade são formas de "ensino pago". Em anos não muito distantes, quando a criança for paga para aprender, os educadores terão de reconhecer que a imprensa "sensacionalista" foi a precursora do ensino pago. O que nos impedia de ver isto antes era o fato de o processamento e o movimento da informação ainda não se haverem constituído no principal negócio do mundo mecânico e industrial. No mundo da eletricidade, no entanto. facilmente eles se constituem no principal negócio e no mais importante meio de riqueza. No fim da era mecânica. as pessoas ainda imaginavam que a imprensa, o rádio e. mesmo, a televisão, não passassem de formas de informação pagas pelos fabricantes e usuários de bens de consumo, tais como carros, sabonetes e gasolina. À medida que a automação avança, vai ficando claro que a *informação* é o bem de consumo mais importante e que os produtos "sólidos" são meramente incidentais no movimento informacional. As fases iniciais do processo pelo qual a informação se tornou o bem econômico básico da era elétrica foram obscurecidas pelos modos com que a publicidade e o entretenimento desencaminharam o público. Os anunciantes pagam tempo e espaço nos jornais, nas revistas, no rádio e na TV, comprando, assim, um pedaço do leitor, do ouvinte e do telespectador, como se tivessem alugado nossas casas para um encontro público. De bom grado pagariam diretamente ao leitor, ao ouvinte e ao telespectador, por sua preciosa atenção e seu não menos precioso tempo... se soubessem como fazê-lo. A única maneira que encontraram até agora foi a de promover espetáculos gratuitos. Na América. a publicidade nos intervalos das sessões não "pegou" simplesmente porque o próprio filme é a maior de todas as formas de publicidade para os bens de consumo.

Aqueles que deploram a frivolidade da imprensa e sua forma natural de exibição grupal e "lavagem de roupa" comunitária, simplesmente ignoram a natureza desse meio: exigem que ele seja livro, como tende a ser na Europa. O livro chegou à Europa Ocidental bem antes do que o jornal; já a Rússia e a Europa Central desenvolveram-nos quase que ao mesmo tempo, daí resultando que até hoje ambas as formas permaneçam misturadas. O jornalismo deixa transpirar o ponto de vista particular do mandarim literário. Mas o jornalismo inglês e americano sempre tendeu a explorar a forma em mosaico da paginação, a fim de apresentar a variedade e a incongruência descontínuas da vida diária. Os monótonos reclamos da comunidade literária, no sentido de que o jornal utiliza a sua forma em mosaico para apresentar um ponto de vista fixo, num único plano de perspectiva, significam simplesmente a sua incapacidade de enxergar a forma da imprensa como tal. É como se o público de repente se pusesse a exigir que uma loja de departamentos passasse a ter um só departamento.

Os anúncios classificados (e as cotações do mercado de títulos) constituem o alicerce da imprensa. Se se encontrar uma outra fonte de fácil acesso para a obtenção diária dessas informações, a imprensa cerrará as portas. O rádio e a TV podem ficar com os esportes, as notícias, os desenhos e os filmes. A não ser quando sob forma de notícias ou de matéria paga, a matéria do tipo editorial — uma das características de livro que notamos no jornal — continuará a ser ignorada.

Se a nossa imprensa é o principal serviço de entretenimento livre, pago pelos anunciantes que buscam aliciar leitores, a imprensa russa é, *in toto*, o modo básico de promoção industrial. Se utilizamos notícias, políticas e pessoais, como diversão para atingir leitores de anúncios, os russos as utilizam como meio de promoção de sua economia. Suas notícias têm o mesmo tom e a mesma firmeza agressiva da voz do patrocinador de um anúncio americano. Uma cultura onde o jornal ingressou tardiamente (pelas mesmas razões que postergaram a industrialização) e que aceita a imprensa como uma forma de livro, encarando a indústria como uma ação política de grupo, não é de molde a deleitar-se com notícias. Mesmo na América, as pessoas letradas têm pouca habilidade em compreender a variedade iconográfica do mundo da publicidade. Os anúncios são ignorados ou lamentados, mas raramente estudados e apreciados.

Quem quer que pense que a imprensa exerce a mesma função na América e na Rússia, ou na França e na China, em verdade não percebeu a natureza do meio. Seria o caso de supormos que essa espécie de analfabetização em relação aos meios seja uma característica exclusiva dos ocidentais. e que os russos conheçam como corrigir os desvios do meio para lê-los corretamente? Ou as pessoas vagamente supõem que os chefes de Estado dos vários países do mundo sabem que o jornal tem efeitos totalmente diferentes em culturas diversas? Esses presupostos carecem de base. O desconhecimento da natureza da imprensa, em sua atuação latente ou subliminar, é coisa tão comum entre os políticos como entre os cientistas políticos. Por exemplo, na Rússia das tradições orais, tanto o *Pravda* como o *Izvestia* veiculam notícias nacionais, enquanto que os grandes temas internacionais chegam ao Ocidente pelas ondas da Rádio Moscou. Na América das tradições visuais, compete ao rádio e à televisão a manipulação das estórias domésticas, ficando o tratamento formal dos assuntos internacionais a cargo da revista *Time* e do *New York Times*. Como noticiário para o exterior, a "grossura" da voz da América de nenhum modo pode comparar-se à sofisticação da BBC e da Rádio Moscou; mas o que lhe falta em conteúdo verbal é compensado pelo valor de entretenimento do *jazz*. As implicações desta diferença de tom são importantes para a compreensão das opiniões e decisões naturais a uma cultura oral, em oposição à cultura visual.

Um amigo meu que tentou ensinar alguma coisa sobre as formas dos meios em escolas de nível médio, ficou surpreso ante a resposta unânime dos alunos; nenhum deles. em nenhum momento, podia aceitar a sugestão de que a imprensa ou qualquer outro meio de comunicação pública pudesse ser utilizado com intenções desonestas. Achavam que isto seria o mesmo que poluir a atmosfera ou os suprimentos de água, e jamais podiam conceber que amigos e parentes, trabalhando nesses meios, cedessem a uma tal corrupção. A falha na percepção ocorre precisamente quando se dá atenção ao "conteúdo" dos programas de nossos meios desprezando-se a sua forma — seja no rádio, na imprensa ou no próprio idioma inglês. Tem havido um sem-número de Newton Minows (ex-chefe da Comissão de Comunicações

Federais) a falarem sobre a Terra Estéril dos Meios — gente que não sabe absolutamente nada sobre a forma de qualquer meio que seja. Julgam eles que um tom mais escorreito e temas mais austeros elevariam o nível do livro, da imprensa, do cinema e da TV. Seu erro atinge um grau farisaico. Que experimentem a sua teoria com apenas 50 palavras de um meio de comunicação de massa chamado língua inglesa: que faria o Sr. Minow, que faria um anunciante qualquer sem os surrados e gastos lugares-comuns da fala popular? Tentemos, em algumas sentenças impregnadas de sóbrios e sérios sentimentos, elevar o nível de nossa conversação diária: seria este o meio de focalizar os problemas relacionados ao aperfeiçoamento do meio? Se o Inglês for sempre enunciado num tom mandarínico de elegância uniforme e sentenciosa, isto trará algum benefício à linguagem e aos seus usuários? E aqui nos vem à lembrança a observação de Artemus Ward de que "Shakespeare escreveu boas peças, mas teria sido um fracasso como correspondente em Washington de um diário novaiorquino. Faltavam-lhe os requisitos da fantasia e da imaginação".

O homem ligado ao livro tem a ilusão de que a imprensa seria melhor sem os anúncios e sem a pressão dos anunciantes. As pesquisas têm espantado até os diretores de jornais, ao revelarem que os olhos erráticos dos leitores de jornais se deliciam por igual com os anúncios e os textos noticiosos. Durante a Segunda Guerra Mundial, o U.S.O. (United States Office — Ministério do Interior) enviou números especiais das principais revistas americanas às Forças Armadas... com os anúncios cortados. Os soldados insistiram em receber as revistas com os anúncios. Claro, os anúncios são, de longe, a melhor parte de qualquer jornal ou revista. Um anúncio requer mais esforço e pensamento, mais espírito e arte do que qualquer texto de jornal ou revista. Anúncios são *notícias*. O que há de mal neles é que são sempre *boas* notícias. Para contrabalançar o efeito e vender boas notícias, é necessária uma boa dose de más notícias, tendo em vista a intensidade por contraste e a participação do leitor. Como já se observou, notícia *de verdade* é *má notícia* — e os jornais, desde o início do jornalismo, podem testemunhá-lo. Inundações, incêndios e outras calamidades públicas em terra, mar e ar, enquanto *notícias*, superam toda e qualquer espécie de miséria e horror particulares. Por contraste, para neutralizar a força penetrante das más notícias, os anúncios têm de emitir a sua mensagem em tom alto e claro.

Comentaristas de imprensa e senadores têm notado que desde que o Senado começou a investigar assuntos desagradáveis, passou a assumir um papel superior ao do Congresso. De fato, a grande desvantagem da Presidência e dos setores executivos, em relação à opinião pública, é que eles tentam sempre ser uma fonte de boas notícias e de diretrizes sábias. De outro lado, os deputados e senadores têm a liberdade de revirar a "roupa suja" — o que é sempre necessário à vitalidade da imprensa.

Superficialmente, isto pode parecer cínico, especialmente para aqueles que imaginam que o conteúdo de um meio é assunto de planos de ação e de preferência pessoal e para os quais todos os meios corporativos — não apenas rádio e imprensa, mas também a fala popular ordinária — não passam de formas degeneradas da experiência e da expressão humanas. Devo aqui repetir que o jornal, desde o seu início, tendeu para uma forma participante, em mosaico — e não para a forma livresca. Com a aceleração das técnicas de impressão e da captação de notícias, esta forma em mosaico tornou-se um aspecto dominante da associação humana, isto porque a forma em mosaico significa uma participação em processo — e não um "ponto de vista" particular. Por esta razão, a imprensa é inseparável do processo democrático — mas perfeitamente sacrificável de um ponto de vista literário ou livresco.

Ainda: o homem que se orienta pelos livros mostra a sua incompreensão com respeito à coletiva forma em mosaico da imprensa, quando se põe a lamentar suas infindáveis reportagens sociais. Pelo seu próprio formato, tanto o livro como o jornal e a revista se prestam ao trabalho de revelar estórias interiores, seja a de Montaigne, fornecendo aos leitores os delicados contornos de sua mente, seja a de Hearst ou Whitman, fazendo ressoar seus rugidos bárbaros sobre os tetos do mundo. É a forma impressa, de alta intensidade e endereçada ao público, com suas uniformidades de repetição precisa, que confere ao livro e à imprensa em geral esse caráter peculiar de confessionário público.

Os primeiros tópicos que atraem a atenção dos homens são aqueles que se referem às coisas que eles já conhecem. Se presenciamos algum acontecimento, seja ele uma partida de futebol, um estouro de Bolsa ou uma tempestade de neve, lógo tratamos de ler notícias sobre ele, em primeiro lugar. Por quê? A resposta é da maior importância para a compreensão dos meios. Por que é que uma criança gosta de falar sobre os acontecimentos que encheram o seu dia, ainda que de modo balbuciante? Por que preferimos romances e filmes sobre cenas e figuras familiares? Por que, para os seres racionais, ver e reconhecer a própria experiência sob uma nova forma material é um dom gratuito da vida. A experiência traduzida num novo meio fornece, literalmente, uma agradável rememoração, um delicioso *play-back* de um conhecimento anterior. A imprensa repete o prazer que sentimos no uso de nossas faculdades espirituais, pelas quais traduzimos o mundo externo em termos da tessitura de nossos próprios seres. Esse prazer de traduzir explica porque as pessoas, muito naturalmente, estão sempre inclinadas a utilizar todos os seus sentidos a toda hora. Estas extensões dos sentidos e das faculdades a que chamamos meios, são por nós utilizadas tão constantemente quanto nossos olhos e ouvidos — e pelos mesmos motivos. De sua parte, o homem livresco considera esse uso ininterrupto dos meios como algo de dégradado — pois não está familiarizado com ele no mundo dos livros.

Até agora temos discutido a imprensa como uma sucessora em mosaico da forma do livro. O mosaico é o modo da imagem corporativa ou coletiva e implica em participação profunda. Esta participação é antes comunitária do que privada, e antes inclusiva do que exclusiva. Alguns traços característicos de sua forma podem ser mais bem apreendidos através de exemplos colhidos ao acaso e fora do âmbito do jornalismo atual. Por exemplo: historicamente, os jornais ficaram esperando que as notícias chegassem a eles. O primeiro jornal americano, impresso em Boston por Benjamin Harris, em 25 de setembro de 1690, anunciava que "circularia mensalmente (ou mais amiúde, se ocorrer algum excesso de ocorrências)". Nada indica mais claramente a idéia de que as notícias constituíam algo que estava fora e além do jornal. Sob condições de consciência jornalística tão rudimentares, a principal função de um jornal era a de corrigir rumores e informes pessoais, assim como um dicionário indicaria pronúncias e significados de palavras há muito existentes sem o benefício dos dicionários. Logo a imprensa começou a perceber que as notícias deviam não apenas ser registradas mas também captadas — e, até, em verdade, fabricadas. O que ia *para* o jornal era notícia. O resto não era notícia. "Ele é notícia" é uma expressão estranhamente ambígua, uma vez que estar no jornal é tanto ser como fazer notícia. Assim, "fazer notícia", como "fazer carreira", implica tanto um mundo de ações como um mundo de ficções. Mas a imprensa é uma ação e uma ficção quotidianas, uma coisa que se faz com tudo o que sucede numa comunidade. Pela sua disposição em mosaico, o jornal é uma imagem em corte da comunidade.

Quando um crítico convencional como Daniel Boorstin lamenta que os modernos "escritores-fantasmas", o teletipo e os serviços noticiosos criam um mundo incorpóreo de "pseudo-eventos", certamente está demonstrando que jamais estudou a natureza de qualquer meio anterior aos da era da eletricidade. A verdade é que o caráter fictício ou "falso" é inerente, aos meios — e não somente aos mais recentes.

Bem antes que o mundo das grandes empresas e dos altos negócios percebessem que suas operações formavam uma imagem fictícia a ser meticulosamente tatuada na pele do público, a imprensa já criara a imagem da comunidade como série de ações em processo unificadas por datas. À parte seu uso vernacular, a data é o único princípio organizativo da imagem jornalística da comunidade. Elimine-se a data, e o jornal de um dia se torna igual ao do dia seguinte. Ler um jornal de uma semana atrás sem perceber que não é de hoje é uma experiência desconcertante. Assim que a imprensa reconheceu que a apresentação de notícias não era uma repetição de ocorrências e registros, mas uma causa direta dos acontecimentos, muitas coisas começaram a acontecer. A publicidade e a promoção, limitadas até então, saltaram para a primeira página como estórias sensacionais — com a colaboração de Barnum. Hoje, um noticiarista encara o jornal como o ventríloquo encara o seu boneco. Consegue fazê-lo dizer o que quer. Olha para ele como um pintor olha para a sua paleta e seus tubos de tinta; dos recursos infindáveis de acontecimentos disponíveis, uma variedade imensa de manipulados efeitos em mosaico pode ser obtida. Qualquer cliente pode ser encaixado numa vasta variedade de diferentes padrões e tons de negócios públicos ou em tópicos mais específicos de interesse humano.

Se prestarmos a devida atenção ao fato de que a imprensa é um mosaico, uma espécie de organização participante e um mundo do tipo "faça você mesmo", podemos ver por que ela é tão necessária a um governo democrático. Em seu estudo sobre a imprensa, *The Fourth Branch of Government* ("O Quarto Poder"), Douglas Cater surpreende-se com o fato de que a imprensa consiga relacionar consigo mesma e com a nação, departamentos e setores governamentais extremamente fragmentados. Enfatiza o paradoxo de a imprensa se dedicar ao processo de lavagem dos acontecimentos, dando-os à publicidade, ao mesmo tempo em que muitos acontecimentos devem ser mantidos em segredo, no mundo eletrônico da trama inconsútil dos eventos. O alto segredo é traduzido em termos de participação e responsabilidade públicas por meio da mágica flexibilidade de deixar "transpirar" as notícias controladamente.

É graças a esta engenhosa adaptação quotidiana que o homem ocidental começa a se ajustar ao mundo elétrico da interdependência total. Em nenhum lugar como na imprensa é visível este processo de adaptação transformador. A própria imprensa apresenta a contradição de uma tecnologia individualística aplicada à moldagem e à revelação de atitudes grupais.

Cabe agora observar como a imprensa tem sido modificada pelas recentes inovações do telefone, do rádio e da TV. Já vimos que o telégrafo é o fator que mais contri-

241

buiu para criar a imagem em mosaico da imprensa moderna, com sua massa de tópicos descontínuos e desconexos. É esta imagem grupal da vida comunal, mais do que o ângulo ou a visão da matéria editorial, que constitui o que é participante neste meio. Ao homem livresco de cultura privativa e desligada, este é o escândalo da imprensa: seu descarado envolvimento nas profundidades dos sentimentos e dos interesses humanos. Ao eliminar o tempo e o espaço na apresentação das notícias, o telégrafo turvou a intimidade da forma do livro, acentuando, em compensação, a nova imagem pública na imprensa.

A primeira experiência aflitiva para o homem de imprensa que visita Moscou é a ausência de listas telefônicas. Uma outra revelação horrificante é a ausência de painéis telefônicos centrais (PBX, PAX etc.) nos departamentos do governo. Ou você sabe o número... ou está perdido. O estudioso dos meios pode dar-se por feliz se descobrir dois fatos como estes numa centena de volumes. Eles iluminam uma vasta área obscura do mundo da imprensa, esclarecendo sobre o papel do telefone visto através de uma outra cultura. O jornalista americano em boa parte reúne suas estórias e processa seus dados por via telefônica, dada a velocidade e o imediatismo do processo oral. Nossa imprensa popular se aproxima muito do boato. Em comparação, o jornalista russo e europeu é um literato. Embora seja uma situação paradoxal, a verdade é que a imprensa na América letrada, apresenta um caráter intensamente oral, enquanto que na Rússia e na Europa de cultura oral, a imprensa é marcadamente literária em seu caráter e em sua função.

O inglês detesta tanto o telefone que, para substituí-lo, criou numerosas entregas postais. O russo utiliza o telefone como símbolo de *status*, assim como o despertador é usado pelos chefes de tribos africanas como artigo de adorno pessoal. Na Rússia, o mosaico da imagem da imprensa é sentido como uma forma imediata de participação e unidade tribal. Os traços que, para nós, são os mais aberrantes dos austeros padrões individuais de uma cultura letrada na imprensa, são justamente os que mais a recomendam ao

Partido Comunista. "Um jornal — disse Lênin em certa ocasião — não é apenas um propagandista e um agitador coletivo; é também um organizador coletivo." Stalin chamou-a "a mais poderosa arma de nosso Partido". Para Kruschev, ela é "nossa principal arma ideológica". Estes homens estão mais voltados para a forma coletiva do mosaico da imprensa, com seu poder mágico de impor suas próprias afirmativas, do que para a palavra impressa como expressão de um ponto de vista particular. Na Rússia oral a fragmentação dos poderes governamentais é coisa desconhecida. Para eles não faz sentido a função de nossa imprensa como unificadora dos departamentos fragmentados. O monólito russo tem empregos bem diferentes para o mosaico da imprensa. A Rússia agora tem necessidade da imprensa (como antes tivemos do livro) para traduzir uma comunidade oral e tribal numa certa cultura visual e uniforme capaz de manter o sistema de mercado.

No Egito, a imprensa é necessária para o nacionalismo — esta espécie de unidade visual que faz os homens saltarem fora dos padrões locais e tribais. Paradoxalmente, o rádio surge no Egito como rejuvenescedor das antigas tribos. O rádio de pilha levado no camelo dá às tribos beduínas uma força e uma vitalidade antes desconhecida, de modo que usar a palavra "nacionalismo" para designar a fúria da agitação oral que os árabes têm sentido pelo rádio é ocultar de nós mesmos toda a situação. A unidade do mundo de fala árabe só pode vir através da imprensa. O nacionalismo era desconhecido do mundo ocidental até o Renascimento, quando Gutenberg tornou possível ver a língua materna uniforme. O rádio em nada contribui para esta unidade visual uniforme tão necessária ao nacionalismo. Para restringir as audições de rádio aos programas nacionais, alguns governos árabes promulgaram lei proibindo o uso de fones de cabeça particulares, daí resultando uma acentuação do coletivismo tribal na audiência. O rádio restaura a sensibilidade tribal e o envolvimento exclusivo na trama do parentesco. De outro lado, a imprensa cria uma espécie de unidade visual não muito envolvente, que acolhe a inclusão de muitas tribos e as diversidades das visões particulares.

Se o telégrafo abreviou a sentença, o rádio abreviou as estórias noticiosas e a TV injetou o tom interrogativo no jornalismo. De fato, a imprensa é hoje não apenas um mosaico de todas as tecnologias da comunidade. Mesmo na seleção dos que fazem notícia, a imprensa prefere aquêles que já alcançaram alguma notoriedade no cinema, no rádio, na TV e no teatro. Por aqui se pode testar a natureza do meio-imprensa, pois aquele que aparece apenas no jornal é, pela razão acima, um cidadão comum.

Os fabricantes de papel de parede recentemente começaram a produzir um padrão que apresenta semelhança com o jornal francês. O esquimó prega páginas de revista no teto de seu iglu para estancar gotejamentos. Mas mesmo um jornal ordinário no chão de uma cozinha revelará notícias que haviam passado despercebidas quando o jornal estava nas mãos. Quer se use o jornal ou a revista para resguardar a intimidade nos transportes coletivos, ou para envolvimento na comunidade sem prejuízo da intimidade o mosaico da imprensa opera uma complexa função de muitos níveis, uma função de consciência e participação grupais que o livro nunca foi capaz de realizar.

A diagramação da imprensa, seu formato — isto é, suas características estruturais — foi utilizado de maneira bastante natural por poetas depois de Baudelaire, para evocar uma consciência inclusiva. A página de jornal comum de hoje não é apenas simbolista e surrealista num *sentido de vanguarda*, como também foi a primeira *inspiração* do simbolismo e do surrealismo na arte e na poesia, como qualquer um pode descobrir lendo Flaubert ou Rimbaud. Aproximada à forma do jornal, qualquer parte do *Ulysses*, de Joyce, ou qualquer poema de T. S. Eliot antes dos *Quartets*, pode ser apreciada mais facilmente. Mas é tal a austera continuidade da cultura livresca que ela desdenha perceber essas *liaisons dangéreuses* entre os meios, especialmente os casos escandalosos que tratam da página do livro com criaturas eletrônicas do outro lado do linotipo.

Tendo em vista a inveterada preocupação da imprensa com a purificação por meio da publicação, é o caso de se perguntar se isto não conduzirá a um inevitável choque com o meio do livro. Enquanto imagem coletiva e comunal, a imprensa assume uma postura natural de oposição a toda manipulação privada. Qualquer indivíduo que começa a se comportar como se fosse "alguém" público acaba parando nas páginas de um jornal. Qualquer indivíduo que manipula o público para o seu bem pessoal também acabará sentindo o poder de purificação pela publicidade. O manto da invisibilidade, portanto, parece calhar melhor naqueles que são proprietários de jornais ou que os utilizam extensivamente para fins comerciais. Isto não ajudaria a definir como essencialmente corrupta a estranha obsessão do homem livresco com os barões da imprensa? O ponto de vista puramente pessoal e fragmentário assumido pelo escritor e pelo leitor de livros cria pontos naturais de hostilidade em relação à grande força comunal da imprensa. Como formas, ou meios, o livro e o jornal parecem ser verdadeiros exemplos de completa incompatibilidade. Os donos dos meios sempre se empenham em dar ao público o que o público deseja, porque percebem que a sua força está no *meio* e não na *mensagem* ou na linha do jornal.

22

O AUTOMÓVEL

A Noiva Mecânica

Eis aqui alguns tópicos que captam bastante bem o significado do automóvel em relação à vida social.

Eu estava bárbaro. Ali ia eu no meu Continental branco, com minha camisa rendada de seda pura, superbranca, e minhas calças de gabardine preta. Ao meu lado, a minha *jet-black* Grande Dinamarquesa, importada da Europa, chamada Dana Von Krupp. Não há nada melhor do que isso.

Embora seja correto dizer-se que o americano é uma criatura de quatro rodas, e que para o jovem americano é muito mais importante chegar à idade da carteira de motorista do que à idade de votar, é também verdade que o carro se tornou uma peça de roupa sem o qual nos sentimos inseguros, despidos e incompletos no complexo urbano. Alguns observadores insistem que, como símbolo de *status*, a casa já está superando o carro. Se assim for, esta mudança da rodovia aberta e móvel para as raízes manicuradas do subúrbio pode significar uma verdadeira reviravolta na orientação americana. Até onde os carros já se tornaram a verdadeira população das cidades, com a conseqüente perda da escala humana, tanto em poder como em distância, é motivo de crescente inquietação. Os urbanistas estão procurando meios e modos de afastar nossas cidades dos grandes interesses dos transportes, recuperando-os para os pedestres.

Lynn White conta a estória do estribo e do cavaleiro em armadura, em sua obra *Tecnologia Medieval e Mudança Social*. Tão claro e tão imperativo era o cavaleiro em armadura para os choques dos combates, que para pagá-lo surgiu o sistema feudal cooperativo. A pólvora e o material bélico do Renascimento deram fim ao papel do cavaleiro. restituindo a cidade ao burguês pedestre.

Se o motorista, tecnológica e economicamente, é muito· superior ao cavaleiro armado, pode muito bem dar-se que as mudanças elétricas na tecnologia venham a desmontá-lo, restituindo-nos à escala pedestre. "Ir para o trabalho" pode ser uma fase transitória, como "ir às compras". Os interesses das mercearias há muito que anteviram a possibilidade de compras por meio de uma TV em dois sentidos. ou seja, de um vídeo-telefone. William M. Freeman. escrevendo para Secção de Serviços do *New York Times* (em 15-10-1963, 3.ª-feira) relata que certamente haverá "uma alteração decisiva na distribuição dos veículos de hoje... A Sra. Cliente poderá ligar para várias lojas. Sua identificação-crediário será estabelecida automaticamente através da televisão. Artigos em toda gama de cores fielmente reproduzidas lhe serão mostrados. A distância não oferecerá problemas, já que, pelo fim do século, o consumidor poderá estabelecer ligações diretas, independentemente das distâncias."

O que há de errado em todas as profecias desse tipo é que elas partem de uma situação de fato estável — a casa e a loja, no caso — que, comumente, é a primeira a desaparecer. As mudanças de relação entre clientes e lojistas são quase nada em comparação com as mudanças da estrutura do próprio trabalho, na era da automação. É quase certo que ir e vir do trabalho são atos que perderão seu caráter atual. Neste sentido, o carro, enquanto veículo, seguirá o mesmo rumo do cavalo. O cavalo perdeu a sua função no transporte, mas retornou triunfante como entretenimento. Assim com o automóvel. Seu futuro não pertence à área dos transportes. Se a nascente indústria automobilística, em 1910, tivesse convocado uma conferência para estudar o futuro do cavalo, a discussão teria girado em torno da descoberta de novos empregos para o cavalo e de novas espécies de treinamento para prolongar a sua utilidade. A completa revolução nos transportes, na habitação e no urbanismo teria sido ignorada. Ninguém teria pensado na revolução econômica da produção e prestação de serviços aos carros e na dedicação de tanto tempo de lazer à sua utilização no sistema de auto-estradas. Em outras palavras, é a estrutura que muda com a nova tecnologia, e não apenas o quadro na moldura. Em lugar de pensar em fazer compras pela televisão, seria melhor que tivéssemos consciência de que a intercomunicação televisionada significa o fim das "compras", e o fim do trabalho, tal como hoje conhecemos. A mesma ilusão bloqueia o pensamento sobre a TV e a educação. Pensamos na TV como um auxiliar incidental, quando em verdade ela já transformou o processo de aprendizado dos jovens, independentemente da escola e do lar.

Na década de 30, quando milhões de revistas em quadrinhos estavam despejando sangue sobre as cabeças dos jovens, ninguém parecia perceber que, emocionalmente, a violência de milhões de carros em nossas ruas era incomparavelmente mais histérica do que qualquer coisa impressa. Todos os hipopótamos, rinocerontes e elefantes do mundo reunidos numa cidade não dariam nem para começar a criar a ameaça e a intensidade explosiva da experiência horária e diária do engenho de combustão interna. Julgam as pessoas que podem realmente internalizar, ou seja, viver com toda esta força e esta violência explosiva sem processá-la e canalizá-la para alguma forma de fantasia que sirva de compensação e equilíbrio?

Nos filmes mudos dos anos 20, muitas seqüências envolviam automóveis e policiais. Como então o filme era aceito como uma ilusão ótica, o tira era o principal lembrete da existência de normas no jogo da fantasia. Como tal, tomava surras memoráveis. Os carros dos anos 20 mais pareciam engenhosas geringonças montadas às pressas numa loja de ferramentas. Sua semelhança com a "aranha" era bastante forte e evidente. Vieram então os pneus-balão, os interiores maciços, e os bojudos pára-lamas. Alguns vêem o carro grande como uma espécie de meia-idade inflada, que se seguiu ao acanhado período da primeira paixão entre a América e o carro. Por engraçada que seja a interpretação dos psicanalistas vienenses, que viram o carro como objeto sexual, não há dúvida de que chamaram a atenção para o fato de que — como as abelhas no mundo vegetal — os homens sempre foram os órgãos sexuais do mundo tecnológico. O carro não é mais, ou menos, objeto sexual do que a roda ou o martelo. Onde as pesquisas motivacionais falharam inteiramente foi no fato de que o sentido da forma espacial dos americanos mudou muito desde o advento do rádio, e drasticamente desde o advento da TV. Embora inofensivo, é incorreto tentar identificar esta mudança com um homem de meia-idade em busca da sílfide Lolita.

Sem dúvida têm havido programas de enérgica limitação para os carros, recentemente. Mas se tivéssemos de perguntar: "Será que o carro vai durar?", ou "O carro veio para ficar?", haveria muita confusão e dúvida. É estranho que numa era tão progressista como a nossa, em que a mudança se tornou a única constante de nossas vidas, nunca nos perguntemos: "O carro veio para ficar?". A resposta, naturalmente, é "Não". Na era da eletricidade, a própria roda é obsoleta. No coração da indústria automobilística há homens que sabem que o carro está passando com a mesma certeza que se podia ter de que a escarradeira estava condenada, a partir do momento em que a datilógrafa entrou em cena no escritório. Que medidas tomaram eles para facilitar a saída da indústria automobilística do centro do palco? A mera obsolescência da roda não significa o seu desaparecimento. Significa apenas que, como a caligrafia ou a tipografia, a roda passará a desempenhar um papel secundário na cultura.

Em meados do século XIX, os carros a vapor em plena estrada alcançaram grande sucesso. Foram só os impostos sobre veículos pesados decretados pelas autoridades rodoviárias que desencorajaram os engenhos a vapor nas estra-

249

das. Em 1887, já havia pneumáticos para carros a vapor na França. A American Stanley Steamer (*Steamer* — veículo a vapor) começou a florescer em 1899. Ford já construíra seu primeiro carro em 1896 e a Ford Motor Company foi fundada em 1903. Foi a vela de centelha elétrica que deu a vitória do motor a gasolina sobre o motor a vapor. O cruzamento da eletricidade, forma biológica, com a forma mecânica, não viria mais a liberar uma força maior.

Foi a TV que vibrou o maior golpe no carro americano. O carro e a linha de montagem se haviam tornado a última expressão da tecnologia de Gutenberg; ou seja, da tecnologia de processos uniformes e repetitivos aplicados a todos os aspectos do trabalho e da vida. A TV pôs em questão todos os pressupostos mecânicos sobre a uniformidade e a padronização, bem como sobre todos os valores do consumidor. A TV trouxe também a obsessão com o estudo e a análise em profundidade. Oferecendo-se para fisgar tanto o anúncio como o *id*, a pesquisa motivacional imediatamente se tornou aceitável para o frenético mundo executivo, que tinha as mesmas idéias de Al Capp sobre o gosto dos americanos, quando a TV atacou. Algo acontecera. A América não era mais a mesma. Durante quarenta anos, o carro fôra o grande nivelador do espaço físico e da distância social. A conversa sóbre o carro americano como símbolo de *status* sempre passou por cima do fato básico de que é a *força* do automóvel que nivela as diferenças sociais, transformando o pedestre num cidadão de segunda classe. Muita gente tem observado que o verdadeiro integrador ou nivelador de brancos e negros do Sul foi o carro particular e o caminhão, e não a manifestação de pontos de vista morais. É simples e óbvio que o carro, mais do que qualquer cavalo, é uma extensão do homem que transforma o cavaleiro num super-homem. É um meio de comunicação social quente e explosivo. A TV, esfriando os gostos do público americano e criando novas necessidades para um espaço único e envolvente — coisa que o carro europeu imediatamente forneceu — praticamente derrubou do cavalo o autocavaleiro americano. Os pequenos carros europeus reduziram-no a um *status* de quase pedestre novamente. Há pessoas que conseguem manobrá-los numa calçada.

O carro produziu o nivelamento social por virtude exclusiva de seus cavalos-vapor. Criou auto-estradas e logradouros que não apenas eram muito parecidos em todas as partes da Terra como também acessíveis a todos. Com a TV, naturalmente começa a tornar-se freqüente a queixa sobre esta uniformidade de veículos e de cenários de férias. Como afirmou John Keats, em sua diatribe contra o carro e a indústria *The Insolent Chariots* ("As Carruagens Insolentes"), aonde um automóvel pode ir, os demais também podem, e onde quer que o automóvel vá, a versão-automóvel da civilização o acompanha com toda certeza. Ora, este é um sentimento orientado pela TV, não apenas anticarro e antipadronização, mas também anti-Gutenberg — e, portanto, antiamericano. Claro que eu sei que John Keats não quis *significar* isto. Ele nunca pensou sobre os meios ou sobre a maneira pela qual Gutenberg criou Henry Ford, a linha de montagem e a cultura padronizada. Tudo o que sabia é que era popular atacar o uniforme, o padronizado e as formas quentes de comunicação em geral. Por esta razão, Vance Packard pôde criar bastante confusão com seu *The Hidden Persuaders* ("A Nova Técnica de Convencer"). Vaiou o velho caixeiro-viajante e os meios quentes, como MAD faz. Antes da TV, essas atitudes não teriam sentido. Não pagariam a pena. Hoje, é rendoso rir do mecânico e do meramente padronizado. John Keats podia questionar a principal glória da sociedade americana sem classes, dizendo: "Basta ver uma parte da América para ter visto tudo" — e acrescentando que o carro deu ao americano a oportunidade "de se tornar cada vez mais comum", em lugar de viajar e enriquecer a sua experiência. Desde a TV, tornou-se popular encarar os produtos industriais cada vez mais uniformes e repetitivos com o mesmo rancor que um requintado intelectual como Henry James teria votado à sua dinastia de penicos, em 1890. Sem dúvida, a automação está em vias de produzir o objeto único, sob medida, ao mesmo preço e velocidade do produto seriado. A automação pode produzir um carro ou um capote sob encomenda com menos confusão do que ao produzir os mesmos produtos padronizados. Mas o produto único não pode circular em nosso mercado ou em nossos pontos de venda.

251

Como resultado, estamos caminhando para um período dos mais revolucionários no setor da mercadologia (*marketing*) — como em tudo o mais, de resto.

Quando os europeus costumavam visitar a América, antes da Segunda Guerra Mundial, exclamavam: "Mas isto aqui é comunismo!". O que queriam dizer é que não apenas *tínhamos* produtos padronizados, como *todo mundo* os tinha. Nossos milionários não apenas comiam flocos de milho e cachorro-quente, como também se consideravam gente da classe média. E que mais podiam ser? Como podia um milionário ser outra coisa além de um "classe média" na América — a não ser que tivesse a imaginação criativa de um artista para fabricar uma vida única para si mesmo? Será estranho que os europeus associem uniformidade de ambiente e de bens com o comunismo? E que Lloyd Warner e seus colegas associados, em seus estudos sobre as cidades americanas, falem de sistema de classes americano em termos de renda? A mais alta renda não pode liberar um norte-americano de sua vida "classe média". A renda mais baixa propicia a todos uma considerável parcela da mesma existência da classe média. Ou seja, de fato homogeneizamos nossas escolas, fábricas, cidades e diversões em larga medida, simplesmente porque somos letrados e aceitamos a lógica da uniformidade e da homogeneidade inerente à tecnologia de Gutenberg. Esta lógica, que a Europa nunca aceitou até há bem pouco, subitamente começa a ser contestada na América — desde que a trama tátil do mosaico da televisão começou a penetrar no *sensorium* americano. Quando um escritor popular pode, com toda a confiança, investir contra o emprego do carro para viajar, pois isto transforma o motorista em alguém "cada vez mais comum" — é porque a própria contextura da vida americana foi posta em questão.

Há poucos anos atrás, a Cadillac anunciou as características de seu "El Dorado Brougham": controle anti-submersão guinchos, estilo sem coluna, pára-choques em asa de gaivota e forma de projétil, aberturas externas de exaustão e várias outras características exóticas emprestadas a outros setores que não o do automóvel. Éramos como que convidados a associar o carro aos surfistas do Havaí, a gaivotas planando no ar como conchas de 40 cm e à alcova de Madame de Pompadour. Poderia a revista MAD fazer melhor? Na era da TV, esses contos dos bosques de Viena imaginados pelos pesquisadores motivacionais constituem um *script* cômico ideal para MAD. Na verdade, o *script* sempre existiu, mas só pôde ser devidamente apreciado depois que a audiência foi condicionada pela TV.

Confundir o carro com símbolo de *status*, só porque dele se exige que seja tudo menos um carro, é confundir o significado integral desse derradeiro produto da era mecânica que ora vai cedendo a sua forma à tecnologia elétrica. O carro é um estupendo exemplar de mecanismo uniforme e padronizado, inseparável da tecnologia de Gutenberg e da escrita, que criou a primeira sociedade sem classes do mundo. O carro deu ao cavaleiro democrático, numa embalagem única, seu cavalo, sua armadura e sua altaneira insolência, transformando-o magicamente num míssil errático. O carro americano não nivelou por baixo, mas por cima, visando à idéia aristocrática. O enorme aumento e distribuição da força também havia agido como fator de equalização entre a técnica da escrita e as demais formas de mecanização. A inclinação de aceitar o carro como um símbolo de *status*, limitando sua forma mais expansiva ao desfrute dos executivos de alto escalão, não constitui uma característica do carro e da idade mecânica, mas das forças elétricas que agora estão liquidando esta era mecânica de uniformidade e padronização — para recriar as normas de *status* e dos papéis que serão redistribuídos a cada um.

Quando o carro ainda era coisa nova, exerceu a típica pressão mecânica de explosão e de separação de funções. Rompeu os laços da vida familiar — ou assim pareceu agir — nos anos 20. Separou trabalho e domicílio, como nunca antes se observara. Fragmentou cada cidade em dezenas de subúrbios e estendeu muitas das formas da vida urbana ao longo das auto-estradas, até que estas viessem a parecer cidades ininterruptas. Criou as selvas de asfalto, cobrindo de asfalto e concreto 60 000 km² de áreas verdes e agradáveis. Com o advento das viagens aéreas, uniram-

-se o carro e o caminhão para acabar com as estradas de ferro. Hoje as crianças pedem uma viagem de trem como se este fosse uma carruagem, um cavalo ou um veleiro: "Antes que *acabe*, paizinho."

O carro deu fim ao campo, substituindo-o por uma nova paisagem onde era uma espécie de cavalo saltador de barreiras. Ao mesmo tempo, destruiu a cidade como ambiente espontâneo onde as famílias podiam criar-se. As ruas, e mesmo as calçadas, tornaram-se cenários por demais agitados para o jogo espontâneo do crescimento das crianças. A cidade encheu-se de passantes estranhos. Esta é a estória do automóvel — e já não há muito o que contar. A partir da TV, começou a mudar a maré do gosto e da tolerância: o meio quente do carro torna-se cada vez mais cansativo. Veja-se o prodígio da travessia das ruas, onde uma criancinha pode parar um caminhão de concreto. A mesma mudança tornou a cidade insuportável para muitos que não pensariam assim há dez anos atrás, da mesma forma como há dez anos atrás não teriam apreciado a leitura de MAD.

O poder contínuo do carro em transformar os padrões da habitação pode ser plenamente observado no modo como a nova cozinha urbana adquiriu o mesmo caráter social. múltiplo e central, da velha cozinha de fazenda. Esta era o ponto principal de acesso à casa — e dela se tornou também o centro social. O novo lar suburbano transformou novamente a cozinha em centro — idealmente acessível ao carro. O carro tornou-se a carapaça, a concha protetora e agressiva do homem urbano e suburbano. Mesmo antes do Volkswagen, os observadores a cavaleiro da rua já notavam a semelhança dos carros com insetos de casca reluzente. Na era do mergulhador tátil-orientado, esta carapaça brilhante é um dos mais fortes testemunhos contra o carro. Os centros de compra surgiram para o homem motorizado. São ilhas estranhas, onde o pedestre se sente deslocado e sem amigos. O carro o repele.

Numa palavra, o carro remodelou todos os espaços que unem e separam os homens, e assim continuará a fazer por mais uma década — quando manifestar-se-ão os sucessores eletrônicos do automóvel.

23

ANÚNCIOS

Preocupando-se com os Vizinhos

A pressão contínua é a de criar anúncios cada vez mais à imagem dos motivos e desejos do público. A importância do produto é inversamente proporcional ao aumento de participação do público. Um exemplo extremo é o da série de anúncios dedicado ao espartilho, onde se afirma que "o que você sente... não é o espartilho". Trata-se de fazer com que o anúncio inclua a experiência do público. O produto e a resposta do público se tornam uma única estrutura complexa. A arte da publicidade acabou por preencher à maravilha a antiga definição de Antropologia, como "a ciência do homem abraçando a mulher". A firme tendência da publicidade é a de declarar o produto como parte integral de grandes processos e objetivos sociais. Dispondo de grandes verbas, os artistas comerciais passaram a desenvolver o anúncio como um ícone — e os ícones não são fragmentos ou aspectos especializados, mas imagens comprimidas e unificadas de natureza complexa. Focalizam uma grande área da experiência dentro de limites reduzidos. Os anúncios, pois, tendem a se afastar da imagem que o consumidor faz do produto, aproximando-se da imagem de um processo do produtor. A chamada imagem corporativa do processo inclui o consumidor no papel de produtor, igualmente.

Esta poderosa e nova tendência dos anúncios em direção à imagem icônica enfraqueceu bastante a posição das indústrias editoriais de revistas, em particular das revistas ilustradas. As chamadas revistas de temas há muito que vêm dando tratamento pictórico aos seus temas e notícias. Ao lado destas revistas, que apresentam tomadas e pontos de vista fragmentários, surgem os novos e grandes anúncios com suas imagens comprimidas que incluem o produtor e o consumidor, o vendedor e a sociedade numa única imagem. Os anúncios tornam os temas e tópicos pálidos, fracos e anêmicos. A revista de temas pertence ao velho mundo pictórico anterior à imagética em mosaico da TV.

É a poderosa arremetida icônica em mosaico sôbre nossa experiência — a partir da TV — que explica o paradoxo do ressurgimento do *Time*, do *Newsweek* e de revistas semelhantes em mosaico, que corre paralelo ao mundo dos anúncios. A notícia em mosaico não é narrativa, ponto de vista, explicação ou comentário. É uma imagem corporativa em profundidade da sociedade em ação e convida à máxima participação no processo social.

Os anúncios parecem operar segundo o avançado princípio de que uma bolinha — ou estrutura — numa barragem redundante de repetições, acabará por se afirmar gradualmente. Os anúncios levam o princípio do ruído até ao nível da persuasão — bem de acòrdo, aliás, com os processos de lavagem cerebral. Este princípio de profundidade da investida no inconsciente pode muito bem ser "a razão por quê", tema de tantos anúncios.

Muita gente se inquieta a propósito das agências de publicidade de nosso tempo. Para colocar a coisa de maneira brutal: a indústria de publicidade é uma grosseira tentativa de estender os princípios da automação a todos os aspectos da sociedade. Como ideal, a publicidade aspira ao objetivo de harmonizar programadamente todos os esforços, impulsos e aspirações humanas. Utilizando métodos artesanais, ela visa à derradeira meta eletrônica de uma consciência coletiva. Quando toda a produção e todo o consumo se unirem numa harmonia pré-estabelecida, então a publicidade se liquidará pelo seu próprio sucesso.

Com o advento da TV, a exploração do inconsciente pelo anunciante deparou com um empecilho. A experiência da TV favorece muito mais a consciência a respeito do inconsciente do que as formas de apresentação e venda agressivas no jornal, na revista, no cinema e no rádio. Mudou a tolerância sensória da audiência — e assim também mudaram os métodos de apelo pelos anunciantes. No novo mundo frio da TV, o velho mundo quente da venda agressiva e da argumentação convincente do vendedor se revestem daquele antigo encanto das canções e trajes da década de 20. Mort Sahl e Shelley Berman, de MAD, estão apenas seguindo, e não criando uma tendência, ao fazerem piada do mundo dos anúncios. Descobriram que basta desenrolar ou recitar um anúncio ou uma notícia para que o público se torça de rir. Há muitos anos, Will Rogers descobriu que qualquer jornal lido em voz alta, do palco de um teatro, é sempre hilariante. Dá-se o mesmo com os anúncios, hoje. Qualquer anúncio deslocado para um novo cenário se torna engraçado. Isto vale dizer que qualquer anúncio é cômico quando apreciado conscientemente. Os anúncios não são endereçados ao consumo consciente. São como pílulas subliminares para o subconsciente, com o fito de exercer um feitiço hipnótico, especialmente nos sociólogos. Este é um dos mais edificantes aspectos da vasta empresa educacional a que chamamos publicidade, cuja verba anual de doze bilhões de dólares se aproxima do orçamento escolar nacional. Qualquer anúncio dispendioso representa o esforço, a atenção, a experiência, o espírito, a arte e a habilidade de muita gente. Muito mais pensamento e esmero vai na composição de qualquer anúncio de importância inserido num jornal ou revista do que na redação dos tópicos e editoriais dos mesmos veículos. Qualquer anúncio caro é criado e construído sobre os alicerces testados de estereótipos públicos ou "conjuntos" de atitudes estabelecidas, assim como um arranha-céu é construído sobre rocha. Posto que equipes de talentos altamente treinados e argutos entrem na produção de um anúncio sobre qualquer linha de produtos conhecidos, é claro que qualquer anúncio aceitável é a dramatização vigorosa de uma experiência comunal. Nenhum grupo de sociólogos pode comparar-se a uma equipe de publicitários na coleta e processamento de dados sociais exploráveis. As equipes de publicidade possuem milhões para gastar anualmente na pesquisa e na testagem das reações, e seus produtos são magníficas acumulações de materiais sobre as experiências e os sentimentos partilhados por toda a comunidade. É claro que se os anúncios se afastassem do centro desta experiência partilhada em comum, entrariam rapidamente em colapso, por perderem a possessão de nossos sentimentos.

É verdade também que os anúncios utilizam o mais básico e comprovado da experiência de uma comunidade de modo grotesco. Examinados conscientemente, são tão despropositais como tocar "Fios de Prata em Tecidos de Ouro" para um ato de *strip-tease*. Mas os anúncios são cuidadosamente projetados pelos homens-rãs da mente, localizados na Madison Avenue, para serem expostos ao semiconsciente. Sua simples existência é um testemunho — e uma contribuição — do estado sonambúlico de uma metrópole cansada.

Depois da Segunda Guerra Mundial, um oficial do exército americano, publicitariamente consciente, observava com desconfiança que os italianos podiam dizer os nomes dos ministros do gabinete, mas não os nomes das utilidades preferidas pelas celebridades italianas. Além do mais, dizia ele, o espaço dos muros e paredes da Itália era mais utilizado por *slogans* políticos do que comerciais. Predizia que havia poucas esperanças de que os italianos viessem a atingir qualquer espécie de tranqüilidade ou prosperidade doméstica enquanto não começassem a se preocupar mais com os apelos concorrentes de cigarros e flocos de milho do que com a capacidade dos homens públicos. Chegou até a dizer que a liberdade democrática consiste largamente em ignorar a política e preocupar-se, em troca, com a ameaça da caspa, pernas peludas, intestinos preguiçosos, seios flácidos, retração das gengivas, excesso de peso e sangue cansado.

O oficial provavelmente estava com a razão. Qualquer comunidade que deseje acelerar e maximalizar a troca de bens e serviços tem que simplesmente homogeneizar sua vida social. A decisão de homogeneizar ocorre facilmente às populações altamente letradas do mundo de fala inglesa.

Mas é difícil para as culturas orais concordarem num tal programa de homogeneização, pois estão muito mais inclinadas a traduzir a mensagem do rádio em política tribal do que num novo meio de tração para Cadillacs. Esta é uma das razões por que foi fácil aos retribalizados nazistas sentirem-se superiores aos consumidores americanos. O homem tribal pode muito facilmente detectar as lacunas da mentalidade do homem letrado. De outro lado, é uma ilusão particular das sociedades letradas o considerarem-se altamente conscientes e individualistas. Séculos de condicionamento tipográfico segundo padrões de uniformidade linear e repetibilidade fragmentada começam a merecer uma atenção crítica crescente da parte do mundo artístico, na era da eletricidade. O processo linear vai sendo expulso da indústria, não apenas na administração e na produção, mas também na indústria do entretenimento. É a nova imagem em mosaico da TV que substitui os pressupostos estruturais de Gutenberg. Os resenhistas de *The Naked Lunch* ("O Almoço Nu"), de William Burroughs, aludiram à importância do termo e do método "mosaico" em seu romance. O mundo das marcas padronizadas e dos bens de consumo se torna simplesmente divertido à luz da imagem da televisão. Basicamente, a razão disto reside no fato de as malhas em mosaico da imagem da TV compelirem a uma tal participação por parte do telespectador, que ele acaba sentindo nostalgia dos tempos e modos do pré-consumo. Lewis Mumford é ouvido com atenção quando louva a forma coesiva das cidades medievais, propugnando-a para os nossos dias e necessidades.

A publicidade só ganhou impulso nos fins do século passado, graças à invenção da fotogravura. Anúncios e fotografias tornaram-se intercambiáveis — e assim têm continuado até hoje. O que é mais importante, os clichês tornaram possível o aumento da circulação do jornal e da revista, o que também fez aumentar a quantidade e a rentabilidade dos anúncios. Hoje é inconcebível que qualquer publicação, diária ou de qualquer outra periodicidade, consiga mais do que alguns poucos milhares de leitores, sem as fotos. Tanto o anúncio como a estória fotográfica propiciam grandes quantidades de informações e fatos humanos imediatos, sempre necessárias para se manter a atualização em nosso tipo de cultura. E não seria natural e necessário que se desse aos jovens o mesmo treino de percepção gráfica e fotográfica que eles recebem em relação ao tipográfico? Na verdade, o treinamento gráfico é mais importante, porque a arte de organizar um elenco de atores e dispô-lo num anúncio é complexa e, também, forçosamente insidiosa.

Alguns autores argumentavam que a Revolução Gráfica deslocou nossa cultura dos ideais particulares para as imagens corporadas. É o mesmo que dizer que a fotografia e a imagem da TV nos arrebatam do ponto de vista particular e letrado, levando-nos para o mundo complexo e inclusivo do ícone grupal. É isto exatamente o que faz a publicidade. Em lugar de apresentar um argumento ou uma visão particular, ela oferece um modo de vida que é para todos ou para ninguém. Apresenta esta perspectiva com argumentos que só se referem a assuntos triviais e irrelevantes. Por exemplo, o anúncio de um carro de luxo apresenta o chocalho de um bebê sobre o luxuoso tapete do piso traseiro, dizendo que o indesejável rateio do carro foi eliminado do mesmo modo como o usuário poderia retirar o chocalho da criança. Esta espécie de texto não tem nada que ver com rateios e chocalhos ° O texto é simplesmente um jogo de palavras que distrai as faculdades críticas, enquanto a imagem do carro vai atuando hipnoticamente sobre o leitor. Aqueles que passam suas vidas protestando contra os "falsos e enganosos textos publicitários" são sempre bem-vindos aos anunciantes, assim como os abstêmios são úteis às destilarias e os censores aos livros e filmes. Os que protestam são os melhores aclamadores e aceleradores. Desde o advento das fotos, a tarefa do texto publicitário é tão incidental e latente quanto o "significado" de um poema o é para um poema, ou as palavras de uma canção para a canção. As pessoas altamente letradas não entendem a arte não-verbal do pictórico — e se põem a saltitar impacientemente para exprimir desaprovações tão desenxabidas e fúteis que apenas servem para reforçar o poder e a autoridade dos anúncios. As

---

* *Rattles*, em inglês, para ambos os casos. (N. do Tr.)

mensagens dos anúncios, mensagens de profundidade ao inconsciente, nunca são atacadas pelos letrados e literatos, graças à sua incapacidade de perceber ou discutir formas não-verbais de estruturação e significação. Eles não possuem a arte de discutir com fotografias. Quando se emitiram anúncios subliminares nos inícios da TV, os letrados entraram em pânico — e só saíram dele depois que os anúncios foram excluídos. O fato de os efeitos da tipografia serem em boa parte subliminares, tanto quanto os das fotos, é um segredo que está além do alcance da comunidade orientada pelos livros.

Quando veio o cinema, todo o padrão da vida americana foi para as telas como um anúncio ininterrupto. O que um ator ou atriz usava ou comia era um anúncio — como nunca se sonhara antes. O banheiro, a cozinha, o carro e tudo o mais recebeu o tratamento das *Mil e Uma Noites*. Em conseqüência, todos os anúncios publicados em jornais ou revistas tinham de parecer cenas extraídas de um filme. E ainda parecem — só que o enfoque se abrandou com o advento da TV.

Com o rádio, os anúncios se abriram ao encantamento do comercial cantado. Como técnica de obter a inesquecibilidade, o ruído e a náusea tornaram-se universais. A criação de anúncios e imagens tornou-se — e permaneceu — o único setor realmente dinâmico e progressista da economia. Mas o cinema e o rádio são meios quentes, e seu advento excitou todo mundo a um alto grau, dando-nos os turbulentos anos 20 (*The Roaring Twenties*). O efeito foi o estabelecimento de uma plataforma maciça para as ações da promoção de vendas como meio de vida — coisa que só terminou com *A Morte do Caixeiro Viajante* e com o aparecimento da TV. Estes dois acontecimentos não são meras coincidências. A TV introduziu um padrão de vida apoiado na "experiência em profundidade" e no "faça você mesmo", que destruiu a imagem do vendedor agressivo e individualista e do consumidor passivo, assim como empanou as nítidas figuras das estrelas e astros de cinema. Não estamos querendo sugerir que Arthur Miller desejasse explicar a TV para a América antes de seu aparecimento, embora ele, com toda a propriedade, pudesse ter intitulado sua peça com o nome de *O Nascimento do Relações Públicas*. Aqueles que viram *O Mundo da Comédia*, de Harold Lloyd, certamente se lembrarão da surpresa que tiveram ao verificar o quanto haviam esquecido da década de 20. E também se surpreenderam ao notar quão ingênuos e simples foram realmente os anos 20. A era das *vamps*, dos xeques e dos homens da caverna era um berçário bulhento comparado ao nosso mundo de hoje, quando as crianças lêem MAD para rir sozinhas. Era um mundo ainda inocentemente empenhado na expansão e na explosão, na separação, na provocação e no rompimento. Hoje, com a televisão, experimentamos o processo oposto, o da integração e da inter-relação, que é tudo menos inocente. A fé simplória do vendedor na irresistibilidade da sua linha (de produtos e de argumentação) cede agora ao complexo conjunto das atitudes, do processo e da organização corporada.

Os anúncios mostraram ser uma forma de entretenimento comunitário autodestrutiva. Vieram na esteira do evangelho vitoriano do trabalho, e prometiam a terra da perfeição, a Terra Buscada do profeta Isaías, onde seria possível "passar camisas sem detestar seu esposo". E agora estão abandonando o produto para o consumidor individual, em favor de um processo todo-inclusivo e interminável, que é a Imagem de qualquer grande empresa corporada. A Container Corporation of América não apresenta sacos e copos de papel em seus anúncios, mas a *função* do recipiente, lançando mão dos melhores recursos artísticos. Os historiadores e arqueologistas um dia descobrirão que os anúncios de nosso tempo constituem os mais ricos e fiéis reflexos diários que uma sociedade pode conceber para retratar todos os seus setores de atividades. A este respeito, os hieróglifos egípcios ficam bastante atrás. Com a TV, os anunciantes mais espertos livraram-se de suas peles e peliças, de seus zumbidos e nebulosidades. E partiram para a caça submarina. Pois o telespectador é isso: um caçador submarino, e já não gosta da radiosa luz diurna sobre endurecidas superfícies epidérmicas, embora deva continuar a suportar uma barulhenta e dolorosa trilha sonora de rádio.

24

JOGOS

As Extensões do Homem

O álcool e o jogo têm significados diferentes em culturas diferentes. Em nosso mundo ocidental intensamente individualista e fragmentado, "encher a cara" é um liame social e um meio de envolvimento festivo. Em contraste, numa sociedade tribal solidamente unida, "encher a cara" é um fator destrutivo de toda a estrutura social e é mesmo utilizado como meio de experiência mística.

De outra parte, nas sociedades tribais, o jogo de azar é um caminho bem visto para os esforços de realização e de iniciativa particular. Numa sociedade individualista, os mesmos jogos e loterias parecem ameaçar toda a ordem social. O jogo leva a iniciativa individual a um ponto de zombaria de toda a estrutura social individualista. A virtude tribal é o vício capitalista.

Quando os pracinhas vieram dos banhos de lama e sangue da frente ocidental, em 1918 e 1919, encontraram a Lei Sêca (*Volstead Prohibition Act*). Era o reconhecimento social e político de que a guerra nos tinha fraternalizado e tribalizado a ponto de o álcool passar a ser uma ameaça à sociedade individualista. Quando estivermos também preparados para legalizar o jogo, anunciaremos ao mundo, como os ingleses, o fim da sociedade individualista e o retorno às memórias tribais.

Costumamos pensar no humor como um sinal de sanidade, por boa razão: na graça e na brincadeira recuperamos a pessoa integral, já que só podemos utilizar uma pequena parcela de nosso ser no mundo de trabalho ou na vida profissional. Philip Deane, em *Prisioneiro na Coréia*, conta uma estória, sobre jogos durante as sucessivas lavagens de cérebro, que vem a calhar:

> Chegou um momento em que tive de parar de ler aqueles livros, parar de praticar o russo porque o estudo da língua nas absurdas e constantes argumentações começavam a deixar a sua marca, começavam a encontrar um eco e senti que meu processo mental se enredava, minhas faculdades mentais se obnubilavam... e então eles cometeram um êrro. Deram-nos para ler *A Ilha do Tesouro*, de Robert Louis Stevenson, em inglês. Então eu pude ler Marx de novo, interrogando a mim mesmo sem medo. Robert Louis Stevenson deixou-nos de coração leve, e começamos lições de dança.

Os jogos são artes populares, *reações* coletivas e sociais às principais tendências e ações de qualquer cultura. Como as instituições, os jogos são extensões do homem social e do corpo político, como as tecnologias são extensões do organismo animal. Tanto os jogos como as tecnologias são contra-irritantes ou meios de ajustamento às pressões e tensões das ações especializadas de qualquer grupo social. Como extensões da resposta popular às tensões do trabalho, os jogos são modelos fiéis de uma cultura. Incorporam tanto a ação como a reação de populações inteiras numa única imagem dinâmica.

Em 13-12-1962, a Reuters despachava de Tóquio:

> O NEGÓCIO É UM CAMPO DE BATALHA
>
> A última moda entre os homens de negócios nipônicos é estudar a estratégia e a tática militares clássicas para aplicá-las às operações de seus negócios... Conta-se que uma das maiores empresas publicitárias do Japão chegou a tornar obrigatória a leitura desses livros para todos os funcionários.

Séculos de estreita organização tribal dão aos japoneses uma posição favorável na indústria e no comércio da era da eletricidade. Há poucas décadas atrás, submetidos à fragmentação da indústria e da escrita, liberaram agressivas energias individuais. O estreito trabalho em equipe e a lealdade tribal ora exigidos pela intercomunicação elétrica fazem com que os japoneses agora retomem suas positivas relações com as antigas tradições. Nossos próprios rumos tribais são ainda muito vagos para nos servirem de ajuda. Começamos a nos retribalizar com o mesmo tateio doloroso com que uma sociedade pré-letrada se inicia na leitura e na escrita e na organização visual de sua vida, em termos de espaço tridimensional. A busca do desaparecido Michael Rockefeller revelou a existência de uma tribo da Nova Guiné, que mereceu uma atenção especial da revista *Life*, há um ano atrás. Eis como os editores explicavam os jogos guerreiros desses nativos:

> Os inimigos tradicionais dos Willigiman-Wallalua são os Wittaia, um povo que se lhes assemelha em tudo: língua, trajes e costumes... Semanalmente, ou cada duas semanas, os Willigiman--Wallalua combinam com seus inimigos uma batalha formal, num de seus tradicionais campos de combate. Comparadas com os catastróficos conflitos das nações "civilizadas", essas escaramuças mais parecem um perigoso esporte campestre do que uma guerra de verdade. Cada batalha dura apenas um dia, terminando ao cair da noite (devido à ameaça dos espíritos) ou quando começa a chover (ninguém quer molhar seus cabelos e seus adornos). Os homens são muito precisos no uso de suas armas — praticam esses jogos bélicos desde crianças — mas como são igualmente hábeis na esquiva, raramente são atingidos.
>
> A parte de fato mortal desta guerra primitiva não é a batalha formal, mas a constituída pelas emboscadas e incursões sorrateiras, nas quais não apenas homens, mas também mulheres e crianças são impiedosamente massacrados...
>
> Este perpétuo derramamento de sangue não é praticado por nenhuma das razões habituais que promovem as guerras. Nenhum território é conquistado ou perdido; não há prisioneiros, nem pilhagem. Lutam por que gostam de lutar, entusiasticamente; a luta é para eles uma função vital do homem integral e porque sentem que devem agradar aos espíritos dos companheiros assassinados.

Em suma, essa gente vê nesses jogos um modelo do universo, em cuja dança mortal podem participar mediante o ritual dos jogos guerreiros.

Os jogos são modelos dramáticos de nossas vidas psicológicas, e servem para liberar tensões particulares. São formas artísticas populares e coletivas, que obedecem a regras estritas. As sociedades antigas e não-letradas encaravam naturalmente os jogos como modelos vivos e dramáticos do universo ou do drama cósmico exterior. Os jogos olímpicos eram emanações diretas do *agon*, ou luta do deus-sol. Os corredores percorriam uma trilha circular onde estavam inscritos os signos do zodíaco, à imitação do circuito diário da carruagem do sol. Nas disputas e jogos, emanações dramáticas da luta cósmica, o papel do espectador era evidentemente religioso. A tribo ou a cidade era uma vaga réplica daquele cosmos, tal como os jogos, as danças e os ícones. A transformação da Arte numa espécie de substituto civilizado dos jogos e rituais mágicos é a estória da destribalização que ocorreu com a alfabetização. A Arte, como os jogos, tornou-se uma catarse e um eco mimético da velha magia do envolvimento total. À medida que a audiência dos jogos e disputas mágicas se foi tornando mais individualista, o papel da Arte e do ritual se deslocou do cósmico para o psicológico humano, como na tragédia grega. O próprio ritual se tornou mais verbal, menos mimético e mais afastado da dança. Finalmente, a narrativa verbal de Homero e Ovídio se tornou o substituto literário romântico da liturgia corporada e da participação grupal. Muito do esforço erudito do século passado, nos mais variados campos, foi dedicado à minuciosa reconstrução das condições da arte e do ritual primitivos, pois se percebeu que esse caminho fornece a chave para a compreensão da mente do homem primitivo. No entanto, a chave desta compreensão também pode ser encontrada em nossa nova tecnologia eletrônica que, de modo rápido e profundo, vai recriando em nós mesmos as condições e atitudes do primitivo homem tribal.

Torna-se compreensível o enorme apelo exercido pelos jogos nos tempos recentes — beisebol, *rugby* e hóquei no gelo — se os encararmos como modelos externos da vida psicológica interna. Na qualidade de modelos, são antes dramatizações coletivas do que particulares da vida interior. Como nossos idiomas vernáculos, todos os jogos são meios de comunicação interpessoal e podiam não possuir existência nem significado a não ser como extensões de nossas vidas interiores imediatas. Se tomamos uma raquete de tênis na mão, ou 13 cartas de baralho, consentimos em ser parte de um mecanismo dinâmico numa situação delibera damente artificial. Não será esta a razão por que gostamos mais daqueles jogos que imitam situações de nosso trabalho e de nossa vida social? Os nossos jogos favoritos não propiciam uma liberação da tirania monopolística da máquina social? Numa palavra, a idéia aristotélica sobre a tragédia como reapresentação e catarse mimética das pressões angustiosas não se aplica perfeitamente a tódas as espécies de jogos, danças e diversões? Para que as brincadeiras e jogos sejam bem aceitos é necessário que transmitam um eco da vida e do trabalho diários. De outro lado, um homem ou uma sociedade sem jogos se afunda no transe morto-vivo dos zumbis e da automação. A Arte e os jogos nos facultam permanecer à margem das pressões materiais da rotina e das convenções, para observar e interrogar. Os jogos como formas artísticas populares oferecem a todos um meio imediato de participação na vida plena de uma sociedade — coisa que nenhum papel ou emprego isolados podem oferecer a nenhum homem. Daí a contradição do esporte "profissional". Quando a porta dos jogos que abre para a vida livre conduz a uma tarefa meramente especializada, qualquer um percebe que há um contra-senso nisso.

Os jogos que uma pessoa joga revelam muito sobre ela. O jogo é uma espécie de paraíso artificial, como a Disneylândia, ou uma visão utópica pela qual completamos e interpretamos o significado de nossa vida diária. Nos jogos, divisamos meios de participação não especializada no drama mais amplo de nosso tempo. Para o homem civilizado, a idéia de participação tem limites estritos. Não é para ele a participação em profundidade, que apaga os limites da consciência individual, como o culto indiano do *darshan*, a experiência mística da presença física numa multidão.

O jogo é uma máquina que começa a funcionar só a partir do momento em que os participantes consentem em se transformar em bonecos temporariamente. Para o ho-

267

mem individualista ocidental, muito de seu "ajustamento" à sociedade tem o caráter de uma rendição pessoal aos imperativos coletivos. Nossos jogos nos auxiliam tanto a aprender esta espécie de ajustamento como a nos libertar dele. A incerteza do resultado de nossas disputas constitui uma justificativa racional para o rigor mecânico das regras e procedimentos do jôgo.

Quando as normas sociais mudam abruptamente, então os ritos e maneiras sociais anteriormente aceitos de repente passam a assumir os delineamentos rígidos e os padrões arbitrários de um jogo. *Gamesmanship*, ("A Arte e Técnica do Jogo"), de Stephen Potter, trata de uma revolução social na Inglaterra. Os ingleses caminham para a igualdade social e para a intensa competição pessoal que acompanha a igualdade. Os antigos ritos de comportamento da velha classe já começam a parecer cômicos e irracionais, trapaças num jogo. *O Como Fazer Amigos e Influenciar Pessoas*, de Dale Carnegie, pareceu um manual de solene sabedoria social — bastante ridículo para os sofisticados. O que Carnegie oferecia como descobertas sérias não pareciam senão um ingênuo ritual mecânico àqueles que já se moviam num ambiente de consciência freudiana, carregada com tôda a psicopatologia da vida quotidiana. Os próprios padrões de percepção freudianos já se tornaram um código gasto, mais próximo do divertimento catártico de um jôgo do que de um guia de vida.

As práticas sociais de uma geração tendem a ser codificadas sob as formas de "jogos" pela geração seguinte. Finalmente, o jogo é transmitido como uma piada, tal como um esqueleto limpo de suas carnes. Isto é particularmente verdadeiro nos períodos de mudanças súbitas de atitudes, resultantes de alguma tecnologia radicalmente nova. A condenação do beisebol, no momento, parece vir da trama inclusiva da imagem da TV. O beisebol é um jôgo de uma coisa cada vez, de posições fixas e de tarefas visivelmente especializadas, tais como as da era mecânica agora em fase de superação, com suas funções particularizadas e seus elementos de *staff* e de linha na organização empresarial. A TV é a própria imagem dos novos modos corporativos e participantes da vida elétrica e, como tal, gera hábitos de consciência unificada e de interdependência social que nos afastam do estilo peculiar do beisebol, com sua tensão posicional para especialistas. Mudam as culturas, mudam os jogos. O beisebol, que se tornara a elegante imagem abstrata de uma sociedade industrial vivendo em ritmo cronométrico, perdeu sua relevância psíquica e social, em nosso novo modo de vida da década da TV. Foi deslocado do centro social para a periferia da vida americana.

Em compensação, o futebol americano não é posicional: qualquer um dos jogadores pode trocar de função durante o jogo. Hoje ele vai suplantando o beisebol na aceitação geral. Vai bem com as novas exigências do jogo em equipe descentralizado — com o jogo da era da eletricidade. Assim, de repente, poder-se-ia supor que a estreita unidade tribal do futebol americano o tornaria atraente para os russos. Sua devoção ao hóquei sobre gelo e ao futebol, duas formas de jogo muito individualistas, pareceria contrariar as necessidades psíquicas de uma sociedade coletivista. Acontece que a Rússia ainda é um mundo oral e tribal em fase de destribalização e só agora começa a descobrir o individualismo como novidade. Para eles, o futebol e o hóquei sobre o gelo possuem a qualidade de uma promessa exótica e utópica que aqueles jogos não transmitem ao Ocidente. É uma qualidade que nos inclinamos a chamar de "valor snob" — e nós também poderíamos atribuir este "valor" ao cavalos de corrida, aos pôneis de pólo ou aos iates de doze metros.

Os jogos, portanto, propiciam uma multiplicidade de satisfações. Aqui os encaramos em seu papel de meios de comunicação numa sociedade, como um todo. Assim, o pôquer é um jogo muitas vezes citado como a manifestação de todos os valores não expressos e de todas as complexas atitudes de uma sociedade competitiva. Lembra dureza, agressão, trapaça e avaliações pouco lisonjeiras do caráter. Diz-se que as mulheres não podem jogar pôquer porque é um jogo que estimula a curiosidade — e a curiosidade é fatal no pôquer. O pôquer é intensamente individualista; nele não há lugar para a bondade ou a consideração, mas apenas para o máximo bem-estar-para-o-maior-número, o número um. Desta perspectiva, é fácil ver por que a guerra tem sido considerada o esporte dos reis. Os reinos são para os monarcas o que o patrimônio e a renda individual são para o cidadão particular. Os reis podem jogar pôquer com seus reinos, como os generais com suas tropas. Podem blefar e iludir o oponente a respeito de suas forças e intenções. O que desqualifica a guerra como jogo de verdade é provavelmente o que desqualifica também a Bolsa de Valores e o mundo dos negócios — as regras não são suficientemente conhecidas nem aceitas pelos jogadores. Além disso, o público participa em demasia da guerra e dos negócios, assim como numa sociedade de nativos onde não há arte, verdadeiramente, porque *todo mundo* está empenhado em fazer arte. A arte e os jogos precisam de regras, convenções e espectadores. Precisam manter-se à parte da situação geral como modelos dela, para que se conserve a qualidade do jogo. "Jogar", na vida como numa roda, implica em *interjogar*. Deve haver um toma-lá-dá-cá, um diálogo, como entre duas ou mais pessoas ou grupos. Mas esta qualidade pode ser reduzida ou perdida em certas situações. Os grandes times treinam sem público. Isto não é esporte, tal como o entendemos, porque muito da qualidade do interjogo — o verdadeiro meio do interjogo — são as emoções do público. Rocket Richard, o jogador de hóquei canadense, costumava lamentar a má acústica de alguns ginásios. Tinha a sensação de que seu bastão fazia deslizar o disco sobre o clamor da multidão. O esporte, forma de arte popular, não é apenas auto-expressão, mas, necessária e profundamente, um meio de inter-relação de toda uma cultura.

A Arte não é apenas jogo, mas uma extensão da consciência humana em padrões inventados e convencionais. Como arte popular, o esporte é uma reação profunda à ação típica de uma sociedade. De outra parte, a arte elevada não é uma reação, mas o reexame de um complexo estado cultural. *O Balcão*, de Jean Genet, é para alguns a esmagadora resenha lógica da loucura humana em sua orgia autodestrutiva. Genet apresenta um bordel envolvido pelo holocausto da guerra e da revolução como uma imagem inclusiva da vida humana. Seria fácil objetar que Genet é histérico· e que o futebol americano o supera na crítica da vida. Vistos como modelos vivos de complexas situações sociais, os jogos podem carecer de firmeza moral, como tem sido admitido. Talvez por esta razão mesma haja uma desesperada necessidade de jogos numa cultura industrial altamente especializada, pois éles constituem a única forma de arte ·acessível a muitas mentalidades diferentes. O interjogo verdadeiro é reduzido a quase nada num mundo especializado de funções delegadas e empregos fragmentados. Algumas sociedades atrasadas ou tribais, quando traduzidas para formas de mecanização industrial e especializada, não encontram facilmente o antídoto dos esportes e dos jogos como fôrças de equilíbrio. Tendem a levar tudo melancolicamente a sério. Sem arte, e sem as artes populares dos jogos, o homem tende a afundar-se no automatismo.

Um comentário sobre as diversas espécies de jogo levadas a efeito pelo Parlamento Britânico e pela Câmara de Deputados da França poderá corroborar a experiência política de muitos leitores. Os ingleses tiveram a sorte de estabelecer um padrão de duas agremiações em suas bancadas, enquanto que os franceses, buscando o centralismo pela disposição dos deputados num semicírculo frente à mesa, acabaram apresentando uma multiplicidade de agremiações jogando uma grande variedade de jogos. Tentando a unidade, os franceses tiveram a anarquia. Os ingleses, organizando a diversidade, chegaram ao que se poderia chamar um excesso de unidade. O representante inglês, jogando pela "camisa" de seu time, não sofre a tentação de um esforço mental particular, nem se vê obrigado a acompanhar os debates — enquanto a bola não lhe fôr passada. Como disse um comentarista, se as bancadas não estivessem frente a frente, os ingleses não poderiam distinguir o verdadeiro do falso, nem a sabedoria da loucura — a não ser que prestassem atenção a *tudo*. Mas como a maior parte dos debates tende ao *nonsense*, seria estupidez acompanhá--los integralmente.

A forma de qualquer jogo é de primordial importância. A teoria do jôgo, como a teoria da informação, ignorou este aspecto do jôgo e do movimento informacional. Ambas as teorias têm tratado do conteúdo informativo dos sistemas, limitando-se a observar os fatores de "ruído" e de "fraude" que destorcem os dados. É como abordar um quadro ou uma composição musical do ponto de vista do conteúdo. Em outras palavras, este é o caminho mais seguro para ignorar o cerne estrutural da experiência. Pois assim como é o *padrão* de um jôgo que lhe confere relevância para a nossa vida interior — e não quem joga ou o resultado do jôgo — assim também se dá com o movimento da infomação. É a seleção dos sentidos humanos utilizados que faz a diferença, digamos, entre uma fotografia e o telégrafo. Nas artes, a combinação particular dos sentidos envolvidos é de importância básica. O conteúdo ostensivamente declarado não funciona senão como um acalanto-distração para que a forma estrutural atravesse as barreiras da atenção consciente.

Qualquer jogo, como qualquer meio de informação, é uma extensão do indivíduo ou grupo. O seu efeito sôbre o grupo ou sôbre o indivíduo se traduz pela reconfiguração daquelas partes do grupo ou do indivíduo que não são prolongadas ou estendidas. Uma obra de arte não tem existência ou função fora dos *efeitos* que produz sôbre os observadores. E a Arte, como os jogos, as artes populares ou qualquer outro meio de comunicação, tem o poder de impor seus próprios pressupostos, reordenando a comunidade humana por meio de novas relações e atitudes.

Como os jogos, a Arte é um tradutor de experiências. O que já sentimos ou vimos numa certa situação nos é oferecido, como que de repente, numa nova espécie de material. Da mesma maneira, os jogos deslocam a experiência conhecida para novas formas, iluminando o lado turvo e desolado das coisas. As companhias telefônicas costumam gravar fitas de certas conversas particularmente grosseiras, que despejam sobre as indefesas telefonistas as mais diversas variedades de expressões revoltantes. Tocadas para as telefonistas. essas conversas se tornam um jogo e uma diversão salutares, que as ajudam a manter o equilíbrio.

O mundo da Ciência tem plena consciência da importância do elemento lúdico em seus infindáveis experimentos com modelos de situações que de outra forma não poderiam ser observadas. Os centros de treinamento de administração de empresas há muito tempo utilizam os jogos como meios de desenvolver novas percepções no mundo dos negócios. John Kenneth Galbraith acha que os chefes de empresa devem estudar Arte, pois o artista produz modelos de problemas e situações que ainda não vieram a furo na vasta matriz da sociedade; o homem de negócios dotado de percepção artística levará uma década de vantagem em seus planejamentos.

Na era da eletricidade, o preenchimento do vácuo entre a Arte e os negócios, ou entre o *campus* universitário e a comunidade, faz parte da implosão generalizada que aproxima todos os especialistas, em todos os níveis. Flaubert, o escritor francês do século XIX, achava que a Guerra Franco-Prussiana teria sido evitada se as pessoas tivessem lido *A Educação Sentimental*. Desde então, o mesmo sentimento é compartilhado pelos artistas. Eles sabem que estão empenhados na criação de modelos vivos de situações que ainda não amadureceram na sociedade como um todo. No seu jogo artístico, descobrem o que realmente está acontecendo — e por isso parecem estar "à frente de seu tempo". Os que não são artistas sempre olham para o hoje através dos óculos de ontem, ou da era precedente. Os estados-maiores estão sempre magnìficamente preparados para a guerra que passou.

Os jogos, pois, são situações inventadas e controladas extensões da consciência grupal, que permitem uma suspensão dos padrões costumeiros, como se a sociedade entabulasse uma conversação consigo mesma. E conversar com seus botões é uma forma de jogo reconhecida e indispensável para o amadurecimento da autoconfiança. Em tempos recentes, ingleses e americanos têm desfrutado de uma enorme autoconfiança, nascida do espírito lúdico, do humor

273

e dos jogos. Quando se defrontam com a ausência desse mesmo espírito em seus rivais, sentem-se embaraçados. Tomar as coisas do mundo mortuariamente a sério revela um lamentável defeito de consciência e conhecimento. Já nas origens do Cristianismo se observava o hábito da brincadeira espiritual, da "representação do néscio em Cristo", como diz S. Paulo. Paulo também associava este senso de confiança espiritual e do jogo cristão com os jogos e esportes de seu tempo. Jogar implica na consciência da grande desproporção que existe entre a situação visível e os dados reais. Um senso similar preside à situação lúdica, como tal. Sendo o jogo, como qualquer forma artística, o simples modelo tangível de uma situação menos acessível, há sempre um senso espicaçante de estranheza e graça nos jogos e brincadeira, que faz com que as pessoas ou sociedades muito sérias e sombrias se tornem risíveis. Quando o inglês vitoriano começou a inclinar-se para o pólo da seriedade, Oscar Wilde, Bernard Shaw e G. K. Chesterton encarregaram-se de contrabalançar a situação, habilidosamente. Os eruditos muitas vezes têm apontado para o fato de Platão conceber o jogo como algo oferecido à Divindade e como a mais elevada manifestação do impulso religioso do homem.

O famoso tratado sobre o riso, de Bergson, se apóia na noção de um mecanismo que arrebata os valores vitais, chave do risível. Ver um homem escorregar numa casca de banana é ver um sistema racionalmente estruturado traduzido de repente numa máquina giratória. Como o industrialismo criara uma situação semelhante na sociedade de seu tempo, a idéia de Bergson foi logo aceita. Ele parece não ter notado que o que fez foi apresentar, mecanicamente, uma metáfora mecânica numa era mecânica, para explicar uma coisa bem pouco mecânica como um riso, "o espirro da mente", como o definiu Wyndham Lewis.

O espírito do jogo sofreu uma derrota há alguns anos atrás, por ocasião da fraude que ocorreu no programa do tipo "o céu é o limite". Isto porque o prêmio maior parecia zombar do dinheiro. Como concentração do poder e habilitação, e como acelerador e agente de intercâmbio e troca, o dinheiro ainda tem para muita gente a virtude de produzir um transe dentro da maior seriedade. Os filmes de cinema, num certo sentido, também são espetáculos "arranjados". Qualquer peça, poema ou romance também é "arranjado", para *produzir um efeito*. E assim foi "o céu é o limite" da televisão americana. Mas o efeito da televisão é no sentido de uma profunda *participação* da audiência. O cinema e o teatro não permitem tanta participação como a propiciada pela trama em mosaico da imagem da televisão. Tão grande foi a participação da audiência naqueles *shows* que seus diretores foram processados como vigaristas. Além disso, os interêsses publicitários da imprensa e do rádio — feridos pelo sucesso do novo meio da TV — não sentiam senão prazer nesse laceramento de sua rival. Claro, os fraudadores se haviam mostrado completamente ignorantes sôbre a natureza do meio que utilizavam, dando-lhe um tratamento cinematográfico de intenso realismo em lugar do ameno enfoque mítico adequado à TV. O ganhador-perdedor da disputa, Charles Van Doren, simplesmente foi envolvido como um transeunte inocente — e as investigações levadas a efeito não revelaram nada sobre a natureza ou os efeitos do meio da TV. Só serviram, lamentavelmente, para levar água ao moinho dos moralizadores empedernidos. Um ponto de vista moral muitas vezes não serve senão como sucedâneo da compreensão dos assuntos tecnológicos.

Creio que deixamos claro que os jogos são extensões de nosso "eu" particular, e que êles se constituem em meios de comunicação. Se se perguntar, finalmente: "Os jogos são meios de comunicação de massa?" — a resposta tem de ser: "Sim". Os jogos são situações arbitradas que permitem a participação simultânea de muita gente em determinada estrutura de sua própria vida corporativa ou social.

25

TELÉGRAFO

O HORMÔNIO SOCIAL

O telégrafo sem fio ganhou uma publicidade espetacular em 1910, ao contribuir para a prisão, em pleno mar, do Dr. Hawley H. Crippen, um médico americano estabelecido em Londres, que assassinara a mulher, enterrando o corpo na adega da casa e fugindo com sua secretária a bordo do transatlântico *Montrose*. A secretária se disfarçara como um menino, e ambos viajavam com o nome de Sr. Robinson e filho. O Capitão George Kendall, do *Montrose*, passou a suspeitar dos Robinsons, pois havia lido sobre o caso Crippen nos jornais inglêses.

O *Montrose* era então um dos poucos navios equipados com o telégrafo sem fio de Marconi. Sob sigilo, fêz seu telegrafista enviar uma mensagem à Scotland Yard, que enviou o Inspetor Dews (num navio mais rápido) na esteira do *Montrose* através do Atlântico. O Inspetor Dews, trajado como piloto, abordou o *Montrose* antes que êle atracasse no porto e prendeu Crippen. Passados dezoito meses da prisão, o Parlamento Britânico promulgou uma lei tornando obrigatória a instalação do telégrafo em todos os navios de passageiros.

O caso Crippen ilustra o que acontece aos melhores planos dos homens e ratos de qualquer organização quando ocorre a velocidade instantânea do movimento informacional. Dá-se o colapso da autoridade delegada e começa a dissolução da pirâmide hierárquica e das estruturas administrativas constantes dos organogramas. A separação das funções e a divisão de fases, espaços e tarefas, são características da sociedade visual e letrada e do mundo ocidental. Estas divisões tendem a dissolver-se pela ação das inter-relações instantâneas e orgânicas da eletricidade.

O antigo Ministro dos Armamentos alemão, Albert Speer, num de seus pronunciamentos durante o julgamento de Nuremberg, comentou amargamente os efeitos dos meios elétricos na vida alemã: "O telefone, o teletipo e o telégrafo permitiam que as ordens emanadas dos mais altos escalões chegassem diretamente aos escalões mais baixos, onde eram executadas sem maiores ponderações, dada a autoridade absoluta em que se estribavam...".

Os meios elétricos tendem a criar uma espécie de interdependência orgânica entre todas as instituições da sociedade, o que dá nova ênfase ao parecer de Chardin de que a descoberta do eletromagnetismo deve ser considerada como um "prodigioso acontecimento biológico". Se as instituições políticas e comerciais adquirem um caráter biológico por força dos meios elétricos de comunicação, é agora explicável que biologistas como Hans Selye pensem no organismo físico em têrmos de rede de comunicação: "O hormônio é uma específica substância-mensageira química secretada por uma glândula endócrina e injetada no sangue para regular e coordenar as funções dos órgãos distantes."

Esta peculiaridade da forma elétrica, que encerra a era mecânica das fases individuais e das funções especializadas, comporta uma explicação direta. Enquanto todas as tecnologias anteriores (exceto a fala em si) constituíam, com efeito, extensões de alguma parte do corpo, a eletricidade pode ser considerada como a extensão de nosso próprio sistema nervoso central, incluindo o cérebro. Nosso sistema nervoso central é um campo unificado sem segmentos. Como escreve J. Z. Young, em: *Doubt and Certainty in Science: A Biologist's Reflections on the Brain* — Galaxy, Oxford University Press, Nova Iorque, 1960 ("Dúvida e Certeza na Ciência: Reflexões de um Biologista sobre o Cérebro")

Pode dar-se que grande parte do segredo do poder cerebral resida na enorme possibilidade da interação entre os efeitos dos estímulos de cada parte dos campos receptores. É esta provisão de lugares-de-interação ou de lugares-de-mistura que nos permite reagir ao mundo como um todo num grau muito maior do que o facultado a quase todos os outros animais.

A falta de compreensão do caráter orgânico da tecnologia elétrica se evidencia em nossa constante preocupação com os perigos da mecanização do mundo. Acontece que corremos o risco maior de anular todo o investimento na tecnologia pré-elétrica de tipo mecânico e letrado por meio do uso indiscriminado da energia elétrica. O que caracteriza um mecanismo é a separação e a extensão de partes isoladas de nosso corpo — mão, braço, pés — em pena, martelo, roda. E a mecanização de uma função se efetua pela segmentação de cada fase de uma ação comum numa série de partes uniformes, repetíveis e móveis. O que caracteriza a cibernação (ou automação) é exatamente o oposto, pois é um processo que tem sido descrito como um meio de pensar e um meio de fazer. Em lugar de se preocupar com máquinas separadas, a cibernação encara o problema da produção como um sistema integrado de manipulação da informação.

É esta mesma provisão de lugares de interação nos meios elétricos que hoje nos leva a reagir ao mundo como um todo. Acima de tudo, no entanto, é a velocidade do envolvimento elétrico que cria o todo integral da consciência particular e pública. Vivemos hoje na Era da Informação e da Comunicação, porque os meios elétricos criam, instantânea e constantemente, um campo total de eventos interagentes do qual todos os homens participam. Ora, o mundo da interação pública tem o mesmo escopo inclusivo do inter-relacionamento integral, que, até agora, fora apenas característica de nosso sistema nervoso particular. Isto porque a eletricidade é orgânica quanto ao caráter e mantém o liame orgânico social pelo seu emprego no telégrafo, no telefone, no rádio e outras formas. A simultaneidade da comunicação elétrica — também característica de nosso sistema nervoso — torna cada um de nós presente e acessível a qualquer pessoa. Em larga medida, a nossa co-presença em toda parte e ao mesmo tempo constitui um fato de experiência antes passivo do que ativo, na era da eletricidade. Ativamente falando, temos maior possibilidade de perceber isto durante a leitura de um jornal ou enquanto assistimos a um *show* de TV.

Uma maneira de apreender a passagem da era mecânica para a elétrica é a de observar a diferença entre a diagramação de um jornal literário e de um jornal telegráfico, digamos entre o *Times*, de Londres, e o *Daily Express*, ou entre o *The New York Times* e o *Daily News*, de Nova Iorque. É a diferença que vai entre colunas representando pontos de vista e um mosaico de recortes desconexos num campo unificado por uma data. Num mosaico de itens simultâneos pode haver de tudo — menos o ponto de vista. O mundo do impressionismo, associado à pintura das últimas décadas do século XIX, atingiu sua forma mais extrema com o pontilhismo de Seurat e com as refrações luminosas dos mundos de Monet e Renoir. O pontilhismo de Seurat se aproxima da técnica atual da transmissão de fotos pelo telégrafo e da imagem em mosaico da TV, resultante da ação perscrutadora do dedo. Tudo isto antecipa as posteriores formas elétricas porque, como o computador digital com suas inúmeras seleções de tipo sim-não, tudo isto implica em acariciar os contornos de todas as coisas pelos múltiplos toques desses pontos. A eletricidade oferece um meio de se manter em contato com todas as facetas de um ser, imediatamente, como o próprio cérebro. Apenas incidentalmente a eletricidade é visual e auditiva; basicamente, ela é tátil.

À medida em que a era da eletricidade se foi firmando, nos fins do século passado, todo o mundo das artes começou a rumar de nôvo para as qualidades icônicas do tato e das correspondências entre os sentidos (sinestesia, como era chamado o fenômeno) — na Poesia como na Pintura. O escultor alemão Adolf von Hildebrand inspirou a Berenson a observação de que "o pintor só pode realizar sua tarefa emprestando valôres táteis às impressões retínicas". Tal orientação implica em dotar a forma plástica de uma espécie de sistema nervoso próprio.

A forma elétrica da impressão difusa é profundamente tátil e orgânica, dotando cada objeto de uma espécie de sensibilidade unificada, como na pintura das cavernas. A tarefa inconsciente do pintor na nova era da eletricidade era a de elevar este fato ao nível do conhecimento consciente. A partir de então, o simples especialista, em qualquer campo, estava condenado à esterilidade e à inanidade ecos de uma forma arcaica da era mecânica que se findava. Depois de séculos de sensibilidade dissociadas, a consciência contemporânea viria a tornar-se de novo integral e inclusiva. A Bauhaus, escola de desenho industrial alemã. tornou-se um dos grandes centros de esforços no sentido de uma consciência humana inclusiva; mas a mesma tarefa foi aceita pela raça de gigantes que surgiu na Música e na Poesia, na Arquitetura e na Pintura. A ascendência que deram às artes deste século em relação às artes de outras eras só pode ser comparada às ascendência, há longo tempo reconhecida, da ciência moderna.

Em seus inícios, o telégrafo estava subordinado à ferrovia e ao jornal — extensões imediatas da produção e do mercado industriais. Quando as ferrovias começaram a cortar o continente, a sua coordenação passou a depender em grande parte do telégrafo, a ponto de as imagens do chefe da estação e do telegrafista se identificarem no pensamento dos americanos.

Foi em 1844 que Samuel Morse inaugurou a linha telegráfica entre Washington e Baltimore, graças aos 30 000 dólares obtidos do Congresso. Como sempre, a emprésa particular aguardou que a burocracia administrativa esclarecesse a visão e os objetivos da nova operação. Quando esta se mostrou lucrativa, a fúria da promoção e da iniciativa privada se tornou impressionante, a ponto de provocar episódios selvagens. Nenhuma tecnologia nova, nem mesmo a estrada de ferro, apresentou um crescimento tão rápido quanto o telégrafo. Em 1858, o primeiro cabo submarino já cruzava o Atlântico; em 1861 os fios telegráficos já atravessavam a América. Não é de surpreender que todo novo método de transporte de bens ou de informação marque o seu aparecimento com duras batalhas competitivas em relação aos meios anteriores. Toda inovação não apenas provoca rupturas comerciais, mas também corrosões sociais e psicológicas.

É instrutivo acompanhar as fases embrionárias de qualquer desenvolvimento, pois em geral elas são muito mal compreendidas — quer se refiram à imprensa, ao automóvel ou à TV. Justamente porque as pessoas, no início, não se dão conta da natureza do novo meio, a nova forma vibra alguns golpes reveladores nos espectadores de olhos mortos-vivos. A primeira linha telegráfica entre Baltimore e Washington incentivou jogos de xadrez entre os peritos das duas cidades. Outras linhas eram utilizadas para loterias e para jogos em geral, assim como o rádio se desenvolveu sem quaisquer compromissos comerciais, graças, em verdade, à atuação de radioamadores — até que os grandes interesses o empolgaram.

Há poucos meses atrás, John Crosby remeteu um despacho, de Paris, para o *New York Herald Tribune*, que bem ilustra a obsessão "conteudística" do homem de cultura da imprensa, obsessão essa que lhe dificulta noticiar fatos sobre a *forma* de um novo meio:

O Telstar, como vocês sabem, é aquela bola que gira no espaço, transmitindo emissões de televisão, telefonemas e tudo o mais — exceto bom-senso. Quando ele foi lançado, as trombetas soaram. Os continentes passariam a compartilhar dos prazeres intelectuais. Os americanos poderiam apreciar Brigitte Bardot. Os europeus partilhariam do inebriante estímulo intelectual de "Ben Casey". ... O efeito fundamental deste milagre das comunicações é o mesmo que sempre perturbou todos os milagres da comunicação, desde os hieróglifos e as pedras gravadas. Que é que se diz nele? O Telstar entrou em operação em agosto, quando nada de importante acontecia na Europa. Todas as cadeias foram solicitadas a se manifestar, de qualquer forma que fosse, através desse miraculoso instrumento. "Era um brinquedo novo e eles tinham de usá-lo" — dizia-se por aqui. A CBS devassou a Europa em busca de notícias quentes e veio com um concurso de comedores de salsichas, logo transmitido pela bola milagrosa — embora essa notícia pudesse ter sido enviada em dorso de camelo, que nada perderia de sua essência.

281

Qualquer inovação ameaça o equilíbrio da organização existente. Na grande indústria, as novas idéias são incentivadas e convidadas a se manifestar para que possam logo ser malhadas. O departamento de criação de uma grande firma é uma espécie de laboratório destinado a isolar um vírus perigoso. Quando um deles é localizado, é logo passado a um grupo encarregado do tratamento de neutralização e imunização. Não há nada mais cômico do que alguém apresentar-se a uma grande firma com uma nova idéia destinada a promover um grande "aumento de produção e de vendas". Um tal aumento resultaria num desastre para a administração no poder. Teriam de abrir caminho para uma nova administração. Logo, nenhuma idéia nova se desenvolve dentro de uma grande operação. Ela deve assaltar a organização do lado de fora, através de alguma organização pequena mas competitiva. Do mesmo modo, a projeção ou extensão de nosso corpo e de nossos sentidos numa "nova invenção" obriga o todo de nosso corpo e de nossos sentidos a se deslocar para novas posições a fim de manter o equilíbrio. Toda nova invenção efetua um novo "fechamento" em nossos órgãos e sentidos, privados e públicos. A visão e a audição assumem novas posturas — como todas as demais faculdades. Com o telégrafo, deu-se uma revolução no método de captar e apresentar as notícias. Naturalmente, foram espetaculares os efeitos causados na linguagem, no estilo literário e nos assuntos.

No mesmo ano de 1844, quando os americanos jogavam xadrez e apostavam na loteria pela primeira linha telegráfica, Soren Kierkegaard publicava o seu *O Conceito da Angústia*. Começara a Era da Angústia. Com o telégrafo, o homem dera início à projeção e extensão de seu sistema nervoso central, que agora vai-se identificando com a extensão da consciência — graças às emissões por satélites. Pôr para fora os próprios nervos, e para dentro do sistema nervoso, ou cérebro, os próprios órgãos físicos, é o mesmo que dar início à situação — senão ao conceito — de angústia.

Após o exame do trauma provocado pelo telégrafo na vida consciente e após verificar que êle nos introduz na

Era da Angústia e da Ansiedade Difusa, podemos voltar-nos para alguns exemplos específicos desta inquietação e deste nervosismo crescentes. Quando aparece um novo meio ou ocorre uma nova extensão humana, este meio cria um novo mito por si mesmo, em geral associado a alguma personalidade histórica: Aretino, o Flagelo dos Príncipes e o Boneco da Imprensa; Napoleão e o trauma da revolução industrial; Chaplin, a consciência pública do cinema; Hitler, o totem tribal do rádio; e Florence Nightingale, a primeira cantora da miséria humana pelo fio telegráfico.

Florence Nightingale (1820-1910), abastado e refinado membro de um novo e poderoso clã inglês engendrado pelo poder industrial, começou a captar sinais de aflição humana quando ainda era jovem. No início, eram quase indecifráveis. Eles revolucionaram todo o seu meio de vida e não se identificavam com a imagem que fazia dos pais, amigos e cortejadores. Foi uma pura inspiração de gênio que a habilitou a traduzir a nova e difusa angústia e ansiedade da vida na idéia do profundo envolvimento humano e da reforma hospitalar. Começou a pensar — e a viver — o seu tempo, e descobriu a nova fórmula da era eletrônica: o *Medicare* (Previdência de Saúde). O tratamento do corpo era um bálsamo para os nervos, numa idade que projetara para fora seu próprio sistema nervoso, pela primeira vez na história humana.

É bastante simples exprimir a estória de Florence Nightingale em termos dos novos meios. Chegou a um cenário remoto, onde os controles que se manifestavam do centro londrino se enquadravam numa estrutura comum, hierárquica e pré-elétrica. A divisão minuciosa, a delegação de funções e a separação de poderes, normais na organização militar e industrial de então (e por muito tempo ainda), criavam um sistema imbecil de desperdício e ineficiência, que, pela primeira vez, eram registrados diariamente pelo telégrafo. Diariamente, no quintal de casa — no fio telegráfico — empoleirava-se o legado da fragmentação letrada e visual:

> Na Inglaterra, a fúria crescia. Uma tormenta de ódio, humilhação e desespero se vinha armando desde o terrível inverno de 1854-55. Pela primeira vez na História, através dos despachos de Russel, o público via com que "majestade lutavam os soldados ingleses". E estes heróis estavam mortos. Os homens que haviam assaltado como um tufão as elevações do Alma, que haviam carregado com a Brigada Ligeira, em Balaclava... haviam perecido de fome e abandono. Até mesmo os cavalos que haviam participado da Carga da Brigada Ligeira tinham morrido de fome (*O Cruzado Solitário*, Cecil Woodham-Smith, McGraw-Hill).

Os horrores que William Howard Russel transmitia pelo fio para *The Times* eram normais na vida militar britânica. Ele foi o primeiro correspondente de guerra, porque o telégrafo deu às notícias aquela imediata e inclusiva dimensão do "lado humano" e que não pertence ao "ponto de vista". Que, depois de mais de um século de despachos telegráficos, ninguém tenha visto que o "lado humano" não é senão a dimensão eletrônica ou profunda do envolvimento imediato nas notícias, não contribui senão para salientar a nossa distração e a indiferença geral. Com o telégrafo, termina aquela separação de interesses e aquela divisão de faculdades que, certamente, deixaram alguns monumentos magníficos da capacidade e da engenhosidade humanas. Mas com o telégrafo vieram a insistência e a totalidade integrais de Dickens, de Florence Nightingale e de Harriet Beecher Stowe. A eletricidade dá força às vozes dos fracos sofredores, afastando do caminho os especialismos burocráticos e as discriminações de empregos — típicos das mentalidades amarradas a manuais de instruções. A dimensão do "lado humano" é simplesmente a do imediatismo da participação na experiência alheia e que ocorre com a informação imediata. As pessoas também se tornam instantâneas em suas respostas de compaixão ou furor, quando devem compartilhar com o todo da Humanidade a mesma extensão comum do sistema nervoso central. Nessas condições, o "desperdício conspícuo" e o "consumo conspícuo" se tornam causas perdidas e mesmo o mais empedernido milionário se encolhe em modestas maneiras de tímidos serviços à Humanidade.

Nesta altura, muitos podem perguntar por que o telégrafo haveria de criar o "lado humano" e a imprensa não. O capítulo dedicado à Imprensa pode ajudar esses leitores. Pode dar-se também que exista um obstáculo oculto à percepção. O tudo-de-uma-vez instantâneo e o envolvimento total da forma telegráfica ainda provocam a repulsa de alguns letrados sofisticados. Para éles, a continuidade visual e o "ponto de vista" fixo tornam a participação imediata dos meios instantâneos tão desagradável e mal-vinda quanto os esportes populares. São também vítimas dos meios, despercebidamente mutilados por seu trabalho e seus estudos, tal como as crianças numa fábrica de produtos graxos da era vitoriana. Para muita gente que teve a sensibilidade irremediavelmente deformada e obturada pelas posturas fixas da escrita e da imprensa mecânica, as formas icônicas da era da eletricidade são tão opacas ou, mesmo, invisíveis quanto os hormônios ao olho nu. A tarefa do artista consiste em deslocar os velhos meios para posições que permitam que a atenção se volte para os novos. Para tanto, o artista deve sempre jogar e experimentar com novas maneiras de estruturar a experiência, mesmo que a maioria da audiência prefira continuar em suas velhas e fixas atitudes perceptivas. O máximo que um crítico-prosador pode fazer é surpreender tantas atitudes características e reveladoras dos meios quantas ele é capaz de descobrir. Examinemos uma série desses comportamentos do telégrafo em suas relações com outros meios, tais como o livro e o jornal.

Em 1848, o telégrafo, então com apenas quatro anos de idade, obrigou vários dentre os maiores jornais americanos a se organizarem coletivamente para a captação de notícias. Essa iniciativa se tornou a base da Associated Press, que passou a prestar serviços noticiosos pagos a seus subscritores. De certo modo, o real significado desta forma de cobertura elétrica e instantânea foi obscurecido pelo revestimento mecânico das formas visuais e industriais da imprensa e da impressão gráfica. Neste caso, o efeito especificamente elétrico pode parecer uma força de compressão centralizadora. Para muitos analistas, a revolução elétrica tem sido encarada como uma continuação do processo de mecanização da Humanidade. Mas um exame mais atento revela um caráter diferente. Por exemplo, a imprensa regional, que tinha de depender dos correios e do controle político exercido através dos correios, logo se livrou desse tipo de monopólio centro-margem, graças aos novos serviços telegráficos. Mesmo na Inglaterra, onde as breves distâncias e a concentração da população fizeram da ferrovia um poderoso agente centralizador, o monopólio de Londres se dissolveu com a invenção do telégrafo, que passou a encorajar a competição da província. O telégrafo libertou a imprensa provinciana marginal da dependência da grande imprensa metropolitana. No campo total da revolução elétrica, esta estrutura da descentralização comparece sob múltiplas formas. *Sir* Lewis Namier é de opinião que o telefone e o avião constituem as maiores causas das perturbações de nosso tempo. Os diplomatas profissionais, com poderes delegados, foram suplantados pelos primeiros ministros, presidentes e ministros do exterior, que julgam poder conduzir pessoalmente todas as negociações importantes. Este é também o problema que ocorre no mundo dos grandes negócios, onde se verificou que é impossível exercer qualquer autoridade delegada quando se utiliza o telefone. A própria natureza do telefone, como de todos os meios elétricos, é a de comprimir e unificar o que antes era dividido e especializado. Só a "autoridade do conhecimento" funciona por telefone, devido à velocidade que cria um campo total e inclusivo de relações. A velocidade exige que as decisões sejam inclusivas e não fragmentárias ou parciais; daí que os letrados — tipicamente — resistam ao telefone. Mas o rádio e a TV, como veremos, possuem o mesmo poder de impor uma ordem inclusiva, como se fosse uma organização oral. No pólo oposto está a forma centro-margem das estruturas visuais e escritas da autoridade.

Muitos analistas se vêem desorientados pelos meios elétricos devido à aparente habilidade com que esses meios estendem os poderes espaciais de organização. Os meios elétricos, no entanto, antes abolem do que aumentam a dimensão espacial. Graças à eletricidade, em toda a parte retomamos os contatos pessoa a pessoa como se atuássemos na escala da menor das aldeias. É uma relação em profundidade, e sem delegação de funções ou poderes. Em toda parte, o orgânico suplanta o mecânico. O diálogo supera a conferência. Os dignitários privam com a juventude. Quando um grupo de universitários de Oxford soube que Rudyard Kipling recebia dez *shillings* por cada palavra que escrevia, enviaram-lhe dez *shillings* por telegrama, durante a reunião que realizavam: "Por favor, envie-nos uma de suas melhores palavras." Que veio em poucos minutos: "Obrigado."

Os híbridos da eletricidade e dos velhos mecanismos têm sido numerosos. Alguns deles, como o fonógrafo e o cinema, são discutidos mais adiante. Hoje, o casamento das tecnologias elétrica e mecânica chega ao fim, com a TV substituindo o cinema e o Telstar ameaçando a roda. Há um século atrás, o efeito do telégrafo foi o de acionar mais rapidamente as máquinas impressoras, assim como a aplicação da faísca elétrica, com sua precisão instantânea, tornou possível o motor de combustão interna. Levado adiante, no entanto, o princípio elétrico dissolve em toda a parte a técnica mecânica da separação visual e da análise de funções. Os *tapes* ou fitas eletrônicas. com informação exatamente sincronizada, substituem a velha seqüência linear da cadeia de motagem.

A aceleração é a fórmula para a dissolução e a ruptura de qualquer organização. Como toda a tecnologia mecânica do mundo ocidental se vinculou à eletricidade, foi conduzida a velocidades sempre mais altas. Todos os aspectos mecânicos de nosso mundo parecem estar em vias de liquidação. Os Estados Unidos chegaram a um alto grau de controle político central graças ao entrosamento da ferrovia, dos correios e do jornal. Em 1848, O Chefe Geral dos Correios escreveu, em seu relatório, que os jornais "sempre têm sido considerados de primordial importância para o público, como o melhor meio de disseminar a inteligência no povo, e por isso são onerados com as mais baixas tarifas possíveis, de modo a propiciar o aumento de sua circulação". O telégrafo logo enfraqueceu esta estrutura centro-margem e, o que é mais importante, tirou muito da força representada pelas opiniões editoriais, intensificando o volume das notícias. As notícias superaram claramente os pontos de vista nas modelagens de atitudes públicas, embora poucos exemplos desta mudança sejam tão notáveis como o súbito agigantamento da imagem de Florence Nightingale no mundo britânico. Contudo, nada tem sido mais mal compreendido do que o poder do telégrafo nesse assunto. Talvez que o seu traço mais decisivo seja o seguinte: A dinâmica natural do livro — e também do jornal — é a de criar uma visão nacional unificada segundo uma estrutura centralizada; todas as pessoas letradas,. portanto, sentem o desejo de ver estendidas às "regiões mais atrasadas" e às mentalidades menos letradas os benefícios das opiniões iluminadas — e dentro de um padrão horizontal, uniforme e homogêneo. O telégrafo acabou com essa esperança. Descentralizou o mundo do jornal de maneira tão completa que as visões nacionais uniformes se tornaram impossíveis. mesmo antes da Guerra Civil. Conseqüência talvez de maior importância, o telégrafo, na América, atraiu os talentos literários mais para o jornalista do que para o livro. Pöe, Twain e Hemingway são exemplos de escritores que não podiam encontrar nem experiência nem saída, a não ser no jornal. Em contraposição, na Europa, os numerosos e pequenos grupos nacionais estavam organizados num mosaico descontínuo que o telégrafo não fez senão intensificar. O resultado foi que, na Europa, o telégrafo reforçou a posição do livro e obrigou mesmo a imprensa a assumir um caráter literário.

Um dos desenvolvimentos nada desprezíveis que o telégrafo propiciou foi o da previsão do tempo, talvez um dos itens mais popularmente participantes da imprensa diária. Nos primórdios do telégrafo, a chuva criava problemas para a ligação dos fios à terra. Esses problemas chamaram a atenção para a dinâmica do tempo. Um relatório canadense. de 1883, declarava: "Logo se descobriu que quando o vento de Montreal soprava de leste ou nordeste, as tempestades vinham do oeste, e que, quanto mais forte as correntes terrestres, mais rapidamente vinha a chuva da direção oposta." Torna-se claro que o telégrafo, fornecendo um largo leque de informação instantânea, podia revelar as correntes metereológicas além da observação acessível ao homem pré-elétrico.

26

A MÁQUINA DE ESCREVER

Na Era da Mania do Ferro

Os comentários de Robert Lincoln O'Brien, no *Atlantic Monthly*, em 1904, constituem um campo rico de material social ainda inexplorado. Por exemplo:

A invenção da máquina de escrever deu um enorme impulso ao hábito do ditado... Isto não significa apenas mais palavrório... mas sim a revelação do ponto de vista daquele que profere o ditado. Há uma disposição do orador no sentido de explicar as coisas como se estivesse observando as expressões faciais de seus ouvintes, para observar como estão seguindo suas palavras. E esta atitude não desaparece quando a audiência está acompanhando. Não é raro, nas cabines de datilografia do Capitólio, em Washington, ver congressistas ditando cartas e gesticulando vigorosamente, como se os métodos retóricos de persuasão pudessem ser transmitidos para a página impressa.

Em 1882, anúncios proclamavam que a máquina de escrever podia ser usada como auxiliar no aprendizado da leitura, da escrita, da pronúncia e da pontuação. Passados oitenta anos, a máquina de escrever é utilizada apenas em classes experimentais. A escola tradicional ainda a mantém à margem, como um brinquedo que atrai e distrai. Mas poetas como Charles Olson proclamam eloqüentemente o poder da máquina de escrever em ajudar o poeta na indicação exata da respiração, das pausas, das suspensões — margem — das sílabas, e da justaposição — margem — de partes de frases, observando que, pela primeira vez, o poeta dispõe da pauta e das barras de que dispunham os músicos.

A mesma espécie de autonomia e independência que Charles Olson atribui à máquina de escrever em relação à voz do poeta, era atribuída pelo elemento feminino dos escritórios, há 50 anos atrás. Dizia-se que as mulheres inglesas haviam ganho uma "aparência de 12 libras", assim que as máquinas de escrever começaram a ser vendidas a 60 dólares. Esta aparência, de certo modo, pode ser relacionada ao gesto *viking* de Nora Helmer, a personagem de Ibsen, ao bater a porta de sua casa de bonecas e pôr-se em busca de sua alma e de sua vocação. Começara a era, não apenas da vontade, mas dos caprichos de ferro.

O leitor decerto está lembrado de que já fizemos menção ao fato de o aparecimento da primeira onda de datilógrafas nos escritórios, a partir de 1890, haver decretado a desgraça dos fabricantes de escarradeiras. E assim foi. Mais importante ainda, as fileiras uniformes de datilógrafas na moda tornaram possível uma revolução na indústria do vestuário. O que uma datilógrafa usava, toda filha de fazendeiro queria usar, pois a datilógrafa tornou-se uma figura popular da empresa e da habilitação profissional. Fazia a moda e estava sempre inclinada a seguir a moda. Tanto quanto a máquina de escrever, a datilógrafa trouxe para o mundo dos negócios uma nova dimensão do uniforme, do homogêneo e do contínuo, que tornou a máquina datilográfica indispensável nas mais diversas manifestações da indústria mecânica. Um moderno navio de guerra necessita de dúzias de máquinas de escrever para suas operações comuns. Um exército precisa de mais máquinas de escrever do que de peças de artilharia leves e médias, mesmo quando em campanha — o que pode sugerir que a máquina de escrever agora funde as funções da pena e da espada... Mas o efeito da máquina de escrever não é sempre dessa espécie. Se ela contribui grandemente para as formas familiares do especialismo e da fragmentação homogeneizada que constituem a cultura impressa, também causou uma integração de funções e a criação de uma certa independência particular. G. K. Chesterton levantava objeções a esta nova indepedência, observando que "as mulheres se recusavam ao ditado e se retiravam para tornar-se estenógrafas". O poeta e o romancista agora escrevem com a máquina de escrever. A máquina funde composição e publicação. o que altera a atitude em relação à palavra escrita e impressa. Compor na máquina de escrever alterou as formas da linguagem e da literatura, como se pode observar pelos últimos romances de Henry James. ditados a *Miss* Theodora Bosanquet, que não os taquigrafava e sim datilografava. Seu livro de memórias, *Henry James no Trabalho*, deveria ter sido seguido por outros estudos — sôbre como a máquina de escrever modificou a prosa e o verso inglêses e. mesmo, os próprios hábitos mentais dos escritores.

Com Henry James a máquina se tornou um hábito. por volta de 1907, e seu novo estilo passou a caracterizar-se por uma espécie de qualidade mais livre e encantatória. Sua secretária conta como ele achava que ditar era mais fácil e mais inspirador do que escrever a mão: "Tudo parece muito mais efetiva e incessantemente *arrancado* de mim quando falo do que quando escrevo." De fato. ele ficou de tal maneira ligado ao som de sua máquina de escrever que, em seu leito final, exigia que sua Remington estivesse sempre próxima à cama.

Até que ponto a máquina de escrever. através de seu injustificável marginador direito, contribui para o desenvolvimento do verso livre, é difícil de dizer, mas o verso livre. realmente, foi uma recuperação dos acentos falados e dramáticos da poesia — e a máquina de escrever veio incentivar exatamente essas qualidades. Sentado à máquina de escrever, o poeta, muito à maneira do músico de *jazz*, tem a experiência do desempenho enquanto composição. No mundo não-letrado, esta fora a situação do bardo e do menestrel. Ele tinha temas, mas não textos. À máquina de escrever, o poeta comanda os recursos da imprensa e da impressão. A máquina é como um sistema de dirigir-se ao público, imediatamente ao alcance da mão. O poeta pode gritar, murmurar e assobiar — e fazer engraçadas caretas tipográficas para a audiência, como o faz E. E. Cummings neste tipo de poema:*

```
aves(
        aqui,inven
tam  ar
En
 )cantam

crep
uscuL(
ar
   v
      va
         vas(
vast

idão.Se)olhe
agora
      (tornam
alma;
&:e

su
  a)s
      vo
z
es
(
e  as
      as
         a
```

---

*   Em lugar do poema reproduzido pelo autor, transcrevemos um outro poema de E. E. Cummings, de mesmo efeito, na tradução de Augusto de Campos e extraído de seus *10 Poemas* de E. E. Cummings, Ministério da Educação e Cultura, Serviço de Documentação, Rio de Janeiro, 1962. (N. do T.)

E. E. Cummings aqui usa a máquina de escrever para produzir um poema como uma partitura musical para fala em coro. O poeta antigo, separado da forma impressa pelos diversos estágios técnicos, não dispunha desta liberdade de acentos orais propiciada pela máquina de escrever. Com a máquina de escrever, o poeta pode dar saltos como Nijinsky e meneios e passinhos de dança chaplinianos. Justamente porque ele é o público para suas próprias audácias mecânicas, nunca deixa de reagir ao seu próprio desempenho. Compor na máquina de escrever é como empinar papagaio.

O poema de E. E. Cummings, quando lido em voz alta, com todas as variáveis e possíveis pausas e inflexões, duplica o processo perceptivo de seu criador datilográfico. Como Gerard Manley Hopkins teria gostado de escrever numa máquina de escrever: As pessoas que acham que a poesia é para o olho e que é para ser lida silenciosamente, dificilmente irão muito longe em Hopkins ou Cummings. Lida em voz alta, esta poesia se torna perfeitamente natural. Botar nomes próprios em caixa baixa, como *e. e. cummings*, ou *eddiebill* perturbou bastante os literatos de há 40 anos. Devia perturbar mesmo.

Eliot e Pound utilizaram a máquina de escrever para uma grande variedade de efeitos importantes em seus poemas. Também para eles ela era um instrumento mimético e oral que lhes abria a liberdade coloquial do mundo do *jazz* e do *ragtime*. Por ocasião de sua primeira publicação, *Sweeney Agonistes*, o mais coloquial e jazzístico dos poemas de Eliot, trazia a seguinte nota: *From Wanna Go Home Baby?* ("Vamos Voltar prá Casa, Nenê?").

Que a máquina de escrever, que levou a tecnologia de Gutenberg a todos os cantos de nossa cultura e de nossa economia, também tenha provocado efeitos opostos ao efeito oral, é uma reversão característica. Esta reversão de forma acontece em todos os casos extremos de uma tecnologia avançada, tal como se passa com a roda hoje.

Como acelerador, a máquina de escrever associou estreitamente a escrita, a fala e a publicação. Embora fosse uma simples forma mecânica, sob certos aspectos sua atuação foi antes implosiva do que explosiva.

Em seu caráter explosivo, homologando os processos existentes dos tipos móveis, a máquina de escrever teve um efeito imediato na uniformização da pronúncia e da gramática. A pressão da tecnologia de Gutenberg no sentido de uma gramática e de uma pronúncia "corretas" ou uniformes, logo se fez sentir. As máquinas de escrever provocaram um enorme aumento na venda de dicionários e criaram os inumeráveis e repletos arquivos que deram nascimento às companhias de racionalização burocrática de hoje. No início, no entanto, a máquina de escrever não foi considerada indispensável aos negócios. O toque pessoal da letra manuscrita era considerado tão importante que a máquina de escrever era rejeitada no uso comercial pelos "bonzos". Achavam eles, contudo, que ela podia ser útil aos escritores, clérigos e telegrafistas. Até mesmo os jornais, por algum tempo, permaneceram reticentes em relação a esta máquina.

Quando uma parte da economia acelera o passo, todo o resto tem de acompanhar. Em pouco tempo, nenhum escritório podia permanecer indiferente à aceleração provocada pela máquina de escrever. Paradoxalmente, foi o telefone que apressou a adoção comercial da máquina de escrever. A frase: "Mande-me um memorando sobre o assunto", repetidas em milhões de fones diariamente, ajudou a expandir enormemente a função da datilógrafa. A lei de Parkinson, segundo a qual "o trabalho aumenta para preencher o tempo disponível à sua realização" reflete precisamente a dinâmica doida produzida pelo telefone. O telefone aumentou o trabalho a ser datilografado em proporções gigantescas. Pirâmides de papel se erguem sobre a base de uma pequena rede telefônica, em qualquer escritório. Como a máquina de escrever, o telefone funde funções, permitindo, por exemplo, que a *call-girl* seja o seu próprio contato e a sua própria cafetina.

Northcote Parkinson descobriu que qualquer negócio ou estrutura burocrática funciona por si mesma, independendentemente do "trabalho a ser feito". O número do pessoal e "a qualidade do trabalho não têm absolutamente nenhuma relação um com a outra". Em qualquer estrutura, o índice de acumulação do *staff* não está relacionado ao trabalho feito, mas à intercomunicação entre os elementos que compõem o próprio *staff*. (Em outras palavras, o meio é a mensagem.) Matematicamente falando, a Lei de Parkinson estipula que o índice de acumulação do *staff* de escritório, por ano, deve variar entre 5,17% e 6,56%, independentemente de qualquer variação do volume de trabalho (se houver) a ser executado. "O trabalho a ser executado", naturalmente, significa a transformação de uma espécie de energia material em alguma nova forma — assim como as árvores se transformam em caibros ou papel, a argila em tijolos ou pratos, e o metal em canos. Em termos desta espécie de trabalho, a acumulação do pessoal burocrático na Marinha, por exemplo, é ascensional, à medida que o número de navios diminui. O que Parkinson prudentemente oculta de si mesmo e de seus leitores é simplesmente o fato de que, na área do movimento da informação, o principal "trabalho a ser feito", na realidade, é o movimento da informação. A simples inter-relação de pessoas pela informação selecionada é a principal fonte de riquezas na era da eletricidade. Na era mecânica precedente, o trabalho a ser feito não era absolutamente dessa espécie. Significava o processamento de vários materiais pela fragmentação de operações na linha de montagem e pela autoridade hierarquicamente delegada. Os circuitos elétricos, em relação ao mesmo processo, eliminam tanto a linha de montagem como a autoridade delegada. Com o computador, em especial, o esforço do trabalho se aplica ao nível da "programação" — e é um esforço de informação e de conhecimento. No que se refere aos aspectos de tomadas de decisões e de "fazer acontecer", na operação de trabalho, o telefone e outros aceleradores da informação acabaram com as divisões da autoridade delegada, em favor da "autoridade de conhecimento". É como se o compositor de uma sinfonia, em lugar de enviar seu manuscrito para um impressor e depois para o regente e para os componentes individuais da orquestra, passasse a compor diretamente num instrumento eletrônico que tocasse cada nota ou tema como se fosse o instrumento indicado. Isto acabaria de uma vez por todas com a delegação e o especialismo da orquestra sinfônica, por isto mesmo um modelo natural da era mecânica e industrial. No que respeita ao poeta e ao romancista, a máquina de escrever se aproxima muito da promessa da música eletrônica, na medida em que comprime ou unifica as várias tarefas da composição e da publicação poéticas.

O historiador Daniel Boorstin se escandaliza pelo fato de, na era da informação, a celebridade não se basear no que uma pessoa fez, mas simplesmente no ser ela conhecida por ser bem conhecida. O Professor Parkinson se escandaliza com o fato de a estrutura do trabalho humano parecer não ter relação com qualquer trabalho a ser feito. Como economista, ele revela a mesma incongruência e a mesma comicidade que se observa entre o velho e o novo segundo a visão do Dr. Stephen Potter, em *Gamesmanship*. Ambos revelam o vazio e o ridículo que significa "fazer carreira" no velho sentido. Nem a labuta honesta, nem a viveza servem para promover o executivo ansioso. A razão é simples. A guerra posicional chegou ao fim, tanto na ação privada como na ação corporada. Nos negócios, como na sociedade. "abrir caminho" pode levar à porta da rua. Não há mais isso de ser "bem-sucedido" num mundo que é uma câmara de eco da celebridade instantânea.

Com suas promessas de carreira para todas as Nora Helmers do Ocidente, a máquina de escrever. tudo somado acabou por se revelar uma carruagem-abóbora bem ilusória.

27

O TELEFONE

METAIS SONOROS OU SÍMBOLO TILINTANTE?

O Evening Telegram, de Nova Iorque, informava aos seus leitores em 1904: "Phony (fajuto) implica em que uma coisa assim considerada não tem mais substância do que uma conversa de telefone com um amigo hipotético." O folclore do telefone na canção e no anedotário popular ficou enriquecido com as memórias de Jack Paar; escreve ele que sua ojeriza em relação ao telefone começou com o telegrama cantado. Conta ainda como recebeu um telefonema de uma mulher que declarava sentir-se tão sozinha que passara a tomar três banhos por dia na esperança de que o telefone tocasse.

Em *Finnegans Wake*, James Joyce dá a manchete: TELEVISÃO MATA TELEFONE EM RIXA DE IRMÃOS, apresentando um tema fundamental na batalha da extensão tecnológica dos sentidos — batalha essa que há mais de uma década vem sendo travada em nossa cultura. Com o telefone, temos a extensão do ouvido e da voz, uma espécie de percepção extra-sensória. Com a televisão, vem a extensão do sentido do tato ou da inter-relação dos sentidos, que envolve mais intimamente ainda todo o nosso mundo sensorial.

A criança e o jovem compreendem o telefone, envolvendo o fio e o aparelho como se fossem animais de estimação. O que chamamos de "telefone francês", a união do emissor e do receptor numa só peça, é uma indicação significativa da ligação dos sentidos pelos franceses — sentidos que os povos de fala inglesa tendem a manter firmemente separados. O francês é a "língua do amor" porque ela une a voz e o ouvido de uma maneira íntima especial, ao modo do telefone. É por isso que é natural beijar pelo telefone — mas não é fácil visualizar enquanto se telefona.

Uma das conseqüências sociais mais inesperadas do telefone tem sido a gradual eliminação das zonas de meretrício e a criação da *call-girl*. Para o cego todas as coisas são inesperadas. A forma e o caráter do telefone, como de toda tecnologia elétrica, se manifesta integralmente neste desenvolvimento espetacular. A prostituta era uma especialista, a *call-girl* não é. Uma "casa" não era um lar; mas a *call-girl* não apenas vive no lar, como pode ser até dona de casa. Mas não é todo mundo, longe disso, que compreende o poder do telefone em descentralizar todas as operações e acabar com a guerra de posições... e com a prostituição localizada.

No caso da *call-girl*, o telefone é a máquina de escrever que funde as funções da composição e da publicação. A *call-girl* dispensa o cafetão e a cafetina. Tem de ser uma pessoa desembaraçada, sociável e de conversação variada, pois dela se espera que esteja à altura de qualquer companhia, numa base de igualdade social. Se a máquina de escrever separou a mulher de seu lar, transformando-a numa especialista de escritório, o telefone a trouxe de volta ao mundo dos executivos, como um fator geral de harmonia, um convite à felicidade e uma combinação de confessionário e muro de lamentações para o imaturo executivo americano.

Com dureza e crueldade tecnológicas, a máquina de escrever e o telefone, gêmeos bem pouco parecidos, levaram a efeito o recondicionamento da garota americana.

Como todos os meios são fragmentos de nós mesmos projetados no domínio público, a ação que qualquer meio exerce sobre nós tende a aglutinar os demais sentidos numa nova relação. Quando lemos, imaginamos uma trilha sonora para a palavra impressa; quando ouvimos rádio, imaginamos um acompanhamento visual. Por que não conseguimos visualizar ao telefone? O leitor logo protestará: "Mas eu visualizo enquanto telefono!" Basta que ele tenha a oportunidade de experimentá-lo deliberadamente, e verá que simplesmente não conseguirá visualizar enquanto telefona, embora todas as pessoas letradas o tentem — acreditando, com isso, que o estão conseguindo. Mas não é isto o que mais irrita o homem ocidental, letrado visual, no que respeita ao telefone. Algumas pessoas não conseguem evitar o mau humor quando conversam ao telefone com seus melhores amigos. O telefone exige uma participação completa, diferentemente da escrita e da página impressa. O homem letrado se ressente dessa pesada exigência de atenção total, pois há muito que está habituado apenas à atenção fragmentária. Igualmente, o homem letrado só aprende a falar outra língua com grande dificuldade, pois o aprendizado de uma língua exige a participação de *todos* os sentidos simultâneamente. De outro lado, o hábito de visualizar faz com que o homem ocidental se sinta desamparado no mundo não-visual da física avançada. Só os teutônicos e eslavos, viscerais e audiotáteis, possuem a necessária imunização à visualização que lhes permite trabalhar com a matemática não-euclidiana e a física quântica. Se ensinássemos Matemática e Física por telefone, então até um ocidental altamente letrado e abstrato poderia eventualmente competir com os físicos europeus. Isto não interessa ao departamento de pesquisas da Bell Telephone, pois, como todos os grupos que se orientam pelos livros, eles também não se dão conta do telefone enquanto *forma*, e estudam apenas o seu aspecto conteudístico. Como já foi mencionado, a hipótese de Shannon e Weaver sobre a Teoria da Informação, assim como a Teoria do Jôgo, de Morgenstern, afundaram em banalidades estéreis — enquanto as mudanças psíquicas e sociais que resultaram dessas formas foram alterando o total de nossas vidas.

Muita gente sente um forte impulso de rabiscar, enquanto está telefonando. Este fato se relaciona muito à característica desse meio, a saber, que ele exige a participação de nossos sentidos e faculdades. Diferentemente do rádio, êle não pode ser usado como pano de fundo. Como o telefone propicia uma imagem auditiva bastante pobre, nós a reforçamos e completamos mediante o uso dos demais sentidos. Quando a imagem auditiva é de alta definição, como acontece com o rádio, visualizamos a experiência ou a completamos com o sentido da visão. Quando a imagem visual é de alta definição ou intensidade, nós a completamos com o som. É o que explica a profunda perturbação artística que ocorreu quando se acrescentou a trilha sonora ao filme. A perturbação foi quase igual à produzida pelo próprio cinema. Isto porque o cinema é um rival do livro; sua trilha visual de descrição e formulação narrativa é mais rica do que a palavra escrita.

Tornou-se popular, na década de 20, a canção, *All Alone by the Telephone, All Alone Feeling Blue* ("Sozinho(a) ao Telefone, Sozinho(a) e Triste"). Por que criaria o telefone um tal intenso sentimento de solidão? Por que sentimos o impulso de atender ao tilintar de um telefone público, quando sabemos que a chamada não pode ser para nós? Por que um toque de telefone num palco cria uma tensão imediata? Por que essa tensão é bem menor para um telefone que não se atende, numa cena cinematográfica? A resposta para todas essas questões é: o telefone é uma forma participante que exige um parceiro, com tôda a intensidade da polaridade elétrica. Simplesmente não funciona como instrumento de fundo — coisa que acontece com o rádio.

Um dos trotes-padrão das cidadezinhas, nos primeiros tempos do telefone, chamava a atenção para o telefone como forma de participação comunal. Nenhuma fofoca de comadres vizinhas poderia rivalizar com a calorosa participação propiciada pela linha telefônica coletiva. O trote em questão assumia a seguinte forma: ligava-se para diversas pessoas, com voz disfarçada, informando que o departamento de engenharia iria proceder à limpeza das linhas telefônicas, e dizendo: "Recomendamos que você cubra o seu aparelho com um lençol ou fronha, para evitar que a sujeira e a graxa espirrem pela sala." Em seguida, o gozador percorria as casas dos amigos aos quais havia tele-

301

fonado e ficava apreciando os preparativos, na expectativa do zunido e do estrondo que certamente ocorreriam quando as linhas fossem sopradas do outro lado. Hoje, a brincadeira serve para recordar-nos de que, não há muito tempo, o telefone não passava de uma engenhoca, mais utilizada para diversão do que para negócios.

A invenção do telefone foi um incidente no esforço maior que se efetuou no século passado no sentido de tornar a fala visível. Melville Bell, o pai de Alexander Graham Bell, passou a vida tôda elaborando um alfabeto universal. que fez publicar em 1867, com o título de *A Fala Visível*. Além do escopo de tornar todas as línguas imediatamente acessíveis sob uma forma visual única, os Bells, pai e filho, estavam empenhados em aliviar a situação dos surdos. A fala visível parecia a promessa de uma imediata libertação da prisão da surdez. A luta para aperfeiçoar a fala visível para os surdos levou os Bells a estudarem os novos dispositivos elétricos que deram nascimento ao telefone. Da mesma maneira, o sistema Braille de pontos em substituição às letras tivera início como um método de leitura de mensagens militares no escuro, depois utilizado na música e, finalmente, na leitura pelos cegos. Antes que o Código Morse tivesse sido elaborado para uso telegráfico, as letras já tinham sido codificadas em pontos para os dedos. E é importante notar como, desde o início da eletricidade. e da mesma maneira, á tecnologia elétrica convergiu para o mundo da fala e da linguagem. A primeira grande extensão de nossos sistema nervoso central — os meios de massa da palavra falada — veio a casar-se com a segunda grande extensão do sistema nervoso central — a tecnologia elétrica.

O *Daily Graphic*, de Nova Iorque, datado de 15-3-1877, trazia na primeira página: *Os Terrores do Telefone — O Orador do Futuro*. Em clichê, um desgrenhado mistagogo à la Svengali perorando num estúdio junto a um microfone. O mesmo microfone é mostrado em Londres, São Francisco, nas pradarias e em Dublin. É curioso que o jornal desse tempo encarasse o telefone como um rival da imprensa, como um sistema de agentes de imprensa — como o rádio haveria de ser, de fato, meio século mais tarde. Mas o telefone, íntimo e pessoal, é um dos meios que mais se afastam da forma das agências noticiosas. Assim. a interceptação de mensagens telegráficas parece mais odiosa do que ler cartas alheias.

A palavra "telefone" surgiu em 1840, antes do nascimento de Alexander Graham Bell. Era aplicada a um dispositivo destinado a transmitir notas musicais através de bastões de madeira. Na década de 70, muitos inventores estavam tentando descobrir processos de transmissão elétrica da fala e o American Patent Office recebeu, no mesmo dia, dois projetos de telefone, um de Elisha Gray e outro de Graham Bell — mas este com a vantagem de uma ou duas horas. Esta coincidência beneficiou enormemente a profissão de advogado. Graham Bell ganhou fama — e seus rivais se transformaram em notas ao pé da página. O telefone se destinava a oferecer serviços ao público em 1877, paralelamente à telegrafia. O grupo telefônico era insignificante em comparação com os vastos interesses do telégrafo, e a Western Union logo se movimentou para estabelecer controle sobre os serviços telefônicos.

Uma das ironias do homem ocidental é que ele nunca se preocupa com a possibilidade de uma nova invenção se constituir em ameaça à sua vida. E assim tem sido do alfabeto ao automóvel. O homem ocidental tem sido continuamente remodelado por uma lenta explosão tecnológica que se estende por mais de 2 500 anos. A partir do telégrafo, no entanto, começa a viver uma implosão. Com despreocupação nietzscheana, começa a rodar o filme de sua explosão de 2 500 anos da frente para trás, embora ainda desfrute dos resultados da extrema fragmentação dos componentes originais de sua vida tribal. É graças a esta fragmentação que éle se permite ignorar as relações de causa e efeito entre a tecnologia e a cultura. No mundo dos Grandes Negócios, a coisa é bem diferente. Ali, o homem tribal está de atalaia para qualquer sinal de mudança. Eis por que William H. Whyte pôde escrever *O Homem da Organização* como um romance de terror. Comer gente é errado. Mesmo enxertar gente na úlcera de uma grande em-

303

presa parece errado a quem quer que tenha sido criado segundo a liberdade fragmentada, visual e letrada. "Costumo chamá-los à noite, quando estão desprevenidos", disse um diretor de alto escalão.

Na década de 20, o telefone produziu muitos diálogos humorísticos, que eram vendidos em discos. Mas o rádio e o cinema sonoro não tiveram piedade para com o monólogo, mesmo quando o artista era W. C. Fields ou Will Rogers. Estes meios quentes puseram de lado as formas mais frias, que agora retornam em larga escala com a televisão. A nova safra de humoristas de clubes noturnos (Newhart, Nichols e May) tem um sabor dos primeiros tempos do telefone que os torna realmente bem-vindos. Se a mímica e o diálogo voltaram, devemos agradecer à TV, com seu apelo de alta participação. Os nossos Mort Sahls, Shelley Bermans e Jack Paars são quase uma variedade do "jornal vivo", tal como o elaborado para as massas revolucionárias chinesas por equipes teatrais, nos anos 30 e 40. As peças de Brecht têm a mesma qualidade participacional do mundo das estórias em quadrinhos e do mosaico do jornal que a TV tornou aceitável como *pop art*.

O bocal do telefone resultou diretamente da longa tentativa, iniciada no século XVII, de imitar a fisiologia humana por meios mecânicos. É, pois, da natureza do telefone elétrico possuir uma tal concordância natural com o orgânico. Foi por conselho de um médico de Boston, o Dr. C. J. Blake, que o receptor do fone foi diretamente modelado sobre a estrutura do osso e do diafragma do ouvido do homem. Graham Bell acompanhou com a maior atenção o trabalho do grande Helmholtz, cujas pesquisas cobriram muitos campos. E por acreditar que Helmholtz conseguira transmitir vogais pelo telégrafo é que ele perseverou em seus esforços. Constatou-se depois que essa impressão otimista não derivava senão de seu mau conhecimento da língua alemã: Helmholtz fracassara em suas tentativas de obter efeitos vocais pelo fio. Graham Bell raciocinou: Se as vogais podem ser enviadas, por que não as consoantes? "Pensei que o próprio Helmholtz já houvera conseguido isso, e que o meu fracasso somente era devido à minha ignorância em matéria de eletricidade. Foi um engano bem valioso, deu-me confiança. Se eu soubesse ler alemão naquele tempo, nunca teria dado início às minhas experiências!".

Uma das mais notáveis conseqüências do telefone foi a introdução de uma "trama inconsútil", feita de padrões entrelaçados, na administração e nos centros de decisão. A estrutura piramidal da divisão e caracterização do trabalho e dos poderes delegados não pode manter-se ante a velocidade com que o telefone contorna as disposições hierárquicas e envolve as pessoas em profundidade. Do mesmo modo, as divisões blindadas equipadas com rádio-telefones abalaram as estruturas tradicionais do exército. E já observamos como o repórter, ligando a página impressa ao telefone e ao telégrafo, uniu os fragmentados departamentos governamentais numa imagem corporada.

Hoje um jovem executivo de empresa pode chamar pelo primeiro nome seus superiores, nas mais diferentes partes do país. "O jeito é começar a telefonar. Qualquer um pode entrar no escritório do diretor por telefone. Às dez horas do dia em que ingressei no escritório de Nova Iorque eu já estava chamando todo mundo pelo primeiro nome."

O telefone é um "entrão" irresistível em qualquer tempo e lugar; os diretores executivos só conseguem imunidade em relação a ele quando estão jantando à cabeça da mesa. Por sua natureza, o telefone é uma forma intensamente pessoal que ignora todos os reclamos da intimidade visual tão prezada pelo homem letrado. Recentemente, uma firma de títulos e valores aboliu todas as salas particulares para seus executivos, dispondo-os em torno de uma espécie de mesa de seminário. Sentiam que as decisões imediatas que deviam ser tomadas com base no fluxo contínuo do teletipo e de outros meios elétricos somente podiam contar com uma rápida aprovação do grupo se o espaço particular fosse abolido. Quando de prontidão, até o pessoal da aviação militar que permanece em terra não se perde de vista em nenhum momento. É um fator meramente temporal. Mais importante é a necessidade de envolvimento total no

305

papel de cada um, envolvimento este provocado pela estrutura instantânea. Os dois pilotos de um caça a jato canadense são escolhidos com o mesmo cuidado empregado numa empresa de casamentos. Depois de muitos testes e uma prolongada convivência, o comandante oficial os *casa* oficialmente, "até que a morte os separe". Exclua-se a malícia no caso. Trata-se da mesma espécie de integração total num papel e que provoca arrepios em todo homem letrado quando se defronta com as exigências implosivas da trama inconsútil da tomada elétrica de decisões. A liberdade no mundo ocidental sempre tomou a forma do explosivo e do dividido, patrocinando a separação entre o indivíduo e o estado. Assim como a grande explosão ocidental se deveu antes de mais nada, à alfabetização fonética, a reversão do movimento unidirecional do centro para a margem se deve à eletricidade.

Se a autoridade delegada da cadeia de comando não funciona por telefone, mas apenas mediante instruções escritas, que espécie de autoridade é a que vem a furo? A resposta é simples, mas não é fácil de transmitir. Ao telefone só funciona a autoridade do conhecimento. A autoridade delegada é visual, linear, hierárquica. A autoridade do conhecimento é não-linear, não-visual e inclusiva. Para agir, a pessoa delegada deve sempre obter "via livre" da cadeia de comando. A situação elétrica elimina esses padrões. Essas "checagens" e cálculos são estranhos à autoridade inclusiva do conhecimento. Em conseqüência, restrições ao poder elétrico absolutista só podem ser impostas por um pluralismo de centros e não pela separação de poderes. Este problema foi levantado a propósito da linha direta entre o Kremlin e a Casa Branca. Numa demonstração de sua natural inclinação ocidental, o Presidente Kennedy manifestou sua preferência pelo teletipo em relação ao telefone.

A separação de poderes foi uma técnica destinada a restringir a ação numa estrutura centralista, ação que se irradia para as margens — pelo menos até onde podemos conceber o espaço e o tempo deste planeta. Logo, só pode haver diálogo entre centros iguais. As pirâmides das cadeias de comando não podem contar com o apoio da tecnologia elétrica. O *papel* a desempenhar tende a voltar ao primeiro plano, com os meios elétricos, em lugar do poder delegado. Uma pessoa pode revestir-se de novo de tôdas as espécies de personagens. O rei e o imperador estavam legalmente autorizados a agir como o ego coletivo de todos os egos particulares de seus súditos. Até o momento, o homem ocidental vai restaurando o seu *papel* aos tateios — e ainda consegue manter indivíduos em *tarefas* ou *empregos* delegados. No culto das estrelas e astros de cinema, permitimo-nos, meio sonambulicamente, abandonar nossas tradições ocidentais, conferindo a essas imagens sem emprego um papel místico. Elas são corporificações coletivas das multifárias vidas particulares de seus súditos.

Um exemplo extraordinário do poder que o telefone tem de envolver a pessoa inteira é o relatado pelos psiquiatras: as crianças neuróticas não apresentam sintomas neuróticos quando telefonam. *The New York Times*, de 7-9-1949, traz um tópico que fornece um bizarro testemunho do "frio" caráter participacional do telefone:

A 6 de setembro de 1949, um psicótico veterano de guerra, Howard B. Unruh, numa correria louca pelas ruas de Camden, Nova Jérsei, matou treze pessoas e depois voltou para casa. Equipes de emergência, armadas de metralhadoras, pistolas e bombas de gás lacrimogêneo, abriram fogo. A certa altura, o editor do *Camden Evening Courier* procurou o nome de Unruh na lista telefônica e ligou para ele. Unruh parou de atirar e respondeu:

— Alô.

— É Howard?

— Sim...

— Por que você está matando gente?

— Não sei. Ainda não posso responder. Falo com você mais tarde. Agora estou muito ocupado.

Art Seidenbaum, num recente artigo publicado no *Los Angeles Times* e intitulado, *Dialética dos Números que Não Constam da Lista Telefônica*, conta o seguinte:

Há muito tempo que as celebridades se estão escondendo. Paradoxalmente, à medida que seus nomes e imagens incham em telas cada vez mais largas, elas mais se empenham em ser inabordáveis, pessoalmente ou por telefone... Muito nome famoso jamais atende quando se liga para o seu número; alguém anota os chamados e só entrega as mensagens acumuladas quando solicitado... "Não me chame" podia ser o verdadeiro código da área da Califórnia do Sul

All Alone by the Telephone completou o círculo. Não tardará muito e o próprio telefone estará *all alone, and feeling blue.*

28

O FONÓGRAFO

O Brinquedo que Esvaziou a Caixa (Torácica) Nacional

O fonógrafo, que deve a sua origem ao telégrafo e ao telefone elétricos, não tornou manifestas sua forma e sua função basicamente elétricas enquanto o gravador de fita não o liberou de seus acessórios mecânicos. O mundo do som é, essencialmente, um campo unificado de relações imediatas, o que o torna semelhante ao mundo das ondas eletromagnéticas. Foi isto que aproximou o fonógrafo e o rádio.

Com que suspeição o fonógrafo foi a princípio recebido, mostra-o a observação do compositor e chefe de banda John Philip Sousa, ao comentar: "Com o fonógrafo. os exercícios vocais ficarão fora de moda! E o que vai acontecer com a garganta nacional? Não ficará mais fraca? E o peito nacional? Não vai esvaziar?"

Uma coisa Sousa percebeu: o fonógrafo é uma extensão e uma amplificação da voz, que pode muito bem ter diminuído a atividade vocal individual, assim como o carro reduziu a atividade pedestre.

Como o rádio, cuja programação ele ainda alimenta, o fonógrafo é um meio quente. Sem ele. o século XX do tango, do *ragtime* e do *jazz* teria tido um ritmo diferente. Mas o fonógrafo foi envolvido em muitas concepções falsas. como indica um de seus primeiros nomes — gramofone.

Era concebido como uma forma de escrita auditiva (*gramma* — letras). Foi também denominado "grafofone", com a agulha no papel da pena. A idéia de que se tratava de uma "máquina falante" tornou-se bastante popular. Edison demorou para chegar à solução do problema, porque achava que o aparelho devia funcionar como uma espécie de "repetidor telefônico", ou seja, como um armazém de dados colhidos ao telefone, de modo a permitir que o telefone "fornecesse registros de valia, em lugar de ser o recipiente de comunicações momentâneas e fugidias". Estas palavras de Edison, publicadas na *North American Review*, de junho de 1878, ilustram como a invenção recente do telefone já tinha o poder de colorir o pensamento em outros campos. Assim, o tocador de discos tinha de ser uma espécie de registro fonético da conversação telefônica. Daí os nomes de "fonógrafo" e "gramofone".

Atrás da popularidade imediata do fonógrafo estava toda a implosão elétrica, que concorreu com uma nova tensão e uma nova importância para os ritmos da fala natural, na Música, na Poesia e na dança. Mas o fonógrafo era apenas uma máquina. Não utilizava, no início, nenhum circuito ou motor elétrico. Mas ao propiciar uma extensão mecânica da voz humana e as novas melodias do *ragtime*, o fonógrafo foi projetado para um ponto central pelas correntes predominantes do tempo. A aceitação de uma nova frase, de uma nova forma falada ou um novo ritmo de dança são provas diretas de manifestações às quais ele está relacionado de maneira significativa. Veja-se, por exemplo, o deslizamento do Inglês para um tom interrogativo, desde o aparecimento do *How about that?* ("Que acha você?"). Nada induziria as pessoas a começar a empregar de repente, e seguidamente, uma frase como essa, não fosse uma nova tensão, um novo ritmo, um novo matiz nas relações interpessoais e que lhe deram relevância.

Foi quando manipulava uma fita de papel, com os traços do código Morse, que Edison observou que o som produzido pela fita em alta velocidade se assemelhava à "conversação humana ouvida indistintamente". Ocorreu-lhe então que a fita gravada poderia registrar uma mensagem

telefônica. Edison teve consciência dos limites da linearidade e da esterilidade da especialização assim que ingressou
no campo da eletricidade. Dizia: "Veja, é assim. Começo
neste ponto com a intenção de chegar a este outro, numa
experiência, digamos, aumentar a velocidade do cabo atlântico; mas, a meio caminho, dou com um fenômeno que
me desvia da linha reta e me impele para outra direção e
que acaba dando no fonógrafo." Nada podia expressar mais
dramaticamente o divisor de águas entre a explosão mecânica e a implosão elétrica. A própria carreira de Edison
corporificou essa mudança em nosso mundo e ele próprio
muitas vezes ficou entre as duas formas de procedimento.

Foi no fim do século XIX que o psicólogo Lipps revelou, mediante uma espécie de audiógrafo elétrico, que o
simples clangor de um sino continha concentradamente tôdas as sinfonias possíveis. Foi mais ou menos da mesma
forma que Edison abordou seus problemas. A experiência
prática lhe tinha ensinado que todos os problemas conti-
nham embrionàriamente todas as respostas, desde que se des-
cobrisse o meio de explicitá-los. No seu caso, sua deter-
minação de dar ao fonógrafo, como ao telefone, uma praticabilidade direta que interessasse ao mundo dos negócios
levou a negligenciar as possibilidades do invento como meio
de entretenimento. A incapacidade de antever o fonógrafo
como meio de entretenimento era realmente uma incapacidade de apreender o significado da revolução elétrica em geral. Hoje, temos o fonógrafo por um brinquedo e um bálsamo; mas a imprensa, o rádio e a TV também já adquiriram a mesma dimensão de entretenimento. Outrossim, o
entretenimento levado ao extremo se transforma na principal
forma de negócio e de política. Os meios elétricos, dado
o seu caráter de "campo" total, tendem a eliminar as especializações fragmentadas de forma e função, a que já estamos
há muito acostumados como herança do alfabeto, da imprensa e da mecanização. A estória breve e concentrada
do fonógrafo inclui todas as fases do escrito, do impresso
e da palavra mecanizada. Foi o aparecimento do gravador
elétrico, há apenas alguns anos, que liberou o fonógrafo
de seu temporário compromisso com a cultura mecânica.

311

A fita gravada e o *long-playing* fizeram do fonógrafo um meio de acesso a todas as músicas e falas do mundo.

Antes de tratarmos da revolução do *long-playing* e da fita gravada, gostaríamos de notar que o período inicial da gravação da reprodução sonora mecânica tinha um importante fator em comum com o cinema mudo. Os primeiros fonógrafos produziam uma experiência vívida e estridente, não diferente da de um filme de Mack Sennett. Mas a corrente subterrânea da música mecânica é estranhamente triste. Foi o gênio de Charles Chaplin que captou em seus filmes essa melancólica qualidade de profunda tristeza (*blues*), sobrepondo-lhe um requebrado e um balanço saltitantes. Os poetas pintores e músicos dos fins do século passado insistiram numa espécie de melancolia metafísica, que subjazia ao grande mundo industrial da metrópole. A figura de Pierrô é tão decisiva na poesia de Laforgue como na arte de Picasso ou na música de Satie. Em seu melhor, não constitui o mecânico uma notável aproximação ao orgânico? E uma grande civilização industrial não está capacitada a produzir de tudo em abundância para todos? A resposta é "Sim". Mas Chaplin, e os poetas, pintores e músicos de Pierrô levaram esta lógica até o fim e chegaram à imagem de Cyrano de Bergerac, o maior de todos os amantes, mas ao qual estava vedada a correspondência amorosa. Esta mágica imagem de Cyrano, o amante inamado e inamável, foi captada no culto fonográfico do *blues*. Talvez seja um tanto falso fazer derivar o *blues* da música popular negra; Constant Lambert, o regente e compositor inglês, em seu *Music Ho!*, dá-nos um histórico do *blues* que precedeu o *jazz* do primeiro pós-guerra, para concluir que o grande florescimento do *jazz* na década de 20 era uma resposta popular à riqueza dos intelectuais e à sutileza orquestral do período Debussy-Delius. O *jazz* parece ter sido uma ponte eficaz entre a música erudita e a música popular, assim como Chaplin o foi em relação à arte pictórica. Os literatos logo aceitaram essas pontes, e James Joyce levou Chaplin para o *Ulysses*, na personagem de Bloom, assim como Eliot levara o *jazz* para os ritmos de seus primeiros poemas.

O Cyrano-palhaço de Chaplin faz parte de uma profunda melancolia, assim como o Pierrô na arte de Picasso e Satie. Essa melancolia não será inerente ao próprio triunfo do mecânico e sua omissão do humano? Poderia o mecânico ter atingido um nível mais alto do que a máquina falante, com sua mímica da voz e da dança? Os famosos versos de T. S. Eliot sobre a datilógrafa da era do *jazz* não captam todo o *pathos* da era de Chaplin e do *blues* do *ragtime*?

> Quando a bela mulher cede à tolice
> E vaga pelo quarto, outra vez só,
> Passa as mãos nos cabelos, maquinal,
> E põe um disco na vitrola.

Lido como uma comédia chapliniana, o poema *Prufrock*, de Eliot, logo se torna claro. Prufrock é um Pierrô completo, o bonequinho da civilização mecânica em vias de dar um salto para a sua fase elétrica.

Não há como exagerar a importância de formas mecânicas complexas, como o filme e o fonógrafo, enquanto prelúdios à automação da canção e da dança do homem. À medida que esta automação da voz e do gesto chegava à perfeição, a força de trabalho do homem chegava à automação. Na era da eletricidade, a linha de montagem, com suas mãos humanas, desaparece, e a automação elétrica vai retirando da indústria a força do trabalho. Em lugar de se automatizarem — fragmentados em tarefas e funções conforme a tendência de mecanização — os homens da era da eletricidade caminham aceleradamente para o envolvimento em diversos trabalhos simultaneamente, para o trabalho do aprendizado e para a programação de computadores.

Esta lógica revolucionária, inerente à era da eletricidade, tornou-se bem clara nas primeiras formas elétricas do telégrafo e do telefone, que inspiraram a "máquina falante". Estas novas formas, que muito contribuíram para recuperar o mundo vocal, auditivo e mimético que vinha sofrendo a repressão da palavra impressa, também inspiraram os estranhos e novos ritmos da era do *jazz*, aquelas várias formas de síncope e de descontinuidade simbolista

313

que como a relatividade e a física quântica, anunciaram o fim da era de Gutenberg, com suas macias e uniformes linhas tipográficas e organizativas.

A palavra *jazz* vem do francês *jaser*, bater papo. O *jazz* de fato, é uma forma de diálogo entre instrumentistas e entre dançarinos. Representou uma ruptura brusca em relação aos ritmos homogêneos e repetitivos da valsa deslizante. Nos tempos de Napoleão e de Lorde Byron, a valsa era uma forma nova e foi saudada como realização bárbara do sonho rousseauniano do nobre selvagem. Embora esta idéia hoje nos pareça grotesca, é de fato uma pista das mais valiosas para o entendimento da aurora da era mecânica. A dança coral e impessoal do antigo padrão cortês foi abandonada quando os valsistas se enlaçaram no salão. A valsa é precisa, mecânica e militar, como a sua história revela. Para que ela se revele em todo o seu significado, impõe-se o traje militar. "Pela noite soava um som de festa" é como Lorde Byron se refere ao baile que precedeu Waterloo. Para o século XVIII e para o tempo de Napoleão, os exércitos de cidadãos pareciam ser uma libertação individualista da moldura feudal das hierarquias palacianas. Daí a associação da valsa com o nobre selvagem, querendo significar a libertação do *status* e da deferência hierárquica. Os valsistas eram todos iguais e uniformes, com movimentos livres em qualquer parte do salão. Que esta fôsse a noção romântica da vida do nobre selvagem, hoje nos parece bizarro, mas os românticos sabiam tanto da vida real dos selvagens quanto das linhas de montagem.

Em nosso próprio país, a voga do *jazz* e do *ragtime* foi também tida como uma invasão dos nativos rebolativos. As pessoas indignadas contrapunham ao *jazz* a beleza mecânica e repetitiva da valsa. que outrora fora saudada como pura dança nativa. Se o *jazz* é considerado como ruptura com o mecanismo, em direção ao descontínuo, ao participante, ao espontâneo e ao improvisado. também pode ser visto como retorno a uma espécie de poesia oral cujo desempenho é ao mesmo tempo criação e composição. É um truísmo entre os instrumentistas de *jazz* que o *jazz* gravado é "tão amanhecido quanto o jornal de ontem". O *jazz* é coisa viva, como a conversação — e como ela depende de um repertório de temas disponíveis. Mas o desempenho é composição. Esse desempenho assegura a máxima participação dos executantes e dançarinos. Neste sentido, torna-se imediatamente claro que o *jazz* pertence àquela família de estruturas em mosaico que reapareceram no mundo ocidental com os serviços telegráficos. Ele está ao lado do simbolismo na Poesia e de todas as formas correspondentes na Pintura e na Música.

O elo entre o fonógrafo, de um lado, e a canção e a dança, de outro, não é menos forte do que as suas primitivas relações com o telégrafo e o telefone. Com a impressão das primeiras partituras musicais, no século XVI, as palavras e a música se divorciaram. As virtuosidades separadas das vozes e dos instrumentos tornaram-se a base dos grandes desenvolvimentos musicais dos séculos XVIII e XIX. A mesma espécie de especialismo e fragmentação nas artes e nas ciências tornou possíveis os mastodônticos resultados dos empreendimentos industriais e militares, bem como dos empreendimentos cooperativos de massa, tais como o jornal e a orquestra sinfônica.

Como produto da organização e da distribuição industriais em linha de montagem, sem dúvida que o fonógrafo pouco mostrou das qualidades elétricas que haviam inspirado o seu nascimento na mente de Edison. Profetas houve que previam o grande dia em que o fonógrafo auxiliaria a Medicina, fornecendo meios médicos de identificação entre o "soluço da histeria e o suspiro da melancolia... o estalido da tosse comprida e a tosse seca da tuberculose. Será um perito em paranóia, distinguindo entre a risada do maníaco e o esgar do idiota. E isto realizará na ante-sala, enquanto o médico atende um novo paciente". Na realidade o fonógrafo ficou com as vozes do *Signor* Foghornis, dos baixos-tenores e dos robustos-profundos.

As facilidades de gravação não acoroçoavam a presunção de que viessem a beneficiar algo mais sutil — como uma orquestra, por exemplo — até o imediato pós-guerra (a primeira). Antes disto, um entusiasta considerava o disco como um rival do álbum de fotografias e antevia o dia feliz em que as "futuras gerações pudessem condensar no espaço de vinte minutos, o retrato sonoro de uma vida inteira: cinco minutos de balbucio de um bebê, cinco de expressões exultantes de um menino, cinco de reflexões do homem e cinco de expressões quase inaudíveis do moribundo". Um pouco mais tarde, James Joyce fez melhor. Em *Finnegans Wake*, compôs um poema sonoro que condensou numa única sentença todos os balbucios, exultações, observações e remorsos de toda a raça humana. Não poderia ter concebido este trabalho em nenhuma outra era a não ser naquela que produziu o fonógrafo e o rádio.

Foi o rádio que finalmente injetou uma carga elétrica completa no mundo do fonógrafo. O rádio-receptor de 1924 já era superior em qualidade de som, e logo superou o negócio do fonógrafo e do disco, endereçando o gosto popular rumo aos clássicos.

O rompimento definitivo veio depois da Segunda Guerra Mundial, com o gravador de fita, que significou o fim da gravação por incisão e dos ruídos que a acompanhavam. Em 1949, começa a era da alta-fidelidade elétrica, que representa mais um salvador do negócio fonográfico. Buscando "o som realista", o *hi-fi* logo se fundiu com a imagem da televisão, como parte da recuperação da experiência tátil. A sensação de ter os instrumentos tocando "bem na sala junto a você" é um passo na direção da união do auditivo e do tátil, numa sutileza de violinos que constituem, em boa parte, a experiência escultural. Estar em presença de executantes é experimentar o toque e a manipulação dos instrumentos, não apenas sonoramente, mas também tátil e cineticamente. Pode-se pois dizer que a alta-fidelidade não é uma busca de efeitos abstratos, em que o som se separa dos demais sentidos. Com a alta fidelidade, o fonógrafo responde ao desafio tátil da TV.

O som estereofônico, um desenvolvimento a mais, é o "som em torno" ou envolvente. Antes, o som emanava de uma única fonte, de acordo com a tendência da cultura visual com seu ponto de vista fixo. A mudança introduzida pela alta-fidelidade na Música corresponde à do cubismo na Pintura e à do simbolismo na Literatura; vale dizer a aceitação de múltiplas facetas e planos numa só experiência. Outro modo de colocar a questão é dizer que o estéreo é o som em profundidade, assim como a TV é o visual em profundidade.

Talvez não seja muito contraditório dizer que quando um meio de comunicação se torna um meio de experiência em profundidade, as velhas categorias — "clássico" e "popular", "erudita" e "popular" — já não têm razão de ser. Assistir à operação do coração de uma criança "azul" (fator RH) pela TV é uma experiência que não cabe em nenhuma das categorias. Quando o *long-playing*, a alta-fidelidade e o estéreo chegaram, também chegou o tempo da abordagem profunda da experiência musical. Todo o mundo perdeu suas inibições em relação aos "eruditos", e a gente séria deixou de lado o mal-estar que sentia ante a música e a cultura popular. Qualquer coisa que seja abordada em profundidade adquire tanto interesse quanto o suscitado pelos grandes temas. "Profundidade" significa "em inter-relação", e não em isolamento. Profundidade significa introvisão, não ponto de vista; e introvisão é uma espécie de envolvimento mental no processo que faz com que o conteúdo de algo seja algo bem secundário. A própria consciência não postula a consciência de nada em particular.

Em relação ao *jazz*, o LP trouxe muitas mudanças, como a do culto do *jazz cool*, porque o aumento de duração significava que o *jazz band* passava a poder ter, realmente, um longo e improvisado bate-papo entre os seus instrumentos. Devido a isso, o repertório dos anos 20 reviveu com nova profundidade e complexidade. Mas o gravador, em combinação com o LP, revolucionou o repertório da música clássica. Como a fita significou um novo estudo das linguagens faladas, e não-escritas, ela reuniu toda a cultura musical de muitos séculos e países. Onde antes havia uma limitada seleção de períodos e compositores, passou a haver — com o gravador combinado ao LP — um completo espectro musical, que tornou acessível tanto o século XVI como o XIX, a canção popular chinesa e a húngara.

Um breve sumário dos eventos tecnológicos relacionados ao fonógrafo poderia ser assim:

O telégrafo traduziu a escrita em som, fato diretamente relacionado à origem tanto do telefone como do fonógrafo. Com o telégrafo, os únicos muros que permaneceram foram os lingüísticos, facilmente superados pela fotografia, o cinema e a telefoto. A eletrificação da escrita foi um passo quase tão grande em direção ao espaço não-visual e auditivo quanto os passos que iriam logo dar o telefone, o rádio e a TV.

Telefone: fala sem paredes.
Fonógrafo: *music-hall* sem paredes.
Fotografia: museu sem paredes.
Luz elétrica: espaço sem paredes.
Cinema, rádio, TV: sala de aulas sem paredes.

O homem-coletor de comida reaparece incongruentemente como coletor de informação. Neste seu papel, o homem eletrônico não é menos nômade do que seus ancestrais paleolíticos.

29

O CINEMA

O Mundo Real do Rolo

Na Inglaterra, as casas de cinema eram conhecidas originalmente como "O Bioscópio", por apresentar visualmente o movimento real das formas da vida (do grego *bios*, modo de vida). O cinema, pelo qual enrolamos o mundo real num carretel para desenrolá-lo como um tapete mágico da fantasia, é um casamento espetacular da velha tecnologia mecânica com o novo mundo elétrico. No capítulo dedicado à *Roda*, contamos a estória de como o cinema teve uma espécie de origem simbólica nas tentativas de fotografar os cascos voadores dos cavalos a galope: assestar uma série de câmaras para estudar o movimento animal não é senão fundir o mecânico e o orgânico de um modo particular. Curiosamente, no mundo medieval, a idéia da metamorfose dos seres orgânicos se expressava pela substituição de uma forma estática por outra, em seqüência. Eles imaginavam a vida de uma flor como uma espécie de quadrinhos cinematográficos de fases ou essências. O cinema é a consecução total da idéia medieval da mudança, sob a forma de uma ilusão de entretenimento. Foi grande a contribuição dos fisiólogos para o desenvolvimento do filme, tal como aconteceu com o telefone. Na fita, o mecânico comparece como orgânico e o crescimento de uma flor pode ser ilustrado tão fácil e livremente como o movimento de um cavalo.

319

Se o cinema funde o mecânico e o orgânico num mundo de formas ondulantes, liga-se também à tecnologia da impressão tipográfica. O leitor como que projeta as palavras, seguindo as seqüências de tomadas em preto e branco — e que constituem a tipografia — fornecendo sua própria trilha sonora. Tenta acompanhar os contornos da mente do autor, em velocidades diversas e com vários graus de ilusões de compreensão. Não há como exagerar a ligação entre a impressão e o cinema, no que se refere ao poder de ambos em gerar fantasias no espectador e no leitor. Cervantes dedicou todo o seu *Dom Quixote* a esta faculdade da palavra impressa e ao seu poder de criar o que James Joyce chama, no *Finnegans Wake*, de "ABCinto da mente" (ausência ou distração, sentido e sentimento, hipnotismo e condicionamento da mente), ou seja, o contrôle alfabético, ou aquilo que é alfabeticamente controlado.

A tarefa do escritor e do cineasta é a de transportar o leitor e o espectador, respectivamente, de seu *próprio* mundo para um mundo criado pela tipografia e pelo filme. Este fato é tão claro e se realiza tão completamente que os que passam pela experiência aceitam-na subliminarmente e sem consciência crítica. Cervantes viveu num mundo em que a impressão tipográfica era tão nova quanto o cinema de nossos dias: para ele, parecia óbvio que a impressão, como as imagens cinematográficas, usurpava o mundo real. Sob o feitiço desses meios, o leitor e o espectador se tornaram sonhadores — como René Clair já o dissera em 1926, a propósito do cinema.

Sendo uma forma de experiência não-verbal, o cinema, como a fotografia, é uma forma de expressão sem sintaxe. No entanto, como a impressão e a fotografia, o cinema pressupõe um alto índice de cultura escrita em seus apreciadores, ao mesmo tempo em que intriga os analfabetos, ou não-letrados. Nossa aceitação letrada do simples movimento do olho da câmara, em cujo campo as figuras aparecem e desaparecem de vista, é incompreensível para uma audiência africana. Se alguém desaparece de algum dos lados do campo cinematográfico, o africano quer saber o que aconteceu com ele. Uma audiência letrada, porém, acos-

320

tumada a acompanhar as imagens impressas, linha a linha, sem pôr em questão a lógica da linearidade, aceitará a seqüência fílmica sem protesto.

René Clair observou certa vez que quando duas ou três pessoas se encontram sobre um palco, o autor ou diretor se vê sempre na contingência de motivar ou explicar a razão de sua presença ali. Mas o espectador de cinema como o leitor de livros, aceita a seqüência como coisa racional. A audiência aceita tudo o que a câmara quer mostrar. Somos transportados para um outro mundo. Como observou René Clair, a porta branca da tela dá para um harém de belas visões e sonhos adolescentes, comparada à qual a mais bela anatomia parece deixar a desejar. Yeats via o cinema como um mundo de ideais platônicos, o projetor lançando "um manto de espuma sobre o modelo espectral das coisas". Este foi o mundo que assombrou Dom Quixote, que o descobriu através das folhas da porta dos *in-folios* das narrativas recentemente impressas.

Segue-se que a íntima relação entre o mundo do rolo fílmico e a experiência da fantasia pessoal propiciada pela palavra impressa é indispensável à aceitação da forma cinematográfica, no Ocidente. A própria indústria cinematográfica considera que seus maiores sucessos derivaram de romances — o que é perfeitamente razoável. O filme, seja em forma de rolo, seja em forma de roteiro ou *script*, está perfeitamente entrelaçado com a forma do livro. Basta imaginar, por um momento, a possibilidade de um filme baseado na forma do jornal, para se perceber o quanto o cinema se aproxima do livro. Teoricamente, não há razão para não se utilizar a câmara para fotografar grupos complexos de matérias em configurações datadas, como o faz uma página de jornal. Em verdade, a poesia, mais do que a prosa, tende a efetuar esta configuração ou "enfeixamento". A poesia simbolista tem muito em comum com a página em mosaico de um jornal, mas são bem poucas as pessoas que conseguem livrar-se o suficiente do espaço uniforme e em cadeia para poder apreender um poema simbolista. Já os nativos, que têm muito pouco contato com

321

a alfabetização e a tipografia linear, têm de aprender a "ler" fotografias ou filmes, tal como aprendemos nossas primeiras letras. De fato, depois de haver tentado, durante anos, alfabetizar certas tribos africanas pelo cinema, John Wilson, do Instituto Africano da Universidade de Londres, descobriu que era mais fácil ensiná-los a ler e a escrever como meio de "alfabetizá-los" em cinema. Mesmo quando os nativos aprendem a ver fotos ou filmes, não podem aceitar nossas "ilusões" de espaço e tempo. Ao assistir a *O Vagabundo*, de Charles Chaplin, a audiência africana chegou à conclusão de que os europeus eram mágicos capazes de ressuscitar gente: ali se apresentava um tipo que conseguia sobreviver depois de levar um tremendo golpe na cabeça... sem dar mostras de ter sido ferido. Quando a câmara se desloca, eles vêem árvores em movimento e edifícios crescendo ou encolhendo, pois não podem partir da pressuposição dos povos letrados de que o espaço é contínuo e uniforme. Os povos não-letrados simplesmente não "entendem" a perspectiva ou efeitos de distâncias em luz e sombra — coisas que julgamos serem inatas ao equipamento humano. As pessoas letradas pensam em causa e efeito em termos seqüenciais, como se uma coisa puxasse a outra por meio de força física. Os povos não-letrados manifestam bem pouco interesse por esta espécie de causa e efeito "eficiente", mas ficam fascinados pelas formas ocultas que produzem resultados mágicos. Causas internas, mais do que causas externas, são as que interessam às culturas não-letradas e não-visuais. E esta é a razão por que o letrado ocidental vê o resto do mundo como que enredado na trama inconsútil da superstição.

Como o russo oral, o africano não aceita a visão e o som juntos. O cinema falado marcou o fim da produção cinematográfica russa porque, como qualquer outra cultura atrasada ou oral, os russos mostram uma necessidade irresistível de participação, que se frustra quando acrescentamos o som à imagem. Tanto Pudovkin como Eisenstein combateram o filme sonoro, mas achavam que se o som fosse utilizado simbólica e contrapuntisticamente — e não realisticamente — o resultado seria menos nocivo à imagem visual. A insistência dos africanos na participação grupal, em cantar e gritar durante as sessões de cinema, sofre a maior frustração com a trilha sonora. Nosso próprio cinema falado não passava de mera contemplação da embalagem visual entendida como bem de consumo. No tempo do silencioso, nós mesmos fornecíamos o som automaticamente, por meio da completação, do fechamento ou "pregnância". E quando isto já nos é também fornecido, há menos participação no trabalho da imagem.

Além disso, descobriu-se que os não-letrados não sabem como manter os olhos fixos a pouca distância da tela ou de uma foto, como fazem os ocidentais. Eles movem os olhos sobre a foto ou sobre o filme como o fariam com as mãos. É este hábito de usar os olhos como mãos, de resto, que torna os europeus tão *sexy* às mulheres americanas. Só uma sociedade altamente letrada e abstrata aprende a fixar os olhos, tal como aprendemos a fazer ao ler uma página impressa. A perspectiva só pode existir para os que fixam os olhos. Na arte nativa, há muita sutileza e sinestesia — mas não há perspectiva. É errônea a velha crença de que todo mundo vê em perspectiva e que apenas os pintores do Renascimento haviam aprendido a pintá-la. Nossa primeira geração da TV vai rapidamente perdendo este hábito de perspectiva visual enquanto modalidade sensória; com esta mudança, surge um novo interesse pelas palavras — não como visualmente uniformes e contínuas, mas como mundos singulares em profundidade. Daí a mania por trocadilhos e piadas, mesmo em anúncios "sérios".

Comparado a outros meios, como a página impressa, o filme tem o poder de armazenar e transmitir uma grande quantidade de informação. Numa só tomada, apresenta uma cena de paisagem com figuras que exigiriam diversas páginas em prosa para ser descritas. Na seqüência imediata, e nas seguintes, a cena pode repetir-se, propiciando novos pormenores em bloco, ou *gestalt*. Assim como a fotografia impeliu o pintor na direção da arte abstrata, escultórica, assim o cinema levou o escritor à economia verbal e ao simbolismo em profundidade, onde o filme não pode fazer-lhe concorrência.

Uma outra faceta da quantidade de dados que um filme pode fornecer numa única tomada é exemplificada por filmes históricos, tais como *Henrique V* ou *Ricardo III*. A pesquisa em profundidade levou à confecção de cenários e figurinos que qualquer garoto de seis anos pode apreciar de modo tão direto e imediato quanto um adulto. T. S. Eliot relatou que, na' produção cinematográfica baseada em seu *Crime na Catedral*, tornou-se necessária não só a confecção de figurinos da época, como estes tiveram que ser confeccionados segundo as técnicas empregadas no século XII — tão grande é a precisão e a tirania do olho cinematográfico. Hollywood produziu muita ilusão falsa, mas também réplicas autênticas e eruditas de muitas cenas do passado. O palco e a TV só podem fazê-lo em aproximações grosseiras, porque apresentam uma imagem de baixa definição que refoge à análise detalhada.

No início, contudo, foi o realismo minucioso de escritores como Dickens que inspirou certos pioneiros do cinema, como D. W. Griffiths, que costumava levar um exemplar de um romance de Dickens nas filmagens de exteriores. Surgido da forma jornalística da apresentação em corte da comunidade, e das coberturas de interesse humano, do século XVIII, o romance realista foi uma antecipação perfeita da forma fílmica. Mesmo os poetas passaram a dedicar-se ao mesmo estilo panorâmico, com variantes de vinhetas e primeiros-planos de interesse humano. *Elegy*, de Gray; *The Cotter's Saturday Night*, de Burns; *Michael*, de Wordsworth, e o *Childe Harold*, de Byron, são como roteiros de tomadas de cena para um filme documentário da época.

"Foi a chaleira que começou...". Assim começa *O Grilo e a Lareira*, de Dickens. Se o romance moderno nasce com *O Capote*, de Gogol — diz Eisenstein — o cinema saiu fervendo daquela chaleira. Deveria ser fácil entender por que a abordagem americana e mesmo, a inglesa, à arte do cinema, parece ressentir-se da falta daquele livre interjogo entre os sentidos e os meios, tão naturais em Eisenstein ou René Clair. Isto porque para os russos, em especial, é fácil a abordagem estrutural, vale dizer, escultórica, de uma situação. Para Eisenstein, o fato dominante do cinema é o de ele ser um "ato de justaposição". Mas para uma cultura que atingiu o extremo do condicionamento tipográfico, a justaposição só pode referir-se a traços e qualidades uniformes e encadeados. Não deve haver saltos do espaço específico do bule de chá para o espaço específico do gatinho ou da botina. Se estes objetos aparecem, devem ser nivelados por alguma narrativa contínua, ou "contidos" por algum espaço pictórico uniforme. Tudo o que Salvador Dali precisou fazer para provocar furor e celeuma foi apresentar uma cômoda com gavetas ou um piano de cauda em seu próprio espaço mas em convívio com um fundo alpino ou saariano. Basta libertar os objetos do espaço tipográfico, contínuo e uniforme, para que tenhamos a arte e a poesia modernas. Podemos medir a pressão psíquica da tipografia pela grita e o clamor gerados por aquela libertação. Para a maior parte das pessoas, a imagem de seu próprio ego parece ter sido condicionada tipograficamente: promovendo a volta à experiência inclusiva, a era da eletricidade ameaça a sua idéia do *eu*. Estas são as pessoas partidas, cuja labuta especializada transforma em pesadelo a simples possibilidade de uma segurança no lazer ou no trabalho. A simultaneidade elétrica acaba com a atividade e com o aprendizado especializado, passando a exigir inter-relações em profundidade, mesmo ao nível da personalidade.

A questão dos filmes de Charles Chaplin ajuda a iluminar este problema. *Tempos Modernos* foi realizado como sátira ao caráter de fragmentação das tarefas modernas. Como palhaço, Chaplin apresenta o feito acrobático numa mímica de elaborada incompetência, pois toda tarefa especializada deixa de fora a maior parte de nossas faculdades. O palhaço nos lembra nosso estado fragmentário, ao realizar tarefas acrobáticas ou especializadas dentro do espírito do homem total ou integral. Esta é a fórmula da incompetência indefesa ou impotente. Na rua, em situações sociais ou na linha de montagem, o trabalhador continua, como

325

que compulsivamente, a apertar parafusos com uma chave inglesa imaginária. A mímica deste e de outros filmes de Chaplin é, precisamente, a mímica do robô, do boneco mecânico cujo *pathos* profundo é o aproximar-se tão intimamente da condição da vida humana. Em toda a sua obra, Chaplin fez um balé de marionetes do tipo Cyrano de Bergerac. Chaplin (devoto do balé e amigo pessoal de Pavlova), para captar este *pathos* da marionete adotou desde o início a posição dos pés do balé clássico. Assim podia ter a aura do *Espectro da Rosa* bruxuleando em torno de sua figura de palhaço. Com um seguro toque de gênio, absorveu dos teatros musicais ingleses, onde começou certas imagens como a de Mr. Charles Pooter, um joão-ninguém que impressionava. Revestiu esta imagem de cavalheiro-mendigo com um envoltório de conto de fadas romântico, graças à adoção das posturas do balé clássico. A nova forma do cinema adaptava-se perfeitamente a esta imagem compósita, pois o próprio filme não é senão um balé mecânico de movimentos rápidos que produz um mundo de sonhos e de ilusões românticas. Mas a forma fílmica não é apenas uma dança de marionetes de tomadas paradas, pois consegue aproximar-se e, mesmo, superar a vida real por meio da ilusão. Esta é a razão por que Chaplin, pelo menos em seus filmes mudos, nunca se sentiu tentado a abandonar seu papel ciranesco de boneco incapaz de ser um amante verdadeiro. Neste estereótipo, Chaplin descobriu o cerne da ilusão do cinema, manipulando com desenvolta mestria esta chave do *pathos* da civilização mecânica. O mundo mecânico está sempre em processo de preparar-se para a vida; para tanto, produz o mais espantoso aparato de habilidades, métodos e recursos.

O cinema levou este mecanismo ao seu ápice mecânico — e mesmo além, ao produzir um surrealismo de sonhos que o dinheiro pode comprar. Nada é mais afim da forma fílmica do que este *pathos* de superabundância e poder, dote de uma boneca que nunca poderá se transformar em realidade. Esta é a chave para *O Grande Gatsby*, cujo momento da verdade é aquela cena em que Daisy se sente arrasada ao contemplar a magnífica coleção de camisas de

Gatsby. Daisy e Gatsby vivem num mundo de ouropéis, corrompido pelo poder, mas, ao mesmo tempo, inocentemente pastoral em seu sonhar.

O cinema não é apenas a suprema expressão do mecanismo; paradoxalmente, oferece como produto o mais mágico de todos os bens de consumo, a saber: sonhos. Não é por acaso que o cinema se caracterizou como o meio que oferece, aos pobres, papéis de riqueza e poder que superam os sonhos de avareza. No capítulo dedicado à *Fotografia*, mostramos como a fotografia da imprensa, em especial, desencorajou os milionários de trilharem o caminho do consumo conspícuo. A vida de ostentação que a fotografia tirou dos ricos, deu-a o cinema aos pobres com mão generosa:

> Sou feliz, um felizardo:
> Posso viver à larga,
> Pois tenho um punhado de sonhos.

Não estavam errados os *tycoons* de Hollywood quando se apoiavam na pressuposição de que o cinema dava ao imigrante americano um meio de auto-realização a curto prazo. Esta estratégia, por deplorável que seja à luz do "bem ideal absoluto", estava perfeitamente de acôrdo com a forma do cinema. Graças a ela, na década de 20, o modo de vida americano foi exportado para todo o mundo, enlatado. O mundo logo se dispôs a comprar sonhos enlatados. O cinema não apenas acompanhou a primeira grande era do consumo, como incentivou-o, propagou-o, transformando-se, ele mesmo, num dos mais importantes bens de consumo. Em termos do estudo dos meios, torna-se patente que o poder do cinema em armazenar informação sob forma acessível não sofre concorrência. A fita gravada e o *video-tape* viriam a superar o filme como armazenamento de informação, mas o filme continua a ser uma fonte informacional de primeira grandeza, um rival do livro que tanto fêz para alcançar e, mesmo, ultrapassar. Nos dias atuais, o cinema como que ainda está em sua fase manuscrita; sob a pressão da TV, logo mais, atingirá a fase portátil e acessível do livro impresso. Todo mundo poderá ter seu pequeno projetor barato, para cartuchos sonorizados de 8 mm. cujos filmes serão projetados como num vídeo. Este tipo de desenvolvimento faz parte de nossa atual implosão tecnológica. A dissociação do projetor e da tela é um vestígio do nosso velho mundo mecânico da explosão e da separação de funções, ora em fase de desaparecimento ante a ação da tecnologia elétrica.

O homem tipográfico adaptou-se logo ao cinema, porque o filme, como o livro, oferece um mundo interior de fantasia e sonho. O espectador de cinema senta-se em solidão psicológica como o leitor de livros. Isto não aconteceria com o leitor de manuscritos, nem acontece com o telespectador. Não é agradável ligar a TV quando se está sozinho num quarto de hotel ou mesmo em casa. A imagem em mosaico da TV solicita complementação social e diálogo. Assim também o manuscrito, antes da fotografia pois a cultura do manuscrito é oral e solicita o diálogo e o debate, como o demonstra toda a cultura do mundo antigo e medieval. Uma das maiores pressões da TV é no sentido de encorajar as "máquinas de ensinar". De fato, estes dispositivos constituem adaptações do livro na direção do diálogo. As máquinas de ensinar são, na verdade, preceptores particulares; o nome errado que lhe deram, com base no mesmo princípio que gerou os nomes "sem fio" e "carruagem sem cavalos", serve de mais um exemplo na longa lista que ilustra como toda inovação deve passar por uma primeira fase em que o novo efeito é encampado pelo velho método, ampliado ou modificado por uma nova característica.

O cinema não é um meio simples, como a canção ou a palavra escrita, mas uma forma de arte coletiva, onde indivíduos diversos orientam a cor, a iluminação, o som, a interpretação e a fala. A imprensa, o rádio, a TV e as estórias em quadrinho também são formas de arte que dependem de equipes completas e de hierarquias de capacidade empenhadas em ação corporada. Antes do cinema o exemplo mais claro dessa ação artística corporada pode ser colhido nos primórdios da industrialização: é a grande orquestra sinfônica do século XIX. Paradoxalmente, à medida que seguia um curso cada vez mais fragmentado e especializado a indústria passava a exigir, mais e mais, o trabalho em equipe tanto nas vendas como nos fornecimentos. A orquestra sinfônica tornou-se uma expressão maiúscula da força que derivou de um tal esforço coordenado, embora este efeito não se manifestasse para os próprios instrumentistas — na sinfônica ou na indústria.

Recentemente, os editores de revistas introduziram técnicas de roteiro cinematográfico na elaboração de matérias temáticas — e estas matérias de temas superaram os contos e estórias. Neste sentido, o filme rivaliza com o livro (em troca, a TV rivaliza com a revista, dado o seu poder-em--mosaico). Os temas ou idéias, apresentados como uma seqüência de tomadas ou situações filmadas, acabaram por expulsar o conto do campo das revistas.

Hollywood combateu a TV para tornar-se uma subsidiária da TV. A maior parte da indústria cinematográfica agora se dedica a atender aos programas da TV. Tentou-se uma nova estratégia — a superprodução. O fato é que o Technicolor é a coisa mais próxima do efeito da imagem da TV que o cinema consegue obter. O Technicolor rebaixa bastante a intensidade fotográfica, criando, em parte, as condições visuais para um acompanhamento participante. Se Hollywood tivesse compreendido as razões do sucesso de *Marty*, a TV nos teria dado uma revolução cinematográfica. *Marty* era um *show* de televisão transposto para a tela sob a forma de realismo visual de baixa definição ou baixa intensidade. Não era uma estória de sucesso, nem tinha astros ou estrelas, pois a imagem de baixa intensidade da TV é incompatível com a alta intensidade da imagem do estrelismo. *Marty*, que mais parecia um filme mudo dos primeiros tempos ou um velho filme russo, oferecia à indústria do cinema todas as pistas de que ela necessitava para enfrentar o desafio da TV.

Esta espécie de realismo frio e improvisado logo deu superioridade aos novos filmes ingleses. *Room at the Top* ("Almas em Leilão") apresenta o novo realismo frio. Não só é uma estória de sucesso, como ainda anuncia o fim da

329

embalagem-Cinderela, assim como Marylin Monroe foi o fim do sistema do estrelismo. A estória de *Room at The Top*: quanto mais a gente sobe, mais a bunda fica à mostra. Moral da estória: o sucesso não só é mau como constitui a fórmula para a miséria. É muito duro para um meio quente como o cinema aceitar a mensagem fria da TV. Mas os filmes de Peter Sellers, *I'm All Right, Jack* e *Only Two Can Play* estão perfeitamente sintonizados com as novas inclinações criadas pela imagem fria da TV. Da mesma forma se explica o sucesso ambíguo de *Lolita*. Como romance sua aceitação anunciou a abordagem anti-heróica ao lirismo. A indústria do cinema sempre trilhara a estrada real do lirismo e das estórias de amor, *pari passu* com a estória de sucesso. *Lolita* vinha anunciar que, afinal, essa estrada real não passava de uma trilha de vacas; quanto ao sucesso, é coisa que a gente não deseja nem para um cachorro.

No mundo antigo e nos tempos medievais, as estórias mais populares eram as que tratavam da *Queda dos Príncipes*. Com o advento do meio ultraquente da impressão tipográfica, a preferência mudou em ritmo crescente para contos de sucesso e de rápida ascensão na vida. Era como se tudo se tivesse tornado possível graças ao novo método tipográfico da segmentação minuciosa e uniforme dos problemas. O cinema viria surgir com base nesse mesmo método. Enquanto forma, o filme era a concretização final do grande potencial contido na fragmentação tipográfica. Mas agora a implosão elétrica reverteu o processo todo da expansão por fragmentação. A eletricidade trouxe de volta o mundo da implosão, frio e em mosaico, do equilíbrio e da estase. Em nossa era elétrica, a explosão unidirecional do indivíduo frenético que quer subir na vida agora nos parece mais com a imagem horrenda de vidas espezinhadas e de harmonias desfeitas. Não é outra a imagem subliminar de mosaico da TV com o seu campo total de impulsos simultâneos. A fita e a seqüência nada podem fazer senão inclinarem-se ante esta força superior. Os jovens tomaram a imagem da TV a peito, em sua rejeição *beatnik* dos costumes consumistas e das estórias de sucessos pessoais.

Como o melhor modo de se chegar ao cerne de uma forma é estudar seus efeitos num ambiente pouco familiar. vejamos o que o Presidente Sukarno, da Indonésia, anunciou. em 1956, a um grande grupo de executivos de Hollywood. Disse que os considerava políticos radicais e revolucionários, que muito haviam contribuído para as mudanças políticas no Oriente. O que o Oriente via no cinema de Hollywood era um mundo em que todas as *pessoas comuns* possuíam carros, aquecedores e refrigeradores. E o homem oriental agora se considera uma pessoa comum à qual se sonegaram os direitos do homem comum.

Este não é senão um modo de ver o meio do cinema como um anúncio-monstro de bens de consumo. Na América, este aspecto fundamental do cinema é meramente subliminar. Longe de olharmos nossos filmes como incentivos à agressão e à revolução, nós os temos por lenitivos e compensações ou como uma forma de pagamento adiado aos sonhos que sonhamos acordados. Nesta questão, o homem oriental está com a razão e nós estamos errados. De fato, o cinema é o braço poderoso do gigante industrial. Que ele esteja sendo amputado pela imagem da TV não indica senão que uma revolução de maior envergadura ainda está ocorrendo no coração da vida americana. É mais do que natural que o velho Oriente sinta o lado político e o desafio industrial de nossa indústria cinematográfica. Como o alfabeto e a palavra impressa, o cinema é uma forma agressiva e imperiosa que explode em direção a outras culturas. Sua força explosiva era significativamente maior no tempo do silencioso do que no do sonoro, pois a trilha sonora eletromagnética já prenuncia a substituição da explosão mecânica pela implosão elétrica. Ao contrário dos filmes falados, os filmes silenciosos não criavam barreiras lingüísticas e eram imediatamente aceitos. O rádio juntou-se ao filme para nos dar o cinema falado e para nos conduzir até a reversão do curso atual, quando a implosão ou reintegração começa a suceder à era mecânica da explosão e da expansão. A forma extrema desta implosão ou contração é a imagem do astronauta trancado em seu espaçozinho capsular envolvente. Longe de expandir nosso mundo, ele anuncia a sua contração a proporções de aldeia. O foguete e a cápsula espacial estão acabando com a lei da roda e da máquina, tal como, de resto, os serviços telegráficos, o rádio e a TV.

Podemos agora deter-nos num aspecto conclusivo da influência do cinema. Na literatura moderna, provavelmente não há técnica mais celebrada do que o fluxo da consciência ou monólogo interior. Em Proust, Joyce ou Eliot, esta forma de seqüência permite ao leitor uma extraordinária identificação com personalidades de todos os tipos e espécies. O fluxo de consciência se manifesta, de fato, pela transferência da técnica cinematográfica para a página impressa, onde, em sentido profundo, ele realmente se originou pois, como vimos, a tecnologia dos tipos móveis de Gutenberg é indispensável a qualquer processo industrial ou cinematográfico. O cálculo infinitesimal *finge* tratar do movimento e da mudança por meio de uma fragmentação acentuada, o cinema *realiza* o movimento e a mudança por meio de uma série de tomadas estáticas. O mesmo faz a tipografia, pretendendo e fingindo tratar de todo o processo mental em ação. Mas tanto o filme como o fluxo de consciência pareciam propiciar uma profunda e desejada libertação do mundo mecânico, com sua crescente padronização e uniformidade. Ninguém nunca se sentiu oprimido pela monotonia ou uniformidade do balé de Chaplin ou pelos monótonos e uniformes devaneios de seu irmão gêmeo literário, Leopold Bloom.

Em 1911, Henri Bergson, em sua *Evolução Criativa,* causou sensação ao associar o processo mental com a forma do cinema. No ponto extremo da mecanização, representado pela fábrica, pelo filme e pela imprensa, os homens pareciam livres para ingressar num mundo de espontaneidade, de sonhos e de singulares experiências pessoais graças ao fluxo de consciência, ou cinema interior. Dickens talvez tenha sido o início de tudo, com o seu *Mr.* Jingle, de *Pickwick Papers.* Já em *David Copperfield* ele fizera uma grande descoberta técnica, pois ali, pela primeira vez, o mundo se desdobra realisticamente aos olhos-câmara de uma criança que amadurece. Aqui talvez esteja o fluxo de consciência em sua forma original, antes de ser adotado por Proust. Joyce e Eliot. Isto indica como a experiência humana pode enriquecer-se inesperadamente pelo cruzamento e entrelaçamento da vida das formas dos meios.

Os filmes importados, especialmente os dos Estados Unidos, são muito populares na Tailândia, graças, em parte, à hábil técnica Thai de contornar o obstáculo das línguas estrangeiras. Em Bangkok, em lugar dos letreiros, eles utilizam o que é chamado de "AdamEvisão", técnica que toma a forma de um diálogo em Thai, ao vivo, lido através de um alto-falante por atores escondidos na platéia. Uma sincronização de micro-segundos e uma grande resistência permitem a estes atores exigir mais do que os mais bem pagos astros e estrelas de cinema da Tailândia.

Muita gente, alguma vez na vida, terá desejado possuir um equipamento que fornecesse o seu próprio sistema sonoro durante uma sessão de cinema, para poder fazer comentários. Na Tailândia pode-se atingir grandes níveis de interpolação interpretativa durante os diálogos supérfluos dos grandes astros e estrelas.

30

RÁDIO

O Tambor Tribal

A Inglaterra e a América opuseram certas resistências ao rádio, longamente expostas que estavam à cultura letrada e ao industrialismo. Estas formas implicam numa intensa organização visual da experiência. As culturas européias, mais terra-a-terra e menos visuais, não ficaram imunes ao rádio. A magia tribal ainda não havia desaparecido nelas e a antiga trama do parentesco voltou a ressoar de novo com as notas do fascismo. A inabilidade dos povos letrados em apreender a linguagem e a mensagem dos meios como tais ressalta involuntariamente dos comentários do sociólogo Paul Lazarsfeld, ao discutir os efeitos do rádio:

> O último grupo de efeitos pode ser chamado de efeito monopolístico do rádio. Eles atraíram a atenção do público, na maior parte dos casos, devido à importância que adquiriram nos países totalitários. Monopolizando o rádio, o governo pode orientar as opiniões da população, pela simples repetição e pela exclusão dos pontos de vista conflitantes. Não sabemos muito sobre como opera realmente êste efeito monopolístico, mas é importante notar a sua singularidade. Nada se pode inferir sobre os efeitos do rádio como tal. Esquece-se muitas vezes de que Hitler não obteve o controle da situação através do rádio, mas antes a despeito do rádio, pois na época de sua ascensão ao poder o rádio era controlado por seus inimigos. Os efeitos monopolísticos provavelmente têm menos importância social do que é geralmente admitido.

O total desconhecimento do Professor Lazarsfeld em relação à natureza e aos efeitos do rádio não é um mero defeito pessoal, mas uma incapacidade que se manifesta universalmente.

Num discurso pronunciado no rádio de Munique, em 14-3-1936, Hitler declarou: "Sigo o meu caminho com a segurança de um sonâmbulo." Suas vítimas e seus críticos também apresentavam sintomas sonambúlicos. Dançavam como que em transe, ao som do tambor tribal do rádio, que produzia a extensão de seu sistema nervoso central para criar um envolvimento em profundidade que atingia a todos. "Quando ouço rádio, parece que vivo dentro dele. Eu me abandono mais facilmente ao ouvir rádio do que ao ler um livro" — declarou uma pessoa consultada, por ocasião de uma pesquisa de opinião sobre o rádio. O poder que tem o rádio de envolver as pessoas em profundidade se manifesta no uso que os adolescentes fazem do aparelho de rádio, durante seus trabalhos de casa, bem como as pessoas que levam consigo seus transístores, que lhes propiciam um mundo particular próprio em meio às multidões. Um pequeno poema do dramaturgo alemão Brecht diz:

> Pequena caixinha que carreguei quando em fuga
> Para que suas válvulas não pifassem,
> Que levei de casa para o navio e o trem
> Para que os meus inimigos continuassem a falar-me
> Perto de minha cama, e para a minha angústia,
> As últimas palavras da noite e as primeiras da manhã
> Sobre suas vitórias e sobre meus problemas
> — Prometa-me não ficar muda de repente.

Um dos muitos efeitos da televisão sobre o rádio foi o de transformá-lo de um meio de entretenimento numa espécie de sistema nervoso da informação. Notícias, hora certa, informações sobre o tráfego e, acima de tudo, informações sobre o tempo agora servem para enfatizar o poder nativo do rádio de envolver as pessoas umas com as outras. O tempo é um meio que envolve todas as pessoas por igual. As variações do tempo constituem o tópico principal do rádio, banhando-nos em fontes de espaço auditivo — ou *lebensraum*.

Que o Senador McCarthy tenha durado tão pouco tempo, assim que passou do rádio para a TV, não foi coisa acidental. A imprensa logo decidiu: "Ele não é mais notícia." Nem McCarthy, nem a imprensa souberam exatamente o que acontecera. A TV é um meio frio. Ela rejeita as personalidades, os assuntos e as pessoas quentes do meio quente da imprensa. Fred Allen foi uma vítima da TV. E Marylin Monroe? Se a TV já existisse em índice ponderável durante o reinado de Hitler, ele teria desaparecido logo. E se a TV tivesse surgido antes, não teria havido Hitler. Quando Kruschev apareceu na TV americana, foi mais aceito do que Nixon, dado o seu tipo de garotão amável e cômico. Na TV, sua figura se transformava numa *charge*. Mas o rádio é um meio quente e leva a sério as figuras das caricaturas. No rádio, o Sr. K. teria causado impressão bem diversa.

Os que ouviram os debates Kennedy-Nixon pelo rádio ficaram com a idéia da esmagadora superioridade de Nixon sobre seu opositor. Foi fatal a Nixon apresentar uma imagem e uma atividade bem definidas, de alta definição, através de um meio frio como a TV, que traduziu aquela imagem numa impressão de coisa falsa, "fajuta". Para mim, "fajuto" se refere a algo que não soa bem, a algo que não soa como verdade. F. D. R. talvez não se tivesse dado bem com a TV. Mas pelo menos aprendeu como usar o meio quente do rádio para a sua fria conversa ao pé do fogo. Primeiro, porém, ele tinha de aquecer o meio da imprensa contra si próprio, a fim de criar a atmosfera apropriada aos seus bate-papos. Aprendeu como usar a imprensa em íntima relação com o rádio. A TV o colocaria diante de um complexo de problemas políticos e sociais inteiramente diferente. É possível que teria tido prazer em resolvê-los, pois era capaz daquela espécie de abordagem brincalhona necessária à compreensão de relações novas e obscuras.

O rádio afeta as pessoas, digamos, como que pessoalmente, oferecendo um mundo de comunicação não expressa entre o escritor-locutor e o ouvinte. Este é o aspecto mais imediato do rádio. Uma experiência particular. As profundidades subliminares do rádio estão carregadas daqueles ecos ressoantes das trombetas tribais e dos tambores antigos. Isto é inerente à própria natureza deste meio, com seu poder de transformar a psique e a sociedade numa única câmara de eco. A dimensão ressonadora do rádio tem passado despercebida aos roteiristas e redatores, com poucas exceções. A famosa emissão de Orson Welles sobre a invasão marciana não passou de uma pequena mostra do escopo todo-inclusivo e todo-envolvente da imagem auditiva do rádio. Foi Hitler quem deu ao rádio o *real* tratamento wellesiano.

Hitler só teve existência política graças ao rádio e aos sistemas de dirigir-se ao público. Isto não significa que estes meios tenham retransmitido de fato seus pensamentos ao povo alemão. Seus pensamentos eram de curto alcance. O rádio propiciou a primeira experiência maciça de implosão eletrônica, a reversão da direção e do sentido da civilização ocidental letrada. Para os povos tribais, para aqueles cuja existência social constitui uma extensão da vida familiar, o rádio continuará a ser uma experiência violenta. As sociedades altamente letradas, que há muito subordinaram a vida familiar à ênfase individualista nos negócios e na política, têm conseguido absorver e neutralizar a implosão do rádio sem revolução. Mas o mesmo não acontece com as comunidades que ainda não possuem senão uma breve e superficial experiência de cultura letrada. Para estes, o rádio é absolutamente explosivo.

Para entender estes efeitos, é necessário ver a alfabetização como tecnologia tipográfica, aplicada não só à racionalização dos processos de produção e de exploração do mercado, como também às leis, à educação e ao urbanismo. Na Inglaterra e na América, os princípios de uniformidade, continuidade e repetibilidade derivados da tecnologia da impressão tipográfica há muito que já penetraram em todas as camadas da vida comunal. Naqueles países, a criança se alfabetiza vendo o tráfego e a rua, o carro, o brinquedo e a roupa. Aprender a ler e a escrever é um aspecto secundário da cultura letrada no ambiente uniforme e contínuo do mundo de fala inglesa. A ênfase na cultura letrada é um traço distintivo das áreas que lutam por iniciar-se no processo de padronização que conduz à organização visual do trabalho e do espaço. Sem a transformação psíquica da vida interior em termos visuais segmentados pela cultura letrada, não pode haver o deslanche (*take-off*) econômico que assegura o movimento contínuo da constante aceleração.

Pouco antes de 1914, os alemães estavam obsecados pela ameaça do "cerco". Seus vizinhos haviam desenvolvido elaborados sistemas ferroviários que facilitavam a mobilização dos recursos de mão-de-obra. O cerco é imagem visual e constituía uma grande novidade para aquela nação recentemente industrializada. Nos anos 30, a obsessão germânica já era o *lebensraum*, o espaço vital. Esta já não é uma questão visual. É claustrofobia, gerada pela implosão do rádio e a compressão do espaço. A derrota dos alemães na Primeira Guerra apartou-os de novo da obsessão visual, levando-os a acalentar a África que ressoava dentro deles. O passado tribal nunca deixou de ser uma realidade para a psique germânica.

O fácil acesso que alemães e povos da Europa Central sempre tiveram às fontes não-visuais das formas auditivas e táteis permitiu-lhes enriquecer o mundo da Música, da dança e da Escultura. Mais do que tudo, seu modo tribal lhes deu fácil acesso ao novo mundo não visual da física subatômica, onde as sociedades há muito letradas e industrializadas sofrem visível desvantagem. As ricas áreas de vitalidade pré-letrada logo sentiram o impacto quente do rádio. A mensagem do rádio é uma mensagem de ressonância e de implosão unificada e violenta. Para a África, a Índia, a China e, mesmo, a Rússia, o rádio é uma força profundamente arcaica, um liame temporal com o passado mais longínquo e a experiência há muito soterrada na memória.

Numa palavra, a tradição é o sentido do passado total enquanto *agora*. Seu ressurgir é um estado natural do impacto do rádio e da informação elétrica, em geral. Para uma população intensamente letrada, no entanto, o rádio engendra um profundo sentimento de culpa que não se consegue localizar e que às vezes se exprime na atitude do companheiro de jornada (simpatizante político). Um envolvimento humano recentemente descoberto gera ansiedade, insegurança e imprevisibilidade. Como a cultura letrada incentivou um individualismo extremo e o rádio atuou num sentido exatamente inverso, ao fazer reviver a experiência ancestral das tramas do parentesco do profundo envolvimento tribal, o Ocidente letrado procurou encontrar uma espécie de compromisso com a responsabilidade coletiva, em sentido amplo. O impulso subitâneo para este fim foi tão subliminar e obscuro quanto a prévia pressão literária em prol da irresponsabilidade e do isolamento individual; em conseqüência, ninguém se sentiu satisfeito com nenhuma das posições alcançadas. A tecnologia de Gutenberg produzira uma nova espécie de entidade nacional visual, no século XVI, e que gradualmente se mesclou à produção e à expansão industrial. O telégrafo e o rádio neutralizaram o nacionalismo, mas fizeram reaparecer arcaicos fantasmas tribais de tremendo poder. Este é precisamente o encontro do olho com o ouvido, de explosão e implosão, ou, como disse Joyce em seu *Wake*, "Naquele orelhopeu o fim vai para Indo". A abertura do ouvido europeu acabou com a sociedade aberta, reapresentando o mundo Índico do homem tribal à mulher da Zona Oeste (*West End*). Joyce o diz mais de forma dramática e mimética do que críptica. Basta que o leitor apanhe uma frase como esta e a arremede em mímica até que ela se torne inteligível. Não é um processo longo ou tedioso — se abordado com aquele espírito de jocosidade artística, que assegura "montes de diversões no despertar de Finnegan".

O rádio possui o seu manto de invisibilidade, como qualquer outro meio. Manifesta-se a nós ostensivamente numa franqueza íntima e particular de pessoa a pessoa, embora seja, real e primeiramente, uma câmara de eco subliminar cujo poder mágico fere cordas remotas e esquecidas. Todas as extensões tecnológicas de nós mesmos são subliminares, entorpecem; de outra forma, não suportaríamos a ação que uma tal extensão exerce sobre nós. Mais do que o telégrafo e o telefone, o rádio é uma extensão do sistema nervoso central, só igualada pela própria fala humana. Não é digno de meditação que o rádio sintonize tão bem com aquela primitiva extensão de nosso sistema nervoso central, aquele meio de massas aborígine — que é a língua vernácula? O cruzamento destas duas e poderosas tecnologias humanas não poderia deixar de fornecer algumas formas extraordinariamente novas à experiência humana. Isto ficou provado com Hitler, o sonâmbulo. Mas pode o destribalizado e letrado homem ocidental imaginar que ganhou imunidade permanente à magia tribal do rádio? Nossos adolescentes dos anos 50 começaram a exibir alguns dos estigmas tribais. O adolescente, enquanto oposto ao jovem, hoje pode ser entendido como um fenômeno da cultura letrada. Não é significativo que o adolescente só se tenha manifestado como fenômeno nativo naquelas áreas da Inglaterra e da América onde a cultura letrada revestira até os alimentos com valores abstratos e visuais? A Europa nunca teve adolescentes. Teve damas de companhia. Hoje, o rádio propicia intimidade ao jovem, juntamente com os estreitos laços tribais do mundo do mercado comum, da canção e da ressonância. Comparando ao olho neutro, o ouvido é hiperestésico. O ouvido é intolerante, fechado e exclusivo, enquanto que o olho é aberto, neutro e associativo. As idéias de tolerância só começaram a aparecer no Ocidente depois de dois ou três séculos de cultura letrada e visual gutenberguiana. Até 1930, ainda não se dera na Alemanha uma tal saturação de valores visuais. E a Rússia ainda está longe de se ver envolvida com ordem e com valores visuais.

Se sentamos e conversamos no escuro, as palavras de repente adquirem novos significados e texturas diferentes. Tornam-se mais ricas até do que a Arquitetura, que, segundo Le Corbusier, é melhor sentida à noite. Todas as qualidades gestuais que a página impressa elimina da linguagem retornam à linguagem no escuro — e no rádio. Quando se oferece apenas o *som* de uma peça teatral, nós a preenchemos com *todos* os sentidos e não apenas com a visão da ação. Este faça-você-mesmo, esta completação ou "fechamento" da ação desenvolve no jovem uma espécie de isolamento independente que o torna remoto e inacessível. A tela mística e sonora com que se revestem, ouvindo seus rádios, fornece intimidade para seu trabalho caseiro e imunidade em relação às ordens paternas.

Com o rádio, grandes mudanças ocorreram na imprensa, na publicidade, no teatro e na poesia. O rádio propiciou um novo âmbito para piadas e gozações, como as de Morton Downey, na CBS. Um cronista esportivo mal começara a ler sua crônica de 15 minutos, quando chegou o Sr. Downey e começou a despi-lo, a começar pelos sapatos e meias, seguindo-se o paletó, as calças e a roupa de baixo. Sem poder fazer nada, o cronista continuou a sua irradiação, o que não deixa de constituir uma prova da força imperativa do microfone, que fez prevalecer a lealdade sobre a modéstia e sobre o instinto de defesa.

O rádio criou o *disk-jockey* e promoveu o escritor de piadas a um papel de importância nacional. Com o advento do rádio, a *gag*, o caco, superou a simples anedota, não por obra dos escritores de *gags*, mas porque o rádio é um meio quente e rápido que racionou o espaço de que dispunha o repórter para contar estorietas.

Jean Shepherd, da cadeia WOR, de Nova Iorque, considera o rádio como um novo meio para uma nova espécie de novela — que ele escreve à noite. O microfone é a sua pena e o seu papel. Sua audiência e o conhecimento que tem dos acontecimentos diários do mundo lhe fornecem as personagens, as cenas e o clima. Ele acha que, assim como Montaigne foi o primeiro a usar a página para registrar suas reações ante o novo mundo dos livros impressos, ele é o primeiro a usar o rádio como forma de ensaio e de romance destinados a registrar a consciência comum de um mundo totalmente novo, um mundo de universal participação humana em todos os acontecimentos humanos, particulares ou coletivos.

É difícil explicar, ao estudante dos meios, a indiferença humana aos efeitos sociais dessas forças radicais. O alfabeto fonético e a palavra impressa que em sua explosão liquidaram o mundo tribal em benefício da sociedade aberta de

341

funções fragmentadas e de ações e conhecimentos especializados, nunca foram estudados em seus papéis de transformadores mágicos. A força elétrica, antitética, da informação instantânea, que reverte a explosão social em implosão, a empresa particular em homem de organização e impérios em expansão em mercados comuns, tem sido tão pouco considerada quanto a palavra escrita. Passou despercebido o poder do rádio em retribalizar a Humanidade, bem como a quase imediata reversão que produziu do individualismo para o coletivismo, fascista ou marxista. Esta inconsciência é tão extraordinária que *ela* é que precisa de explicação. O poder de transformação dos meios é fácil de explicar, mas a ignorância desse poder não o é de modo algum. Para não falar que a ignorância universal da atuação psíquica da tecnologia responde a certas funções inerentes, a um entorpecimento nuclear da consciência, tal como ocorre nos estados de choque e tensão.

A história do rádio é instrutiva como indicadora das distorções e da cegueira que uma tecnologia pré-existente produz numa sociedade. A palavra "sem fio" ainda é empregada para designar o rádio na Grã-Bretanha, o que dá prova da mesma atitude negativa em relação a uma nova forma presente na expressão "carruagem sem cavalo". O sem-fio inicial era considerado como uma forma do telégrafo. e não se estabelecia sequer sua relação com o telefone. Em 1916, David Sarnoff, então empregado da American Marconi Company, enviou um memorando à Diretoria defendendo a idéia da produção de caixas de música para o lar. Foi totalmente ignorado. Naquele mesmo ano, deu-se a rebelião da Páscoa Irlandesa e a primeira emissão de rádio. Até então, o sem-fio fôra utilizado pelos barcos, como "telégrafo" mar-terra. Os rebeldes irlandeses utilizaram o sem-fio de um barco, não para uma mensagem em código, mas para uma emissão radiofônica, na esperança de que algum barco captasse e retransmitisse a sua estória à imprensa americana. E foi o que se deu. A radiofonia já existia há vários anos, sem que despertasse qualquer interesse comercial. Foram os radioamadores e seus fãs que conseguiram as primeiras providências práticas nesse sen-

342

tido. Houve relutância e oposição no mundo da imprensa que, na Inglaterra, levou à criação da BBC e ao acorrentamento do rádio pelos interesses da publicidade e dos jornais. Esta rivalidade óbvia ainda não foi discutida abertamente. As pressões restritivas da imprensa sobre o rádio e a TV ainda constituem um tópico "quente", tanto na Inglaterra como no Canadá. Mas é típico que a incompreensão da natureza do meio tenha tornado bem fúteis as medidas restritivas. Sempre foi assim, particularmente no que se refere à censura governamental da imprensa e do cinema. Embora o meio seja a *mensagem*, as medidas de controle vão além da programação. As restrições são sempre dirigidas contra o "conteúdo" — que é sempre um outro meio. O conteúdo da imprensa é o pronunciamento literário, assim como o conteúdo do livro é a fala, e o conteúdo do cinema é o romance. Assim, os efeitos do rádio são perfeitamente independentes da sua programação. Para aqueles que nunca estudaram os meios, este fato causa tanta perplexidade quanto a cultura letrada para os nativos, que costumam perguntar "Por que você escreve? Você não consegue lembrar?".

Assim, os interesses comerciais que pensam subjugar os meios universalmente aceitos, invariavelmente apelam para o "entretenimento" como estratégia de neutralidade. Difícil imaginar uma técnica de avestruz mais espetacular, pois é ela justamente que garante a máxima penetração de qualquer meio. A comunidade letrada sempre se baterá pelo direito à controvérsia e ao ponto de vista, na imprensa, no rádio e no cinema, o que redunda num enfraquecimento da atuação da imprensa, do rádio, do cinema — e também do livro. A estratégia do entretenimento comercial automaticamente assegura a máxima velocidade e força de impacto a qualquer meio de cumunicação, tanto ao nível psicológico como ao nível social. Torna-se, assim, uma cômica estratégia de auto-liquidação involuntária, levada a efeito exatamente por aqueles que preferem a permanência à mudança. No futuro, o único controle efetivo dos meios deverá adquirir a forma termostática do racionamento quantitativo. Assim como agora tentamos controlar as cinzas radiativas, um dia teremos de controlar a radiatividade dos meios. A educação será reconhecida como defesa civil contra as cinzas radiativas dos meios. O único meio contra o qual nossa educação hoje oferece alguma defesa civil é o meio da impressão tipográfica e gráfica. O sistema educacional, baseado na impressão, ainda não se dispõe a arcar com qualquer outra responsabilidade.

O rádio provoca uma aceleração da informação que também se estende a outros meios. Reduz o mundo a uma aldeia e cria o gosto insaciável da aldeia pelas fofocas, pelos rumores e pelas picuinhas pessoais. Mas, ao mesmo tempo em que reduz o mundo a dimensões de aldeia, o rádio não efetua a homogeneização dos quarteirões da aldeia. Bem ao contrário. Na Índia, onde o rádio é a forma de comunicação suprema, há mais de uma dúzia de línguas oficiais e um número igual de cadeias de rádio oficiais. O efeito do rádio no sentido de ressuscitar arcaísmos e velhas memórias não se limitou à Alemanha de Hitler. Com o advento do rádio, velhas línguas ganharam nova vida na Irlanda, na Escócia e no País de Gales, enquanto Israel pode servir de exemplo extremo de revivescência lingüística. Os israelenses falam agora uma língua que estivera morta nos livros durante séculos. O rádio não é apenas um poderoso ressuscitador de animosidades, forças e memórias arcaicas, mas também uma força descentralizadora e pluralística — tal como acontece com todos os meios e forças elétricas.

O centralismo organizativo baseia-se na estruturação contínua, visual e linear que nasce da alfabetização fonética. No início, os meios elétricos apenas acompanharam os padrões estabelecidos das estruturas letradas. O rádio foi liberado das pressões dessa cadeia centralizadora por obra da TV. A carga da centralização passou para a TV, que dela pôde livrar-se graças ao Telstar. Como a TV aceitou o encargo da cadeia central derivado de nossa organização industrial centralizada, o rádio passou a ter liberdade de diversificação, prestando serviços locais e regionais que antes não conhecera, mesmo nos primeiros tempos dos amadores de rádio-galena. Com a TV, o rádio se voltou para as necessidades individuais do povo, em diferentes horas do dia, bem em sintonia com a multiplicidade de aparelhos receptores nos quartos, banheiros, cozinhas, carros e — agora — bolsos. Programações diferentes são fornecidas para atender às mais diversas atividades. O rádio, que antes foi uma forma de audiência grupal que enchia as igrejas, reverteu ao uso pessoal e individual — com o advento da TV. O adolescente se afasta da TV grupal para o seu rádio particular.

Esta tendência natural do rádio em ligar intimamente os diferentes grupos de uma comunidade manifesta-se claramente no culto dos *disk-jockeys* e no uso que faz do telefone, forma glorificada da velha interceptação de notícias na linha-tronco.

Platão, cujas idéias tribais de estrutura política estavam bem fora de moda, dizia que o tamanho certo de uma cidade era indicado pelo número de pessoas ao alcance da voz de um orador. Até o livro impresso, para não falar do rádio, torna bem irrelevantes, para efeitos práticos, as pressuposições políticas de Platão. Mas o rádio, dada a sua facilidade de relações íntimas e descentralizadas, tanto ao nível pessoal como ao de pequenas comunidades, poderia facilmente realizar o sonho político de Platão numa escala mundial.

A união do rádio com o fonógrafo — que forma a média das programações radiofônicas — produz uma estrutura muito especial e mais poderosa do que a resultante da combinação do rádio e das agências noticiosas, que nos fornecem as notícias e as informações sobre o tempo. É curioso como os informes sobre o tempo atraem mais a atenção do que o noticiário, tanto no rádio como na TV. Não será por que o "tempo" é agora, totalmente, uma forma eletrônica de informação, enquanto o noticiário ainda conserva muito dos padrões da palavra escrita? Devido provavelmente às suas inclinações livrescas, a BBC e a CBS mostram-se bastante canhestras em suas apresentações radiofônicas e televisionadas. Em contraste, as emissoras americanas, mais por premência comercial do que por tirocínio artístico, viriam a se caracterizar por uma vivacidade febril.

345

31

A TELEVISÃO

O Gigante Tímido

Talvez que o efeito mais comovente e familiar da TV seja o comportamento das crianças que cursam o primário. Desde o aparecimento da TV, as crianças costumam ler com os olhos a apenas 15 centímetros, em média, da página — independentemente das condições de suas vistas. Procuram levar para a página impressa os imperativos da total envolvência sensória da imagem da TV. Com uma perfeita habilidade psicomimética, executam as ordens da imagem televisionada. Prestam atenção, investigam, aquietam-se e envolvem-se em profundidade. É o que aprenderam a fazer na fria iconografia do meio das estórias em quadrinhos. A TV levou o processo bem mais adiante. E de repente as crianças se vêem transportadas para o meio quente da palavra impressa, com seus padrões uniformes e rápido movimento linear. Inutilmente tentam ler em profundidade. Lançam na palavra impressa todos os seus sentidos — e ela os rejeita. A imprensa exige a faculdade visual nua e isolada, não a sensorialidade unificada.

A câmara de cabeça de Mackworth, quando aplicada a crianças que assistem à televisão, revela que seus olhos acompanham, não as ações, mas as reações. Os olhos quase não se desviam dos rostos dos atores, mesmo durante as cenas de violência. Esta câmara mostra em projeção a cena que se desenrola no vídeo e o movimento do olho, simultaneamente. Este comportamento extraordinário é mais um fator que vem corroborar o caráter frio e envolvente deste meio.

No *show* de Paar de 8-3-1963, Richard Nixon foi paarificado e remodelado de acordo com a imagem da TV. Revelou-se que o Sr. Nixon era também pianista e compositor. Com o tato seguro de quem conhece o caráter do meio que usa, Jack Paar mostrou o lado *pianoforte* do Sr. Nixon, com excelentes resultados. Em lugar de um Nixon habilidoso, escorregadio e jurídico, vimos um esforçado executante criativo e modesto. Uns poucos toques oportunos deste tipo teriam alterado o resultado da campanha Kennedy-Nixon. A TV é um meio que rejeita as personalidades muito delineadas e favorece mais apresentação de processos do que de produtos.

A adaptação da TV a processos, mais do que a produtos nitidamente acondicionados, explica a frustração da experiência de muita gente ante sua utilização para fins políticos. Num artigo da *TV-Guide* (18-24 de maio de 1963), Edith Efron chamou a TV de "Gigante Tímido", porque ela não se adapta aos temas quentes e aos tópicos rígidos e controvertidos: "Apesar da liberdade concedida pela censura oficial, um silêncio auto-imposto torna os documentários das grandes cadeias quase que mudos a respeito dos grandes assuntos do dia." Acham alguns que a TV, como meio frio que é, trouxe uma espécie de *rigor mortis* ao corpo político. É o extraordinário grau de participação da audiência no meio da TV que explica o seu insucesso na abordagem de temas candentes. Howard K. Smith observou: "As redes de televisão acham ótimo que se travem discussões a 20 000 km de distância. O que não querem são dissenções reais no âmbito doméstico." O comportamento da TV é inexplicável para as pessoas condicionadas pelo meio quente do jornal, que vive do conflito de opiniões e não do envolvimento em *profundidade* numa situação.

Uma notícia quente sobre um tópico que se referia diretamente à TV, trazia o seguinte título: "Acabou acontecendo — filme inglês com letreiros em Inglês para explicar os dialetos." O filme em questão era a comédia *Sparrows Don't Sing* ("Os Pardais Não Cantam"). Um glossário dos falares Yorkshire e Cockney e de outras frases de gíria foi impresso para distribuição aos telespectadores, a fim de que pudessem traduzir os letreiros do filme. Esses subletreiros são uma clara indicação do efeito de profundidade da TV, a mesmo título que o estilo "brutalista" na moda feminina. Uma das mais extraordinárias conseqüências da TV na Inglaterra foi o ressurgimento dos dialetos regionais. Um sotaque regional ou um "r" gutural constituem equivalentes vocais da antiga botina de abotoar. Esses sotaques sofrem uma contínua erosão por parte da cultura letrada. Seu súbito ressurgimento na Inglaterra, em regiões onde antes apenas se ouvia o Inglês-padrão, é um dos acontecimentos culturais mais significantes do nosso tempo. Até nas salas de aulas de Oxford e Cambridge se ouvem de nôvo os dialetos. Os universitários já não se empenham numa pronúncia uniforme. Com a TV, a fala dialetal se revelou um laço social em profundidade, antes impossível devido ao "Inglês-padrão" artificial que começara há apenas um século.

Um comentário sôbre o cantor Perry Como classificava-o de "rei de baixa pressão para um reino de alta pressão. O sucesso de um artista de TV depende de um estilo de apresentação em baixa-pressão, embora se possa fazer necessária uma organização em alta pressão para levar o seu número ao ar. Fidel Castro pode servir de exemplo. De acôrdo com a estória de Tad Szulc, "O Homem-*Show* da Televisão Cubana", em *A Oitava Arte*, "em seu estilo aparentemente improvisado "naquela base", ele pode discutir política e governar o país — pela câmara". Tad Szule tem a ilusão de que a TV é um meio quente e sugere que, no Congo, "a televisão poderia ter ajudado Lumumba a incitar as massas a um tumulto e a um derramamento de sangue ainda maiores". Ele está completamente errado. O rádio é o meio para as coisas frenéticas e tem sido o meio mais importante para esquentar o sangue tribal na África, na Índia e na China. A TV esfriou Cuba, como está esfriando os EE. U.U. O que se passa com os cubanos em relação à

TV é a experiência da participação direta nas tomadas de posições políticas. Fidel Castro apresenta a si mesmo como professor e, como diz Szulc, "consegue combinar liderança política, educação e propaganda de maneira tão hábil que às vezes é difícil dizer-se onde começa uma e termina outra." Exatamente, a mesma combinação é utilizada pelo mundo do entretenimento, na Europa e nos Estados Unidos. Visto fora dos Estados Unidos, um filme americano parece uma disfarçada propaganda política. O entretenimento válido tem de lisonjear e explorar os pressupostos culturais e políticos de sua .terra de origem. Estes pressupostos não declarados também servem para tornar as pessoas cegas aos fatos mais evidentes de um meio novo como a TV.

Há poucos anos atrás, a TV deu uma boa surpresa num grupo que estava preparando emissões simuladas de diversos meios, em Toronto. A estudantes universitários agrupados ao acaso, foi fornecida uma mesma informação ao mesmo tempo, referente à estrutura das línguas pré-letradas. Um grupo foi informado pelo rádio, outro pela TV, outro por uma conferência e um outro por escrito. Excetuado este último, todos os demais grupos receberam a informação através do mesmo locutor e das mesmas frases, sem perguntas, debates ou uso do quadro-negro. Em seguida, cada grupo teve meia hora para expor a questão, ao que se seguiu o preenchimento do mesmo questionário. Qual não foi a surpresa dos experimentadores ao verificarem a superioridade do grupo da TV e do rádio, em relação aos dois outros — com a singularidade de que o grupo da TV estava *bem* acima do grupo do rádio! Como nada havia sido feito para enfatizar este ou aquele meio, a experiência foi repetida com outros grupos organizados ao acaso. Mas desta vez, cada um dos meios podia lançar mão de todos os seus recursos próprios para expor a questão. No rádio e na TV, o material foi dramatizado com muitos recursos auditivos e visuais. O conferencista utilizou ao máximo o quadro-negro e as discussões em classe. A forma impressa foi adornada com o emprego imaginativo da fotografia e do *layout* da página, de modo a acentuar todos os pontos importantes na leitura. Como a experiência já fôra feita uma

349

vez, os meios foram intensificados a um alto grau. Ainda desta vez, a televisão e o rádio apresentaram resultados bem superiores em relação à conferência e à leitura. Mas, para nova surpresa dos pesquisadores, desta vez o rádio superou bastante a televisão. Passou-se algum tempo até que o óbvio se manifestasse: a TV é um meio frio, participante. Quando aquecida por dramatizações e aguilhoadas, seu desempenho decresce, porque passa a oferecer menos oportunidade à participação. O rádio é um meio quente. Quando intensificado, seu desempenho é melhor. Não convida seus usuários ao mesmo grau de participação. O rádio pode servir como cortina sonora ou como controle do nível de ruído: é assim que o adolescente o utiliza para desfrutar de uma certa intimidade. A TV não funciona como pano de fundo. Ela envolve. É preciso estar *com* ela. (Esta frase se tornou corrente com o advento da TV.)

Depois da TV muitas coisas já não funcionam tão bem. Tanto o cinema como as revistas de âmbito nacional foram duramente golpeados por esse nôvo meio. Até as estórias em quadrinhos declinaram bastante. Antes da TV, o fato de Joãozinho não ler causava muita preocupação; depois da TV, Joãozinho passou a dispor de todo um nôvo conjunto de percepções. Já não é o mesmo. Otto Preminger, diretor de *Anatomy of a Murder* ("Testemunha de Acusação") e de outros sucessos, data do primeiro ano de programação televisionada completa a grande mudança que ocorreu na feitura e na apreciação dos filmes. "Em 1951 — escreveu ele — tive uma luta para a distribuição de *The Moon Is Blue*, depois que a censura impugnara o roteiro de produção. Era uma guerra pequena — e eu ganhei" (*Toronto Daily Star*, 19-10-1963).

Disse ele ainda: "Que a palavra "virgem" tivesse sido o motivo para a impugnação de *The Moon Is Blue* é coisa que hoje nos parece risível, quase incrível." Otto Preminger acha que o cinema americano amadureceu graças à influência da TV. O meio frio da TV incentiva a criação de estruturas em profundidade no mundo da arte e do entretenimento, criando ao mesmo tempo um profundo envolvimento da audiência. Quase todas as tecnologias e entretenimentos que se seguiram a Gutenberg não têm sido meios frios; mas quentes; fragmentários, e não profundos; orientados no sentido do consumo e não da produção. Muito poucas são as áreas de relações já estabelecidas — lar, igreja, escola, mercado — que não tenham sido profundamente afetadas em seu padrão e em sua tessitura.

A perturbação psíquica e social criada pela imagem da TV — e não por sua programação — provoca comentários diários na imprensa. Raymond Burr, que encarna Perry Mason, falando à Associação Nacional dos Juízes Municipais, lembrou-os de que "Sem a compreensão e a aceitação dos leigos, as leis que os senhores aplicam e as cortes que os senhores presidem não podem continuar a existir". O que o Sr. Burr esqueceu de observar é que o programa Perry Mason, de que ele é a figura principal, é um exemplo típico daquela espécie de experiência televisionada intensamente participacional e que tanto tem alterado nossas relações com as leis e as cortes.

O modo da imagem da TV nada tem em comum com o filme ou a fotografia — exceto a disposição de formas ou *gestalt* não-verbal. Com a TV, o espectador é a tela. Ele é bombardeado por impulsos luminosos iguais aos que James Joyce chamou de "Carga da Brigada Ligeira", que impregnam sua "pelalma de tintuagens soluconscientes". A imagem da TV, visualmente, apresenta baixo teor de informação. Ela não é uma tomada *parada*. Não é fotografia em nenhum sentido — e sim o incessante contorno das coisas em formação delineado pelo dedo perscrutador. O contorno plástico resulta da luz que *atravessa* e não da luz que *ilumina*, formando uma imagem que tem a qualidade da escultura e do ícone, mais do que a da pintura. Três milhões de pontos por segundo formam a imagem-chuveiro que o telespectador recebe. Destes, ele capta algumas poucas dúzias, com as quais forma uma imagem.

A imagem do filme apresenta muitos milhões mais de dados por segundo, e o espectador não tem de reduzi-los drasticamente para formar sua impressão. Ao contrário, tende a aceitar a imagem integral, como uma entrega já encaixotada. Em contraste, o espectador do mosaico da TV, com o controle técnico da imagem, inconscientemente reconfigura os pontos numa obra de arte abstrata, que se aproxima das estruturas de Seurat ou Roualt.. Se alguém perguntasse se tudo isso não mudaria, caso a tecnologia acelerasse o caráter da imagem da TV até aproximá-la do nível de dados-informação do cinema, bastaria responder com a pergunta: "Podemos alterar uma caricatura, acrescentando detalhes de perspectivas, de luz e de sombras?." A resposta é "Sim" — só que já não seria mais uma caricatura. Nem a TV "aperfeiçoada" seria mais televisão. A imagem da TV é *agora* uma trama mosaica de pontos de luz e sombra, coisa que a tomada de cinema nunca é, mesmo quando a qualidade da fotografia é pobre.

Como em qualquer outro mosaico, a terceira dimensão é estranha à TV, embora lhe possa ser imposta. Na TV, a ilusão da terceira dimensão é sugerida de leve pelo cenário do estúdio; mas a sua imagem, propriamente, é um mosaico plano, bidimensional. Muito da ilusão tridimensional é uma transferência efetuada pela visão habitual do filme e da fotografia. A câmara de TV não tem um ângulo de visão embutido como a câmara cinematográfica. A Eastman Kodak já possui uma câmara bidimensional, com a qual se obtêm os efeitos planos da TV. Mas é difícil para as pessoas letradas — com seus hábitos de pontos de vista fixos e de visão tridimensional — compreender as propriedades da visão bidimensional. Se fôsse fácil, não teriam dificuldades com a arte abstrata, a General Motors não teria feito a confusão que fêz com o desenho industrial dos carros e as revistas ilustradas não teriam as dificuldades de agora com as relações entre os anúncios e a matéria editorial. A imagem da TV exige que, a cada instante, "fechemos" os espaços da trama por meio de uma participação convulsiva e sensorial que é profundamente cinética e tátil, porque a tatilidade é a inter-relação dos sentidos, mais do que o contato isolado da pele e do objeto.

Muitos diretores distinguem a tomada fílmica da imagem da TV, referindo-se a esta como imagem de "baixa definição", para significar que ela oferece poucos detalhes e um baixo teor de informação — tal como acontece com a caricatura. Um primeiro plano da TV dá tanta informação quanto uma pequena secção de um plano geral na tela de cinema. Por não terem observado um aspecto tão fundamental da imagem da TV, os críticos da programação "conteudística" só têm falado bobagens a propósito da "violência na TV". Os porta-vozes do ponto de vista da censura são em geral indivíduos semiletrados, que se orientam pelos livros e que não conhecem a gramática do jornal, do rádio ou do cinema, tendendo a olhar torto para todos os meios não-livrescos. Uma pergunta das mais simples sobre um aspecto psíquico qualquer dos meios, incluindo o meio do livro, deixa essa gente tomada do pânico da incerteza. Eles confundem a vigilância moral com veemência da projeção de uma única atitude isolada. Tivessem esses censores de perceber que, em todos os casos, "o meio é a mensagem", ou seja, a fonte básica de efeitos, e certamente propugnariam pela supressão de todos os meios assim entendidos, em lugar de procurar controlar o seu conteúdo". Seu pressuposto habitual de que o conteúdo, ou a programação, é que constitui o fator de influência sobre a visão e a ação, se estriba no livro enquanto meio, com sua nítida clivagem entre forma e conteúdo.

Não é estranho que a TV tenha sido um meio tão revolucionário na América dos anos 50, quanto o rádio na Europa, nos anos 30? O rádio ressuscitou as tramas tribais e de parentesco na mente européia dos anos 20 e 30 — mas não teve o mesmo efeito na Inglaterra ou na América. Foi tão profunda a erosão dos elos sociais levada a efeito pela cultura letrada e pelas extensões industriais, entre nós, que o rádio não provocou nenhuma reação tribal de relevo. Mas bastaram dez anos de TV para europeizar até os Estados Unidos, do que são testemunhas nossos novos sentimentos para com as relações espaciais e pessoais. Há uma nova sensibilidade para a dança, para as Artes Plásticas e para a Arquitetura, bem como para a preferência do carro pequeno, do livro em brochura, dos penteados esculturais e dos efeitos de modelação dos vestidos — para não falar da nova preocupação dos efeitos complexos da

353

culinária e do uso dos vinhos. No entanto, seria incorreto dizer-se que a TV promoverá a retribalização da Inglaterra e da América. A ação do rádio sobre o mundo da fala e da memória sonora foi desenfreada. A Inglaterra e a América gozavam de um alto grau de imunização em relação ao rádio, mas a TV, sem dúvida, as tornou vulneráveis àquele meio. Para o bem ou para o mal a imagem da TV exerceu uma força sinestésica unificadora sobre a vida sensória dessas populações intensamente letradas — coisa que há séculos elas não conheciam. É aconselhável suspender todos os julgamentos de valor no exame dos assuntos referentes aos meios, pois os seus efeitos nunca são isolados.

A sinestesia — unificação dos sentidos e da vida imaginativa — sempre pareceu um sonho inatingível aos poetas e artistas ocidentais. Olhavam com tristeza e desconsolo para a vida imaginativa fragmentada e empobrecida do homem letrado ocidental do século XVIII — e seguintes. Nem foi outra a imagem de Blake, Pater, Yeats, D. H. Lawrence e de outras grandes figuras. Não estavam preparados para ver seus sonhos realizados na vida diária pela ação estética do rádio e da televisão. Mas essas extensões de massa de nosso sistema nervoso central envolveram o homem ocidental numa sessão contínua de sinestesia. O modo ocidental de vida, conseguido depois de séculos de rigorosa separação e especialização dos sentidos — com o sentido da visão dominando a hierarquia — não resiste à ondas do rádio e da TV que devassam a grande estrutura visual do Homem Individual abstrato. Aqueles que, por motivos políticos, tendem a somar suas forças à ação antiindividual de nossa tecnologia elétrica, não passam de pobres autômatos subliminares que macaqueiam as estruturas das pressões elétricas dominantes. Há um século atrás, com o mesmo sonambulismo, ter-se-iam voltado para a direção oposta. Os poetas e filósofos românticos alemães invocaram, em coro tribal, o retôrno ao inconsciente obscuro, por mais de um século — até que o rádio e Hitler tornaram esse retorno inevitável. Que pensar de gente que deseja o retorno aos tempos pré-letrados, mas que não tem idéia de como o modo visual civilizado substituiu a magia tribal auditiva?

Agora, quando os americanos vão. alimentando uma nova paixão pela caça submarina e pelo espaço envolvente do carro pequeno — graças à inelutável instigação tátil da imagem da TV — esta mesma imagem inspira a muitos ingleses sentimentos raciais de exclusivismos tribais. Os ocidentais altamente letrados sempre idealizaram condições de integração racial — mas a sua própria cultura letrada é que tornava impossível uma real uniformidade das raças. O homem letrado propõe naturalmente soluções visuais para os problemas das diferenças entre os homens. Nos fins do século XIX, esta espécie de sonho chegou a sugerir o mesmo tipo de roupas e de educação tanto para homens como para mulheres. O fracasso dos planos de integração sexual alimentou tematicamente muita literatura e muita psicanálise do século XX. A integração racial, empreendida com base na uniformidade visual, é uma extensão da mesma estratégia cultural do homem letrado, para quem as diferenças devem ser sempre eliminadas, no sexo, na raça, no espaço e no tempo. O homem eletrônico, envolvendo-se cada vez mais profundamente nas realidades da condição humana, não pode aceitar a estratégia da cultura escrita. Os negros rejeitarão os planos da uniformidade visual com a mesma veemência com que as mulheres o fizeram antes, e pelas mesmas razões. As mulheres perceberam que haviam sido esbulhadas de seu papel distintivo e transformadas em cidadãs fragmentadas no "mundo do homem". Toda abordagem a esses problemas em termos de uniformidade e de homogeneização social não representa senão uma derradeira pressão da tecnologia mecânica e industrial. Sem pretender deitar moral, pode-se dizer que a era da eletricidade, envolvendo profundamente os homens uns nos outros, terminará por rejeitar essas soluções mecânicas. É mais difícil prover a singularidade e a diversidade do que impor padrões uniformes de educação em massa; mas as condições elétricas, mais do que em qualquer outra época, tendem a engendrar justamente essa singularidade e essa diversidade.

Todos os grupos pré-letrados do mundo já começaram a sentir as energias explosivas e agressivas que foram liberadas pela arremetida da mecanização e da alfabetização, ainda que isto seja temporário. Estas explosões se manifestam justamente quando a nova tecnologia elétrica faz com que compartilhemos delas numa escala global.

O efeito da TV, a mais recente e espetacular extensão elétrica de nosso sistema nervoso central, ainda não se deixa apreender em toda a sua profundidade por razões várias. Como ela afeta a totalidade de nossas vidas — pessoal, social e política — seria utópico tentar uma apresentação "sistemática", ou visual, de sua influência. É mais praticável "apresentar" a TV como uma *gestalt* complexa de dados colhidos quase que ao acaso.

A imagem da TV é de baixa intensidade ou definição; diferentemente do filme, portanto, ela não fornece informação detalhada sobre os objetos. A diferença é parecida à que se observa entre os velhos manuscritos e a palavra impressa. Onde antes não havia mais do que uma textura difusa, passou a haver intensidade e precisão uniforme, graças à imprensa, que pôs em voga o gosto pela medida exata e pela repetibilidade, características que agora associamos à Ciência e à Matemática.

Um produtor de televisão dirá que a fala na TV não deve ter aquela precisão meticulosa, necessária no teatro. O teleator não tem de projetar sua voz ou a si mesmo. Assim, a interpretação na TV é extremamente íntima, porque o telespectador, por ela envolvido de maneira marcante, tende a completar ou "concluir" a imagem televisionada; segue-se que o teleator deve representar como quem estivesse improvisando, coisa que não teria muita significação no cinema e estaria deslocada no teatro. A audiência participa da vida íntima do teleator de modo tão pleno quanto da vida exterior de um astro de cinema. Tecnicamente, a TV tende a ser um meio de primeiros-planos. No cinema, o *close-up* dá ênfase; na TV, é coisa normal. Uma foto brilhante do tamanho do vídeo pode mostrar uma dúzia de caras com muitos pormenores, mas uma dúzia de caras no vídeo forma apenas uma mancha.

A natureza particular da imagem da TV, em sua relação com o ator, provoca reações tão familiares que chegamos a não reconhecer na rua pessoas que vemos toda semana no vídeo. Não são muitos aqueles dentre nós que se mostram tão vivos quanto as crianças do jardim da infância que perguntaram a Garry Moore: "Como você saiu da televisão?" Noticiaristas e atores relatam que freqüentemente são abordados por pessoas que declaram já os terem visto antes. Durante uma entrevista, perguntaram a Joanne Woodward qual a diferença que sentia entre ser uma estrela de cinema e uma atriz de TV. Ela respondeu: "Quando eu trabalhava no cinema, ouvia as pessoas dizendo: "Lá vai Joanne Woodward." Agora elas dizem: "Acho que conheço aquela moça."

O proprietário de um hotel de Hollywood, situado numa zona onde residem muitos astros e estrelas do cinema e da TV, diz que os turistas já demonstraram maior preferência pelos artistas de televisão. A maior parte dos artistas de TV é composta de homens, ou seja, de "personagens frias"; já no cinema, as estrelas são maioria, pois ali podem ser apresentadas como personagens "quentes". Os astros e estrelas de cinema, assim como todo o sistema do estrelismo, se reduziram a um *status* mais moderado, desde o advento da TV. O cinema é um meio quente, de alta definição. Talvez que a observação mais interessante do hoteleiro tenha sido a de que os turistas muitas vezes manifestam o desejo de conhecer Perry Mason ou Wyatt Earp. Não querem ver Raymond Burr ou Hugh O'Brian. Os fãs do velho cinema queriam ver como eram seus favoritos na *vida real*, e não nos papéis que encarnavam. Os fãs do meio frio da TV querem ver seus astros nos *papéis* que representam, os fãs de cinema querem a *coisa palpável*.

Uma reversão semelhante de atitudes ocorreu com o livro impresso. No tempo da cultura manuscrita ou dos escribas, a vida privada dos autores despertava pouco interesse. Hoje, as estórias em quadrinhos estão mais próximas da gravura de antes da imprensa e da forma manuscrita de expressão. *O Pogo*, de Walt Kelly, parece de fato uma página gótica. A despeito do grande interesse do público pela forma da estória em quadrinhos, há tão pouca curiosidade pela vida privada de seus criadores quanto pela dos compositores da música popular. Com a imprensa, a vida privada tornou-se assunto do maior interesse para os leitores. A imprensa é um meio quente. Projeta o autor no público, como o cinema. O manuscrito é um meio frio, que mais envolve o leitor do que projeta o autor. Assim acontece com a TV. O telespectador é envolvido e ativamente participante. É por isso que o *papel* do artista de televisão é mais fascinante do que a sua vida privada. É assim que o estudante dos meios, como o psiquiatra, obtém mais dados dos seus informantes do que estes são capazes de perceber. A experiência de uma pessoa é sempre superior à sua compreensão, e é a experiência, mais do que a compreensão, que influencia o comportamento, especialmente nas questões coletivas que dizem respeito aos meios e à tecnologia, de cujos efeitos, quase inevitavelmente, o indivíduo raramente se dá conta.

Pode parecer paradoxal que um meio frio como a TV seja mais comprimido e condensado do que um meio quente como um filme. Sabe-se, no entanto, que meio minuto de televisão equivale a três minutos de teatro ou de revista musical. O mesmo se diga do manuscrito em relação à imprensa. O manuscrito "frio" tende a expressões formais condensadas, aforísticas e alegóricas. A imprensa, meio quente, expandiu a expressão no sentido da simplificação e da "exorcização" ou decifração do significado. A imprensa acelerou e fez "explodir" o manuscrito condensado em fragmentos mais simples.

Um meio frio — palavra falada, manuscrito ou TV — dá muito mais margem ao ouvinte ou usuário do que um meio quente. Se um meio é de alta definição, sua participação é baixa. Se um meio é de baixa definição, sua participação é alta. Talvez seja por isso que os amantes sussurrem tanto...

Como a baixa definição da TV assegura um alto envolvimento da audiência, os programas mais eficazes são aqueles cujas situações consistem de processos que devem ser completados. Assim o uso da TV no ensino da poesia permitiria ao professor concentrar-se no processo poético do *fazer* real de um poema determinado. A forma de livro é inadequada a este tipo de apresentação envolvente. O mesmo realce do processo do "faça você mesmo" e do envolvimento em profundidade da imagem da TV se estende à arte do teleator. Nas condições da TV, ele deve estar sempre pronto a improvisar e adornar cada frase e cada sonoridade verbal com detalhes de gestos e posturas, mantendo aquela intimidade com o telespectador que não é possível manifestar-se na imponente tela de cinema ou no palco.

Conta-se que depois de assistir a um bangue-bangue pela TV, um nigeriano observou, deliciado: "Eu não pensava que vocês do Ocidente davam tão pouco valor à vida humana." Para equilibrar esta observação, veja-se o comportamento de nossas crianças enquanto assistem a um bangue--bangue pela TV. Quando equipadas com as novas câmaras de cabeça experimentais (que acompanham os movimentos dos olhos), vê-se que elas mantêm os olhos fixos nos rostos dos atores da TV. Mesmo nas cenas de violência física, seus olhos se concentram nas reações *faciais* — mais do que na *ação tumultuosa*. Pistolas, facas, punhos, são ignorados em favor da expressão facial. A TV não é tanto um meio de ação quanto de reação.

A inclinação do meio da TV pelos temas que envolvem processos e reações complexas favoreceu um novo desenvolvimento para os filmes documentários. O cinema *pode* manipular processos extraordinariamente, mas o espectador de cinema está mais inclinado a ser um consumidor passivo de ações do que um participante de reações. O *western* e o filme documentário têm sido formas secundárias. Com a TV, o *western* adquiriu nova importância, pois o seu tema é sempre: "Vamos erguer uma cidade." A audiência participa da formação e do processamento de uma comunidade a partir de reduzidos e modestos componentes. Além disso, a imagem da TV é generosa para com as variadas e rudes texturas das selas, roupas, couros e com os pretensiosos bares e saguões de hotel feitos de madeira de caixa de fósforo. Em contraste, a câmara de cinema está mais à von-

359

tade no mundo cromado e polido dos clubes noturnos e dos lugares luxuosos de uma metrópole. O que era preferência pela câmara cinematográfica nos anos 20 e 30, passou a ser preferência pela câmara de TV nos anos 50 e 60, e este deslocamento abrangeu tóda a população. Nestes dez anos, o novo gosto americano em matéria de roupa, alimentação, alojamento, diversão e veículos exprime o nóvo padrão de inter-relação de formas de desenvolvimento do tipo "faça você mesmo" gerado pela imagem da TV.

Não foi por mero acaso que grandes estrelas de cinema, como Rita Hayworth, Liz Taylor e Marilyn Monroe começaram a ter dificuldades sérias, na nova era da TV. Entravam numa era que punha em questão todos os valores dos meios "quentes" dos tempos de consumo anteriores à TV. A imagem da TV desafia os valores da fama e os valores dos bens de consumo. Marilyn Monroe declarou em certa ocasião: "Para mim a fama é apenas uma felicidade temporária e parcial. Não pode entrar na dieta diária, não nos satisfaz... Acho que quando a gente é famosa, tódas as fraquezas se exageram. Esta indústria devia comportar-se, em relação a suas grandes estrélas, como a mãe que vê o filho quase ser atropelado por um carro. Em lugar de abraçar o filho, ela se põe a repreendê-lo."

A comunidade do cinema está sendo massacrada pela TV e não poupa ninguém em sua perplexidade e seu mau-humor. Estas palavras da grande boneca do cinema, que se casou com o Sr. Baseball e com o Sr. Broodway, sem dúvida constituem um presságio e um prodígio. Se tivessem de pôr em questão, publicamente, o valor absoluto do dinheiro e do sucesso como meio de se atingir o bem-estar e a felicidade humana, as ricas e famosas figuras americanas não encontrariam um antecessor mais lancinante do que Marilyn Monroe. Durante quase 50 anos, Hollywood ofereceu à "decaída" um meio de chegar ao topo e aos corações. De repente, a deusa do amor emite um grito pavoroso, exclama que comer gente é errado e denuncia todo um modo de vida. Este é exatamente o estado de espírito dos *beatniks* suburbanos. Rejeitam a vida de consumo especializada e fragmentada, buscando algo que ofereça envolvimentos humildes e compromissos profundos. É o mesmo estado de espírito que, em tempos recentes, vai fazendo com que as moças abandonem carreiras especializadas em favor de casamentos precoces e de famílias numerosas. Elas se deslocam dos empregos para os papéis.

Esta mesma preferência nova pela participação em profundidade é uma força que impele os jovens rumo à experiência religiosa, com suas ricas sugestões litúrgicas. A revivescência litúrgica da era do rádio e da TV afeta até as mais austeras seitas protestantes. O canto coral e as roupagens ricas começaram a aparecer em todos os bairros. O movimento ecumênico é sinônimo da tecnologia elétrica.

Assim como a trama em mosaico da TV não favorece a perspectiva na arte, também não favorece a linearidade no viver. Com a TV, a linha de montagem desapareceu da indústria. As estruturas de *staff* e de linha se dissolveram na administração. Acabou-se a fila de moços nos bailes a linha do partido, a fila de recepção e a linha da parte posterior das meias de *nylon*.

Com a TV, chegou ao fim a votação em legendas partidárias, uma forma de especialismo e fragmentação que já não funciona. Em lugar da votação no partido, temos a imagem icônica e inclusiva. Em lugar do programa ou do ponto de vista político, temos a atitude e a posição política *inclusivas*. Em lugar do produto, o processo. Em período de novo e rápido crescimento, observa-se uma imprecisão nos limites. Na imagem da TV, temos a supremacia dos delineamentos imprecisos, incentivo máximo ao crescimento e a uma nova completação ou "fechamento", especialmente para uma cultura de consumo há muito ligada a nítidos valores visuais separados dos de outros sentidos. É tão grande a mudança na vida americana, resultante do abandono da fidelidade da embalagem-para-o-consumidor, tanto no entretenimento como no comércio, que as empresas de publicidade da Madison Avenue, a General Motors, Hollywood, a General Foods e tantas outras, profundamente abaladas, foram obrigadas a procurar novas estratégias de ação. O que a implosão ou contração elétrica produz no nível internacional, a imagem da TV produz nos níveis intrapessoal *e* intra-sensorial.

361

Não é difícil explicar essa revolução sensória a pintores e escultores, pois, desde que Cézanne abandonou a ilusão da perspectiva em favor da estrutura, na Pintura, eles vêm lutando precisamente pela mudança que a TV agora vem de efetuar — e numa escala fantástica. Com patrocínio comercial e total extensão tecnológica, a TV é o programa de *design* e de vida proposta pela Bauhaus ou pela estratégia educacional de Montessori. Através da TV, a agressiva arremetida da estratégia artística para a remodelação do homem ocidental se transformou num entrevero vulgar e numa badalação contristadora, na vida americana.

É impossível exagerar o grau a que a imagem da TV predispôs a América aos modos europeus de sentido e sensibilidade. Hoje, a América se europeíza tão furiosamente quanto a Europa se americaniza. Durante a Segunda Guerra Mundial, a Europa desenvolveu a maior parte da tecnologia necessária à sua primeira fase de consumo em massa. De outro lado, foi a Primeira Guerra Mundial que preparou a América para o seu *take-off* consumista. Foi necessária a *implosão* eletrônica para dissolver as diversidades nacionalistas de uma Europa estilhaçada e para fazer a ela o que a *explosão* industrial fizera à América. A explosão industrial que acompanha a expansão fragmentária da cultura escrita e da indústria teve pouco efeito unificador no mundo europeu, com suas numerosas línguas e culturas. O ímpeto napoleônico utilizou as forças combinadas da nova cultura escrita e do industrialismo primitivo. Mas Napoleão dispunha de um menor conjunto de materiais homogeneizados do que a própria Rússia de hoje. A força homogeneizadora do processo da cultura escrita já estava mais avançada na América, em 1800, do que em qualquer outra parte da Europa. A América tomou a peito a tecnologia da imprensa para impulsionar sua vida educacional, industrial e política, e foi recompensada por um *pool* de trabalhadores e consumidores padronizados que nenhuma outra cultura jamais possuíra. Que os nossos historiadores culturais tenham negligenciado a força homogeneizadora da tipografia e o poder irresistível das populações homogeneizadas, nada acrescenta a seus lauréis. Os cientistas políticos têm ignorado os efeitos dos meios em todos os tempos e lugares, simplesmente porque ninguém se dispõe a estudar os efeitos sociais e pessoais dos meios separadamente de seu "conteúdo".

Há muito que a América realizou o seu Mercado Comum pela homogeneização mecânica e letrada da organização social. A Europa vai agora ganhando unidade sob os auspícios elétricos da compressão e da inter-relação. O que ninguém ainda se perguntou é quanta homogeneização, *via* cultura escrita, se torna necessária para formar um grupo consumidor-produtor eficaz na era pós-mecânica da automação. Ninguém ainda reconheceu devidamente o papel básico e arquetípico da cultura letrada na formação de uma economia industrial. A alfabetização (cultura escrita) é indispensável aos hábitos da uniformidade, em qualquer tempo e lugar. Acima de tudo, ela é necessária para a funcionalidade dos sistemas de preços e dos mercados. Êste fator está sendo ignorado exatamente como a TV está sendo ignorada, pois a TV engendra muitas preferências que discrepam da uniformidade e da repetibilidade letradas. Levou os americanos a saírem à cata de toda espécie de objetos singulares e bizarros de seu passado armazenado. Muitos americanos já não poupam trabalho nem dinheiro para provar um novo vinho ou um nôvo prato. O uniforme e o repetível deve ceder ao único e ao singular, fato que vai levando o desespero e a confusão à nossa economia padronizada.

O poder do mosaico da TV em transformar a inocência americana em sofisticação profunda, independentemente de "conteúdo", não é tão misterioso assim, se examinado diretamente. A imagem em mosaico da TV já fora prenunciada pela imprensa popular que se desenvolveu com o telégrafo. O uso comercial do telégrafo teve início em 1844, na América, e um pouco antes na Inglaterra. O princípio elétrico e suas implicações comparecem com destaque na poesia de Shelley. O empirismo artístico muitas vezes antecipa de uma ou mais gerações a Ciência e a tecnologia. O significado do mosaico telegráfico em suas manifestações *jornalísticas* não escapou à mente criadora de Edgar Allan Pöe. Utilizou-o em duas invenções notáveis: o poema simbolista

363

e a estória de detetive. Ambas estas formas exigem uma participação do leitor, participação do tipo "faça você mesmo." Apresentando uma imagem ou processo incompleto, Pöe *envolvia* seus leitores no processo criativo, coisa que influenciou e provocou a admiração de Baudelaire, Valéry, T. S. Eliot e muitos outros. Pöe percebeu de imediato que a dinâmica elétrica era uma participação coletiva na criatividade. Todavia, mesmo hoje, o consumidor homogeneizado se queixa quando solicitado a participar da criação ou preenchimento de um poema ou quadro abstrato, ou de uma escultura qualquer. Já naquela época Pöe sabia que a participação em profundidade derivava imediatamente do mosaico telegráfico. Os bonzos lineares e letrados do mundo literário simplesmente "não podiam ver". E ainda hoje não conseguem ver. Preferem não participar do processo criativo. Acomodaram-se a embalagens já prontas, na prosa, na Poesia e nas Artes Plásticas. E é essa gente que deve defrontar-se, em todas as salas de aulas do mundo, com os estudantes que se ajustaram aos modos táteis e não-pictóricos das estruturas simbolistas e míticas — graças à imagem da TV.

A revista *Life*, de 10-8-1962, trouxe uma reportagem com o título: *Crianças Demais Amadurecem Cedo e Rápido Demais*. Nada se dizia sobre o fato de uma tal precocidade e rapidez de crescimento ser coisa normal nas culturas tribais e nas sociedades não-letradas. A Inglaterra e a América engendraram a instituição da adolescência prolongada através da negação da participação tátil que é o sexo. Não houve uma estratégia consciente nisto, e sim a aceitação geral das conseqüências da hegemonia da palavra impressa e dos valores visuais na organização da vida pessoal e social. Esta ênfase deu os triunfos da produção industrial e do conformismo político, que por si mesmos já constituíam justificações suficientes.

A respeitabilidade — ou habilidade de suportar a inspeção visual de sua vida — tornou-se dominante. Nenhum país europeu permitiu tal precedência à imprensa. Aos olhos americanos, a Europa sempre pareceu inferior, visualmente falando. De outro lado, as mulheres americanas, sem concorrentes em qualquer cultura no que se refere ao visual sempre pareceram bonecas mecânicas e abstratas aos europeus. A tatilidade é o valor supremo na vida européia. Por esta razão, no continente europeu não há adolescência, mas apenas um salto da infância à vida adulta. Esta é também a situação americana desde o advento da TV, e este estado de fuga da adolescência tende a continuar. A vida introspectiva dos loucos pensamentos e metas distantes, a serem como que perseguidas por estradas de ferro transiberianas, não pode coexistir com a forma em mosaico da imagem da TV, que exige participação imediata em profundidade e não admite delongas. As determinações dessa imagem são tão várias — mas tão consistentes — que mencioná-las é descrever a revolução ocorrida na última década.

O fenômeno do livro de capa mole, do livro em versão "fria", pode encabeçar a lista de mandatos da TV, porque a transformação televisionística da cultura do livro em algo diferente é claramente manifesta. Desde o início, os europeus sempre tiveram livros em brochura. Desde os inícios do automóvel, preferiram o espaço envolvente do carro pequeno. O valor pictórico do "espaço fechado", em livros, carros ou casas nunca teve maior apelo para eles. O livro de capa mole, especialmente em sua forma intelectualizada, foi tentado na América dos anos 20, 30, 40. Mas só a partir de 1953 é que eles se tornaram aceitáveis — como que de repente. Nenhum editor sabe realmente por quê. É que o livro de capa mole não apenas é uma embalagem mais tátil do que visual, como pode referir-se igualmente a assuntos profundos ou frívolos. Com a TV, a América perdeu suas inibições e sua inocência em relação à cultura em profundidade. O leitor de brochuras descobriu que pode apreciar Aristóteles ou Confúcio simplesmente moderando a marcha da leitura. O velho hábito letrado de correr pelas linhas impressas uniformes cedeu lugar à leitura em profundidade. Certo, a leitura em profundidade não é característica da palavra impressa enquanto tal. A investigação profunda das palavras e da linguagem é um traço normal das culturas orais e manuscritas, e não da cultura impressa. Os europeus sempre acharam que os ingleses e americanos

365

careciam de profundidade em sua cultura. Desde o rádio e, especialmente, desde a TV, os críticos literários ingleses e americanos têm superado de longe, em profundidade e sutileza, o desempenho de qualquer crítico europeu. A busca de Zen pelos *beatniks* é apenas o cumprimento de um mandado do mosaico da TV no mundo das palavras e da percepção. O próprio livro em brochura tornou-se um vasto e profundo mundo em mosaico, que exprime a mudança da vida sensória dos americanos, para os quais a experiência profunda, nas palavras como na física, tornou-se inteiramente aceitável e, mesmo, procurada.

É difícil saber por onde começar a examinar a transformação das atitudes americanas desde o advento da TV, como pode ser visto por uma mudança tão considerável como o súbito declínio do beisebol. A mudança dos Brooklyn Dodgers para Los Angeles já era um prenúncio. O beisebol deslocou-se para o Oeste numa tentativa de conservar o seu público. depois do golpe da TV. A principal característica do jogo de beisebol é que nele as coisas acontecem uma de cada vez. É um jogo linear e expansivo que, como o golfe, se adapta perfeitamente à visão de uma sociedade individualista e voltada para dentro. O cálculo do tempo e a espera formam-lhe a essência, com todo o campo em suspenso à espera do desempenho de um único jogador. Em contraste. o *rugby*, o basquete e o hóquei sobre o gelo são jogos nos quais muitas coisas ocorrem simultaneamente, com todo o time envolvido ao mesmo tempo. Com o advento da TV, um tal isolamento do desempenho individual, tal como ocorre no beisebol, tornou-se inaceitável. O interesse pelo beisebol diminuiu e os seus astros, como os astros de cinema, descobriram que a fama tem dimensões bem exíguas. Como o cinema, o beisebol é um meio quente que apresenta a virtuosidade individual dos "cobras". O torcedor de beisebol é um celeiro de informações estatísticas sôbre as explosões anteriores de batedores e lançadores, em numerosos jogos. Nada pode indicar mais claramente a especial satisfação proporcionada por um jogo que pertenceu à metrópole industrial de populações crescentes, de títulos e valores e de recordes de produção e vendas. O beisebol pertence à era das primeiras investidas dos meios quentes como a imprensa e o cinema. Pérmanecerá sempre como um símbolo da era das "mamães quentes", das garotas do *jazz*, dos xeques e sabás, das *vamps*, dos cavadores de ouro e do dinheiro fácil. Numa palavra, o beisebol é um jôgo quente que esfriou no clima da TV, como aconteceu com a maior parte dos políticos e assuntos quentes das décadas anteriores.

Não há meio mais frio nem assunto mais quente do que o do carro pequeno. É como um alto-falante mal instalado num circuito de Hi-Fi e que produz uma tremenda vibração no fundo. O carro pequeno europeu, como o livro em brochuras europeu e a "mariposa" européia, não é uma embalagem visual. Visualmente, toda a fornada de carros europeus é uma coisa tão pobre que, certamente, os seus fabricantes nunca pensaram neles como algo que devesse ser olhado. São como coisas que a gente veste, uma calça ou uma malha. Seu espaço é o mesmo dos mergulhadores, dos esquiadores aquáticos e dos remadores de pequenos botes. Num sentido imediatamente tátil, este novo espaço tem parentesco com o proporcionado pela moda da janela panorâmica. Em termos de "vista", a janela panorâmica nunca fez muito sentido. Mas em termos de tentativa de descobrir uma nova dimensão na paisagem, como se a gente fosse um peixinho de aquário, então realmente ela tem um significado. Assim também são os esforços de rusticizar as texturas e paredes internas, como se fossem a parte externa da casa. O mesmo impulso leva os espaços e móveis interiores para os pátios, na tentativa de experimentar o externo como se fosse interno. O telespectador está justamente investido nesse papel, durante todo o tempo. Ele é submarino. É bombardeado por átomos que revelam o exterior como se fosse interior numa aventura sem fim, em meio a imagens borradas e contornos misteriosos.

Mas o carro americano foi modelado de acôrdo com os mandados visuais que lhe conferiram as imagens tipográficas e cinematográficas. O carro americano era um espaço fechado, não um espaço tátil. O espaço fechado nós o abordamos no capítulo dedicado à *Impressão*, é aquêle cujas qualidades espaciais foram reduzidas a termos visuais. No carro americano, como os franceses observaram há décadas atrás, "a gente não está na estrada, e sim no carro". Em oposição, o carro europeu parece querer arrastar a gente ao longo da estrada, propiciando uma boa vibração nos fundos... Brigitte Bardot se tornou notícia quando se descobriu que ela gostava de dirigir descalça para obter o máximo de vibração. Mesmo os carros ingleses, por pobre que seja a sua aparência visual, surgem na publicidade de maneira condenável. "A 90 km, você pode ouvir o tique-taque do relógio." Anúncio bem pobre para a geração da TV, que tem de estar *com* todas as coisas e que tem de *cavar* as coisas para tê-las. O telespectador é tão ávido de ricos efeitos táteis, que facilmente se dá bem com esquis. Já a roda, para ele, carece dos devidos requisitos abrasivos.

Na primeira década da TV, as roupas repetem a mesma estória dos veículos. A revolução foi prenunciada pelas garotas-soquete, que despejaram toda a carga de efeitos visuais em troca de um conjunto de efeitos táteis, levados a um tal ponto que acabaram por criar uma zona morta de caradurismo inflexível. Faz parte da dimensão fria da TV a fria cara-de-pau que surge nos adolescentes. No tempo dos meios quentes — rádio, cinema, livro encadernado — a adolescência era uma fase de expressões louças, ativas e expressivas. Nenhum velho estadista ou executivo dos anos 40 ter-se-ia aventurado a se apresentar com uma cara tão "morta" e escultural como o faz a criança da era da TV. As danças que vieram com a TV combinavam com essa atitude, culminando com o *twist*, que é simplesmente uma forma de diálogo bastante inanimado, cujos gestos e esgares indicam envolvimento em profundidade, mas "nada o que dizer".

A moda e o estilo da última década tornaram-se tão táteis e esculturais que apresentam uma espécie de prova exagerada das novas qualidades do mosaico da TV. A extensão televisível da estrutura hirsuta de nossos nervos tem o poder de evocar uma enchente de imagens relacionadas no vestuário, no penteado, no caminhar e nos gestos.

Tudo isso se acrescenta à implosão compressiva — o retorno às formas não especializadas de roupas e espaços, a busca de usos múltiplos para aposentos, coisas e objetos, ou seja, numa palavra — o icônico. Na Música, na Poesia e na Pintura, as implosões táteis significam a insistência nas qualidades próprias da conversação informal. E é assim que Schönberg, Stravinsky, Carl Orff e Bartok, longe de serem pioneiros de efeitos esotéricos, hoje parecem ter trazido a Música bem próxima da fala humana comum. Este ritmo coloquial é que parecia tão pouco melodioso em suas obras. Quem ouvir as obras medievais de Perotinus ou Dufay perceberá que eles estão bem próximos de Stravinsky e Bartok. A grande explosão do Renascimento, que separou os instrumentos musicais do canto e da fala, dando-lhes funções especializadas, agora parece estar sendo tocada ao contrário, nesta era de implosão eletrônica.

Um dos exemplos mais vivos da qualidade tátil da imagem da TV ocorre no mundo médico. Numa emissão de cirurgia em circuito fechado, os estudantes de Medicina relataram um estranho efeito: pareciam estar realizando a operação e não assistindo a ela. Sentiam como se estivessem empunhando o bisturi. Alimentando a paixão pelo envolvimento profundo em todos os aspectos da experiência humana, a imagem da TV cria uma obsessão com o bem--estar físico. É perfeitamente natural o súbito aparecimento na TV dos "enlatados" sobre médicos e pavilhões hospitalares, em concorrência com os *Westerns*. Seria possível organizar-se uma lista de programas que jamais foram tentados e que se mostrariam imediatamente populares, pelas mesmas razões. Tom Dooley e sua épica do *Medicare* (Previdência de Saúde) para os países atrasados, foi um produto natural da primeira década da TV.

Agora que já examinamos a força subliminar da imagem da TV numa dispersão redundante de amostras, poder--se-ia perguntar: Que *imunidade* é possível contra a atuação subliminar de um novo meio como a televisão? A maior parte imagina que uma opacidade asinina, apoiada numa desaprovação firme, pode constituir proteção suficiente contra qualquer nova experiência. O objetivo dêste livro é mostrar que nem mesmo a mais lúcida compreensão da força particular de um meio pode evitar o comum "fechamento" dos sentidos que nos conforma aos padrões da experiência apresentada. A mais íntegra pureza mental não serve de defesa contra as bactérias, embora os confrades de Louis Pasteur o tivessem expulso da profissão médica, por haver feito torpes alegações sobre a ação invisível das bactérias. Para haver resistência à TV, é preciso haver o anticorpo de meios relacionados, como a imprensa.

Uma área muito sensível é a que se descobre quando se faz a pergunta: "Qual tem sido o efeito da TV em nossa vida política?." Aqui, pelo menos, uma grande tradição de consciência e vigilância críticas dá testemunho das salvaguardas que temos erigido contra os desmandos do poder.

O estudante de TV terá uma decepção se abrir o livro de Theodore White, *The Making of the President: 1960* ("Como se Faz um Presidente"), no capítulo sôbre "Os Debates na Televisão". White fornece estatísticas sobre o número de aparelhos nos lares americanos e sobre o número de horas que permanecem ligados diariamente. mas não diz um "A" sobre a natureza da imagem da TV ou sôbre os seus efeitos nos candidatos e espectadores. White examina o "conteúdo" dos debates e o comportamento dos debatedores, mas nunca lhe ocorre perguntar por que a TV seria um desastre para a imagem intensamente recortada de Nixon e uma dádiva para a textura imprecisa e áspera de Kennedy.

No fim dos debates, Philip Deane, do *Observer*, de Londres, expôs minha idéia sobre o próximo impacto da TV sobre as eleições no *Toronto Globe and Mail*, com o título de "O Xerife e o Advogado" (15-10-1960). A idéia central era a de que a TV se mostraria tão a favor de Kennedy que ele venceria as eleições. Sem a TV, Nixon teria sucesso. No fim de seu artigo, Deane escreveu:

> A tendência da imprensa é a de dar o Sr. Nixon como ganhador nos dois últimos debates, tendo-se saído mal no primeiro. O Professor McLuhan acha que o Sr. Nixon vem-se tornando progressivamente mais definido; sem considerar o valor dos princípios e

pontos de vista do Vice-Presidente, o certo é que ele os vem defendendo com excessiva retórica para o meio da TV. As nítidas intervenções do Sr. Kennedy têm sido um erro, mas ele ainda apresenta uma imagem mais próxima do herói da TV — algo assim como um jovem xerife tímido, enquanto o Sr. Nixon com seus olhos negros e fixos e seus circunlóquios de velha raposa mais se aproxima do advogado da companhia de estrada de ferro que assina contratos de arrendamento contra os interesses da gente da cidadezinha — conclui o Prof. McLuhan.

De fato, ao contra-atacar e ao reclamar para si as mesmas metas do Partido Democrático, como tem feito nos debates televisionados, o Sr. Nixon talvez esteja ajudando o seu oponente, ao borrar-lhe a imagem e ao lançar a confusão exatamente sobre aquilo que o Sr. Kennedy quer mudar.

Dessa forma, o Sr. Kennedy não fica prejudicado no debate de assuntos bem definidos; visualmente, ele é uma imagem menos definida e parece mais descontraído. Parece menos ansioso de vender o seu peixe do que o Sr. Nixon. Por isso, o Prof. McLuhan confere a dianteira ao Sr. Kennedy, sem subestimar a formidável atração que o Sr. Nixon exerce sobre as ponderáveis forças conservadoras dos Estados Unidos.

Um outro modo de explicar a personalidade-de-TV-aceitável, em contraposição à personalidade inaceitável, é dizer que aquele cuja *aparência* denuncia claramente seu papel e seu *status* na vida não combina com a TV. Todo aquele que parece capaz de ser um professor, um médico, um homem de negócios ou de uma dúzia de habilitações ao mesmo tempo, é um tipo indicado para a TV. Quando uma pessoa *parece* classificável, como o Sr. Nixon, o telespectador não tem nada a preencher. Ele se sente incomodado com a imagem da TV. Sente-se inquieto, como a dizer: "Há qualquer coisa de errado com esse sujeito." O telespectador sente a mesma coisa ante uma garota demasiadamente linda na TV, ou ante qualquer imagem ou mensagem de "alta definição" intensa, proposta pelo patrocinador. Não é por outro motivo que a publicidade se tornou uma nova e poderosa fonte de efeitos cômicos, desde o advento da TV. O Sr. Kruschev é uma imagem bastante completa e "preenchida", mas que aparece na TV como uma caricatura cômica. Nas telefotos e na TV, o Sr. Kruschev é um cômico jovial, uma presença que desarma. Assim, precisamente a mesma fórmula que recomenda alguém para um papel no cinema

371

desqualifica-o para a TV. O meio quente do cinema requer gente que pareça um *tipo* definido. O meio frio da TV não pode abrigar o típico, porque ele frustra o telespectador em seu trabalho de "fechamento" ou conclusão da imagem. O Presidente Kennedy não parecia um homem rico ou um político. Ele poderia ter sido tudo, desde um vendeiro ou um professor, até um técnico de futebol. Não era tão preciso nem tão pronto a falar a ponto de prejudicar a agradável textura *tweed* de seu comportamento e de sua linha. Foi do palácio para a lincolniana cabana de madeira, da riqueza para a Casa Branca, invertendo e contrariando o percurso habitual, segundo o padrão da TV.

Os mesmos componentes se encontram em qualquer figura popular da TV. Ed Sullivan, "O grande cara de pedra", como era conhecido no início, possuía a necessária aspereza de textura e aquela qualidade escultural que atrai a atenção na TV. De outra parte, a sua presença é inteiramente aceitável na TV graças à sua agilidade verbal absolutamente fria e informal. O *show* de Jack Paar revelou a necessidade, inerente à TV, do pate-papo espontâneo e do diálogo. Jack Paar descobriu como estender a imagem em mosaico da TV à programação inteira do seu *show*, aparentemente sabendo somar quem quer que fosse de onde quer que fosse. Mas em verdade ele compreendeu muito bem como criar em mosaico a partir de outros meios — jornalismo, política, livros, artes em geral — até se tornar um temível rival do próprio mosaico da imprensa. Assim como Amos e Andy fizeram reduzir a freqüência aos serviços religiosos dos domingos à noite, nos velhos tempos do rádio, assim Jack Paar certamente reduziu a clientela dos clubes noturnos, com seu *show* da noite.

E sobre a Televisão Educacional? Quando uma criança de três anos assiste a uma conferência de imprensa do Presidente, junto com o papai e o vovô, temos uma ilustração do sério papel educacional da TV. Se perguntarmos qual a relação da TV com o processo do ensino, a resposta é que a imagem da TV, com sua ênfase na participação, no diálogo e na profundidade, provocou na América uma nova demanda maciça de programas educacionais. Saber se haverá um televisor em cada classe é coisa de menor importância. A revolução já ocorreu em casa. A TV mudou nossa vida sensória e nossos processos mentais. Criou um novo gôsto por experiências em profundidade, que afeta tanto o ensino da língua como o desenho industrial dos carros. Com a TV, ninguém se contenta com um mero conhecimento livresco da poesia francesa ou inglesa. O clamor geral hoje é "Vamos *falar* Francês" e "É a vez e a *voz* do poeta". É bastante curioso que as exigências de profundidade acarretem exigências de programas maciços e concentrados, em colchas de retalhos e de execução imediata (*crash-programming*). Mais fundo e mais adiante, em todos os campos, o conhecimento passou a ser o reclamo popular normal, desde o aparecimento da TV. Muito já dissemos sobre a natureza da imagem da TV e que pode explicar por que as coisas se passam assim. Como pode ela difundir-se em nossas vidas mais do que já faz? O emprêgo da TV nas salas de aulas não aumentará sua influência. Claro, em classe seu papel obriga a uma reordenação dos assuntos, aproximando-se deles. Simplesmente transferir a atual sala de aulas para a TV seria como colocar o cinema na TV. O resultado seria um híbrido, que não é nem uma coisa nem outra. A abordagem correta é perguntar: "Que é que a TV pode fazer pelo Francês ou pela Física e que a sala de aulas não pode?". A resposta é: "A TV pode ilustrar a inter-relação dos processos e o crescimento das formas de todos os tipos como nenhum outro meio pode."

O outro lado da estória se refere ao fato de a criança-TV ser um excepcional ou hemiplégico, em confronto com o mundo social e educacional organizado visualmente. Uma indicação marginal desta espantosa reversão é dada pela obra de William Golding, *Lord of the Flies* ("O Senhor das Môscas"). De um lado, não deixa de ser uma lisonja dizer às hordas de crianças submissas que, uma vez fora do alcance do olhar de suas governantas, as paixões selvagens que fervilham dentro delas acabarão por ferver deveras e transbordar... arrastando berços e chiqueirinhos em sua fúria incontida. De outro lado, a parabolazinha moral do Sr. Golding faz algum sentido em têrmos das mudanças psíquicas da criança-TV. Êste assunto é tão importante para qualquer futura estratégia cultural ou política, que está a exigir uma dimensão de manchete, que pode ser assim sumariada em comprimido:

POR QUE A CRIANÇA-TV NÃO PODE ENXERGAR ADIANTE

O mergulho na experiência profunda, através da imagem da TV, só pode ser explicado em termos das diferenças entre o espaço visual e o espaço em mosaico. A capacidade de distinguir entre essas duas formas radicalmente diferentes é muito rara em nosso mundo ocidental. Já foi observado que em terra de cegos quem tem um olho não é rei. Será antes um lunático alucinado. Numa cultura altamente visual, é tão difícil comunicar propriedades não-visuais de formas espaciais como explicar a visualidade aos cegos. No *ABC da Relatividade*, Bertrand Russell começa por explicar que não há maior dificuldade nas idéias de Einstein, mas que elas reclamam uma total reorganização de nossa vida imaginativa. E é precisamente esta reorganização imaginativa que ocorreu com a imagem da TV.

A inabilidade corrente em distinguir entre a imagem fotográfica e a imagem da TV não é apenas um fator de emperramento no processo de ensino atual, mas também um sintoma do longo fracasso da cultura ocidental. O homem letrado, habituado a um ambiente em que o sentido visual se projeta por toda parte como um princípio de organização, às vezes supõe que o mundo em mosaico da arte primitiva, ou mesmo o mundo da arte bizantina, represente apenas uma diferença de grau, uma espécie de incapacidade de conferir aos seus retratos visuais tôda uma completa e verdadeira eficácia visual. Nada mais longe da verdade. Trata-se de um erro de concepção que tem impedido a compreensão entre o Leste e o Oeste por muitos séculos. Assim como hoje impede as relações entre a comunidade branca e a comunidade negra.

A maior parte das tecnologias efetua uma amplificação que se torna bem explícita na separação que exerce sôbre os sentidos. O rádio é uma extensão do aural, a fotografia de alta fidelidade uma extensão do visual. Mas a TV, acima de tudo, é uma extensão do sentido do tato, que envolve a máxima inter-relação de todos os sentidos. Para o homem ocidental, no entanto, a extensão totalizante ocorreu por meio da escrita fonética, que é uma tecnologia de extensão do sentido da visão. Em contraposição, tôdas as formas não-fonéticas de escrita são modos artísticos que conservam muito da variedade da orquestração sensorial. A escrita fonética, por si mesma, tem o poder de separar e fragmentar os sentidos do processo literário, que se caracteriza pela fragmentação analítica da vida sensória.

A ênfase visual na continuidade, na uniformidade e no nexo seqüencial, derivando da cultura letrada, leva-nos aos grandes meios tecnológicos de implementar a continuidade e a linearidade mediante a repetição fragmentada. O mundo antigo encontrou esses meios no tijolo, para muros ou estradas. O tijolo uniforme ou seriado, agente indispensável das estradas, muralhas e paredes das cidades e impérios, é uma extensão — via letras — do sentido visual. *A parede de tijolos não é uma forma em mosaico,* nem a forma em mosaico é uma estrutura visual. O mosaico pode ser *visto,* como a dança, mas não é *estruturado* visualmente, assim como não é uma extensão do poder visual. Pois o mosaico não é contínuo, uniforme, repetitivo. É descontínuo, assimétrico, não linear — como a *tatuimagem* da TV. Para o sentido do tato, tôdas as coisas são súbitas, opostas, originais, únicas, estranhas. A "Beleza Malhada" (*Pied Beauty*), de G. M. Hopkins é um catálogo dos sons do sentido do tato. O poema é um manifesto do não-visual e — como Cézanne, Seurat ou Rouault — permite-nos a abordagem indispensável à compreensão da TV. As estruturas em mosaico não-visual da arte moderna, como as da física moderna e as da informação elétrica, não permitem muito distanciamento. A forma em mosaico da TV exige a participação e o envolvimento em profundidade de todo o ser, como o faz o sentido do tato. Em oposição, a cultura letrada, estendendo o poder visual à organização uniforme do tempo e do espaço, confere, tanto psíquica como socialmente, o poder de distanciamento e de não-envolvimento.

375

Quando estendido pela alfabetização fonética, o sentido visual engendra o hábito analítico de perceber facetas isoladas da vida das formas. O poder visual nos capacita a isolar um único incidente no tempo e no espaço, como com a arte figurativa. Na representação visual de uma pessoa ou objeto, uma única fase, momento ou aspecto é isolado de numerosas fases, momentos e aspectos conhecidos e sentidos de uma pessoa ou objeto. Contrariamente, a arte iconográfica utiliza o olho como nós utilizamos a mão no empenho de criar uma imagem inclusiva, feita de muitos momentos, fases e aspectos da pessoa ou objeto considerado. Dessa forma, o modo icônico não é uma representação visual que se definisse por um único ponto de visão. O modo tátil de perceber é imediato, mas não especializado. É um envolvimento total e sinestésico de todos os sentidos. Permeada pela imagem em mosaico da TV, a criança-TV enfrenta o mundo num estado de espírito antitético à cultura letrada.

Vale dizer que a imagem da TV, mais do que o ícone. é uma extensão do sentido do tato. Quando se defronta com uma cultura letrada, ela torna mais densa a mistura dos sentidos, transformando as extensões fragmentadas e especializadas numa trama inconsútil da experiência. Uma tal transformação, é claro, constitui um "desastre" para a cultura letrada e especializada. Ela turva muitas atitudes e procedimentos de estimação, obscurece a eficácia das técnicas pedagógicas básicas e a importância do currículo. Se outras razões não bastassem, deveria bastar o interesse pela compreensão da vida dessas formas, à medida em que elas penetram em nós e nas demais formas. A TV paga pela miopia.

Os jovens que já tiveram a experiência de uma década de TV estão naturalmente impregnados da urgência de envolvimento em profundidade, que faz com que as remotas metas visualizáveis da cultura tradicional pareçam não apenas irreais, mas também sem importância, e não apenas sem importância, mas também pobres e anêmicas. É o envolvimento total numa *agoridade* todo-inclusiva que se está passando com os jovens através da imagem em mosaico da

TV. Esta mudança de atitude não tem nada que ver com a programação do veículo, seja ela qual for, e dar-se-ia do mesmo modo ainda que os programas fossem do mais alto nível cultural. A mudança de atitude, ao contato com a imagem em mosaico da TV, ocorreria igualmente, não importanto a natureza dos acontecimentos. É nossa tarefa, naturalmente, não apenas compreender esta mudança, mas também explorá-la por sua riqueza pedagógica. A criança-TV aspira por um envolvimento e não por um *trabalho* especializado no futuro. Ela quer um *papel* e um profundo compromisso com sua sociedade. Soltas e incompreendidas, as ricas necessidades humanas podem manifestar-se segundo as formas distorcidas retratadas em *West Side Story.*

A criança-TV não pode ver longe porque deseja envolvimento e não pode aceitar um objetivo ou um destino, no aprendizado ou na vida, puramente fragmentário e meramente visualizado.

ASSASSINATO PELA TELEVISÃO

Jack Ruby alvejou Lee Oswald quando este se encontrava fortemente cercado por guardas paralisados pelas câmaras de televisão. O fascínio e a força envolvente da televisão certamente não precisavam desta prova adicional de seu raro modo de agir sobre a percepção. Por uma parte, o assassinato de Kennedy deu ao povo um senso imediato da força da televisão no sentido de criar envolvimento; de outra parte, um senso de seu efeito de adormecimento, tão profundo quanto a própria dor. Muita gente se admirou com a profundidade de significação que o acontecimento lhes transmitiu. E um número muito maior de pessoas se surpreendeu com a frieza e a calma da reação popular. O mesmo acontecimento, manipulado pela imprensa ou pelo rádio (na ausência da TV) teria proporcionado uma experiência totalmente diferente. A "cuca" do Tio Sam teria "fundido". A agitação teria sido muito maior e a participação profunda numa consciência comum muito menor.

Como foi dito anteriormente, Kennedy era excelente imagem de TV. Usou o meio com a mesma eficácia que

Roosevelt aprendera a obter do rádio. Com a TV Kennedy achava natural envolver a nação no gabinete da presidência. seja como modo operacional, seja como imagem. A TV combina com os atributos corporativos do gabinete. Potencialmente, pode transformar a presidência numa dinastia monárquica. Um presidente meramente eletivo dificilmente propicia a profundidade de dedicação e compromissamento exigida pela forma da TV. Até os professores, na TV e aos olhos dos estudantes, parecem dotados de um halo místico e carismático, que supera de muito os sentimentos que desperta na sala de aulas ou no salão de conferências. Este fato intrigante veio à tona ao longo de muitos estudos sobre as reações da audiência. Os telespectadores sentem que o professor ganha uma dimensão quase sagrada. Este sentimento não se apóia em conceitos e idéias, mas parece insinuar-se inexplicavelmente... e sem convite, intrigando tanto os estudantes quanto os seus analistas. Sem dúvida. não há índice mais seguro para indicar-nos o caráter da TV. A televisão é menos um meio visual do que tátil-auditivo, que envolve todos os nossos sentidos em profunda inter-relação. Para as pessoas há muito habituadas à experiência meramente visual da tipografia e da fotografia, parece que é a *sinestesia*, ou profundidade tátil da experiência da TV, que as desloca de suas atitudes correntes de passividade e desligamento.

A observação banal e ritual dos letrados convencionais de que a TV proporciona uma experiência para espectadores passivos, se extravia completamente do alvo. Acima de tudo, a TV é um meio que exige respostas criativas e participantes. Os guardas que fracassaram na proteção de Lee Oswald não eram passivos. Estavam de tal modo envolvidos pela simples visão das câmaras de TV que perderam o senso de suas tarefas práticas e especializadas.

Talvez tenha sido o funeral de Kennedy o que mais fortemente impressionou o público no que se refere ao poder da TV em revestir os acontecimentos de um caráter de participação corporativa. Nenhum acontecimento nacional. a não ser nos esportes. jamais teve uma tal cobertura ou uma audiência tão numerosa. o que veio revelar o poder sem rival da TV em conseguir o envolvimento da audiência num *processo* complexo. O funeral, como processo corporativo, fez empalidecer a imagem do esporte, reduzindo-a a proporções minúsculas. O funeral de Kennedy, em suma, tornou manifesto o poder da TV em envolver toda a população num processo ritual. Em comparação, a imprensa, o cinema, e, mesmo, o rádio, se reduzem a meras embalagens para consumidores.

Mais do que tudo, porém, o caso Kennedy propicia uma oportunidade para salientar um traço paradoxal do meio "frio" da TV, a saber: ela nos envolve numa profundidade móvel e comovente, mas que não nos excita, agita ou revoluciona. Presume-se que seja esta a característica de toda experiência profunda.

32

ARMAMENTOS

A GUERRA DOS ÍCONES

Quando Valentina Tereshkova, sem maior treinamento de pilotagem, foi lançada em órbita, a 16 de junho de 1963, seu feito, tal como foi traduzido na imprensa e outros meios, teve o efeito de empalidecer a imagem dos astronautas masculinos, especialmente os americanos. Desprezando a habilidade dos astronautas americanos, todos eles qualificados pilotos de provas, os russos parecem ter dado mostras de que, para eles, a viagem espacial não está tão ligada ao avião a ponto de requerer as "asas" de um piloto. Como a nossa cultura proíbe o envio de uma mulher ao espaço, nossa saída seria a de colocar em órbita um grupo de crianças espaciais, para indicar que, afinal de contas, tudo não passa de um brinquedo de crianças.

O primeiro *sputnik*, ou pequeno "companheiro de jornada", foi uma gozação espirituosa ao mundo capitalista por meio de uma nova espécie de imagem ou ícone tecnológico; um revide expressivo seria o de colocar em órbita um grupo de crianças. A primeira mulher astronauta foi apresentada ao Ocidente como uma pequena Valentina (*valentine* — prova de amor), bem adequada à nossa sentimentalidade. Na verdade, a guerra dos ícones — ou o solapamento dos padrões coletivos do adversário — há muito que se vem desenvolvendo. A tinta e a fotografia estão suplantando os soldados e os tanques. Diariamente, a pena se torna mais poderosa do que a espada.

A expressão francesa, *guerre des nerfs*, forjada há 25 anos atrás, passou a receber o tratamento de "guerra fria". Trata-se realmente de uma batalha elétrica de informações e imagens, muito mais profunda e obsessiva do que as velhas guerras quentes da indústria pesada.

As guerras "quentes" do passado utilizavam armas que punham o inimigo fora de combate um a um. Mesmo as guerras ideológicas dos séculos XVIII e XIX eram levadas a cabo para persuadir os indivíduos a adotarem novos pontos de vista, um de cada vez. Mas a persuasão elétrica, pela fotografia, o cinema e a TV, age impregnando de novas imagens populações inteiras. A consciência dessa mudança tecnológica foi despertada na Madison Avenue há uns dez anos atrás, quando os "cobras" da publicidade mudaram a tática da promoção do produto individual em favor do envolvimento coletivo da "imagem corporada", agora alterada para "atitude corporada".

Paralela ao nôvo intercâmbio de informação da guerra fria é a situação comentada por James Reston, num despacho de Washington transcrito pelo *New York Times*:

> A política se tornou internacional. O líder trabalhista inglês está realizando aqui a sua campanha para Primeiro Ministro da Inglaterra, e logo mais John F. Kennedy estará na Itália e na Alemanha fazendo campanha para a sua reeleição. Todo mundo está praticando *auto-stop* em país alheio — em geral, o nosso.
>
> Washington ainda não se adaptou a êste papel de "terceiro homem" e continua esquecendo que tudo o que se diz aqui pode ser usado tanto por um lado como pelo outro numa campanha eleitoral — podendo calhar, por acidente, que isto venha a constituir um fator decisivo na votação final.

Se a guerra fria de 1964 está sendo empreendida pela tecnologia informacional, é porque tôdas as guerras sempre têm sido levadas a efeito com a última tecnologia disponível nas culturas em duelo. Num de seus sermões, John Donne expendeu comentários agradecidos à bênção dos armamentos pesados:

> E pelo dom desta luz da razão, eles descobriram a *Artilharia*, graças à qual as guerras, agora, chegam antes ao seu fim...

O conhecimento científico necessário ao uso da pólvora e à calibragem do canhão pareceram a Donne manifestações da "luz da razão". Escapou-lhe, porém, uma outra conquista da mesma tecnologia, que acelerou e ampliou os objetivos do morticínio humano. A ela se refere John U. Nef, em sua obra, *A Guerra e o Progresso Humano*:

> O abandono gradual da armadura como parte do equipamento da tropa no século XVII liberou suprimentos de metais para a manufatura de armas e petardos.

É fácil descobrir aqui uma trama inconsútil de eventos entrelaçados, assim que nos voltamos para as conseqüências psíquicas e sociais da extensões tecnológicas do homem.

Nos anos 20, o Rei Amanula parece ter pôsto dedo nesta trama ao declarar, depois de disparar um torpedo: "Já me sinto meio inglês".

O mesmo sentido da incessante textura entrelaçada dos fatos e fados humanos ressalta da observação daquele aluno:

— Pai, não gosto da guerra.

— Por que, meu filho?

— Porque a guerra faz a História e eu não gosto de História.

As técnicas desenvolvidas através dos séculos para a perfuração de canos de armas de fogo forneceram os meios que tornaram possível o motor a vapor. O cilindro do pistão e o canhão apresentavam o mesmo problema de perfuração e calibragem do aço duro. No início, fora a ênfase linear da perspectiva que canalizara a percepção em rumos que conduziriam à criação da arma de fogo. Antes desta, a pólvora fôra utilizada de forma explosiva, como a dinamite. O emprego da pólvora para a propulsão de projéteis teve de esperar pela descoberta da perspectiva na pintura. A ligação de acontecimentos tecnológicos e artísticos pode ajudar-nos a explicar um assunto que há muito vem intrigando os antropologistas. Repetidamente êles têm tentado dar uma explicação para o fato de as pessoas não-letradas geralmente não possuírem boa pontaria com rifles; o arco e a flecha estão mais próximos do jogo e este seria mais importante do que a precisão à distância, coisa quase impossível de conseguir. Daí, dizem alguns antropologistas, seus disfarces constantes com peles de animais, que lhes permitem chegar mais próximo da caça. Além disso, trata-se de uma arma silenciosa: quando uma flecha erra o alvo, raramente os animais fogem.

Se a flecha é uma extensão da mão e do braço, a espingarda é uma extensão do ôlho e dos dentes. Cabe aqui anotar que foram os colonos americanos letrados os primeiros a insistirem na necessidade de canos raiados e alças de mira aperfeiçoadas. Aperfeiçoaram os velhos mosquestões, criando o rifle do tipo Kentucky. Foram os bostonianos altamente letrados que superaram os soldados regulares ingleses. A boa pontaria não é dom do nativo ou do homem do mato e sim do colono alfabetizado. E é assim que se pode estabelecer o elo entre a arma de fogo e o surgimento da perspectiva, bem assim com a extensão do poder visual na alfabetização e na cultura escrita. No Corpo de Fuzileiros Navais descobriu-se que há uma correlação definida entre a educação e a pontaria. Não é para o não-letrado a nossa facilidade de escolha de um alvo isolado e separado no espaço e a nossa facilidade de manejo do rifle, extensão do ôlho.

Se a pólvora já era conhecida bem antes de ser utilizada em armas, o mesmo também se pode dizer em relação ao emprego do ímã ou pedra magnética. Seu emprego na bússola, para a navegação linear, também teve de esperar pela descoberta da perspectiva linear nas artes. Os navegadores levaram muito tempo para aceitar o espaço como algo uniforme, contínuo e unido. Na física moderna, como na Pintura e na Escultura, o progresso consiste em abandonar a idéia de um espaço uniforme, contínuo ou unido. A visualidade perdeu a sua primazia.

Na Segunda Guerra Mundial, o perito atirador foi substituído pelas armas automáticas que atiram cegamente nos chamados "perímetros" ou "faixas de fogo". Os veteranos lutaram pela manutenção do fusil Springfield, de ferrôlho, que incentivava a pontaria e a precisão do tiro único. Viu-se

383

que devassar o ar com chumbo numa espécie de abraço tátil era tão eficiente à noite como de dia e que a visão se tornava desnecessária. No atual estágio da tecnologia, o homem letrado se encontra na posição daqueles veteranos que defendiam o rifle Springfield contra o fogo perimétrico. É este mesmo hábito visual que dificulta e obstacula o homem letrado na física moderna, como explica Milic Capek, em *O Impacto Filosófico da Física Moderna*. Os homens das sociedades orais da Europa Central estão mais habilitados a conceber as velocidades e relações não-visuais do mundo subatômico.

As nossas sociedades altamente letradas se desconcertam quando se defrontam com novas estruturas de opinião e sentimento resultantes da informação instantânea e global. Ainda estão presos nas garras do "ponto de vista" e do hábito de abordar uma coisa de cada vez. Hábitos deste tipo têm função paralisante em qualquer estrutura elétrica de movimento informacional, mas poderiam ser neutralizados se tivessem plena consciência de sua fonte de origem. Mas as sociedades letradas consideram suas artificiais tendências visuais como algo natural e inato.

A alfabetização, ou cultura escrita, até hoje constitui a base e o modelo de todos os programas de mecanização industrial; ao mesmo tempo, porém, obstrui a mente e os sentidos de seus usuários na matriz mecânica e fragmentária tão necessária à manutenção da sociedade mecanizada. Esta é a razão por que a transição da tecnologia mecânica para a elétrica é tão traumatizante e contundente para todos nós. Há muito tempo temos utilizado as técnicas mecânicas. com seus poderes limitados, como armas. As técnicas elétricas não podem ser empregadas agressivamente, a não ser para acabar de uma vez com a vida, como quem apaga uma luz. Conviver com ambas estas tecnologias ao mesmo tempo constitui o drama singular do século XX.

Em seu *Educação-Automação*, R. Buckminster Fuller considera os armamentos como fonte de avanço tecnológico para a Humanidade, porque exigem continuamente desempenhos sempre melhores com recursos sempre menores. "Ao passarmos das naves do mar para as naves do ar, o desempenho por libra de equipamento e combustível se tornou ainda mais importante do que no mar."

Essa tendência para o aumento de força com menos material é a característica da era elétrica da informação. Fuller calcula que no primeiro meio século de aeronavegação, as nações de todo mundo investiram cerca de 2,5 trilhões de dólares para o financiamento do avião enquanto arma. Acrescenta que este montante corresponde a 52 vezes o valor de todo o ouro do mundo. Fuller aborda os problemas de maneira mais tecnológica do que os historiadores, que amiúde tendem a achar que a guerra nada produz de novo no campo da invenção.

"Este homem nos ensinará como derrotá-lo" — disse, ao que consta, Pedro, o Grande, depois que seus exércitos foram batidos por Carlos XII, da Suécia. Hoje, os países atrasados podem aprender conosco como derrotar-nos. Na nova era elétrica da informação, os países subdesenvolvidos desfrutam de certas vantagens específicas em relação às culturas altamente letradas e industrializadas. Isto porque os países atrasados têm o hábito e a compreensão da persuasão e da propaganda oral, que há muito tempo foi solapada nas sociedades industriais. Os russos só têm que adaptar suas tradições orientadas de produção de imagens e ícones aos novos meios elétricos para se tornarem mais agressivamente eficazes no mundo moderno da informação. A idéia de Imagem, que a Madison Avenue teve de aprender pelo caminho mais difícil, era a única idéia disponível à propaganda russa. Os russos não mostraram imaginação ou criatividade em sua propaganda. Apenas fizeram o que as suas tradições religiosas e culturais lhes ensinaram, ou seja, construir imagens.

A cidade, em si mesma, é tradicionalmente uma arma militar, um escudo ou armadura coletiva, uma extensão do castelo de nossa própria pele. Antes do amontoamento urbano, tivemos a fase do caçador à cata de comida; agora, na era da eletricidade, o homem volta, psíquica e socialmente, ao estado nômade. Só que agora a fase se caracteriza pela cata de informações e pelo processamento de dados. É um estado global, que ignora e substitui a forma da cidade — que tende a se tornar obsoleta. Com a tecnologia elétrica instantânea, o próprio globo não passará de uma aldeia e a própria natureza da cidade, enquanto forma de grandes dimensões, deve inevitavelmente dissolver-se como numa fusão cinematográfica. A primeira circunavegação do globo, no Renascimento, deu ao homem um sentimento novo de abarcamento e possessão da Terra, assim como os astronautas alteraram a relação entre o homem e o planeta, que agora dá a impressão de um bairro que a gente pode percorrer numa caminhada.

A cidade, como o navio, é uma extensão coletiva do castelo de nossa pele como a roupa é uma extensão de nossa pele individual. Mas os armamentos propriamente ditos são extensões das mãos, unhas e dentes e surgem como ferramentas necessárias à aceleração do processamento da matéria. Hoje, quando vivemos num tempo de súbitas transições da tecnologia mecânica para a tecnologia elétrica, é mais fácil perceber o caráter das tecnologias anteriores, já que delas nos sentimos desligados, pelo menos por um certo tempo. Como a nova tecnologia elétrica não é uma extensão do corpo, mas do nosso sistema nervoso central, agora encaramos todas as tecnologias, incluindo a linguagem, como meio de armazenar e acelerar a informação. Nesta situação, toda tecnologia pode perfeitamente ser encarada como armamento. As guerras anteriores podem ser consideradas como processamento de materiais difíceis e resistentes por meio da tecnologia mais avançada da época — o rápido *dumping* de produtos industriais sobre o mercado inimigo levado ao ponto de saturação social. De fato, a guerra pode ser vista como um processo de equilibrar duas tecnologias desiguais, o que explica a perplexa observação de Toynbee de que a invenção de uma nova arma é uma desgraça para a sociedade e de que o próprio militarismo é a causa mais comum do esfacelamento das civilizações.

Pelo militarismo, Roma levou a civilização, ou individualismo, a alfabetização e a linearidade a muitas tribos orais e atrasadas. Mesmo hoje, a simples existência do Ocidente letrado e industrializado parece, muito natural-

mente, uma terrível ameaça às sociedades não-letradas; da mesma forma, a simples existência da bomba atômica representa um estado de agressão universal às sociedades industriais e mecanizadas.

De um lado, toda nova arma ou ideologia surge como uma ameaça a todos aqueles que não a possuem; de outro, quando todo mundo dispõe dos mesmos recursos tecnológicos, tem início a fúria competitiva dos padrões homogeneizados e igualitários, contra a qual muitas vezes se utilizou no passado a estratégia da classe e da casta. A casta e a classe são técnicas de arrefecimento social que tendem a criar a estase das sociedades tribais. Parece que hoje nos situamos entre duas eras — uma de destribalização e outra da retribalização.

> Entre a ação de um ato tenebroso
> E o primeiro passo, o que se passa
> É um pesadelo horrível como espectros:
> Confabulam o engenho e os instrumentos
> Mortais. E o estado de alma do homem
> É como um reino reduzido, às voltas
> Com uma rebelião tumultuosa.
>
> (*Julio César*, Brutus, Ato II, Cena 1)

Se a tecnologia mecânica como extensão de partes do corpo humano exerce uma força de fragmentação, psicológica e socialmente, nenhum exemplo o atesta mais vividamente do que o exemplo dos armamentos mecânicos. Com a extensão do sistema nervoso central pela tecnologia elétrica, até os armamentos tornam mais vívido este fato que é a unidade da família humana. A própria inclusividade da informação, enquanto arma, constitui um lembrete diário de que a Política e a História podem ser remodeladas sob a forma de uma "concretização da fraternidade humana".

Este dilema dos armamentos ressalta claramente do *Cristianismo e Revolução* de Leslie Dewart, que naquela obra aponta a obsolescência das técnicas fragmentadas de equilíbrio de forças. Como instrumento político, a guerra moderna passou a significar "a existência e o fim de uma sociedade, com exclusão de outra". Nesta altura, os armamentos constituem um auto-exterminador.

33

AUTOMAÇÃO

APRENDENDO A GANHAR A VIDA

Uma recente manchete de jornal dizia: "Escolinha Desaparece com Boa Estrada". As escolas de uma classe só, onde todas as matérias eram ensinadas a todos os anos simultaneamente, desaparece quando melhora a condução, que passa então a permitir espaços e ensino especializados. Mas o movimento da aceleração levado ao extremo, no entanto, tende a liquidar com a especialização do espaço e dos assuntos. Com a automação, não apenas os empregos desaparecem e os papéis complexos reaparecem. Séculos de ênfase especializada na Pedagogia e na ordenação dos dados chegam agora ao fim com a imediata recuperação da informação propiciada pela eletricidade. A automação é informação e não apenas acaba com as qualificações no mundo do trabalho, como acaba com as "matérias" no mundo do ensino. Mas o mundo do ensino continua. O futuro do trabalho consiste em ganhar a vida na era da automação. Esta é uma situação familiar na tecnologia elétrica em geral. Chegam ao fim as velhas dicotomias entre cultura e tecnologia, entre arte e comércio, entre trabalho e lazer. Enquanto na era mecânica da fragmentação, lazer significava ausência de trabalho, ou simples ociosidade, o contrário passa a ser verdade na era elétrica. Como a era da informação exige o emprego simultâneo de todas as nossas faculdades, descobrimos que os momentos de maior lazer são aqueles em que nos envolvemos mais intensamente — tal como sempre aconteceu com os artistas.

Em termos da era industrial, pode-se dizer que a diferença entre a era mecânica precedente e a nova era elétrica reside nos modos diferentes de estoque e armazenamento. Com a eletricidade, os estoques não são tanto feitos de bens armazenados quanto de materiais em contínuo processo de transformação em lugares especialmente afastados. A eletricidade não apenas dá primazia ao *processo* — na produção ou no aprendizado — como torna independente a fonte de energia em relação ao lugar do processo. Nos meios de entretenimento, referimo-nos a isso como "meios de massa" porque a fonte do programa e o processo da experiência são independentes no espaço, mas simultâneos no tempo. Na indústria, este fenômeno fundamental provoca a revolução científica que leva o nome de *automação*, ou *cibernação*.

Na educação, a divisão convencional do currículo em matérias já está tão superada quanto o *trivium* e o *quadrivium* medievais na época do Renascimento. Qualquer matéria examinada em profundidade logo se relaciona a outras matérias. A Aritmética, na primeira ou na quarta série, quando ensinada em termos de teoria dos números, lógica simbólica e história cultural, logo deixa de ser mera questão de exercícios e problemas. A continuar em seus padrões atuais de desrelações fragmentadas, os currículos de nossas escolas não farão senão garantir a formação de cidadãos incapazes de entender o mundo cibernético em que vivem.

A maior parte dos cientistas sabe que, desde que se adquire um certo conhecimento sobre a eletricidade, já não é mais possível falar-se dos átomos como partículas de matéria. Quanto mais se sabe sobre energia e "descarga" elétrica, menor é a tendência a falar de eletricidade como algo que "flui", como água, por um fio, ou como algo que está "contido" numa bateria. A tendência é mais a de falar da eletricidade como os pintores falam de espaço, ou seja: uma condição variável que envolve posições especiais de dois ou mais corpos. Já não se fala mais que a eletricidade está "contida" em algo. Os pintores de há muito sabem que os objetos não estão contidos no espaço, mas geram o seu próprio espaço. Foi o surgimento deste conhecimento no mundo matemático de há um século atrás que permitiu a Lewis Carroll, o matemático de Oxford, a criação de sua *Alice no País das Maravilhas,* onde tempos e espaços não são uniformes nem contínuos como pareciam ser desde a descoberta da perspectiva no Renascimento. Quanto à velocidade da luz, trata-se simplesmente da velocidade da causalidade total.

Um dos aspectos principais da era elétrica é que ela estabelece uma rede global que tem muito do caráter de nosso sistema nervoso central. Nosso sistema nervoso central não é apenas uma rede elétrica; constitui um campo único e unificado da experiência. Como os biólogos apontam, o cérebro é o lugar de interação, onde todas as espécies de impressões e experiências se intercambiam e se traduzem, permitindo-nos reagir ao mundo como um todo. Naturalmente, quando a tecnologia elétrica entra em ação, as operações da indústria e da sociedade, por variadas e amplas que sejam, rapidamente assumem uma posição unificada. Mas esta unidade orgânica de interprocessos, que o eletromagnetismo inspira nas mais diversas e especializadas áreas e órgãos de ação, está no pólo oposto da organização numa sociedade mecanizada. A mecanização de qualquer processo se atinge por fragmentação, a começar pela mecanização da escrita mediante tipos móveis e que já mereceu o nome de "monofratura da manufatura".

O telégrafo elétrico, ao cruzar-se com a tipografia, criou esta forma nova e estranha que é o jornal moderno. Uma página qualquer da imprensa telegráfica é um mosaico surrealista de pedaços da "condição humana" em viva interação. Assim foi também a forma artística de Chaplin e os primeiros filmes do silencioso. Mas aqui também a extrema aceleração da mecanização — uma linha de montagem de fotogramas no celulóide — produziu uma estranha reversão. O mecanismo do cinema, auxiliado pela luz elétrica, criou a ilusão de uma forma e de um movimento orgânicos, assim como a posição fixa criara a ilusão da perspectiva numa superfície plana, 500 anos antes.

Quando o princípio da eletricidade se cruza com as linhas mecânicas da organização industrial, ocorre o mesmo fenômeno — só que menos superficialmente. A automação só conserva do caráter mecânico o que o automóvel conservou das formas do cavalo e da carruagem. No entanto, as pessoas discutem a automação como se ainda não tivéssemos atravessado a barreira da alfafa e como se um voto de cabresto, nas próximas eleições, pudesse dar cabo do regime da automação.

A automação não é uma extensão dos princípios mecânicos da fragmentação e da separação de operações. Trata-se antes da invasão do mundo mecânico pela instantaneidade da eletricidade. É por isso que todos aqueles que estão envolvidos na automação insistem em que ela é tanto um modo de pensar quanto um modo de fazer. A sincronização instantânea de operações numerosas acaba com o velho padrão mecânico do arranjo das operações em seqüência linear. A linha de montagem teve o mesmo destino das filas de homens nas reuniões sociais. Mas não é apenas o aspecto linear e seqüencial da análise mecânica que se apaga ante a aceleração elétrica e a exata sincronização da informação que constituem a automação.

A automação, ou cibernação, opera com todas as unidades e componentes do processo industrial e mercadológico exatamente como o rádio ou a TV combinam com os indivíduos de uma audiência num novo interprocesso. A nova espécie de inter-relação que se observa na indústria e no mundo do entretenimento é o resultado da velocidade elétrica instantânea. Nossa nova tecnologia elétrica vai agora produzindo a extensão do processamento instantâneo do conhecimento mediante aquela inter-relação que há muito se manifesta em nossos sistema nervoso central. É esta mesma velocidade que constitui a "unidade orgânica" e que acaba com a era mecânica que atingira alta velocidade com Gutenberg. A automação traz uma real "produção em massa" — não em termos de tamanho mas de abrangimento inclusivo e instantâneo. Este também é o caráter dos "meios de massa". Eles indicam, não o tamanho de suas audiências, mas o fato de que todo mundo se envolve neles ao mesmo tempo. Dessa maneira, sob a automação, as indústrias de utilidades compartilham do mesmo caráter estrutural das indústrias do entretenimento, naquilo em que ambas se aproximam da condição da informação instantânea. A automação não afeta somente a produção, mas também o consumo e o mercado; pois, no circuito da automação, o consumidor se transforma em produtor — assim como o leitor da imprensa telegráfica em mosaico produz as suas próprias notícias ou simplesmente *é* suas próprias notícias

Mas há um componente na estória da automação que é tão básico quanto a tatilidade da imagem da TV. Este componente se refere ao fato de que, em qualquer máquina automática, ou galáxia de máquinas e funções, a geração e transmissão de energias são separadas das operações de trabalho que utilizam a energia. O mesmo se diga de todas as estruturas servomecânicas que envolvem *feed back* (realimentação). A fonte de energia é separada do processo de tradução da informação ou aplicação do conhecimento. Isto é bastante claro no telégrafo, no qual a energia e o canal são independentes do fato de o código escrito ser em Inglês ou Francês. A mesma separação de energia e processo ocorre na indústria automatizada, ou "cibernação". A energia elétrica pode ser aplicada, indiferente e rapidamente, a muitas espécies de tarefas.

Este jamais foi o caso dos sistemas mecânicos. A energia e o trabalho realizado estavam sempre em relação direta — quer se tratasse de mão e martelo, água e roda, cavalo e carroça ou vapor e pistão. A eletricidade trouxe uma estranha elasticidade nesse setor, assim como a própria luz ilumina um campo total sem ordenar o que deve ser feito. Uma mesma luz torna possível uma multiplicidade de tarefas, assim como o faz a energia elétrica. A luz é uma espécie não especializada de energia ou força que se identifica com a informação e o conhecimento. Esta também é a relação da eletricidade com a automação, pois tanto a informação como a energia podem ser aplicadas num sem-número de maneiras.

Apreender este fato é indispensável à compreensão da era eletrônica — e da era da automação, em particular. Energia e produção tendem agora a fundir-se com a informação e o aprendizado. O mercado e o consumo tendem a formar um corpo único com o aprendizado, o esclarecimento e a absorção da informação. Tudo isto faz parte da *implosão* elétrica que agora se segue e sucede aos séculos de explosão e de especialização crescente. A era eletrônica, literalmente, é uma era de iluminação e esclarecimento. Assim como a luz é, ao mesmo tempo, energia e informação, assim a automação elétrica une a produção, o consumo e o ensino num processo inextricável. É por isto que os professores já constituem o maior grupo de fumcionários da economia dos Estados Unidos — podendo vir a tornar-se o único grupo.

O mesmo processo de automação que provoca uma retirada de força de trabalho da indústria faz com que o próprio aprendizado se transforme na principal espécie de produção e consumo. Daí o desarrazoado do alarme em relação ao desemprego. O aprendizado pago já se vai transformando tanto no emprego como na fonte dominante de novas riquezas em nossa sociedade. Este é o novo *papel* dos homens na sociedade, enquanto que a velha idéia mecanística de "emprego" — tarefa fragmentada ou vaga especializada para "trabalhadores" — vai perdendo o sentido sob o regime da automação.

Os engenheiros muitas vezes têm declarado que, à medida que se eleva o nível da informação, quase que toda sorte de materiais pode ser adaptada a toda espécie de utilização. Este princípio é a chave para a compreensão da automação elétrica. No caso da eletricidade, à medida que a energia para a produção se torna independente da operação de trabalho, não apenas o fator velocidade opera no sentido de uma inter-relação total e orgânica, como ocorre que a eletricidade, sendo informação pura, na prática ilumina tudo o que toca. Todo processo que se aproxima da

393

inter-relação instantânea de um campo total tende a elevar-se ao nível do conhecimento consciente — daí que os computadores pareçam "pensar". Em verdade, nos dias atuais, êles são altamente especializados, carecendo ainda de muita coisa para o completo processo de inter-relação necessário à consciência. Obviamente, êles podem chegar a simular o processo da consciência, assim como a rêde elétrica global já começa a simular as condições de nosso sistema nervoso central. Mas um computador consciente ainda seria uma extensão de nossa consciência, como um telescópio é uma extensão do olho, ou um boneco de ventríloquo é uma extensão do ventríloquo.

A automação sem dúvida incorpora o serviço mecânico e o computador; vale dizer que incorpora a eletricidade como estoque e acelerador da informação. Estas características de armazenamento, ou "memória" e de acelerador, constituem traços básicos de qualquer meio de comunicação. No caso da eletricidade, o que se armazena e desloca não é uma substância corpórea, mas percepção e informação. Quanto à aceleração tecnológica, ela já se aproxima da velocidade da luz. Todos os meios não-elétricos simplesmente haviam acelerado as coisas em pequena medida. A roda, a estrada, o navio, o avião e mesmo o foguete espacial carecem totalmente das características do movimento instantâneo. É, pois, de admirar que a eletricidade confira a toda a organização humana anterior um caráter inteiramente novo? O próprio esfôrço do homem agora se torna uma espécie de esclarecimento. Assim como a Adão no Paraíso fora dada a tarefa da contemplação e da nomeação das coisas — assim se dá com a automação. Agora não temos senão que nomear e programar um processo ou um produto para que êle se realize. Não é o mesmo caso do *Schmoo*, de Al Capp? Bastava olhar para o Schmoo e pensar numa remota costeleta de porco ou em caviar, e o Schmoo logo se transformava no objeto de desejo. A automação nos leva para o mundo do Schmoo. O sob-medida supera o produto em massa.

Como dizem os chineses: vamos chegar nossas cadeiras mais para perto do fogo para ver o que estamos dizendo.

As mudanças elétricas associadas à automação nada tem a ver com ideologias ou programas sociais. Se o tivessem, poderiam ser retiradas ou controladas. Ao invés disso, a extensão tecnológica de nosso sistema nervoso central — e que nós chamamos de meios elétricos — começou há mais de um século, subliminarmente. Os efeitos têm sido subliminares. E permanecem subliminares. Em nenhum período da cultura humana os homens compreenderam os mecanismos psíquicos envolvidos na invenção e na tecnologia. Hoje, é a velocidade instantânea da informação elétrica que, pela primeira vez, permite o fácil reconhecimento dos padrões e dos contornos formais da mudança e do desenvolvimento. O mundo todo, passado e presente, agora se desvenda aos nossos olhos como uma planta a crescer num filme extraordinariamente acelerado. A velocidade elétrica é sinônimo de luz e do entendimento das causas. Assim, o emprego da eletricidade em situações anteriormente mecanizadas faz com que os homens facilmente descubram padrões e relações causais, antes impossíveis de serem observadas devido aos lentos índices das mudanças mecânicas. Se fizermos correr para trás a fita do longo desenvolvimento da cultura letrada e da impressão gráfica, poderemos ver facilmente como essas formas trouxeram um alto grau de uniformidade e homogeneidade sociais, indispensáveis à indústria mecânica. Contemplando-as da frente para trás, sentimos aquele choque da não-familiaridade no familiar necessário à compreensão da vida das formas. A eletricidade nos impele a fazer correr nosso desenvolvimento mecânico da frente para trás, pois tende a produzir a reversão desse desenvolvimento. A mecanização depende do estilhaçamento de um processo em partes homogeneizadas mas não relacionadas. A eletricidade unifica esses fragmentos novamente porque a sua velocidade de operações exige um alto grau de interdependência entre todas as fases de uma operação. Esta aceleração e esta interdependência elétricas acabaram com a linha de montagem na indústria.

Esta mesma necessidade de inter-relação orgânica trazida pela velocidade da sincronização elétrica agora nos concita — indústria por indústria e país por país — a levar a efeito exatamente a mesma inter-relação orgânica levada a efeito na primeira unidade individual automatizada. A velocidade elétrica exige a estruturação orgânica da economia global, assim como a mecanização primitiva — imprensa e estrada — conduziu à aceitação da unidade nacional. Não esqueçamos que o nacionalismo foi uma invenção e uma revolução poderosa; durante o Renascimento, ele riscou do mapa muitas regiões e aliados locais. Foi uma revolução conseguida quase que inteiramente pela aceleração da informação graças aos uniformes tipos móveis da imprensa. O nacionalismo praticou um corte na maior parte das forças tradicionais e grupos culturais que se haviam formado lentamente nas várias regiões. Os multinacionalismos sempre impediram a unidade econômica da Europa. O Mercado Comum só apareceu depois da Segunda Guerra. A guerra é mudança social acelerada, tal como uma explosão é uma reação química e um movimento de matéria acelerados. Com as velocidades elétricas governando a indústria e a vida social, a explosão, no sentido de desenvolvimentos esmagadores, torna-se coisa normal. De outro lado, os velhos e superados tipos de "guerra" se tornam tão impraticáveis quanto jogar amarelinha com *bull dozers*. A interdependência orgânica significa que a ruptura de qualquer parte do organismo pode ser fatal para o todo. Cada indústria teve de "repensar fundo" (a estranheza desta expressão já indica o quanto o processo é doloroso), função por função, o seu lugar na economia. A automação não obriga apenas a indústria e os urbanistas a se relacionarem com os fatos sociais — mas também o governo e mesmo a educação.

Com a automação, os vários setores militares tiveram de alinhar-se rapidamente. Desapareceram as pesadas formas mecânicas da organização militar. Pequenas equipes de peritos substituíram os exércitos de cidadãos de outrora mais rapidamete ainda do que fizeram em relação à reorganização industrial. Cidadãos uniformemente treinados e homogeneizados, de preparação demorada e tão necessários a uma sociedade mecanizada, vão-se tornando verdadeiro encargo e um sério problema para a sociedade automatizada.

pois a automação e a eletricidade solicitam abordagens em profundidade, em todos os campos e a todos os momentos. Daí a súbita rejeição dos bens, das paisagens, dos modos de vida e da educação padronizados, na América, a partir da Segunda Guerra. É uma mudança imposta pela tecnologia elétrica em geral — e pela imagem da TV, em particular.

A automação foi primeiro sentida e aplicada em larga escala nas indústrias petroquímicas e metalúrgicas. As grandes alterações nesse setor, que foram possibilitadas pela energia elétrica, já começaram a se manifestar, graças aos computadores, em todas as áreas da administração e dos colarinhos brancos. Em conseqüência, muitas pessoas começaram a encarar a sociedade inteira como uma máquina unificada destinada à criação de riquezas. Esta sempre foi a visão normal do corretor da Bolsa, habituado a manipular títulos e informações com o auxílio dos meios elétricos da imprensa, do rádio, do telefone e do teletipo. Mas a manipulação especial e abstrata da informação como meio de criar riqueza não é mais um monopólio do corretor de títulos. Já é partilhada pelos engenheiros e por todas as indústrias da comunicação. Com a eletricidade, energética e sincronizadora, todos os aspectos da produção, do consumo e da organização estão sujeitos à comunicação. A própria idéia de comunicação como inter-relação é inerente ao elétrico, que combina a energia e a informação em sua multiplicidade concentrada.

Quem quer que se ponha a examinar os padrões da automação logo descobre que o aperfeiçoamento de uma máquina, no sentido de torná-la automática, envolve o *feedback* (realimentação). Isto significa introduzir um *loop* ou circuito informacional onde antes havia um fluxo unidirecional, ou seqüência mecânica. O *feedback* significa o fim da linearidade introduzida no mundo ocidental pelo alfabeto e pelas formas contínuas do espaço euclidiano. O *feedback*, ou diálogo entre o mecanismo e sua ambiência, acarreta o entrelaçamento de máquinas isoladas numa galáxia de máquinas que toma conta de toda a planta ou *layout* da fábrica. Daqui deriva um novo entrelaçamento entre plantas isoladas e fábricas, no sentido de toda uma matriz industrial dos materiais e serviços de uma cultura. Naturalmente, este último estágio depara com um mundo de diretrizes, uma vez que tratar todo o complexo industrial como um sistema orgânico afeta o mercado de trabalho, a segurança, a educação e a política, demandando plena compreensão prévia das mudanças estruturais iminentes. Nessas organizações elétricas e instantâneas, não há lugar para pressuposições tolas e fatores subliminares.

Assim como, há um século, os artistas começaram a construir suas obras da frente para trás, *começando com o efeito*, assim agora se dá com a indústria e o planejamento. Em geral, a aceleração elétrica exige completo conhecimento dos efeitos finais. As acelerações mecânicas, por radicais que fôssem em sua ação de remodelar a vida pessoal e social. ainda tinham margem para se manifestar seqüencialmente. Em sua maioria, os homens podiam preencher o espaço normal de uma vida com base num único conjunto de habilitações. A aquisição de novos conhecimentos e habilitações básicas, por parte de executivos graduados e de meia-idade, constitui uma das necessidades mais comuns e um dos fatos mais aflitivos da tecnologia elétrica. Os executivos graduados, ou de "alta roda", como são arcaica e ironicamente designados, formam entre os grupos mais duramente pressionados e mais persistentemente acossados de toda a história humana. A eletricidade não apenas passou a exigir um conhecimento mais profundo e uma inter-relação mais rápida, como tornou a harmonização dos programas de produção tão rigorosa quanto a dos membros de uma grande orquestra sinfônica. E as satisfações que os executivos e os músicos derivam dessa situação são igualmente pequenas, pois o executante de uma grande orquestra nada pode ouvir da música que delicia a assistência. Tudo o que ouve é ruído.

O resultado da aceleração elétrica da indústria em geral é a criação de uma intensa sensibilidade para com a inter--relação e o interprocesso do todo, a ponto de exigir a renovação constante dos tipos de organização e dos talentos. Vista das velhas perspectivas da era da máquina, esta rede elétrica de plantas industriais e de processos parece frágil e apertada. De fato, ela não é mecânica e começa a desenvolver a sensibilidade e a flexibilidade do organismo humano. Para isso, exige os mesmos cuidados de nutrição e criação exigidos pelo organismo animal.

Com os interprocessos complexos e instantâneos da forma orgânica, a indústria automatizada também adquire a capacidade de adaptar-se a múltiplos usos. Uma maquinaria para a produção automática de lâmpadas elétricas representa combinação de processos que antes se dividiam por diversas máquinas. Com um único operador, ela pode funcionar continuamente como uma árvore, da entrada à saída. Diversamente da árvore, porém, possui um sistema embutido de gabaritos e dispositivos que lhe permite fabricar toda uma série de produtos, desde copos e válvulas de rádio até ornamentos de árvore de Natal. Embora uma fábrica automatizada seja quase igual a uma árvore, no que diz respeito à entrada e saída contínuas, trata-se de uma árvore que pode passar de carvalho a castanheiro e a nogueira, conforme se queira. Para a automação, ou a lógica elétrica, a especialização já não se limita a uma única especialidade. A máquina automática pode operar de maneira especializada, mas não se limita a uma única linha. Assim como nossas mãos e dedos são capazes de numerosas tarefas, a unidade automática incorpora um poder de adaptação inexistente no estágio da tecnologia mecânica e pré-elétrica. *Qualquer* coisa que se torna mais complexa, torna-se menos especializada. O homem é mais complexo e menos especializado do que um dinossauro. As antigas operações mecânicas eram projetadas para ser mais eficientes, na medida mesma em que se tornavam maiores e mais especializadas. A unidade elétrica e automatizada, no entanto, é bem outra coisa. Uma nova máquina automática para fabricar escapamentos de automóveis tem o tamanho de duas ou três escrivaninhas. O painel de controle do computador é do tamanho de uma estante de leitura. A máquina não possui moldes, acessórios ou armações de qualquer espécie, mas apenas certas coisas de finalidade genérica, tais como tenazes, encurvadeiras e aceleradores. Começando com comprimentos de tubos padronizados, ela pode produzir 80 tipos diferentes de escapamentos, sucessivamente, com a mesma rapidez, facilidade e economia com que poderia produzir 80 escapamentos do mesmo modelo. A característica da automação elétrica tende para a volta à flexibilidade artesanal geral que nossas mãos possuem. A programação pode agora incluir inúmeras mudanças de programa. É o *feedback* elétrico, ou estrutura-diálogo, da "máquina" automática e programada pelo computador, que a distingue do velho princípio mecânico do movimento unidirecional. Por suas características, o computador serve de modelo para a automação. Da entrada do material até a saída do produto acabado, as operações tendem a ser independentemente, bem como interdependentemente, automáticas. A harmonia sincronizada das operações está sob o controle de instrumentos e indicadores, que podem ser modificados pelo painel de controle — estes também eletrônicos. O material de entrada é relativamente uniforme em forma, tamanho e propriedades químicas, bem como o material de saída. Sob estas condições, o processamento possibilita o mais elevado nível de capacidade em qualquer uma das fases de produção. Comparando com as máquinas tradicionais, é a diferença que vai entre um oboé numa orquestra e o mesmo timbre num instrumento musical eletrônico. Neste, qualquer timbre ou tom pode ser atingido em qualquer intensidade e por qualquer espaço de tempo. Cumpre observar que a orquestra sinfônica tradicional, em comparação, pode ser tida como uma máquina de instrumentos separados que *produziam o efeito de uma unidade orgânica*. Com o instrumental eletrônico, *começa-se* com a unidade orgânica como um fato imediato de sincronização perfeita. Isto faz com que a busca de efeitos de unidade orgânica careça de maior sentido. A música eletrônica deve buscar outras metas.

Esta também é a dura lógica da automação industrial. Tudo o que antes era conseguido mecanicamente, por meio de grande empenho e coordenação, agora é obtido eletricamente sem maiores esforços. Daí o espectro do desemprego e da ausência de propriedade na era da eletricidade. A riqueza e o trabalho se tornam fatores informacionais e estruturas totalmente novas se tornam necessárias para dirigir um negócio e relacioná-lo aos mercados e às necessidades sociais. Com a tecnologia elétrica, os novos tipos de interdependência e interprocesso instantâneos que comandam a produção ingressam também nas organizações sociais e de mercado. Por esta razão, o mercado e o ensino projetados para serem atendidos pelos produtos do trabalho servil e da produção mecânica, já não são mais adequados. Há muito tempo já que a nossa educação está marcada pelo caráter fragmentário e parcelado do mecânico. E sofre agora a pressão crescente das forças que a impelem para a profundidade e a inter-relação indispensáveis no mundo de-uma-vez da organização elétrica.

Paradoxalmente, a automação torna obrigatória a educação liberal. A era elétrica dos servomecanismos passa a liberar os homens da servidão mecânica e especializada da era maquinizada anterior. Assim como a máquina e o automóvel liberaram o cavalo e o projetaram no plano do entretenimento, assim faz a automação em relação aos homens. De repente somos como que ameaçados por uma libertação que põe à prova nossos recursos internos de auto-emprego e de participação imaginativa na sociedade. Muita gente passará a perceber o quanto estava na dependência das rotinas monótonas e fragmentadas da era mecânica. Há milhares de anos atrás, o homem, coletor de comida, assumiu tarefas posicionais ou relativamente sedentárias. Começou a especializar-se. O desenvolvimento da escrita e da imprensa marcou fases importantes desse processo. Tornaram-se extremamente especializados em separar os papéis do conhecimento dos papéis da ação, embora às vezes pudessem dar a impressão de que "a pena era mais poderosa do que a espada". Mas com a eletricidade e a automação, a tecnologia dos processos fragmentados de repente fundiu-se com o diálogo humano e com a necessidade de levar em consideração integral a unidade humana. De repente, os homens passaram a ser nômades à cata de conhecimentos — nômades como nunca, informados como nunca, livres como nunca do especialismo fragmentário, mas envolvidos como nunca no processo social total; com a eletricidade, efetuamos a extensão de nosso sistema nervoso central, globalmente, inter-relacionando instantaneamente toda a experiência humana. Já acostumados a esta situação pela leitura das notícias sobre a Bolsa de Valôres e das notícias sensacionais de primeira página, podemos apreender mais rapidamente o significado desta nova dimensão quando sabemos que é possível fazer "voar" aviões ainda não construídos, por meio de computadores. As especificações de um avião podem ser programadas e o avião testado por meio de provas as mais diversas antes mesmo que ele tenha deixado a prancheta. O mesmo se passa com muitos produtos novos e muitas novas organizações. Graças ao computador, podemos agora abordar necessidades sociais complexas com a mesma certeza arquitetônica anteriormente conseguida para a habitação particular. A indústria, como um todo, tornou-se uma unidade de cálculo, o mesmo se dando com a sociedade, a política e a educação consideradas como globalidades.

Os meios elétricos de armazenar e movimentar a informação com velocidade e precisão fazem com que as grandes unidades sejam tão manipuláveis quanto as pequenas. Assim, a automação de uma fábrica ou de um conjunto industrial fornece um pequeno modelo das mudanças que devem ocorrer na sociedade por força da mesma tecnologia elétrica. O fato inicial é a interdependência total. Todavia, o âmbito de escolha — no projeto, na prioridade e na finalidade — dentro do campo total do interprocesso eletromagnético é muito maior do que aquele que poderia ser propiciado pela mecanização.

Como a energia elétrica é independente do lugar ou da espécie de trabalho operacional, cria padrões de descentralização e de diversificação no trabalho a ser executado. Esta lógica se torna meridianamente clara na diferença entre a luz do fogo e a luz elétrica, por exemplo. As pessoas que se agrupam em torno de um fogo ou de uma vela, para aquecerem-se ou iluminarem-se, são menos capazes de desenvolver pensamentos, ou mesmo tarefas, independentes, do que as pessoas que se beneficiam da luz elétrica. Do mesmo modo, os padrões sociais e educacionais latentes na automação são aquêles do auto-emprego e da autonomia artística. O temor pânico ante a automação, encarada como uma ameaça de uniformidade em escala mundial, é uma projeção no futuro do especialismo e da padronização mecânica — que agora pertencem ao passado.

LEITURAS ULTERIORES PARA ESTUDO DOS MEIOS DE COMUNICAÇÃO

Anshen, R. N.: *Language*: *An Inquiry into Its Meaning and Function,* Science of Culture Series, vol. III (Nova Iorque: Harper & Row, Publishers, Incorporated, 1957).

Barnouw, Erik: *Mass Communication* (Nova Iorque: Hol, Rinehart and Winston, Inc., 1956).

Bedini, S. A.: *The Scent of Time,* Archaeological treatise (Filadélfia: American Philosophical Society, 1963).

Békésy, Georg Von: *Experiments in Hearing,* ed. and trans. by E. G. Wever (Nova Iorque: McGraw-Hill Book Company, 1960).

Bernard, Claude: *The Study of Experimental Medicine,* The classic prototype explaining the technique of isolation of organs to observe the effect on other organs. (Nova Iorque: Dover Publications, Inc., 1957.) (Also a Collier paperback.)

Boulding, Kenneth E.: *The Image,* (Ann Arbor, Mich.: Ann Arbor Paperbacks, University of Michigan Press, 1961).

Brown, Norman O.: *Life against Death,* Technology as neurotic sublimation and alienation of the body. (Nova Iorque: Vintage Books, Random House, Inc.)

Buhler, Curt: *The Fifteenth Century Book* (Filadélfia: University of Pennsylvania Press, 1960).

Capek, Milic: *The Philosophical Impact of Contemporary Physics,* The cultural block of visual habit as an impediment to understanding physics in the Western world. (Princeton, N. J.: D. Van Nostrand Company, Inc., 1961.)

Carothers, J. C.: "Culture, Psychiatry and the Written Word", *Psychyatry,* novembro, 1959.

Carpenter, E. S.: *Eskimo,* Identical with Explorations, N.º 9 (Toronto, Canadá: University of Toronto Press, 1960).

Chaytor, H. J.: *From Script to Print* (Cambridge, Inglaterra: W. Heffer & Sons, Ltd., 1945).

Cherry, Colin: *On Human Communication,* An electrical engineer discussing entire range of media. (Nova Iorque: Science Editions, John Wiley & Sons, Inc.)

405

Dantzig, Tobias: *Number, the Language of Science,* The extension of touch as manifested in the history of culture. (Garden City, Nova Iorque: Anchor Books, Doubleday & Company, Inc., 1954.)

Deutsch, Karl: *The Nerves of Government,* A structuralist study of Models in present day organization. (Nova Iorque: The Free Press of Glencoe, 1963.)

Diringer, David: *The Alphabet* (Nova Iorque: Philophical Library, Inc., 1948).

Doob, Leonard W.: *Communication in Africa* (Nova Haven, Conn.: Yale University Press, 1961).

Dorner, Alexander: *Way Beyond Art,* Approach to non-visual spaces in the history of culture. (Nova Iorque: George Wittenborn, Inc., 1947.) (Now available in paperback.)

Doxiadis, C. A.: *Architecture in Transition,* A comprehensive Greek approach to world housing and city design. (Londres: Hutchinson & Co., Publishers, 1963.)

Dudek Louis: *Literature and the Press* (Toronto: The Ryerson Press, 1960).

Duncan, Hugh D.: *Communication and Social Order* (Nova Iorque: The Bedminster Press, 1962).

Dunlop, J. T.: *Automation and Technological Change,* A collection of essays concerning the present state of ignorance about the effects of automation. (Englewood Cliffs, N. J.: Prentice-Hall, Inc.)

Ehrenzweig, Anton: *Psychoanalysis of Artistic Vision and Hearing: The Dissociation of Sensibility since the Renaissance.* (Londres: Routledge & Kegan Paul, Ltd., 1953.)

Fuller, R. Buckminster: *Education Automation* (Carbondale, Ill.: Southern Illinois: University Press, 1961).

Giedion, Siegfried: *Mechanization Takes Command,* An approach to technology as culture-analysis in depth. A training of perception in culture and technology. (Fair Lawn, N. J.: Oxford University Press, 1948.)

Gombrich, E. H.: *Art and Illusion,* A discovery of integral awareness amidst art illusions based on isolated visual sense. Nova Iorque: Pantheon Books, a Division of Random House, Inc., 1960.)

Hadas, Moses: *Ancilla to Classical Learning* (Nova Iorque: Columbia University Press, 1954).

Hall, E. T.: *The Silent Language* (Garden City, Nova Iorque: Doubleday & Company, Inc., 1959).

Havelock, E. A.: *Preface to Plato* (Cambridge, Mass.: Harvard University Press, 1963).

Heisenberg, Werner: *The Psychist's Concept of Nature,* Contemporary physics finds much that is congenial in archaid science. (Londres: Hutchinson & Company, Publishers, Ltd., 1958.)

Huizinga, Johan: *Homo Ludens,* A study of the play element in culture. (Boston: Beacon Press, 1955.)

Innis, H. A.: *The Bias of Communication,* A pioneer work in exploring the psychic and social consequences of the extensions of man. (Toronto, Canadá: University of Toronto Press, 1951.)
———: *Empire and Communications* (Londres: Oxford University Press, 1950).

Ivins, William, Jr.: *Art and Geometry: A Study in Space Intuitions,* The Greeks did not succed in separating visual space from the tactile and kinetic spaces. Cambridge, Mass.: Harvard University Press, 1946.) (Also a Dover paperback.)

Johnston, Angus James: Virginia Railroads in the Civil War (Chapel Hill, N. C.: University of North Carolina Press, 1961).

Mandler, George, and William Kessen: *The Language of Psychology,* Model attempt to create a grammar of science. (Nova Iorque: John Wiley & Sons, Inc., 1959.) (Also available in paperback.)

Mumford, Lewis: *Technics and Civilization,* The interplay of artefact and culture. (Nova Iorque: Harcourt, Brace & World, Inc., 1963.)

Opie, Iiona and Pater: *Lore and Language of Schoolchildren* (Londres: Oxford University Press, 1959).

Pierce, J. R.: *Symbols, Signals and Noise* (Nova Iorque: Harper & Row, Publishers, Incorporated, 1961).

Polanyi, Karl: *The Great Transformation, The struggle to disengage* economic structures from the Newtonian universe. (Nova Iorque: Farrar, Straus & Co., 1944.) (Also Beacon paperback, 1957.)

Poulet, Georges: *Studies in Human Time,* Changing concepts of time as creating new models of awareness in art and science. (Baltimore: The Johns Hopkins Press, 1956.) (Also a Torch paperback, 1959.)

Riesman, David J., with Reuel Denny and Nathan Glazer: *The Lonely Crowd* (Nova Haven, Conn.: Yale University Press, 1950).

Selye, Hans: *The Stress of Life,* "The pharmacology of dirt" or an ecological approach to humań stress. (Nova Iorque: McGraw-Hill Book Company, 1956.)

Siebert, F. S.: *Freedom of the Press in England 1476-1776: The Rise and Decline of Government Controls* (Urbana, Ill.: University of Illinois Press, 1952).

Usher, A. P.: *The History of Mechanical Inventions,* A nonarchaeological approach revealing cultural background and interrelating seemingly isolated inventions. (Boston: Beacon Press, 1959.)

White, Lynn: *Medieval Technology and Social Change* (Fair Lawn, N. J.: Oxford University Press, 1962).

Young, J. Z.: *Doubt and Certainty in Science,* A view of the central nervous system as a new model for understanding electric technology. (Londres: Oxford University Press, 1961.)

Impressão e acabamento:

tel.: 25226368